KB091168

지텔프의
정석 65+
LEVEL 2

오정석 (키위쌤) 지음

BM (주)도서출판 성안당

지텔프의 정석을 내면서

지텔프의 정석을 내면서
영어를 공부하는 많은 학생들이 저에게 이런 질문을 자주 합니다.

"이 책으로 선생님 강의를 들으면 무조건 목표 점수를 받을 수 있나요?"

저는 Yes이면서 No라고 말씀드리고 싶습니다.
본인이 목표하는 어학 시험의 점수를 획득하기 위한 문법 지식과 어휘의 양은 정해져 있습니다.
그래서 자신이 정해 놓은 기간 안에 그것을 달성하면 "Yes"이고 달성하지 못하면 "No"가 됩니다.

저자의 역할은 각 시험의 특성에 맞는 어학 지식과 어휘를 효과적으로 전달하는 것이며
학생의 역할은 가이드에 따라 그것을 잘 학습하고 숙달하는 것입니다.

더 나아가, 훌륭한 강사는 영어를 가르치는데 한 가지 방식으로만 가르치는 것이 아니라
학습 대상에 따른 다양한 방법과 길을 제시할 수 있어야 한다고 생각합니다.

저의 책을 통해 학생들이 지텔프 목표 점수를 달성하는데 도움이 되고
더 나아가 영어를 폭넓게 구사할 수 있는 발판이 되었으면 하는 바람입니다.

오정석 강사 (키위쌤)

추신:
가늠할 수 없었던 언어의 장벽 앞에 부족했던 저를 이끌어 주신 스승 박우상 교수(Dr. David Park)님께 감사의 말씀을 올립니다. 그리고 항상 무한한 용기과 사랑을 주는 저의 가족, 키위새 캐릭터를 만들어주신 웹툰 작가 랑또님, 저를 응원해 주고 있는 친구들과 제자들, 저에게 소중한 기회를 주신 성안당 관계자분들과 끝까지 함께 고생하신 편집부 김은주 부장님
이 소중한 모든 인연들 덕분에 보다 더 완벽한 책을 쓸 수 있었습니다.

모두 진심으로 감사합니다.

목 차

질문 유형별 문제 듣기

청취 파트별 질문 파일 듣기

실전 모의고사 통파일 듣기

홈페이지에서 전체 파일 다운받기

★ QR코드(스마트폰)로 접속할 경우

→ Link에 있는 음원 다운로드 하기

★ 성안당 홈페이지 접속하기: https://cyber.co.kr

→ 우측 상단의 [자료실] 클릭하기

→ 중간에 [외국어자료실] 클릭하기

→ 게시판의 [지텔프의 정석 65+ Level 2 음원] 클릭하기

→ Link에 있는 음원 다운로드 하기

1. 문법

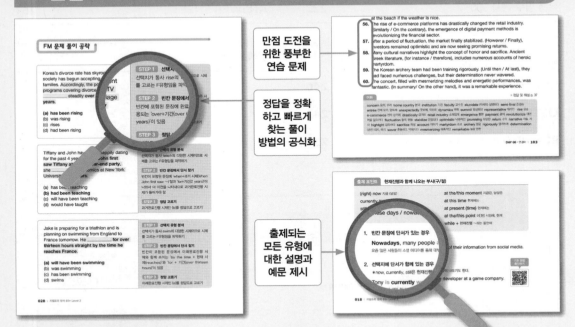

만점 도전을
위한 풍부한
연습 문제

정답을 정확
하고 빠르게
찾는 풀이
방법의 공식화

출제되는
모든 유형에
대한 설명과
예문 제시

2. 독해

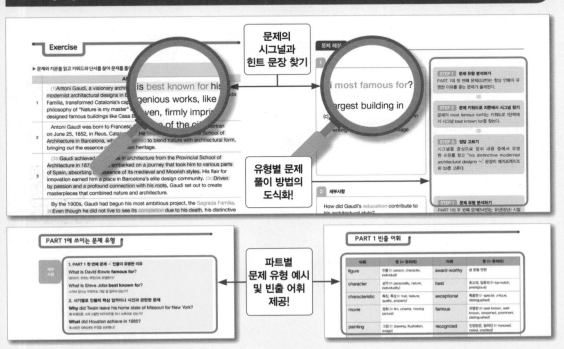

문제의
시그널과
힌트 문장 찾기

유형별 문제
풀이 방법의
도식화!

파트별
문제 유형 예시
및 빈출 어휘
제공!

3. 청취

청취 진행에 따른 상세한 전략 제시

질문 유형에 따른 풀이 전략

지문 듣기 전 질문 메모 연습

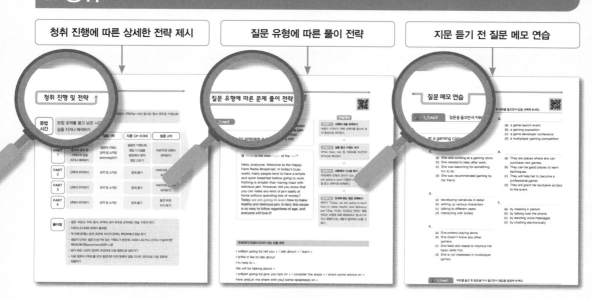

4. [부록] 필수 동사 500

**지텔프 시험에 필수적인 동사 300개를 선별하여
뜻에 따른 유의어 제시!**

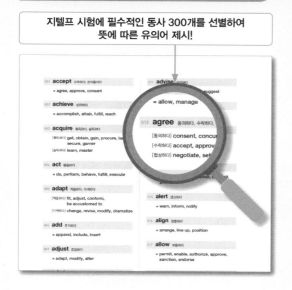

5. 실전 모의고사

**실전과 똑같은 형태의 모의고사로
시험 완벽 대비!**

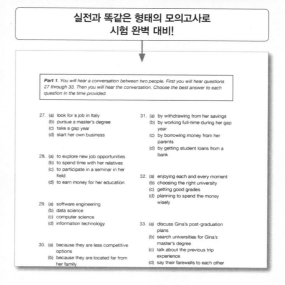

시험 직후 저자 특강으로 실시간 출제 경향 확인

★ **지텔프와 토익 동시 만점을 달성한 키위쌤의 블로그와 유튜브**를 통해 출제 경향에 맞는 전략이 지속적으
로 업데이트됩니다. 저자 직강을 놓치지 마세요!

G-TELP 소개

G-TELP란?

G–TELP(General Tests of English Language Proficiency)는 ITSC(International Testing Services Center, 미국 국제 테스트 연구원)에서 주관하는 국제 공인영어시험입니다. 한국은 1986년에 지텔프코리아가 설립되어 시험을 운영 및 주관하고 있습니다. 현재 각종 국가고시, 기업 채용 및 승진 평가 시험, 대학교 졸업 인증 시험, 교육 과정 등에서 널리 활용되는 글로벌 영어평가 교육 시스템입니다. G–TELP에는 다양한 테스트가 있으며, 그중 G–TELP Level Test의 Level 2 정기 시험 점수가 가장 많이 사용되고 있습니다.

G-TELP Level별 시험 구성

구분	출제 방식 및 시간	평가 기준	합격자의 영어 구사 능력
Level 1	청취 30문항 독해 및 어휘 60문항 총 90문항 (약 100분)	Native Speaker에 준하는 영어 능력: 상담, 토론 가능	모국어가 영어인 사람과 대등한 의사소통 국제회의 통역 가능한 수준
Level 2	문법 26문항 청취 26문항 독해 및 어휘 28문항 총 80문항 (약 90분)	다양한 상황에서 대화 가능: 업무 상담 및 해외 연수 등이 가능한 수준	일상생활 및 업무 상담 가능 외국인과의 회의 및 세미나, 해외 연수 등이 가능한 수준
Level 3	문법 22문항 청취 24문항 독해 및 어휘 24문항 총 70문항 (약 80분)	간단한 의사소통과 친숙한 상태에서의 단순 대화 가능	간단한 의사소통 가능 해외 여행과 단순한 업무 출장이 가능한 수준
Level 4	문법 20문항 청취 20문항 독해 및 어휘 20문항 총 60문항 (약 80분)	기본적인 문장을 통해 최소한의 의사소통이 가능한 수준	기본적인 어휘의 짧은 문장으로 최소한의 의사소통이 가능한 수준
Level 5	문법 16문항 청취 16문항 독해 및 어휘 18문항 총 50문항 (약 55분)	극히 초보적인 수준의 의사소통 가능	영어 초보자 일상의 인사, 소개 등을 이해할 수 있는 수준

✎ G-TELP Level 2의 구성

영역	분류	문항	배점
문법	시제, 가정법, 조동사, 준동사, 연결어, 관계사, 당위성/이성적 판단	26	100점
청취	Part 1 개인적인 이야기를 하는 대화 Part 2 정보를 제공하는 발표 형식의 담화 Part 3 결정을 위해 의논하는 대화 Part 4 절차나 과정을 설명하는 형식의 담화	26 (각 7/6/6/7문항)	100점
독해 및 어휘	Part 1 과거나 현세대 인물의 일대기 Part 2 사회나 기술적 내용을 다루는 잡지 기사 Part 3 일반적인 내용의 지식 백과 Part 4 설명하거나 요청하는 내용의 비즈니스 레터	28 (각 7문항)	100점
전체	약 90분 (영역별 제한 시간 없이 전체 90분 활용 가능)	80문항	공인 성적: 영역별 점수 합을 3으로 나눈 평균값

✎ G-TELP의 특징

▶ 절대 평가 방식: 문법, 청취, 독해 및 어휘 모두 75점 이상이면 해당 등급에 합격(Mastery)하지만 국내의 각종 영어 대체 시험 성적
　　　으로는 Level 2의 65점 이상만 얻으면 합격 가능

▶ 빠른 성적 확인: 응시일로부터 일주일 이내 성적 확인 가능

▶ 문법, 청취, 독해 및 어휘의 3영역에 객관식 4지선다형으로 학습 부담 적음

▶ 영역별 문제 유형이 확실하게 정해져 있어 단기간 학습으로 점수 상승 가능

G-TELP Level 2의 성적 활용 비교

구분	G-TELP (LEVEL 2)	TOEIC
군무원 9급	32	470
호텔서비스사 (한국산업인력공단)	39	490
경찰공무원	43	538
소방사	43	538
군무원 7급	47	570
소방간부 후보생	50	625
경찰간부 후보생	50	625
박물관 및 미술관 준학예사	50	625
5급 공채	65	700
7급 공채	65	700
입법고시 (국회사무처)	65	700
법원 행정고시	65	700
군무원 5급	65	700
세무사 (국세청)	65	700
공인노무사 (고용노동부)	65	700
감정평가사 (국토교통부)	65	700
공인회계사 (금융감독원)	65	700
기술지도사 (한국산업인력공단)	65	700
호텔관리사 (한국산업인력공단)	66	700
카투사	73	750
관광통역안내사 (한국산업인력공단)	74	760
7급 외무영사직렬	77	790
변리사 (특허청)	77	790
호텔경영사 (한국산업인력공단)	79	800
외교관 후보자	88	870

출처: G-TELP 공식 사이트 (www.g-telp.co.kr)

	지텔프 (Level 2)	토익 (TOEIC)
시험 개요	연 24회 실시	연 24회 실시
	7일 이내 성적 확인	14일 후 성적 확인
	총 3영역, 80문항	총 2영역, 200문항
	시험 시간: 1시간 30분	시험 시간: 약 2시간
	영역별 시험 시간 정해져 있지 않음	LC 45분, RC는 LC 끝난 뒤 75분
	점수: 100점 기준 [문법 ⟨(맞은 개수/26) × 100⟩ + 청취 ⟨(맞은 개수/26) × 100⟩ + 독해 ⟨(맞은 개수/28) × 100⟩] / 3	점수: 990점 기준 (LC 495 + RC 495)
문법	난이도: ★ Grammar: 총 26문항 – 실용적인 영문법 표현 출제 – 출제 범위 좁음 – 평이한 난이도로 단기간 고득점 가능 – 유형별 풀이 공식 적용해 정답 도출	난이도: ★★★ RC Part 5, 6: 총 46문항 Part 5 (30): 단문 빈칸 채우기 (문법/어휘) Part 6 (16): 장문 빈칸 채우기 – 혼동하기 쉬운 문법 표현 출제 – 빈칸에 알맞은 품사, 단어의 형태 고르기 – 출제 범위가 넓기 때문에 전반적인 문법 학습 필요
청취	난이도: ★★★ Listening: 총 26문항 (4개 Part로 구성) Part 1 (7), 3 (6): 2인 대화 Part 2 (6), 4 (7): 1인 담화 – 지문이 고난이도 장문(3~4분)이므로 노트테이킹 필수	난이도: ★★ LC: 총 100문항 (4개 Part로 구성) Part 1 (6) – 사진을 알맞게 묘사한 문장 고르기 Part 2 (25) – 질문 듣고 알맞은 답변 고르기 Part 3 (39) – 화자의 말에 대한 의도 파악하기 Part 4 (30) – 그래프, 도표 등 시각 자료 연계
독해	난이도: ★★ Reading & Vocabulary: 총 28문항 (4개 Part로 구성) Part 1 (7): 인물 일대기 Part 2 (7): 잡지 기사 Part 3 (7): 지식 백과 Part 4 (7): 비즈니스 레터 – 각 Part는 500단어 내외 지문으로 7문제가 출제되고, 어휘(유의어 찾기) 문제가 2개씩 포함됨	난이도: ★★ RC: 총 100문항 중 독해는 54문항 Part 7 (54): 단일 지문 (29) / 복수 지문 (10+15=25) – 어휘: 문맥에 맞는 어휘, 동의어 문제 등 혼동하기 쉬운 어휘 및 숙어 암기 필수 – 독해: 문맥에 어울리는 문장 고르기 등 – 지문을 매번 다른 형태로 구성(광고, 웹페이지, 비즈니스 레터, 송장, 영수증 등) – 2~3개 지문의 단서를 종합해 정답을 찾아야 하는 고난도 연계 문제 출제

접수하기

▶ **접수** : www.g-telp.co.kr에 회원 가입 후 접수 또는 지정 접수처에 직접 방문하여 접수
▶ **응시일** : 매월 2회(격주) 일요일 오후 3시
　　　　　　 (정기 시험 일정과 고사장, 응시료 등은 변동될 수 있으므로 지텔프코리아 홈페이지에서 확인)
▶ **응시료** : 정기 접수 66,300원, 추가 접수 71,100원, 수시 접수 75,020원
▶ **응시 자격** : 제한 없음

응시하기

▶ **입실** : 오후 2시 20분까지 입실 완료
▶ **준비물** : 신분증, 컴퓨터용 사인펜, 시계, 수정테이프
▶ **유의 사항** :
　– 신분증은 주민등록증, 여권(기간 만료전), 운전면허증, 공무원증, 군인신분증, 중고생인 경우 학생증(사진 + 생년월일 + 학교장
　　직인 필수), 청소년증, 외국인등록증(외국인) (단, 대학생의 경우 학생증 불가)만 인정
　– 허용된 것 이외에 개인 소지품 불허
　– 컴퓨터용 사인펜으로만 마킹 가능 (연필이나 볼펜 마킹 후 사인펜으로 마킹하면 오류가 날 수 있으니 주의)
　– 수정테이프만 사용 가능, 수정액 사용 불가

성적 확인하기

▶ **성적 결과** : 시험 후 일주일 이내에 지텔프코리아 홈페이지(www.g-telp.co.kr)에서 확인 가능
▶ **성적표 수령** : 온라인으로 출력(최초 1회 발급 무료)하거나 우편으로 수령 가능하고 성적은 시험일로부터 2년간 유효함

성적표 샘플

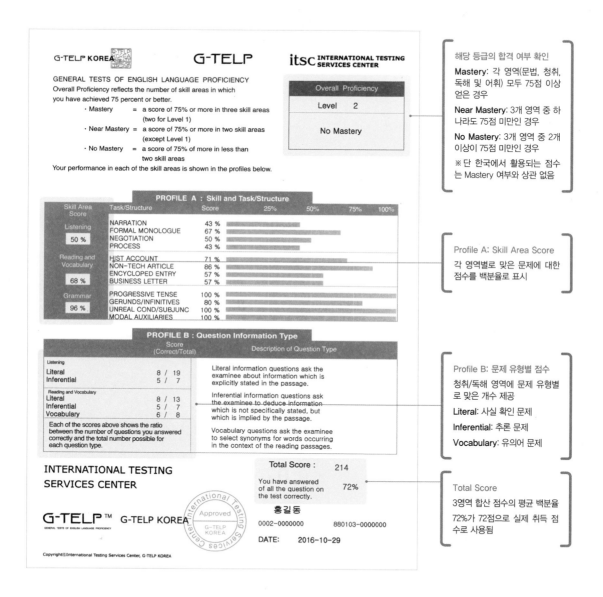

G-TELP KOREA

G-TELP

itsc INTERNATIONAL TESTING SERVICES CENTER

GENERAL TESTS OF ENGLISH LANGUAGE PROFICIENCY
Overall Proficiency reflects the number of skill areas in which
you have achieved 75 percent or better.

- Mastery = a score of 75% or more in three skill areas
  (two for Level 1)
- Near Mastery = a score of 75% or more in two skill areas
  (except Level 1)
- No Mastery = a score of 75% of more in less than
  two skill areas

Your performance in each of the skill areas is shown in the profiles below.

Overall Proficiency
Level 2
No Mastery

해당 등급의 합격 여부 확인

Mastery: 각 영역(문법, 청취, 독해 및 어휘) 모두 75점 이상 얻은 경우

Near Mastery: 3개 영역 중 하나라도 75점 미만인 경우

No Mastery: 3개 영역 중 2개 이상이 75점 미만인 경우

※ 단 한국에서 활용되는 점수는 Mastery 여부와 상관 없음

PROFILE A : Skill and Task/Structure

Skill Area Score	Task/Structure	Score	25%	50%	75%	100%
Listening	NARRATION	43 %				
50 %	FORMAL MONOLOGUE	67 %				
	NEGOTIATION	50 %				
	PROCESS	43 %				
Reading and Vocabulary	HIST ACCOUNT	71 %				
68 %	NON-TECH ARTICLE	86 %				
	ENCYCLOPED ENTRY	57 %				
	BUSINESS LETTER	57 %				
Grammar	PROGRESSIVE TENSE	100 %				
96 %	GERUNDS/INFINITIVES	80 %				
	UNREAL COND/SUBJUNC	100 %				
	MODAL AUXILIARIES	100 %				

Profile A: Skill Area Score

각 영역별로 맞은 문제에 대한 점수를 백분율로 표시

PROFILE B : Question Information Type

	Score (Correct/Total)	Description of Question Type
Listening		Literal information questions ask the examinee about information which is explicitly stated in the passage.
Literal	8 / 19	
Inferential	5 / 7	
Reading and Vocabulary		Inferential information questions ask the examinee to deduce information which is not specifically stated, but which is implied by the passage.
Literal	8 / 13	
Inferential	5 / 7	
Vocabulary	6 / 8	Vocabulary questions ask the examinee to select synonyms for words occurring in the context of the reading passages.

Each of the scores above shows the ratio between the number of questions you answered correctly and the total number possible for each question type.

Profile B: 문제 유형별 점수

청취/독해 영역에 문제 유형별로 맞은 개수 제공

Literal: 사실 확인 문제

Inferential: 추론 문제

Vocabulary: 유의어 문제

INTERNATIONAL TESTING SERVICES CENTER

G-TELP ™ G-TELP KOREA
GENERAL TESTS OF ENGLISH LANGUAGE PROFICIENCY

Copyright©International Testing Services Center, G-TELP KOREA

Total Score :	214
You have answered of all the question on the test correctly.	72%

홍길동
0002-0000000   880103-0000000
DATE: 2016-10-29

Total Score

3영역 합산 점수의 평균 백분율 72%가 72점으로 실제 취득 점수로 사용됨

Chapter

1 문법

문법 출제 경향

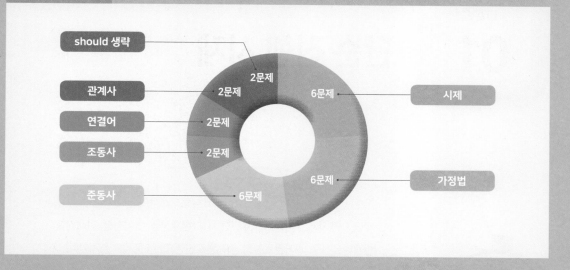

should 생략

관계사

연결어

조동사

준동사

2문제

2문제

2문제

2문제

6문제

6문제

6문제

6문제

시제

가정법

문법 영역 소개

❶ 문항: 26문제 (1~26번)

❷ 문제와 지문: 2~3개의 문장으로 구성된 지문에서 빈칸에 들어갈 알맞은 문법 사항 고르기

❸ 7개 문법 유형(시제, 가정법, 준동사, 조동사, should 생략, 연결어, 관계사)만 출제됨

문법 출제 유형

유형	세부	문항수	풀이 전략
시제 (6)	현재진행, 과거진행, 미래진행	3	함께 사용된 시간 부사와 시점 표현으로 시제 확인하기
	현재완료진행, 과거완료진행, 미래완료진행	3	
가정법 (6)	가정법 과거	3	if절 시제가 과거이면 'would/could/might + 동사원형' 선택하기
	가정법 과거완료	3	if절 시제가 과거완료이면 'would/could/might + have p.p.' 선택하기
준동사 (6)	동명사	3	빈칸 앞 동사가 to부정사/동명사 중 어떤 것을 목적어로 취하는지 확인하기
	to부정사	3	
조동사 (2)	can/may/will/should/must	2	보기의 조동사를 넣어 문장을 해석한 후 문맥에 맞는 알맞은 조동사 고르기
should 생략 (2)	당위성 동사 이성적 판단 형용사	2	빈칸이 포함된 문장이 that절이고 주절에 당위성 동사나 이성적 판단 형용사가 있으면 동사원형을 정답으로 선택하기
연결어 (2)	접속사(구), 접속부사(구), 전치사구	2	빈칸이 들어간 문장을 해석하고 보기의 연결어를 대입해서 의미가 가장 자연스러운 보기 고르기
관계사 (2)	관계대명사 관계부사	2	빈칸 앞 선행사가 관계사절에서 하는 역할과 선행사 다음에 콤마가 있는지 확인하기

단순 진행 시제

알맞은 진행 시제를 골라야 하는 Form 유형으로 총 6문제가 출제된다.
G-TELP의 시제 문제는 6가지 진행 시제(**현재진행, 과거진행, 미래진행,
현재완료진행, 과거완료진행, 미래완료진행**)만 한 문제씩 출제된다.

1단계 선택지가 동사의 다양한 시제이고 반드시 진행 시제가 있음

2단계 빈칸이 포함된 문장에 가정법이나 당위성 관련 단어가 없음

3단계 문제에서 시제의 시간 표현을 나타내는 단서를 찾고 해당 시제 고르기

단순 진행 시제

진행 시제	형태	예문
현재진행	am/are/is + ~ing ~하고 있다	Matt is writing an essay **now**. 매트는 지금 에세이를 쓰고 있다.
과거진행	was/were + ~ing ~하고 있었다	Matt was writing an essay **two hours ago**. 매트는 두 시간 전에 에세이를 쓰고 있었다.
미래진행	will be + ~ing ~하고 있을 것이다	Matt will be writing an essay **when we arrive at home**. 매트는 우리가 집에 도착할 때 에세이를 쓰고 있을 것이다.

FM 문제 풀이 공략

Five years ago, our company created a unique way of measuring how to plan post-retirement expenses for working people by categorizing them according to generations. And **today**, many of our clients _____ more savvy about ensuring their retirement goes as planned.

(a) are becoming
(b) will be becoming
(c) were becoming
(d) becoming

STEP 1 선택지 유형 분석
선택지가 동사 become의 다양한 시제이므로 시제를 고르는 F유형임을 파악하기

STEP 2 빈칸 문장에서 단서 찾기
시제의 시간 표현 단서가 되는 부사 today 찾기

STEP 3 정답 고르기
today가 현재진행 시제와 함께 쓰이는 부사이므로 (a)를 정답으로 고르기

John got fired from his job recently due to his addiction to mobile games. **Even when his supervisor called him to scold him for his neglect**, John _____ a mobile game in his office.

(a) would still play
(b) had still played
(c) played
(d) was still playing

STEP 1 선택지 유형 분석
선택지가 동사 play의 다양한 시제이므로 시제를 고르는 F유형임을 파악하기

STEP 2 빈칸 문장에서 단서 찾기
시제의 시간 표현 단서가 되는 when절이 과거이면 주절은 과거진행 시제임

STEP 3 정답 고르기
과거진행 시제인 (d)를 정답으로 고르기

Thank you for choosing our firm to be your hotel's supplier. We _____ the samples of our products **next week**, and you can try them out and choose the ones that fulfill your needs.

(a) send
(b) would have sent
(c) have sent
(d) will be sending

STEP 1 선택지 유형 분석
선택지가 동사 send의 다양한 시제이므로 시제를 고르는 F유형임을 파악하기

STEP 2 빈칸 문장에서 단서 찾기
시제의 시간 표현 단서가 되는 next week 찾기

STEP 3 정답 고르기
next week이 미래진행 시제와 함께 쓰이는 부사구이므로 (d)를 정답으로 고르기

1 현재진행

기출 포인트

1. 현재 시점에서 진행 중인 동작이나 상태를 나타내며 '~하고 있다/~하는 중이다'로 해석한다.
2. 빈칸 문장에 현재진행을 나타내는 부사(구/절)가 주로 함께 나온다.

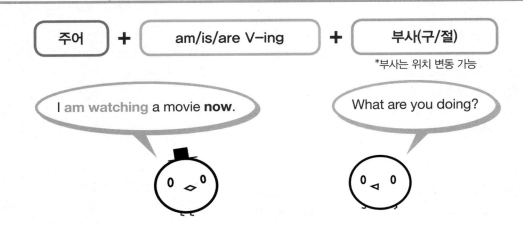

주어 + am/is/are V-ing + 부사(구/절)

*부사는 위치 변동 가능

I **am watching** a movie **now**.

What are you doing?

출제 포인트   현재진행과 함께 나오는 부사(구/절)

(right) now 지금 (당장)	**at the/this moment** 지금은, 당장은
currently 현재	**at this time** 현재에는
still 여전히	**at present (time)** 현재에는
today 오늘(날)	**at the/this point** 이[현] 시점에, 현재
these days / nowadays 요즘	**while +** 현재진행 ~하는 동안에

1. 빈칸 문장에 단서가 있는 경우

Nowadays, many people **are getting** most of their information from social media.
요즘 많은 사람들이 소셜 미디어를 통해 대부분의 정보를 얻고 있다.

2. 선택지에 단서가 함께 있는 경우

＊now, currently, still은 현재진행 시제와 함께 선택지에 같이 나오기도 한다.

Tony **is currently working** as a software developer at a game company.
토니는 현재 게임 회사에서 소프트웨어 개발자로 일하고 있다.

기초 문법
확인하기

Exercise

1. Right now, my cousin (is browsing / was browsing) for birthday presents at a nearby shopping mall.

2. Jane (is practicing / will be practicing) her painting skills these days to participate in a regional art contest.

3. Ethan had an accident while hiking last week, and he (was thinking / is thinking) about visiting a doctor at the moment.

4. Currently, scientists (will be deciphering / are deciphering) the structure of a complex protein molecule.

5. At the point, the local authorities (are implementing / were implementing) contactless payment systems on public transport in major cities.

6. The climate (is becoming / was becoming) more unpredictable due to global warming and extreme weather patterns at the present time.

7. Based on recent data, the number of remote workers and digital nomads (is growing / will be growing) steadily nowadays.

8. The linguist (is analyzing / will be analyzing) the syntactic patterns of an endangered language to contribute to its preservation at this very moment.

9. The research team (is conducting / was conducting) a cutting-edge experiment on quantum computing to solve complex problems more efficiently while it is collaborating with experts from various fields.

10. Planning to surprise Amy today, all of her classmates (were waiting / are waiting) for her to come in the classroom.

어휘

★ 정답 및 해설 p. 2

browse 둘러보다 nearby 인근의 participate in ~에 참여하다 regional 지역의 visit a doctor 병원에 가다 decipher 해독하다 complex 복잡한 protein molecule 단백질 분자 local authorities 지역 당국 implement 시행하다 contactless 비대면의 payment 결제 public transport 대중교통 major 주요한 climate 기후 unpredictable 예측할 수 없는 due to ~ 때문에 global warming 지구 온난화 extreme 극한의 based on ~에 근거하여, ~에 따르면 recent 최근의 remote worker 원격 근무자 digital nomad 디지털 유목민 steadily 꾸준히 linguist 언어학자 analyze 분석하다 syntactic pattern 구문 양식 endangered 멸종 위기의 contribute to ~에 기여하다 preservation 보존 at this very moment 바로 이 순간에 conduct 실시하다 cutting-edge experiment 최첨단 실험 quantum computing 양자 컴퓨팅 efficiently 효율적으로 collaborate with ~와 협력하다 expert 전문가 various 다양한

Practice

1. A few years ago, our company created an advanced technique for assessing healthcare expenses for employees by categorizing them by age group. Today, an increasing number of our customers _____ more informed about securing their healthcare coverage as desired.

   (a) are becoming
   (b) will be becoming
   (c) were becoming
   (d) become

2. The price of vehicles has been surging for the past 5 years, but neither financial assistance from lenders nor average income has kept up. As a result, lower- and middle-class individuals _____ a more difficult time buying a car.

   (a) have currently had
   (b) will currently be having
   (c) were currently having
   (d) are currently having

3. The growing disparity between income levels and the expense of professional training courses has led to significant financial burden. Nowadays, some families _____ their children to explore short-term certifications, local training centers, or online programs.

   (a) are even encouraged
   (b) are even encouraging
   (c) were even encouraging
   (d) will be even encouraging

4. I learned physics under Professor Lee during my university years, and now I have become a well-known scientist in the field. I _____ on research while he is continuing to contribute to academia by publishing papers and guiding new scholars.

   (a) was working
   (b) will be working
   (c) am working
   (d) work

5. World Recycling Day is observed on the second Sunday of May. Recycling has become a symbol of environmental conservation and resource efficiency, and it _____ more acceptance globally at this point.

   (a) is gaining
   (b) will be gaining
   (c) was gaining
   (d) gains

6. In today's busy world, parents often find it challenging to identify a trustworthy after-school program for their kids. How can you determine whether a highly-rated after-school program _____ the needs of your family and children effectively every time?

   (a) meet
   (b) had been meeting
   (c) will have been meeting
   (d) is meeting

★정답 및 해설 p. 2

2 과거진행

기출 포인트

1. 과거 시점에서 진행 중인 동작이나 상태를 나타내며 '~하고 있었다/~했던 중이다'로 해석한다.

2. 빈칸 문장에 과거진행을 나타내는 부사(구/절)가 주로 함께 나온다.

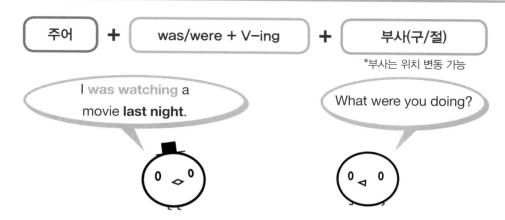

주어 **+** was/were + V-ing **+** 부사(구/절)

*부사는 위치 변동 가능

I was watching a movie last night.

What were you doing?

출제 포인트 | 과거진행과 함께 나오는 부사(구/절)

when[whenever/as] + 과거 동사 ~했을 때	while + 과거 진행 ~하는 동안에
last + 시간 지난 ~에	yesterday 어제
after + 과거 동사/시점 ~ 이후로	시간 + ago (시간) ~ 전에
until + 과거 동사/시점 ~ 까지	at the moment/time + 과거 동사 ~했을 때
in + 과거 연도 (~년도)에	

1. **when절(과거)이나 과거진행을 나타내는 부사가 있는 경우**

   Tony was giving a speech when the microphone suddenly stopped working.
   토니가 연설을 하고 있을 때 마이크가 갑자기 작동을 멈췄다.

   *진행 상태임을 알려주는 부사 still이 선택지에 함께 나오기도 한다.

   Jack was still working on his report when his boss called him into a meeting.
   상사가 회의실로 불렀을 때 잭은 여전히 보고서를 작성하고 있었다.

2. **빈칸이 when/while절 안에 있는 경우**

   *주절에 과거 시제가 쓰였고 when/while절의 동사가 지속되는 상황을 나타낼 때 과거진행을 쓴다.

   기초 문법 확인하기

   I heard a loud bang while I was studying at the library yesterday.
   나는 어제 도서관에서 공부하다가 펑 하는 큰 소리를 들었다.

Exercise

1. Yesterday, Taeo and his brother (were reading / are reading) a book at home.

2. International leaders (were debating / are debating) a crucial policy on renewable energy last week.

3. Sophia (is writing / was writing) an email a minute ago in the computer room, but she's not there now.

4. When my father called my mom, she (was watching / has been watching) her favorite soap opera.

5. He was chased by a bear while he (am hiking / was hiking) in a forest in Canada.

6. In 1993, my grandparents (are living / were living) in a metropolitan area, but they moved to the countryside the following year.

7. When June's mother (was walking / will be walking) on the street, she spotted her son hanging out with a group of delinquents.

8. Liam (was still trying / is still trying) hard to win the contest even though he realized that his chances of winning were slim.

9. Jonny decided to travel around the world to find his true love. Until recently, he (was telling / is telling) everyone that he would find the perfect girl and marry her.

10. The government should enforce strict regulations to control illegal drug trafficking. I saw a short video clip lately and some people (were going / will be going) on a rampage at a campsite after doing drugs.

★ 정답 및 해설 p. 3

어휘

debate 토론하다 crucial 중요한 policy 정책 renewable energy 재생 에너지 soap opera 연속극 chase 쫓다 metropolitan 대도시의 countryside 시골 the following year 다음해 spot 발견하다 hang out 어울려 놀다 delinquent 비행 청소년 win the contest 대회에서 우승하다 even though 비록 ~라도 realize 깨닫다 chances 가능성 slim 희박한 enforce 시행하다 strict 엄격한 regulation 규정 control 통제하다 illegal 불법의 drug trafficking 마약 밀매 lately 최근에 go on a rampage 난동을 부리다

Practice

1. A powerful typhoon hit the southern coast in 2008, and it caught everyone off guard. While strong winds were blowing and trees were falling, residents _____ for safe places to take refuge.

   (a) were searching
   (b) have been searching
   (c) are searching
   (d) search

2. Vivian, an aspiring artist, moved to a small town to find inspiration for her paintings. After she got away from the city, she rediscovered her creativity while she _____ the beauty of nature around her, which eventually led her to gain recognition in the art world.

   (a) is observing
   (b) would be observing
   (c) was observing
   (d) observes

3. In 1902, the Duchess of York, later Queen Mary, popularized the lace dress trend among the aristocracy. Soon, everyone _____ their elegant lace gowns, including her daughter-in-law, who wore a stunning lace dress designed by a French couturier.

   (a) would wear
   (b) was wearing
   (c) are wearing
   (d) wears

4. Jane lost her job recently due to her excessive use of social media. Even when her manager reprimanded her for being unproductive, Jane _____ photos on Instagram in her cubicle.

   (a) will still post
   (b) had still posted
   (c) posted
   (d) was still posting

5. In the early 20th century, famous inventor Thomas Edison _____ tirelessly on the development of the electric light bulb. His persistence eventually paid off, and he successfully invented a practical and long-lasting bulb that changed the world.

   (a) was working
   (b) will be working
   (c) is working
   (d) works

6. My neighbor's daughter is a famous actress in the local theater scene. She visited our neighborhood last month, and I finally had an opportunity to meet her at a nearby park. She certainly left a lasting impression, as she _____ a heartfelt story about her journey to success.

   (a) will share
   (b) shares
   (c) was sharing
   (d) is sharing

★ 정답 및 해설 p. 4

3 미래진행

기출 포인트

1. 미래 시점에서 진행 중인 동작이나 상태를 나타내며 '~하고 있을 것이다/~할 예정이다'로 해석한다.

2. 빈칸 문장에 미래진행을 나타내는 부사(구/절)가 주로 함께 나온다.

3. 미래진행이 정답인 문제에서는 미래를 뜻하는 현재진행이 선택지로 나오지 않는다.

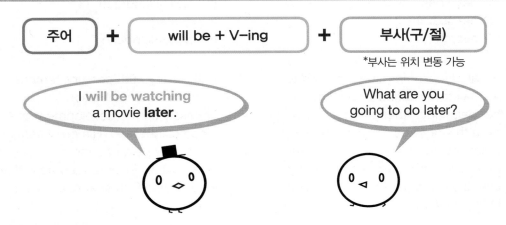

출제 포인트 　미래진행과 함께 나오는 부사(구/절)

시간/조건 부사절 + 현재 시제	when/while/before/after/until + 현재: ~할 때/하는 동안/하기 전에/한 후에/할 때까지 by the time/as soon as/once + 현재: ~할 때쯤/하자마자/일단 ~하면 if/unless + 현재: 만약 ~한다면/하지 않는다면
미래 시점 표현	tomorrow 내일　later 나중에　soon/shortly 곧. 머지않아　in the future 미래에 next / this + 시간/기간: 다음 ~에 / 이번 ~에 by[until] / in / as of / starting[beginning] / the following[upcoming] + 시점: ~까지 / (미래) ~에 / ~부터, ~부로 / ~을 시작으로 / 오는 ~에

1. 시간/조건절의 동사가 현재인 경우

When Mia **returns** from her holiday **tomorrow**, she will be visiting the new branch.
내일 휴가를 마치고 돌아오면 미아는 새 지점을 방문할 예정이다.

2. 미래를 나타내는 부사가 있는 경우

Our company will be releasing its newest wireless television screen
next September.
내년 9월에 우리 회사는 최신 무선 TV를 출시할 예정이다 .

기초 문법
확인하기

Exercise

1. According to the technology magazine, we (were using / will be using) self-driving cars by 2040.

2. Chris (will be studying / was studying) hard all afternoon tomorrow to prepare for the exam.

3. Max (was working / will be working) in customer service until the next evaluation.

4. Our company (was releasing / will be releasing) its latest smart home device in the following October.

5. Next month, some executives (are going / will be going) on a business trip to Asia.

6. Starting next semester, I (was adopting / will be adopting) a fitness routine for my upcoming marathon.

7. As of next quarter, David (is taking / will be taking) on additional responsibilities in his new role as a team leader.

8. Jenny (was moving / will be moving) abroad if she accepts the scholarship.

9. When Sally returns from her field trip to the cooking school, she (was pursuing / will be pursuing) her dream of becoming a famous chef.

10. The staff (were preparing / will be preparing) the conference room by the time the attendees arrive at the event venue.

어휘

★ 정답 및 해설 p. 5

according to ~에 따르면 self-driving car 자율주행 자동차 evaluation 평가 release 출시하다 latest 최신의 executive 임원, 중역 go on a business trip to ~로 출장 가다 adopt 채택하다, 도입하다 fitness routine 운동 루틴 quarter 분기 take on ~을 맡다 additional 추가적인 responsibility 책임 scholarship 장학금 field trip 현장 실습 pursue 추구하다 conference room 회의실 attendee 참석자 event venue 행사장

Practice

1. At the beginning of the next season, the popular TV series _____ new episodes featuring exciting plot twists and unexpected character developments. Fans are eagerly anticipating the show's return and speculating about what the future holds for their favorite characters.

   (a) will be airing
   (b) was airing
   (c) is airing
   (d) airs

2. The government plans to implement new regulations on plastic waste management next year. If these new rules take effect, companies _____ alternative packaging solutions to reduce their environmental impact.

   (a) explore
   (b) have explored
   (c) were exploring
   (d) will be exploring

3. The annual music festival will showcase performances by famous artists and bands from various genres. Soon, thousands of music fans from around the world _____ to the nearby park.

   (a) would flock
   (b) will be flocking
   (c) are flocking
   (d) flocked

4. The construction of a new sports complex in the city center will be completed by the end of this month. It _____ state-of-the-art facilities, including an Olympic-sized swimming pool, a gymnasium, and several outdoor sports courts shortly.

   (a) will be featuring
   (b) had been featuring
   (c) has featured
   (d) was featuring

5. The space agency announced that it _____ a new satellite into orbit to monitor climate changes and natural disasters in the next year. This advanced satellite will provide more accurate data to help predict extreme weather events.

   (a) will be launched
   (b) will be launching
   (c) was launching
   (d) launches

6. According to the weather forecast, a heavy snowstorm is expected later, which might cause power outages in the region. While the snow piles up and roads become slippery, the local authorities _____ alternative routes to ensure smooth transportation.

   (a) are providing
   (b) provide
   (c) will be providing
   (d) were providing

★정답 및 해설 p. 5

DAY 02 완료 진행 시제

알맞은 진행 시제를 골라야 하는 Form 유형으로 총 6문제가 출제된다.
그중 완료 진행 시제는 **현재완료진행, 과거완료진행, 미래완료진행**이
한 문제씩 출제된다.

1단계 선택지가 동사의 다양한 시제이고 반드시 진행 시제가 있음

2단계 빈칸이 포함된 문장에 가정법이나 당위성 관련 단어가 없음

3단계 문제에서 시제를 알 수 있는 시점과 기간 표현을 나타내는 단서를 찾고
해당 시제 고르기

완료 진행 시제

진행 시제	형태	예문
현재완료진행	have/has been + V-ing ~해 오고 있다	Tony has been developing a new app **for one month now**. 토니는 현재 한 달 동안 새로운 앱을 개발하고 있다.
과거완료진행	had been + V-ing ~해 오고 있었다	Tony had been developing a new app **for one month before the project was abruptly canceled**. 토니는 그 프로젝트가 갑자기 취소되기 전까지 한 달 동안 새로운 앱을 개발하고 있었다.
미래완료진행	will have been + V-ing ~해 오고 있을 것이다	Tony will have been developing a new app **until it is officially launched in two weeks**. 토니는 2주 후 정식으로 출시될 때까지 새로운 앱을 개발하고 있을 것이다.

FM 문제 풀이 공략

Korea's divorce rate has skyrocketed, and society has begun accepting single-parent families. Accordingly, the popularity of TV programs covering divorce and remarriage _____ steadily **over the last few years**.

(a) **has been rising**
(b) was rising
(c) rises
(d) had been rising

STEP 1 선택지 유형 분석
선택지가 동사 rise의 다양한 시제이므로 시제를 고르는 F유형임을 파악하기

STEP 2 빈칸 문장에서 단서 찾기
빈칸에 포함된 문장에 완료진행 시제와 자주 사용되는 'over+기간(over the last few years)'이 있음

STEP 3 정답 고르기
현재완료진행 시제인 (a)를 정답으로 고르기

Tiffany and John have been happily dating for the past 4 years. **When John first saw Tiffany at a NYU year-end party**, she _____ economics at New York University **for 2 years**.

(a) has been teaching
(b) **had been teaching**
(c) will have been teaching
(d) would have taught

STEP 1 선택지 유형 분석
선택지가 동사 teach의 다양한 시제이므로 시제를 고르는 F유형임을 파악하기

STEP 2 빈칸 문장에서 단서 찾기
빈칸이 포함된 문장에 'when+과거 시제(When John first saw ~)'절과 'for+기간(2 years)'이 나와서 더 이전을 나타내므로 과거완료진행 시제가 들어가야 함

STEP 3 정답 고르기
과거완료진행 시제인 (b)를 정답으로 고르기

Jake is preparing for a triathlon and is planning on swimming from England to France tomorrow. He _____ **for over thirteen hours straight by the time he reaches France**.

(a) **will have been swimming**
(b) was swimming
(c) has been swimming
(d) swims

STEP 1 선택지 유형 분석
선택지가 동사 swim의 다양한 시제이므로 시제를 고르는 F유형임을 파악하기

STEP 2 빈칸 문장에서 단서 찾기
빈칸이 포함된 문장에서 미래완료진행 시제와 함께 쓰이는 'by the time + 현재 시제(reaches)'와 'for + 기간(over thirteen hours)'이 있음

STEP 3 정답 고르기
미래완료진행 시제인 (a)를 정답으로 고르기

1 현재완료진행

주어 **+** have/has been + V-ing **+** 부사(구/절)

*부사는 위치 변동 가능

I **have been playing** the guitar **since I was young**.

Since when have you been playing the guitar?

출제 포인트 | 현재완료진행과 함께 나오는 부사(구/절)

(ever) since + 주어 + 과거동사 ~ 이래로	lately/recently 최근에
(ever) since + 과거 시점 ~ 이후로 (계속)	so far / up to now 지금까지
for + 기간 + (now) ~ 동안	until/till now 현재까지
during + 기간 ~ 동안, 내내	all day 하루 종일
over/in the past/last + 기간 지난 ~ 동안	throughout + 기간 ~ 내내

1. **빈칸 문장에 since절이 있는 경우**

   Kelly has been living in this house **since she got married**.
   켈리는 결혼한 이후로 이 집에서 살고 있다.

2. **빈칸 문장에 현재완료진행과 자주 쓰이는 부사(구)가 나오는 경우**

   ＊'for + 기간'이 나올 때 now와 함께 쓰이는 경우가 많다.

   Mark has been tirelessly working on this project **for several months now**.
   마크는 현재 몇 달 동안 이 프로젝트에 지칠 줄 모르고 노력해 오고 있다.

기초 문법
확인하기

Exercise

1. Since the age of five, I (was playing / have been playing) the piano.

2. The enthusiasts (will be cheering / have been cheering) non-stop for over two hours now.

3. People (have been asking / were asking) Dr. Smith about her research on climate change ever since her groundbreaking paper was published.

4. The new medicine was developed to treat the disease, and the results (have been showing / were showing) promising progress up to now.

5. Lisa (has been working / will be working) remotely during the past few weeks, and she has no plans of going back to the office.

6. Over the last few months, Julia (has been saving up / will be saving up) to take a round-the-world trip next year.

7. The company's revenue (will have been increasing / has been increasing) steadily in the past years, but the profit margin still needs improvement.

8. The tickets to the football match in Europe (have been selling / were selling) throughout the season, and they are expected to be sold out by the end of the week.

9. Please list all the software applications that you (have been using / are using) since you arrived at the office this morning.

10. Recently, Lily (will have been learning / has been learning) how to use a new software program to increase productivity at the office.

어휘

★ 정답 및 해설 p. 6

at the age of ~살 때 **enthusiast** 열광적인 팬, 애호가 **cheer** 응원하다 **non-stop** 끊임없이 **research** 연구 **climate change** 기후 변화 **groundbreaking** 획기적인 **paper** 논문 **publish** 발행하다 **medicine** 약 **develop** 개발하다 **treat** 치료하다 **disease** 질병 **result** 결과 **promising** 유망한 **progress** 진전 **save up** 저축하다 **round-the-world trip** 세계 여행 **revenue** 수익 **steadily** 꾸준히 **profit margin** 이익률 **improvement** 개선 **expect** 예상하다 **be sold out** 다 팔리다, 매진되다 **list** 나열하다, 목록 을 작성하다 **application** 응용 프로그램, 어플리케이션 **productivity** 생산성

Practice

1. The local gym, with its cutting-edge facilities and professional trainers, has seen an increase in membership. Since the beginning of the year, new members _____ it steadily.

    (a) have been joining
    (b) joined
    (c) will be joining
    (d) are joining

2. Despite the recent economic recession, some companies have managed to thrive. Particularly, tech companies _____ an increase in their stock prices over the past few months.

    (a) are experiencing
    (b) have been experiencing
    (c) would experience
    (d) will experience

3. As the city's population grows, traffic congestion has become a serious problem. Till now, commuters _____ longer travel times during rush hour.

    (a) will face
    (b) face
    (c) are facing
    (d) have been facing

4. In the world of fashion, trends change quickly. Recently, sustainable and ethical fashion _____ popularity among consumers.

    (a) is gaining
    (b) has been gaining
    (c) gains
    (d) would have gained

5. With the rise of social media, many businesses have shifted their marketing strategies. For the past few years, they _____ more on online advertising to reach their goals.

    (a) had been focusing
    (b) focus
    (c) have been focusing
    (d) were focusing

6. Due to the ongoing pandemic, many employees have started working from home. Since this trend started, companies _____ an increase in productivity.

    (a) report
    (b) are reporting
    (c) will be reporting
    (d) have been reporting

★ 정답 및 해설 p. 7

2 | 과거완료진행

1. 과거 특정 시점 전부터 진행 중인 동작이나 상태를 나타내며 '~해 오고 있었다/~해 왔던 중이다'로 해석한다.

2. 빈칸 문장에 과거완료진행을 나타내는 부사(구/절)가 함께 나온다.

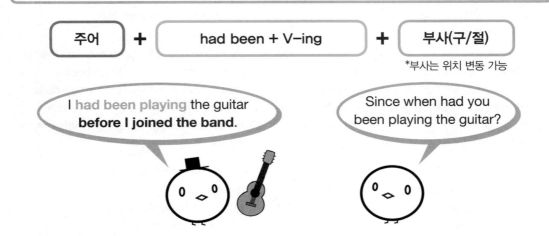

주어 **+** had been + V-ing **+** 부사(구/절)

*부사는 위치 변동 가능

I had been playing the guitar **before I joined the band**.

Since when had you been playing the guitar?

출제 포인트 | 과거완료진행과 함께 나오는 부사(구/절)

부사절 + 과거 시제 + (for + 기간)	before 주어 + 과거동사 (+ for + 기간) (~동안) ~하기 전에 until(till) 주어 + 과거동사 (+ for + 기간) (~동안) ~했을 때까지 when + 주어 + 과거동사 (+ for + 기간) (~동안) ~했을 때 by the time + 주어 + 과거동사 (+ for + 기간) (~동안) ~했을 때쯤에 주어 + 과거동사 + after + 과거완료진행 (+ for + 기간) (~동안) ~해 왔던 것 이후에
과거 시점 부사구	until/by + 시점 (+ for + 기간) (~ 동안) ~ 때까지 / ~까지 / ~ 전에 before[prior to] + 시점 (+ for + 기간) (~ 동안) ~ 전에 in + 기간 + leading up to + 시점 ~까지 ~ 동안

1. **과거 시점이 되는 부사절과 기간을 나타내는 부사(구)가 있는 경우**

   Kelly had been living in this house **for five years before she got married**.

   켈리는 결혼하기 전부터 5년 동안 이 집에서 살고 있었다.

기초 문법
확인하기

2. **과거 시점이 되는 부사와 기간을 나타내는 부사(구)가 있는 경우**

   Mark had been tirelessly working on this project **for ten years by his retirement in 2023**. 마크는 2023년 은퇴할 때까지 10년 동안 이 프로젝트에 끊임없이 노력해 오고 있었다.

Exercise

1. Before Tracy's lost purse was found by the staff, she (is sitting / had been sitting) in the lost and found area for 3 hours.

2. The passengers (are waiting / had been waiting) for 20 minutes before the train arrived at the platform.

3. Sally (had been writing / have been writing) her quarterly report until her supervisor told her to take a break.

4. Hundreds of fans (are camping / had been camping) outside the concert venue for a week prior to the visit of a renowned singer.

5. The authorities said that the fugitive (has been hiding / had been hiding) for about three months by the time he was captured.

6. She (will be watching / had been watching) a movie when the power outage occurred in the neighborhood.

7. Nichole (is trying / had been trying) to contact him all morning, but she wasn't able to until late in the evening.

8. Sarah (has been battling / had been battling) a chronic illness for a long time by 1985 and miraculously recovered the following year.

9. Sharon started her own academy after she (had been working / was working) as a high school English instructor for 7 years.

10. The company (will be achieving / had been achieving) growth in revenue mainly through investing in innovative technology, but then later it started facing challenges.

어휘

★ 정답 및 해설 p. 8

purse 지갑 staff 직원 lost and found area 분실물 보관소 passenger 승객 platform 승강장 quarterly 분기의 supervisor 상사 take a break 휴식하다 hundreds of 수백의 venue 장소 renowned 유명한 authorities 당국 fugitive 도망자 capture 붙잡다 power outage 정전 occur 발생하다 neighborhood 동네 contact 연락하다 all morning 오전 내내 battle 싸우다 chronic illness 만성 질환, 지병 miraculously 기적적으로 recover 회복하다 academy 학원 instructor 강사 revenue 수익 mainly 주로 invest in ~에 투자하다 innovative 혁신의 challenge 도전, 어려운 과제

1. The renowned actress braced herself as she headed for the interview. Before her arrival, she heard from the staff that her costar _____ and rehearsing all day for the interview.

   (a) will have prepared
   (b) prepared
   (c) has been preparing
   (d) had been preparing

2. It is one year ago today that we experienced an unexpected earthquake in this city. One person we interviewed about her experience stated, "I remember it well. I _____ a shower when the whole house began to shake. I was terrified and didn't know what to do."

   (a) had been taking
   (b) will have taken
   (c) have taken
   (d) take

3. Professor Park is notorious for his lack of punctuality. By the time he arrived for his lecture today, half the audience _____ impatiently in the auditorium for more than an hour.

   (a) wait
   (b) had been waiting
   (c) have waited
   (d) are waiting

4. A violent crime had been committed on a snowy night last winter. Until the first witness found the victim, he _____ unconscious on the ground for nearly two hours.

   (a) has been lying
   (b) had been lying
   (c) would lie
   (d) will be lying

5. It was a day filled with anticipation and excitement. After I _____ through heavy traffic and a storm to reach the hospital on time, my wife gave birth to our precious daughter.

   (a) had been fighting
   (b) will have fought
   (c) would fight
   (d) has been fighting

6. After a grueling 10-hour hike up the mountain, my friends and I finally reached the summit. To our surprise, we found that the other group, who had started after us, _____ the view.

   (a) would enjoy
   (b) will have enjoyed
   (c) had been enjoying
   (d) has been enjoying

★ 정답 및 해설 p. 8

3 | 미래완료진행

기출 포인트

1. 과거나 현재에 일어났던 동작이 미래의 시점까지 진행 중임을 나타내며 '~해 오고 있을 것이다/~해 오는 중일 것이다'로 해석한다.

2. 미래완료진행을 나타내는 부사(구/절)가 함께 나온다.

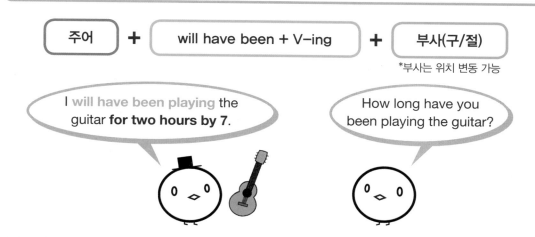

주어 **+** will have been + V-ing **+** 부사(구/절)

*부사는 위치 변동 가능

I **will have been playing** the guitar **for two hours by 7**.

How long have you been playing the guitar?

출제 포인트 미래완료진행과 함께 나오는 부사(구/절)

	미래 시점	기간
부사절 + 현재 시제	**by the time** + 주어 + 현재 시제 ~할 때쯤 **when** + 주어 + 현재 시제 ~할 때 **if** + 주어 + 현재 시제 만약 ~한다면	**for** + 기간 ~ 동안
부사구	**next** + 시간/기간 다음 ~에 **by/until** + 미래 시점 ~까지, ~쯤이면 **in** + 미래 시점 ~에	

1. 미래 시점이 되는 부사절과 기간을 나타내는 부사구가 있는 경우

Kelly **will have been living** in this house **for five years when her lease expires**.

켈리는 임대 기간이 만료되면 5년 동안 이 집에서 살고 있는 것이 될 것이다.

2. 미래 시점과 기간을 나타내는 부사구가 있는 경우

기초 문법 확인하기

Mark **will have been working** on this project **for ten years by his retirement in 2029**.

마크는 2029년에 은퇴할 때쯤이면 10년 동안 이 프로젝트에 노력하고 있는 것이 될 것이다.

Exercise

1. In November, Sarah (is conducting / will have been conducting) biomedical research for six months.

2. Jenny (is mastering / will have been mastering) the Python programming language for twelve weeks by next Wednesday.

3. I (was running / will have been running) in marathons for fifteen years when I apply for this season's tournament.

4. I (will have been studying / am studying) quantum physics for twelve years if I receive my professorship next year.

5. Tiffany (will be accumulating / will have been accumulating) funds for her agricultural startup for a decade by 2030.

6. The tech company (will have been contributing / was contributing) to the field of AI for approximately eleven years by next month.

7. By the time Grace reaches the International Space Station, she (will have been traveling / was traveling) through space for over 24 hours.

8. It was a mistake to decide to walk to class because my professor (will be teaching / will have been teaching) for twenty minutes by the time I arrive.

9. Next year, Chanel (will have been operating / has been operating) in Korea for seventeen years since it opened its first branch in Seoul.

10. I usually finish coding by 5, but I might have to debug some issues next Friday. If so, by the time I log off that day, my husband (had been waiting / will have been waiting) for several hours.

★ 정답 및 해설 p. 9

어휘

conduct 수행하다 biomedical research 생의학 연구 master 숙달하다 apply for ~에 지원하다 tournament 대회 quantum physics 양자물리학 professorship 교수직 accumulate 모으다 fund 자금 agricultural 농업의, 농산물의 startup 스타트업, 신생 업체 decade 10년 contribute to ~에 기여하다 approximately 대략 International Space Station 국제 우주 정거장 operate 운영하다 branch 지사 debug ~의 오류를 수정하다, 디버깅하다 issue 문제

Practice

1. We're planning a long road trip to the Grand Canyon next week. By the time we reach our tourist destination, we _____ for more than 14 hours straight.

   (a) has been driving
   (b) drive
   (c) will have been driving
   (d) will be driving

2. As an architect, I need to keep track of my ongoing projects. If my calculations are correct, I _____ this construction project for almost two years by the end of this year.

   (a) will have been managing
   (b) is managing
   (c) would have managed
   (d) will manage

3. My cousin is currently interning at a major accounting company. She _____ for the company for five months when her internship period ends next Friday.

   (a) has been worked
   (b) will be working
   (c) would work
   (d) will have been working

4. In order to establish a successful software company, a lot of work must be done. After obtaining a relevant degree, you need to gain a significant amount of experience in the tech industry. Until your company becomes profitable, you _____ in this field for a decade or more!

   (a) will have been striving
   (b) have strived
   (c) will be striving
   (d) are striving

5. Sometime in the 1980s, Graham McCormick joined a reenactment troupe which recreates scenes and battles from the American Revolution. In the coming years, if he continues to be an active member, he _____ in reenactments for almost five decades.

   (a) was participating
   (b) will have been participating
   (c) is participating
   (d) had been participating

6. Mr. Thompson is a big fan of cricket and has been watching a crucial match since early morning. He plans to stop watching at noon, as he _____ the match for over five hours by then.

   (a) has been watching
   (b) will have been watching
   (c) will be watching
   (d) is watching

DAY 03 가정법

알맞은 가정법 동사 형태를 골라야 하는 Form 유형으로
총 6문제가 출제된다. **가정법 과거**와 **가정법 과거완료**가 각각 3문제씩 출제되며,
고난이도로 if절의 동사의 형태, 혼합가정법과 특수가정법이 나오기도 한다.

1단계 선택지가 한 동사의 다양한 조동사와 시제로 구성되어 있음

2단계 빈칸이 있는 문장에 if 또는 'had + 주어 + p.p.'가 존재하면 가정법 시제를 고르는 문제임

3단계 if절이 과거이면 정답은 가정법 과거 시제 고르기
if절이 과거완료이면 정답은 가정법 과거완료 시제 고르기
동사 뒤의 if절이 '~인지, 아닌지'로 해석될 때는 가정법 문제 아님

가정법

가정법	형태	예문
가정법 과거	If + 주어 + 과거 동사/were to, 주어 + would/could/might + 동사원형	**If** Tony **were to exercise** regularly, he **would become** more fit. 토니가 규칙적으로 운동하면 더 체력이 좋아질 텐데. **If** Tony **exercised** regularly, he **could promote** better sleep. 토니가 규칙적으로 운동하면 더 숙면을 취할 수 있을 텐데.
가정법 과거 완료	If + 주어 + had p.p., 주어 + would/could/might + have p.p.	**If** Tony **had exercised** regularly, he **might have reduced** stress levels. 토니가 규칙적으로 운동했다면 스트레스 지수를 줄였을 텐데.

FM 문제 풀이 공략

Cindy is thinking of buying a luxury necklace for Mother's Day. However, she realized that she has been spending too much on buying clothes recently. She _____ the brand of jewelry she wants for her mother **if** she **were to control** her impulse buying.

(a) is getting
(b) has gotten
(c) could have gotten
(d) could get

STEP 1 선택지 유형 분석
동사 get이 다양한 조동사와 시제로 구성되어 있으므로 가정법 동사를 고르는 F유형임을 파악하기

STEP 2 빈칸 문장에서 단서 찾기
빈칸이 포함된 문장에 'if + 과거(were to control)'가 있으므로 가정법 과거 시제 고르기

STEP 3 정답 고르기
가정법 과거(would/could/might + 동사원형)의 주절에 맞는 (d)를 정답으로 고르기

The new CEO said that he has the most ambitious initiatives for addressing the economic downturn. **If** he **had been hired** in the first place, the company _____ the hardest hit by the sluggish consumption last year.

(a) was avoiding
(b) would have avoided
(C) had avoided
(d) would avoid

STEP 1 선택지 유형 분석
동사 avoid가 다양한 조동사와 시제로 구성되어 있으므로 가정법 동사를 고르는 F유형임을 파악하기

STEP 2 빈칸 문장에서 단서 찾기
빈칸이 포함된 문장에 'if + 과거완료(had been hired)'가 있으므로 가정법 과거완료 시제 고르기

STEP 3 정답 고르기
가정법 과거완료(would/could/might + have p.p)의 주절에 맞는 (b)를 정답으로 고르기

Sheikh Khalifa, president of the United Arab Emirates and ruler of Abu Dhabi, died Friday aged 73, after suffering from a heart attack. **If** he **had managed** his health well, he _____ **now** and perhaps lived longer.

(a) might be alive
(b) might have been alive
(c) has been alive
(d) may be alive

STEP 1 선택지 유형 분석
동사 be가 다양한 조동사와 시제로 구성되어 있으므로 가정법 동사를 고르는 F유형임을 파악하기

STEP 2 빈칸 문장에서 단서 찾기
빈칸이 포함된 문장에 if와 과거완료 시제(had managed)가 있지만 주절에는 now(지금)라는 현재 표현이 있으므로 혼합 가정법임을 알기

STEP 3 정답 고르기
주절에는 'would/could/might + 동사원형'인 (a)를 정답으로 고르기

1 | 가정법 과거

1. 현재나 미래 사실과 반대되는 상황에 대한 아쉬움이나 바람, 유감 또는 주장 등을 나타내며 '만약 ~ 한다면, ~할 것이다(would)/~할 수 있을 것이다(could)/~할지도 모른다(might)'로 해석한다.
2. if절과 주절의 동사 형태를 물어보는 문제 모두 출제된다.

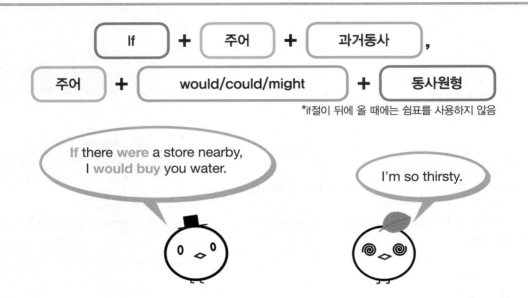

| If | + | 주어 | + | 과거동사 |,

| 주어 | + | would/could/might | + | 동사원형 |

*if절이 뒤에 올 때에는 쉼표를 사용하지 않음

If there **were** a store nearby,
I **would buy** you water.

I'm so thirsty.

출제 포인트

1. **if절의 동사와 주절의 동사 형태를 물어보는 문제가 모두 출제된다.**

If I **were to** travel to Korea, I **would visit** Gyeongju and explore its splendid heritage.
만약 내가 한국으로 여행 간다면 경주를 방문해 찬란한 유산을 답사하고 싶다.

If I **had** more confidence, I **could definitely speak** up in meetings and share my ideas.
내가 자신감이 더 있다면 회의에서 더 적극적으로 발언하고 생각을 공유할 수 있을 텐데.

2. **가정법의 if는 생략되면 (조)동사가 주어 앞에 오는 도치가 일어난다.**

Were I an accomplished pianist, I **would be performing** in concerts around the world.
내가 뛰어난 피아니스트라면, 세계 각지의 콘서트 장에서 연주하고 있을 텐데.

Exercise

1. If I were in your position, I (would discuss / would have discussed) the situation with my manager.

2. If the school were equipped with more resources, it (could have launched / could launch) more extracurricular programs.

3. If Jenny were to work extra hours, she (might afford / might have afforded) a vacation next summer.

4. John (has joined / could join) the book club, not the sports team if he were more interested in literature.

5. I (will be sending / would send) the documents to the professor if I knew her office address.

6. If Mark (can complete / could complete) his research project by the deadline, he could present it at the annual conference.

7. Were the concert tickets less expensive, I (could get / could have gotten) them today.

8. Michael (attended / would attend) the conference were he not teaching a class this weekend.

9. The hospital might reconsider its contract with its suppliers if they (failed / are failing) to meet the quality standards.

10. Mary would invite him to the graduation party (were / is) she interested in Steve.

어휘

★ 정답 및 해설 p. 11

position 처지, 입장 discuss 논의하다 situation 상황 manager 관리자, 매니저 be equipped with (장비를) 갖추고 있다 resources (교육용) 자료 launch 시작하다, 출시하다 extracurricular 방과 후의 extra 추가의, 여분의 afford ～할 여유가 있다 join ～에 가입하다 literature 문학 complete 완료하다 deadline 마감일 present 발표하다 annual conference 연례 회의 reconsider 재고하다 contract 계약 supplier 공급업체 quality standard 품질 기준 graduation 졸업

Practice

1. Paul loves ice cream, but he is lactose intolerant. He always looks at ice cream parlors with longing. If he weren't allergic to dairy, he _____ a scoop every day, enjoying a different flavor each time.

   (a) eats
   (b) would eat
   (c) would have eaten
   (d) has eaten

2. The new drug didn't get FDA approval because of its side effects. If the researchers found the cause of its instability and the way to improve it, it _____ approval next year.

   (a) could get
   (b) could have gotten
   (c) get
   (d) was getting

3. Jake has always been fascinated by music. He spends hours listening to different kinds of music, but he regrets not learning to play any instruments. He _____ his favorite song on an actual stage someday if he were to have the chance to learn to play the guitar.

   (a) would have performed
   (b) is performing
   (c) would perform
   (d) will be performing

4. The sales of the new software are not as successful as the company expected because it was not user-friendly enough. Were the interface of the software easy to use, it _____ a big hit today.

   (a) become
   (b) became
   (c) might have become
   (d) might become

5. The advent of advanced medical technology has been a game changer in health care. The survival rate for many diseases would become much lower today, causing countless more fatalities if it _____ not for these advancements.

   (a) be
   (b) were
   (c) is
   (d) will be

6. Recent studies indicate that the nation's air pollution rate has reached a serious level this year. If the government _____ forth strict regulations regarding carbon dioxide emission in our country, the air would be cleaner in the future.

   (a) will be putting
   (b) puts
   (c) put
   (d) is putting

★ 정답 및 해설 p. 12

2 가정법 과거완료

기출 포인트

1. 과거 사실과 반대되는 상황에 대한 아쉬움이나 바람, 유감 또는 주장 등을 의미하며, '～했다면, ～했을 텐데[것이다](would) / ～할 수 있었을 텐데[것이다](could) / ～했을지도 모른다(might)'로 해석한다.

2. if절과 주절의 동사를 물어보는 문제가 모두 출제된다.

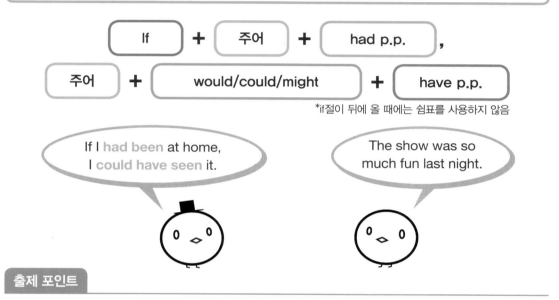

출제 포인트

1. **if절과 주절의 동사의 형태를 물어보는 문제가 모두 출제된다.**

   If only we **had booked** the tickets last week, we **could have gotten** better seats.
   우리가 지난주에라도 티켓을 예매했다면, 더 좋은 좌석을 얻을 수 있었을 텐데.

   If Sarah **had been** more **organized**, she **would have finished** the project ahead of schedule.
   Sarah가 좀 더 체계적이었다면 프로젝트를 예정보다 일찍 끝냈을 것이다.

2. **가정법의 if를 생략할 수 있으며 had가 주어 앞에 온다.**

   Had Mark **been** more diligent in his studies, he **could have applied** for a grant next semester.
   마크가 공부를 더 열심히 했다면, 다음 학기에 장학금을 신청할 수 있었을 텐데.

   Had I **taken** that job offer in New York, I **might have been exposed** to a competitive work environment.
   내가 뉴욕의 일자리 제안을 받아들였다면, 경쟁이 치열한 업무 환경에 노출되었을지도 모른다.

3. 혼합 가정법

가정법 과거와 과거완료가 혼합된 형태로, 과거를 가정하면서 현재에 대한 아쉬움을 나타낸다. 즉 "(과거에) ~했었다면, (현재) ~ 할 텐데"로 해석한다.

If I **had studied** in Europe in college, I **would be** able to communicate in multiple languages by now.
내가 대학 시절 유럽에서 공부했다면, 지금쯤 여러 언어로 소통할 수 있었을 텐데.

If I **had majored** in computer science in college, I **would understand** programming better now.
내가 대학에서 컴퓨터 공학을 전공했다면, 지금 프로그래밍을 더 잘 이해할 텐데.

4. 특수 가정법 표현

(1) if it were not for (if it had not been for) / if not for / without / but for

'~이 없다면(가정법 과거), ~이 없었다면(가정법 과거완료)'의 뜻으로 if를 생략한 도치 구문도 가능하다.

If (it were) **not for** the heavy rain, we **could arrive** at the concert on time.
폭우만 아니라면, 우리는 콘서트에 제시간에 도착할 수 있을 텐데.

If **not for** her encouragement, I **would** never **have pursued** a career as a professional musician.
그녀의 격려가 없었다면, 나는 결코 전문 음악가라는 직업을 추구하지 못했을 텐데.

Were it not for the lack of support, we **could achieve** even greater results.
지원이 부족하지 않다면, 우리는 훨씬 더 큰 성과를 거둘 수 있을 텐데.

Had it not been for his timely intervention, the project **would have been** a complete failure.
그의 시기적절한 개입이 없었다면, 그 프로젝트는 완전한 실패로 끝났을 것이다.

(2) I wish (~하면/했으면 좋겠다)

I **wish** I **could** turn back time and undo my mistakes.
시간을 되돌려서 내 실수를 없앨 수 있다면 좋겠다.

I **wish** I **had** more free time to be immersed in my hobbies and interests.
나는 내 취미와 관심사에 몰두할 수 있는 자유 시간이 더 많으면 좋겠다.

I **wish** I **had known** about the sale earlier; I **might have bought** that dress.
내가 세일에 대해 더 일찍 알았으면 좋았을 텐데; 내가 저 드레스를 샀을지도 모른다.

(3) should (미래의 가능성 있는 사건 언급)

Should she arrive late, we will delay the start of the meeting.
그녀가 혹시 늦게 도착하면, 우리는 회의 시작을 연기할 것이다.

Exercise

1. Jane (wouldn't skip / wouldn't have skipped) the gym this morning if she hadn't slept in late.

2. If the vocalist had rehearsed for the concert beforehand, he (could be hitting / could have hit) all the high notes.

3. Maria (had ordered / would have ordered) the bestselling novel if she had known it would be out of stock so quickly.

4. If the contender had answered one more question correctly in the last quiz, he (might have won / might win) the grand prize.

5. If it hadn't been for your assistance, I (could not submit / could not have submitted) my assignment this afternoon.

6. If Jenny had remembered that yesterday was her dog's 5th birthday, she (would have bought / would buy) him a new toy.

7. Those rare species (could have existed / could exist) now if the deforestation had not been so rampant.

8. If the engineers (had followed / followed) all design specifications, the bridge would not have collapsed.

9. I would reach the airport by now if I (had not missed / missed) my cab in the morning.

10. (Had I started / I had started) learning guitar earlier, I might have performed at the last school festival.

어휘

★ 정답 및 해설 p. 13

skip 거르다, 빼먹다 slept in 늦잠을 자다 vocalist 보컬리스트, 가수 rehearse 리허설하다, 연습하다 beforehand 미리, 사전에 hit a high note 고음을 내다 out of stock 재고가 없는 contender 도전자, 경쟁 상대 answer correctly 정답을 맞히다 win the grand prize 우승하다, 대상을 받다 assistance 도움, 지원 submit 제출하다 assignment 과제 rare species 희귀종 exist 존재하다 deforestation 삼림 벌채 rampant 만연한, 무성한 design specification 디자인 명세서, 설계 사양 collapse 붕괴되다, 무너지다 cab 택시 perform 공연하다, 연주하다

Practice

1. When the city's population started growing rapidly, officials realized the pressing need for recycling. If the city had not implemented strict recycling policies, the amount of waste in landfills _____ the pollution problem.

   (a) would exacerbate
   (b) would have exacerbated
   (c) will be exacerbating
   (d) are exacerbating

2. We did not manage to patent our invention due to a lack of proper documentation. If we had known the process in advance, we _____ the patent.

   (a) had been securing
   (b) could secure
   (c) could have secured
   (d) secure

3. Sue has been working hard to improve her skills. However, if she had applied for an internship at a renowned company during her college years, she _____ herself in a higher position in the job market.

   (a) has been putting
   (b) puts
   (c) might put
   (d) might have put

4. Lily is regretting her decision to skip class yesterday. She missed an important lecture because of her laziness, and now she is having a hard time understanding the contents of the lesson. If she had attended the class, she _____ so much now.

   (a) wouldn't struggle
   (b) won't be struggling
   (c) wouldn't have struggled
   (d) hasn't struggled

5. Many species of sharks were on the brink of extinction due to human activities and excessive hunting. Had it not been for the vigorous efforts of conservationists and activists, the number of sharks _____ substantially lower today.

   (a) would be
   (b) would have been
   (c) will be
   (d) is

6. Susan was really excited about her vacation, but she didn't manage to catch her flight because she forgot her passport. She would have caught her flight, and now she would be sunbathing on the beach _____ she remembered to bring her passport.

   (a) having been
   (b) had
   (c) has
   (d) would have

★ 정답 및 해설 p. 14

알맞은 준동사를 골라야 하는 Form 유형으로 총 6문제가 출제된다.
동명사와 to부정사가 3문제씩 출제되며, 둘 중에서 선택해야 하므로
각각을 목적어로 취하는 동사를 반드시 외워야 한다.

1단계 선택지가 한 동사의 동명사나 to부정사 형태로 구성되어 있음

2단계 빈칸이 포함된 문장에 동명사를 목적어로 취하는 동사가 있음

3단계 문제에서 동명사의 단순 형태인 '동사원형 + ~ing' 고르기

동명사	
용법	**예문**
주어	**Making a difference in the world** requires dedication and perseverance. 세상을 변화시키는 것에는 헌신과 인내가 필요하다.
목적어	Sally **enjoys** making homemade pasta from scratch. 샐리는 홈메이드 파스타를 맨 처음부터 만드는 것을 즐긴다. Sally excels **in** making intricate origami designs. 샐리는 복잡한 종이접기 디자인을 만드는 데 탁월하다.
보어	Sally's specialty is making mouthwatering desserts. 샐리의 전문 분야는 군침이 도는 디저트를 만드는 것이다.

FM 문제 풀이 공략

To make homemade doughnuts, combine flour, yeast, salt, and sugar. Heat milk until warm, add to dry ingredients, and mix. Then, heat oil in a large saucepan. **I recommend** _____ a deep-fat fryer, and never leave the hot oil unattended.

(a) to use
(b) having used
(c) using
(d) to have used

STEP 1   선택지 유형 분석
선택지가 use의 준동사 형태이므로 동명사나 to부정사를 고르는 F유형임을 파악하기

STEP 2   빈칸 문장에서 단서 찾기
빈칸 문장에서 동사 recommend 찾기

STEP 3   정답 고르기
recommend는 목적어로 동명사를 쓰므로 (c)를 정답으로 고르기

According to a medical journal, business travelers should do light exercises to strengthen core muscles before their journey to support the spine. The author **suggests** _____ precautions to avoid injuries before, during, and after the trips.

(a) to be taking
(b) to take
(c) having taken
(d) taking

STEP 1   선택지 유형 분석
선택지가 take의 준동사 형태이므로 동명사나 to부정사를 고르는 F유형임을 파악하기

STEP 2   빈칸 문장에서 단서 찾기
빈칸 문장에서 동사 suggest 찾기

STEP 3   정답 고르기
suggest는 목적어로 동명사를 쓰므로 (d)를 정답으로 고르기

I am a big fan of CSI, and I remember that people **could not help** _____ about the TV series when it first came out. Everyone was fascinated by the well-structured scenarios and wonderful characters in the show.

(a) talking
(b) to talk
(c) having talked
(d) to have talked

STEP 1   선택지 유형 분석
선택지가 talk의 준동사 형태이므로 동명사나 to부정사를 고르는 F유형임을 파악하기

STEP 2   빈칸 문장에서 단서 찾기
빈칸 문장에서 동사(구)인 could not help 찾기

STEP 3   정답 고르기
could not help 뒤에는 동명사를 쓰므로 (a)를 정답으로 고르기

1 동명사

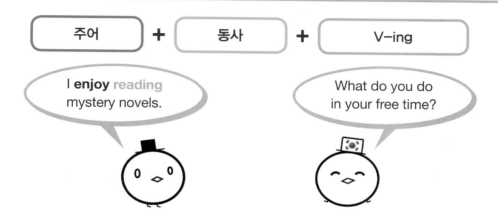

출제 포인트 동명사를 목적어로 취하는 동사

admit 인정하다 adore 아주 좋아하다 advise 충고하다 advocate 지지하다 allow 허락하다 anticipate 기대하다 appreciate 감사하다 avoid 회피하다 ban 금지하다 consider 고려하다 delay 미루다 deny 부인하다 despise 혐오하다 discontinue 중단하다 dread 두려워하다 end up ~한 결과가 되다 endure 참다 enjoy 즐기다 experience 경험하다 finish 끝내다 give up 포기하다 imagine 상상하다 include 포함하다 involve 필요로 하다 justify 정당화하다 keep 유지하다 mention 언급하다 mind 싫어하다 miss 그리워하다 permit 허용하다 postpone 미루다 practice 연습하다 prevent 막다 prohibit 금지하다 quit 그만두다 recall 기억해내다 recommend 추천하다 report 신고하다 require 필요로 하다 resent 분개하다 resist 참다 resume 재개하다 risk 위험을 무릅쓰다 suggest 제안하다 tolerate 용인하다 welcome 환영하다

1. 동사의 목적어로 쓰이는 경우

I need to **finish** writing my essay before the deadline.
나는 마감일 전에 에세이 쓰는 것을 끝내야 한다.

*동명사(coordinating)의 의미상의 주어를 밝혀야 할 때 동명사 앞에 소유격(my)으로 표현한다.
My boss put me in a new role that **involves my** coordinating various teams.
상사는 나에게 다양한 팀을 조율하는 것을 포함한 새로운 역할을 맡겼다.

2. 주어나 보어 자리에 오는 경우

Speaking in front of many people is both intimidating and rewarding. 〈주어〉
많은 사람들 앞에서 말하는 것은 두렵기도 하고 보람도 있다.

His goal is **completing** the full marathon. 〈보어〉
그의 목표는 마라톤 풀코스를 완주하는 것이다.

3. 동명사의 관용적 용법

cannot help -ing ~하지 않을 수 없다	go -ing ~하러 가다
feel like -ing ~하고 싶다	It is no use -ing ~해봐야 소용없다
be worth -ing ~할 만한 가치가 있다	on[upon] -ing ~하자마자
have difficulty -ing ~하는데 어려움을 겪다	refrain from -ing ~하는 것을 삼가다
be capable of -ing ~할 수 있다	when it comes to -ing ~에 관하여 말하자면
be caught -ing ~하다가 잡히다	

Tony **could not help** agreeing with her point of view.
토니는 그녀의 관점에 동의할 수밖에 없었다.

I **feel like** staying at home today. 나는 오늘 집에 있고 싶다.

The breathtaking view from the mountaintop **was worth** hiking for hours.
산 정상에서 바라보는 숨막히는 경치는 몇 시간 동안 등산할 가치가 있었다.

Minji **has difficulty** pronouncing certain words in English.
민지는 특정 단어를 영어로 발음하는 데 어려움을 겪고 있다.

She **is capable of** swimming long distances. 그녀는 장거리 수영이 가능하다.

The thief **was caught** stealing a valuable painting from the gallery.
도둑이 갤러리에서 귀중한 그림을 훔치다 적발되었다.

Can you **go** hiking with me this Saturday? 이번 토요일에 나와 하이킹 할래?

It is no use arguing with stubborn people who refuse to listen to others.
다른 사람의 말을 듣지 않는 고집 센 사람들과 논쟁하는 것은 아무 소용이 없다.

On learning how to ride a bicycle, she was filled with excitement.
그녀는 자전거 타는 법을 배우자마자 흥분으로 가득 찼다.

You should **refrain from** judging others based on their appearance or background.
외모나 배경을 보고 다른 사람들을 판단하는 것을 삼가야 한다.

When it comes to singing, Sarah has a natural talent that audiences find attractive.
노래에 관한 한 사라는 관객들이 매력적이라고 느끼는 천부적인 재능을 가지고 있다.

기초 문법
확인하기

Exercise

1. The company publicly admitted (violating / to violate) stringent environmental regulations.

2. He adores (to play / playing) basketball with his friends after school.

3. The financial advisor advised (practicing / to practice) patience when investing.

4. The boss advocated (to adopt / adopting) a new company policy.

5. The school policy does not allow (using / to use) cell phones during class hours.

6. We anticipate (having / to have) a great time at the concert, enjoying the energetic atmosphere.

7. I fully appreciate your (helping / to help) me with this project.

8. Simon avoids (to eat / eating) sugary snacks to maintain a healthy diet.

9. The committee decided to ban (talking / to talk) in the conference room.

10. Ken is considering (taking / to take) a vacation next month to relax and recharge.

11. For a considerable duration, the municipal committee has delayed (designating / to designate) Red Valley a national reserve.

12. They denied (entering / to enter) the restricted area without proper authorization.

13. The company has discontinued (to produce / producing) that particular model of the smartphone.

어휘

★ 정답 및 해설 p. 15

publicly 공개적으로 violate 위반하다 stringent 엄격한 environmental 환경의 regulation 규정 financial advisor 재정 고문 patience 인내 adopt 채택하다, 도입하다 policy 정책 energetic 활기찬 atmosphere 분위기 fully 완전히, 충분히 sugary 설탕이 든, 달콤한 maintain 유지하다 committee 위원회 recharge 재충전하다 considerable 상당한 duration 기간 municipal 시의 designate 지정하다 national reserve 국립보호지구 restricted 제한된 proper 적절한, 정식의 authorization 허가 particular 특정한

14. Jack dreads (to go / going) on long flights because of his fear of flying.

15. He aimed to save money, but he ended up (splurging / to splurge) on a new gadget.

16. My parents enjoy (growing / to grow) their own vegetables.

17. I experienced (to learn / learning) how to surf for the first time.

18. Sydney finished (watching /to watch) the entire series in a single day.

19. They were determined not to give up (searching / to search) for their lost dog.

20. Tony closed his eyes and imagined (walking / to walk) barefoot on a sandy beach.

21. The tour package includes (to visit / visiting) historical landmarks and exploring local markets.

22. The project involves (to conduct / conducting) extensive research and analyzing data.

23. The company justified (increasing / to increase) prices by citing rising production costs.

24. I miss (going / to go) to concerts before I had kids.

25. The library permits (borrowing / to borrow) up to ten books at a time.

26. They decided to postpone (to renovate / renovating) their house until the following year.

어휘

flight 비행 fear 공포 aim to-V ~하는 것을 목표로 하다 splurge on ~에 돈을 물 쓰듯 쓰다 gadget (간단한) 장치, 도구 for the first time 처음으로 entire 전체의 single 하나의 be determined to-V ~하기로 결심하다 search for ~을 찾다 barefoot 맨발로 sandy beach 모래사장 historical landmark 역사적 명소 explore 탐방하다 conduct research 연구를 실시하다 extensive 광범위한 analyze 분석하다 justify 정당화하다 cite ~을 이유로 들다 rising 상승하는 cost 비용 up to ~까지 at a time 한번에 renovate 개조하다 the following year 다음해

27. He practices (speaking / to speak) in front of a mirror to overcome his fear of public speaking.

28. Regular exercise and a healthy diet can help prevent (gaining / to gain) excess weight.

29. The museum strictly prohibits (to touch / touching) the exhibits to preserve their integrity.

30. The athlete suffered a severe injury and had to quit (competing / to compete) professionally.

31. The witness recalled (to see / seeing) the suspect near the crime scene.

32. The hiker reported (spotting / to spot) a rare bird species in the forest.

33. The job position requires (having / to have) excellent communication skills.

34. Nancy resented (being excluded / to be excluded) from the team despite her qualifications.

35. He couldn't resist (to buy / buying) the latest gadget, even though he didn't really need it.

36. After a brief interruption, the movie resumed (playing / to play) from where it left off.

37. Some individuals have food allergies and cannot tolerate (consuming / to consume) certain ingredients.

38. The book received rave reviews, and it proved to be worth (to read / reading) from start to finish.

39. On (reaching / to reach) the summit, they felt a sense of accomplishment.

40. The politician was caught (accepting / to accept) bribes and faced a public scandal.

어휘

★ 정답 및 해설 p. 15

overcome 극복하다 public speaking 대중 연설 regular 규칙적인 gain excess weight 과도하게 살이 찌다 strictly 엄격하게 exhibit 전시품 integrity 온전함, 무결성 athlete 선수 suffer 겪다, 당하다 severe injury 심각한 부상 compete professionally 프로 선수로 경기하다 witness 목격자 suspect 용의자 crime scene 범죄 현장 hiker 등산객 spot 발견하다 rare 희귀한 species 종 be excluded from ~에서 제외되다 despite ~에도 불구하다 qualification 자격 요건 brief interruption 잠시의 중단 leave off 중단하다, 중단되다 individual 개인, 사람 consume 섭취하다 ingredient 성분 rave review 극찬의 평론 prove to-V ~임이 판명되다 from start to finish 처음부터 끝까지 summit 정상 accomplishment 성취 politician 정치가 accept bribes 뇌물을 받다

Practice

1. To maintain a healthy body, you need to exercise regularly and eat balanced meals. However, one often neglected aspect is hydration. I strongly suggest _____ plenty of water, especially when working out.

   (a) to drink
   (b) drinking
   (c) having drunk
   (d) to have drunk

2. When you visit Paris, don't just spend all your time in museums and galleries. I recommend _____ a bike and exploring the charming streets and parks of the city.

   (a) to rent
   (b) renting
   (c) having rented
   (d) to have rented

3. Living in a bustling city, the inhabitants must endure _____ noise pollution. The sound of traffic and construction can be overwhelming, but they have learned to adapt.

   (a) to experience
   (b) to have experienced
   (c) having experienced
   (d) experiencing

4. As someone who enjoys the peace and tranquility of the countryside, Jake despises _____ in crowded places. He finds the constant bustle and clamor unbearable.

   (a) being
   (b) having been
   (c) to be
   (d) to have been

5. During the meeting, the manager avoided _____ the team's poor performance in the past quarter. He focused instead on the strategies for improving in the next quarter.

   (a) having mentioned
   (b) to mention
   (c) mentioning
   (d) to have mentioned

6. Every time I read a novel set in a fascinating world, I cannot help _____ about how great it would be to live there. The descriptions of the environment and culture are so rich and vibrant that it feels as if I am actually there.

   (a) to have dreamed
   (b) having dreamed
   (c) to dream
   (d) dreaming

★정답 및 해설 p. 16

DAY 05 to부정사

알맞은 준동사를 골라야 하는 Form 유형으로 총 6문제가 출제된다.
동명사와 to부정사가 3문제씩 출제되며, 둘 중에서 선택해야 하므로
각각을 목적어로 취하는 동사를 반드시 외워야 한다.

1단계 선택지가 한 동사의 동명사와 to부정사 형태로 구성되어 있음

2단계 빈칸이 포함된 문장에서 명사나 형용사 혹은 부사의 역할을 하는 to부정사가 필요

3단계 완료형이나 진행형이 아닌 to부정사의 기본형(to+동사원형)을 정답으로 고르기

to부정사

용법	형태	예문
명사	주어	**To go** camping is so rejuvenating that I can escape the stress of my busy life. 캠핑은 바쁜 일상의 스트레스에서 벗어날 수 있게 활력을 준다.
	목적어	Tony had a long day, so he **chose** to sleep first. 토니는 지친 하루를 보냈기 때문에, 먼저 잠을 청하기로 했다.
	주격보어	His goal is to become a renowned physicist. 그의 목표는 저명한 물리학자가 되는 것이다
	목적격보어	The team leader **expects** Mark to finish the project ahead of schedule. 팀장은 마크가 그 프로젝트를 예정보다 일찍 끝낼 것으로 기대하고 있다.
형용사	명사 수식	Matilda bought a suit to wear for the presentation. 마틸다는 발표 때 입을 정장을 샀다.
부사	목적 이유	I went to Chicago to visit my relatives. 나는 친척을 만나러 시카고에 갔다. I am surprised to see Tony at the meeting. 나는 회의에서 토니를 보고 깜짝 놀랐다.

FM 문제 풀이 공략

Psychologist Walter Mischel conducted an experiment called "the marshmallow test." A marshmallow was placed in front of a child, and the child was given one more marshmallow as a reward if he or she **managed** _____ the marshmallow for 15 minutes.

(a) **to resist**
(b) to be resisting
(c) having resisted
(d) resisting

STEP 1 선택지 유형 분석
선택지가 동사 resist의 준동사 형태이므로 알맞은 준동사를 고르는 F유형임을 파악하기

STEP 2 빈칸 문장에서 단서 찾기
빈칸이 포함된 문장의 동사 manage는 목적어 자리에 to부정사를 쓰는 동사임을 확인하기

STEP 3 정답 고르기
to부정사의 단순 형태인 (a)를 정답으로 고르기

After receiving many complaints from upset customers about the new advertisement, the board made a decision _____ a study to assess the situation. They will release the findings tomorrow and hold a press conference to share them with the public.

(a) being carried out
(b) having carried out
(c) **to carry out**
(d) carrying out

STEP 1 선택지 유형 분석
선택지가 동사 carry의 준동사 형태이므로 알맞은 준동사를 고르는 F유형임을 파악하기

STEP 2 빈칸 문장에서 단서 찾기
빈칸이 포함된 문장에서 빈칸은 앞에 있는 명사인 decision을 꾸며주는 형용사 역할을 하는 것임을 확인하기

STEP 3 정답 고르기
to부정사의 단순 형태인 (c)를 정답으로 고르기

The Veteran's Associations will be in Ruby Park distributing special ribbons with each donation they received. It will be used _____ war veterans, deceased military soldiers, and their families with medical and financial needs.

(a) supporting
(b) to have supported
(c) having supported
(d) **to support**

STEP 1 선택지 유형 분석
선택지가 동사 support의 준동사 형태이므로 알맞은 준동사를 고르는 F유형임을 파악하기

STEP 2 빈칸 문장에서 단서 찾기
빈칸이 포함된 문장에서 빈칸 앞에 문장은 완전하고, '~하기 위해서'라는 목적의 의미인 부사적 용법의 to부정사가 필요함을 확인하기

STEP 3 정답 고르기
to부정사의 단순 형태인 (d)를 정답으로 고르기

1 to 부정사: 목적어

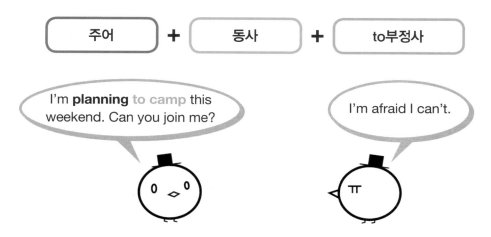

주어 **+** 동사 **+** to부정사

I'm **planning** to camp this weekend. Can you join me?

I'm afraid I can't.

출제 포인트 **to부정사를 목적어로 취하는 동사**

afford ～할 여유가 있다 agree 합의하다 aim 목표로 하다 appear ～처럼 보이다 arrange 준비하다 ask ～하게 해달라고 요청하다 attempt 시도하다 choose 선택하다 decide 결정하다 decline 거절하다 demand 요구하다 determine 결심하다 elect ～하기로 선택하다 expect 예상하다, 기대하다 fail 실패하다 hesitate 망설이다 hope 바라다 intend ～할 생각이다 learn 배우다 manage 해내다 mean ～할 작정이다 need ～할 필요가 있다 offer 제안하다 plan 계획하다 prepare 준비하다 pretend ～하는 척하다 promise 약속하다 refuse 거부하다 seek ～하려고 노력하다 seem ～처럼 보이다 strive 애쓰다 tend ～하는 경향이 있다 prove (= turn out) ～임이 드러나다 vow 맹세하다 want 원하다 wait 기다리다 wish ～하고 싶어하다

1. 목적어로 쓰이는 to부정사

The new student **appears** to have a great talent for playing the piano.
그 신입생은 피아노 연주에 뛰어난 재능이 있는 것 같다.

I **hope** to finish reading this book by the end of the week.
나는 이번 주말까지 이 책을 다 읽고 싶다.

She **pretended** to be asleep when her parents entered the room.
그녀는 부모님이 방에 들어올 때 자고 있는 척했다.

2. 진목적어와 진주어로 쓰이는 to부정사

(1) 진목적어: 주어 + 동사 + 가목적어 it + 진목적어(to부정사)

She finds **it** challenging to speak in public. 그녀는 대중 앞에서 말하는 것이 어렵다고 생각한다.

The user-friendly interface of the app makes **it** easy to navigate and find the information you need. 사용자 친화적인 앱 인터페이스는 필요로 하는 정보를 쉽게 탐색하고 찾을 수 있도록 한다.

(2) 진주어: 가주어 it + 동사 + 진주어(to부정사)

It is not easy to climb to the top of a mountain.
= To climb to the top of a mountain is not easy.
산 정상에 오르는 것은 쉽지 않다.

It is wise to consult a financial advisor before making any major investments.
큰 투자를 하기 전에 재정 고문과 상담하는 것이 현명하다.

3. 동명사와 to부정사를 목적어로 취할 때 의미가 달라지는 동사

(1) try ~ing: 시험 삼아 해보다 vs. try to V: 하려고 노력하다, 시도하다

Sally **tried** experimenting with different ingredients in the recipe.
샐리는 다양한 재료로 요리법을 실험해 보았다.

I will **try** to finish my assignment by this Friday. 이번 금요일까지 과제를 마치려고 노력할 것이다.

(2) remember ~ing: (과거) ~한 것을 기억하다 vs. remember to V: (미래) ~할 것을 기억하다

I **remembered** locking the front door before leaving. 떠나기 전에 문을 잠근 것을 기억했다.

I should **remember** to buy groceries on my way home.
집에 가는 길에 식료품을 살 것을 기억해야 한다.

(3) forget ~ing: (과거) ~한 것을 잊다 vs. forget to V: (미래) ~할 것을 잊다

Tony has completely **forgotten** owing me the money.
토니는 나에게 돈을 빌렸다는 것을 완전히 잊어버렸다.

Jenny sometimes **forgets** to fasten her seatbelt when she gets in the car.
제니는 차에 탈 때 가끔 안전벨트 메는 것을 잊어버린다.

(4) regret ~ing: (과거) ~한 것을 후회하다 vs. regret to V: (미래) ~하게 되어 유감이다

Jason **regretted** blaming her for her mistake. 제이슨은 그녀의 실수를 탓한 것을 후회했다.
We **regret** to inform you that you have been rejected due to insufficient qualifications. 자격 요건이 충분치 않아 불합격되었음을 알리게 되어 유감입니다.

(5) stop ~ing: ~하는 것을 그만두다 vs. stop to V: ~하기 위해 (하던 것을) 멈추다

Clara **stopped** playing the piano after realizing that she had no talent for it.
클라라는 피아노에 재능이 없음을 깨닫고 피아노 치는 것을 그만두었다.

기초 문법
확인하기

Ben **stopped** to tie his shoelaces before continuing his run.
벤은 달리기를 계속하기 전에 신발끈을 묶으려고 멈춰섰다.
* 여기서 to부정사는 '~하기 위해'라는 부사의 의미로 쓰인 것으로 stop의 목적어가 아니다.

Exercise

1. I can't wait (trying / to try) the new dessert shop that opened in our town.

2. The director attempted (consolidating / to consolidate) the various teams into one unit.

3. My friend Alex agreed (accompanying / to accompany) me to the concert.

4. I'm aiming (to learn / learning) a new language this year.

5. E-book sales appeared (surging / to surge) after the launch of new e-readers.

6. The event organizers arranged (inviting / to invite) a celebrity guest to the event.

7. The researcher asked (accessing / to access) the newly published data for her study.

8. If you choose (to resign / resigning) from the committee, notify the chairperson first.

9. Susan decided (adopting / to adopt) a puppy from the shelter.

10. Mark declined (presenting / to present) at the conference due to other commitments.

11. The examiner demanded (explaining / to explain) the answer in detail.

12. One of my teammates determined (to pursue / pursuing) his master's degree overseas.

13. She elected (writing / to write) her own novel after reading an inspiring book.

14. We are expecting (catching / to catch) the early morning flight.

15. The burglar failed (eluding / to elude) the bank's sophisticated security system.

어휘

★ 정답 및 해설 p. 18

can't wait to-V 빨리 ~하고 싶다 consolidate 통합하다 unit 한 개[단위] accompany ~와 동행하다 surge 급증하다 launch 출시 event organizer 행사 주최자 celebrity 유명인 access 접근하다 resign 사임하다 notify 알리다 chairperson 의장 adopt 입양하다 shelter 보호소 present 발표하다 commitment 약속, 책무 examiner 시험관, 채점관 in detail 상세하게 pursue 추구하다 master's degree 석사 학위 overseas 해외에서 inspiring 영감을 주는 burglar 도둑 elude 피하다, 빠져나가다 sophisticated 정교한, 복잡한 security system 보안 시스템

16. My daughter hesitates (expressing / to express) her concerns about school.

17. This year, Peter hopes (to earn / earning) his black belt in taekwondo.

18. My parents intend (retiring / to retire) in a quiet countryside.

19. Everyone must learn (performing / to perform) CPR in case of emergencies.

20. The children managed (solving / to solve) the complex puzzle without any help.

21. The charity offered (providing / to provide) free meals to the homeless.

22. My brother is planning (to start / starting) his own business next year.

23. The store owner will be preparing (displaying / to display) the new merchandise.

24. Jenny pretended not (remembering / to remember) her old classmates at the reunion.

25. My friend promised not (arriving / to arrive) late for the movie night.

26. The restaurant refuses (serving / to serve) customers who do not wear masks.

27. Their coach sought (to improve / improving) their team's strategy by introducing new training techniques.

28. No one seemed (accepting / to accept) the offered position in the remote office.

29. It is calming (meditating / to meditate) in the early morning.

30. Many believe it crucial for students (developing / to develop) good study habits early.

★ 정답 및 해설 p. 18

어휘

concern 걱정 earn a black belt 검은 띠를 따다 retire 은퇴하다 countryside 시골 CPR (cardiopulmonary resuscitation) 심폐소생술 emergency 긴급 상황 complex 복잡한 charity 자선단체 the homeless 노숙자 display 전시하다, 진열하다 merchandise 상품 reunion 동창회 position 직책 remote 먼 거리의, 외진 calming 차분하게 하는 meditate 명상하다 crucial 중요한

Practice

1. Parents often find it difficult _____ their children entertained during long car journeys. They need to come up with creative games and activities to keep the little ones occupied.

   (a) to keep
   (b) to have kept
   (c) having kept
   (d) keeping

2. Successful entrepreneurs strive _____ their businesses' growth. They are always searching for new markets and opportunities to expand their reach.

   (a) having maintained
   (b) to have maintained
   (c) to maintain
   (d) maintaining

3. In the rapidly changing world of technology, professionals tend _____ ongoing education to keep up with the latest developments and trends in the industry.

   (a) pursuing
   (b) having pursued
   (c) to pursue
   (d) to have pursued

4. Many book lovers wish _____ their own book clubs. This way, they can share their love for literature with others and create a community of like-minded people.

   (a) to start
   (b) starting
   (c) having started
   (d) to have started

5. In response to global warming, many environmentalists vow _____ the planet. They engage in various conservation activities and advocate for sustainable practices.

   (a) protecting
   (b) having protected
   (c) to have protected
   (d) to protect

6. In a suspenseful movie, the plot twist often turns out _____ everyone in the theater. It leads to gasps and murmurs among the audience.

   (a) to have surprised
   (b) to surprise
   (c) surprising
   (d) having surprised

★ 정답 및 해설 p. 19

2 | to부정사: 목적격보어

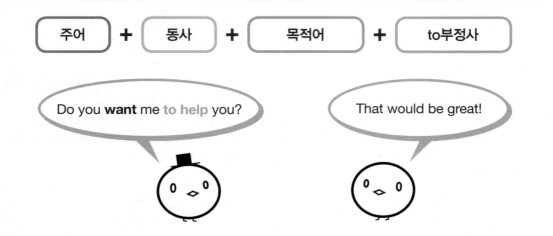

주어 + 동사 + 목적어 + to부정사

Do you **want** me to help you?

That would be great!

출제 포인트   **to부정사를 목적격보어로 취하는 동사**

advise 조언하다   allow 가능하게 하다   ask 요청하다   cause 초래하다   enable 할 수 있게 하다   encourage 권장하다   entitle 자격을 부여하다   expect 기대하다   force 강요하다   help 돕다   instruct 지시하다   invite 권하다   permit 허용하다   persuade 설득하다   qualify 권한을 주다   remind 상기시키다   require 요구하다   tell 말하다   urge 권고하다   want 원하다

---

1. **to부정사를 목적격보어로 취하는 동사**

   I would **advise** you to carefully consider all the options before making a decision.
   나는 결정을 하기 전에 모든 가능성을 신중하게 고려하라고 조언하고 싶다.

   Continuous environmental degradation **is causing** the planet to experience more frequent and severe weather events.
   지속되는 환경 파괴로 지구는 더 빈번하고 심각한 기상 이변을 경험하고 있다.

   Advanced technology **enables** us to access a variety of content in real time.
   첨단 기술을 통해 우리는 실시간으로 다양한 콘텐츠에 접근할 수 있다.

   The job position **requires** applicants to have a master's degree in a related field.
   이 직책은 지원자들이 관련 분야의 석사 학위를 소지할 것을 요구한다.

2. to부정사를 목적격보어로 취하는 동사의 수동태 『be p.p. + to V』

be allowed to (허용해서) ~할 수 있다
be convinced(persuaded) to ~하라고 설득당하다
be designed to ~하도록 설계되다
be encouraged to ~하도록 권장받다
be entitled to ~하는 자격을 부여받다
be expected to ~하기로 기대되다
be forced to 어쩔 수 없이 ~하다

be intended to ~하도록 의도되다
be required to ~하도록 요구받다
be supposed to ~하기로 되어 있다
be scheduled to ~하기로 예정되어 있다
be taught to ~하는 것을 배우다
be told to ~하라는 말을 듣다

Children **are allowed** to play in the park during designated hours.
어린이는 지정된 시간 동안 공원에서 놀 수 있다.

Participants **are encouraged** to take public transport to avoid congestion.
참가자들은 혼잡을 피하기 위해 대중교통을 이용할 것을 권장합니다.

Senior citizens **are entitled** to receive discounts at various stores and restaurants.
고령자는 다양한 상점과 레스토랑에서 할인 혜택을 받는 자격이 주어진다.

The highly anticipated talks **are scheduled** to officially commence tomorrow at 9
a.m. 많은 기대를 모으고 있는 이번 회담은 내일 오전 9시에 공식적으로 시작될 예정이다.

3. to부정사를 관용적으로 사용하는 표현

be good/important to ~하는 것이 좋다/중요하다
be[make] sure to 반드시 ~(확인)하다
be able/unable to ~할 수 있다/없다
be about to 막 ~하려는 참이다
be advisable to ~하는 것을 권할 만하다
be available to ~할 시간이 있다
be delighted to ~하게 되어 기쁘다
be eager to ~하기를 열망하다
be easy/difficult to ~하기 쉽다/어렵다
be eligible to ~할 자격이 있다
be[feel] free to 마음껏 ~하다
be hesitant to ~하는 것을 망설이다

be liable to ~하기 쉽다
be likely to ~할 것 같다
be obliged to ~할 수밖에 없다
be pleased[willing] to 기꺼이 ~하다
be prepared to ~할 준비가 되다
be proud to ~하는[인] 것이 자랑스럽다
be ready to ~할 준비가 되다
be reluctant to ~하기를 꺼리다
be set to ~하기로 준비되어 있다
have to ~해야 한다
used to ~하곤 했다

She will **be willing** to try out the new recipe for dinner tonight.
그녀는 오늘 밤 저녁 식사를 위해 새로운 레시피를 기꺼이 시도해 볼 것이다.

The students **were eager** to participate in the science experiment and learn new
concepts. 학생들은 과학 실험에 참여하고 새로운 개념을 배우기를 열망했다.

Exercise

1. Trisha advised Lara (reviewing / to review) the contract to ensure she fully understands the terms and conditions.

2. I encourage you (preparing / to prepare) your own data and content for the research project.

3. On weekday evenings, Evan invited Bea (joining / to join) him for a relaxing stroll in the park.

4. Visitors are permitted (taking / to take) photos inside the exhibit without using a flash.

5. The sudden downpour caused the outdoor event (to be canceled / being canceled).

6. The company expects its profits (to double / doubling) in the first half of the year.

7. Online platforms have enabled people (sharing / to share) ideas and information effortlessly.

8. The city council introduced incentives to persuade homeowners (to adopt / adopting) the installation of solar panels.

9. I once again reminded Sally (picking up / to pick up) groceries on her way home.

10. The project manager had to tell the team (completing / to complete) the task by the end of the week.

11. Participants are required (attending / to attend) a minimum of two breakout sessions during the conference.

12. In this office, everyone is allowed (using / to use) the printer for personal documents.

13. The new employee has been instructed (to submit / submitting) a weekly report every Friday.

14. The event attendees are invited (to bring / bringing) a friend or spouse.

15. Smoking in public spaces in Scotland is prohibited, and violators have (paying / to pay) penalties if they get caught.

★ 정답 및 해설 p. 20

어휘

review 검토하다 contract 계약서 ensure 확인하다 terms and conditions (계약, 지불의) 조건 relaxing 편안한, 여유로운 stroll 거닐기, 산책 exhibit 전시장 sudden 갑작스러운 downpour 폭우 profit 수익 double 두 배가 되다 first half 상반기 effortlessly 손쉽게, 수월하게 city council 시의회 homeowner 주택 소유자 installation 설치 solar panel 태양광 패널 remind 상기시키다 complete 완료하다 participant 참가자 a minimum of 최소한 breakout session 분과 회의 instruct 지시하다 submit 제출하다 attendee 참석자 spouse 배우자 prohibit 금지하다 violator 위반자 penalty 벌금 get caught (~하다) 걸리다

Practice

1. In the classroom, Ms. Johnson noticed a quiet student who always sat in the back. Seeing his potential, she wants him _____ more involved in class discussions.

    (a) becoming
    (b) to become
    (c) to have become
    (d) having become

2. The team, after a challenging but successful season, will be entitled by their national championship victory _____ in the international tournament next year. This is a prestigious event that showcases the best teams worldwide.

    (a) to compete
    (b) competing
    (c) to have competed
    (d) having competed

3. A sudden turn of extreme weather on the mountain forced the mountaineers _____ their expedition halfway. Such decisions often underscore the inherent risks of high-altitude climbing.

    (a) to have abandoned
    (b) having abandoned
    (c) to abandon
    (d) abandoning

4. Through the confusing stages of adolescence and early adulthood, my parents have always been there, ready to help me _____ life's complexities. Their counsel has been a guiding light in difficult times.

    (a) navigating
    (b) having navigated
    (c) to have navigated
    (d) to navigate

5. Considering his extensive industry experience and leadership qualities, he's fully qualified _____ this new project that demands a wide range of professional skills. His expertise is expected to drive the team's success.

    (a) to have led
    (b) to lead
    (c) leading
    (d) having led

6. To delve into their subjects more deeply, students are often encouraged by teachers _____ independent research projects. The experience of planning, conducting, and reporting a study provides invaluable skills for further education.

    (a) undertaking
    (b) having undertaken
    (c) to undertake
    (d) to have undertaken

★ 정답 및 해설 p. 21

3 to부정사: 형용사 용법

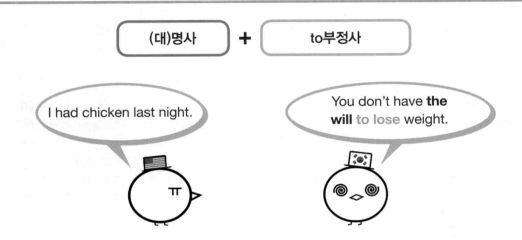

출제 포인트 | to부정사의 형용사 용법에 자주 출제되는 명사

ability 능력 advice 조언 appeal 매력 attempt 시도 authority 권한 chance/opportunity 기회 claim 주장 decision 결정 desire 열망 dream 꿈 effort 노력 failure 실패 goal 목표 means 수단 motivation 동기 need 필요 permission 허가 place 장소 plan 계획 preparation 준비 proposal 제안 recommendation 권고 refusal 거절 reminder 상기 request 요청 requirement 필요 right 권리 step 단계 suggestion 제안 tendency 경향 time 시간 way 길 wish 소망

John's constant effort has nurtured his **ability** to effectively communicate complex ideas to diverse audiences.

존의 끊임없는 노력은 다양한 청중에게 복잡한 아이디어를 효과적으로 전달할 수 있는 능력을 키웠다.

Engaging in debates offers students **the opportunity** to enhance their critical thinking skills.

토론에 참여하면 비판적 사고력을 향상시킬 수 있는 기회를 얻게 된다.

Emma has a **tendency** to procrastinate, so she only started to write the report the day before the deadline.

엠마는 일을 미루는 경향이 있어서 마감일 전날에 겨우 보고서 작성을 시작했다.

Exercise

1. Evan has the authority (assiging / to assign) the final presentation topic to each team member.

2. Citizens over the age of 18 have the right (voting / to vote) in general elections.

3. The city has expanded its specialized street projects in an effort (to provide / providing) food truck owners with a place to operate.

4. We don't have any time (wasting / to waste) when it comes to addressing the climate change crisis.

5. Exploring new markets and expanding product offerings are some ways (diversifying / to diversify) the company's revenue streams.

6. Applicants have to submit the required documents (being considered / to be considered) for the scholarship program.

7. Attending the art exhibition offered me an opportunity (to know / knowing) more about contemporary art.

8. The singer was granted permission (deferring / to defer) enlistment for 12 months.

9. The EU made the decision (to expand / expanding) hydrogen refueling stations on major European roads.

10. Jenny needed a quiet place (concentrating / to concentrate) on her writing assignment.

어휘

★ 정답 및 해설 p. 22

assign A to B A를 B에 할당하다 presentation 발표 citizen 시민 general election 총선 expand 확장하다 specialized 특화된 in an effort to-V ~하려는 노력의 일환으로 operate 운영하다 when it comes to ~에 관한 한 address 대응하다, 대처하다 crisis 위기 explore 탐색하다, 개척하다 offering 제공 diversify 다각화하다 revenue stream 수익원 applicant 지원자 be considered for ~에 대해 검토되다 exhibition 전시회 contemporary art 현대 미술 grant sb permission to-V ~에게 ~할 허가를 주다 defer 연기하다 enlistment 입영 hydrogen refueling station 수소차 충전소 concentrate on ~에 집중하다 assignment 과제

4 | to부정사: 부사 용법

기출 포인트

1. 동사의 성질과 기능을 가진 상태로 부사의 역할을 하며, '∼하기 위해서 / ∼해서'로 해석한다.
2. 완벽한 문장에서 동사, 형용사, 문장 전체를 수식하는 부사로 해석이 된다.

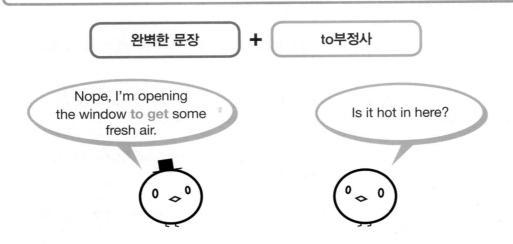

완벽한 문장 **+** to부정사

Nope, I'm opening the window **to get** some fresh air.

Is it hot in here?

출제 포인트　**to부정사의 부사적 용법**

목적 (∼하기 위해)	*목적의 의미를 확실하게 하기 위해 'in order/so as + to부정사'를 쓰기도 한다. I walk more than 10,000 steps a day (in order) **to stay** healthy. 나는 건강해지기 위해 하루에 만 보 넘게 걷는다. We arrived at the venue early (so as) **to get** the author's autograph. 우리는 작가의 사인을 받기 위해 행사장에 일찍 도착했다.
이유 (∼해서)	*앞에 주로 감정을 나타내는 표현과 함께 나온다. Mina was upset **to fail** her final exam in organic chemistry. 미나는 유기화학 기말 고사에서 낙제해 속상했다.
정도 (∼하기에)	*앞에 주로 형용사나 부사가 나온다. It was warm enough **to eat** outdoors. 야외에서 먹어도 될 만큼 날이 따뜻했다. Losing a job unexpectedly can be incredibly difficult **to get** over. 갑작스러운 실직은 극복하기 매우 어려울 수 있다.

Exercise

1. Submit your application by the end of this week (securing / to secure) your spot in the competition.

2. Our technical team offers free repair services (to address / addressing) any defects in the product.

3. You need to have at least 3 years of experience (applying / to apply) for our marketing position.

4. Our fitness center provides diverse programs (catering / to cater) to all age groups and fitness levels.

5. We are sorry (to inform / informing) you that the train you booked has been canceled due to a server error.

6. The proceeds from our charity event will be used directly (supporting / to support) children living in poverty.

7. We have arranged multiple sessions in order (accommodating / to accommodate) attendees from various time zones.

8. The architect designed the lounge area so as (providing / to provide) a relaxing space for employees.

9. The news was hard (to accept / accepting) when I was told that I had been deceived by a business partner.

10. The incident is very complicated (explaining / to explain) in a short time.

어휘

★ 정답 및 해설 p. 22

application 신청서 secure 확보하다 spot (경기의) 자리 repair 수리 defect 결함 at least 최소한 apply for ~에 지원하다 diverse 다양한 cater to ~에 맞추다 inform 알리다 book 예약하다 proceeds 돈, 수익금 live in poverty 빈곤하게 살다 arrange 마련하다, 준비하다 multiple 많은, 다수의 accommodate 수용하다 attendee 참석자 architect 건축가 relaxing 편안한 deceive 속이다 incident 사건 complicated 복잡한

Practice

1. After a rigorous debate and consideration of all factors, the board came to the decision _____ funds into the development of a new product line. This significant move demonstrates their belief in the potential success of the new products.

   (a) having allocated
   (b) allocating
   (c) to have allocated
   (d) to allocate

2. The founders spent several months devising a comprehensive strategy for their startup. They believe they now have good plans _____ the market.

   (a) to enter
   (b) entering
   (c) to have entered
   (d) having entered

3. For individuals seeking to master a new language, immersion is often recommended. It is considered the best way _____ the nuances of the language.

   (a) picking up
   (b) to pick up
   (c) to have picked up
   (d) having picked up

4. The software engineers worked diligently on a new tool for the team. Once implemented, this tool will be used _____ tasks more efficiently.

   (a) completing
   (b) to have completed
   (c) to complete
   (d) having completed

5. Mark Ruffalo worked tirelessly, attended countless auditions and never let his spirits fall despite facing numerous rejections. His dreams began to take shape when he played Bruce Banner in the Hulk movie. He was excited _____ he had been selected for the lead role in the movie.

   (a) finding
   (b) to find
   (c) to have found
   (d) having found

6. The student worked late into the night, revising her notes and solving practice problems. She was determined in order _____ the upcoming exams.

   (a) acing
   (b) to ace
   (c) to have aced
   (d) having aced

★ 정답 및 해설 p. 23

DAY 06 조동사

빈칸 앞뒤 문장을 해석하여 적절한 조동사를 골라야 하는
Meaning 유형으로 총 두 문제가 출제된다. 빈출 조동사의 개념과
용법을 숙지해서 문맥에 가장 알맞은 조동사를 찾아야 한다.

1단계 선택지가 can, will, must, should 등 다양한 조동사로 구성되어 있음

2단계 빈칸이 있는 문장뿐만 아니라, 앞뒤 문장도 함께 해석해 보기

3단계 빈칸에 선택지의 조동사를 하나씩 넣어 내용이 논리적으로 연결되는 것을 고르기

조동사

종류	예문
can / could	Jason **can** solve intricate mathematical problems with ease and precision. 제이슨은 복잡한 수학 문제를 쉽고 정확하게 풀 수 있다.
will / would	I am confident that Mark **will** excel in his new job and achieve great success. 나는 마크가 새로운 직장에서 뛰어난 성과를 거두고 큰 성공을 거둘 것이라 확신한다.
may / might	Based on the evidence, we **may** conclude that the findings are valid and reliable. 증거에 근거하여 연구 결과가 타당하고 신뢰할 수 있다고 결론 내릴 수 있을지도 모른다.
should	You **should** start saving money early to ensure financial security after retirement. 은퇴 후 재정적 안정을 보장하기 위해 저축을 일찍 시작해야 한다.
must	Multiple factors **must** be considered for accurate decision-making. 정확한 의사 결정을 위해서는 여러 가지 요소를 고려해야 한다.

FM 문제 풀이 공략

An engagement ring indicates that the person wearing it is engaged to be married. In western culture, many wearers _____ often wear it on the fourth finger on the left hand because they believe this finger has a vein directly connected to the heart.

(a) should
(b) can
(c) will
(d) must

STEP 1　선택지 유형 분석

선택지를 보고 알맞은 조동사를 묻는 M유형임을 파악하기

STEP 2　빈칸 문장에서 단서 찾기

문맥상 '네 번째 손가락에 약혼반지를 주로 낀다'라는 뜻이 적절함

STEP 3　정답 고르기

따라서 '의례 ~하다'라는 뜻의 습관, 규칙을 의미하는 조동사인 (c) will을 정답으로 고르기

Whether you need a wardrobe for a new job or to hang out at the beach during summer break, you _____ find everything you need at our Factory Store! Supplies are limited, so visit us now or check our website at www. FactoryStore.com.

(a) can
(b) may
(c) should
(d) would

STEP 1　선택지 유형 분석

선택지를 보고 알맞은 조동사를 묻는 M유형임을 파악하기

STEP 2　빈칸 문장에서 단서 찾기

문맥상 '필요한 모든 것을 상점에서 찾을 수 있다'라는 뜻이 적절함

STEP 3　정답 고르기

따라서 '~할 수 있다'는 뜻의 높은 가능성을 의미하는 조동사인 (a) can을 정답으로 고르기

With the cost of tuition rising annually, City Bank has launched a student savings plan for parents. This new plan will allow parents to deposit money into an account that grows tax-free. However, all proceeds _____ be used for education purposes only.

(a) could
(b) might
(c) would
(d) must

STEP 1　선택지 유형 분석

선택지를 보고 알맞은 조동사를 묻는 M유형임을 파악하기

STEP 2　빈칸 문장에서 단서 찾기

문맥상 '모든 수익금은 교육 목적으로만 사용되어야 한다'는 뜻이 적절함

STEP 3　정답 고르기

따라서 '~해야 한다'는 뜻의 강한 의무를 의미하는 조동사인 (d) must를 정답으로 고르기

1 | can / could

기출 포인트

1. can과 could는 '~할 수 있다'(능력), '~일 수 있다'(가능성), '~해도 좋다'(허가,부탁) 등의 뜻으로 사용되는 조동사이다.

2. 주로 능력과 가능성의 뜻 위주로 출제된다.

can

(1) ~할 수 있다 (능력)

She can speak five different languages, which allows her to communicate with people from various cultures effortlessly.

그녀는 5개 국어를 구사할 수 있어 다양한 문화권의 사람들과 쉽게 소통할 수 있다.

(2) ~일 수 있다 (가능성)

The rain in summer can come quite suddenly, so it is wise to carry an umbrella with you at all times. 여름철에는 비가 갑자기 내릴 수 있으므로 항상 우산을 휴대하는 것이 현명하다.

(3) ~해도 좋다 (허가/부탁)

Employees can access the restricted area with a valid ID badge.

직원은 유효한 ID 배지를 소지하고 제한 구역에 출입할 수 있다.

could

(1) 과거 시점에서의 능력

Hanna could play the cello beautifully at a young age, displaying her natural musical talent. 한나는 어린 나이에 첼로를 아름답게 연주하며 타고난 음악적 재능을 발휘했다.

(2) 현재나 미래의 낮은 가능성 표현

I could visit my grandparents next weekend if my schedule allows.

내 일정이 가능하면 다음 주말에 조부모님을 방문할 수 있을 것 같다.

(3) could have p.p.: 과거에 일어날 수도 있었으나 실제로는 일어나지 않음

I could have traveled to Europe last summer, but I decided to save money instead.

나는 지난여름에 유럽 여행을 떠날 수도 있었지만 대신 돈을 절약하기로 결정했다.

2 | may / might

기출 포인트

1. may와 might는 '~일지도 모른다'라는 불확실한 추측과 가능성 혹은 '~해도 좋다'라는 허가와 부탁의 의미를 나타낸다.
2. 주로 불확실한 추측이나 가능성 위주로 출제된다.

He **may not** be hungry right now.

I don't know why Sam isn't eating his food.

may

(1) ~일지도 모른다, ~일 수도 있다 (불확실한 추측과 가능성)

I **may** be able to attend the party tomorrow, but it depends on my work schedule.

내일 파티에 참석할 수 있을지도 모르지만 업무 일정에 따라 달라질 수 있다.

(2) ~해도 좋다 (허가/부탁)

You **may** move forward with the project once you have the necessary approvals.

네가 필요한 승인을 받으면 프로젝트를 진행해도 좋다.

might

(1) 과거 시점에서의 허가, 부탁

Tony asked the person next to him if he **might** borrow a pen during the meeting.

토니는 옆사람에게 회의 중에 펜을 빌려도 되는지 물어봤다.

(2) 현재나 미래의 낮은 가능성 표현

I **might** go to a concert tomorrow if I can find someone to accompany me.

내가 동행할 사람을 찾을 수 있다면 내일 콘서트에 갈지도 모르겠다.

(3) may/might have p.p.: 과거에 대한 추측과 가능성

She **might have forgotten** to turn off the gas stove before leaving the house.

그는 집을 나서기 전에 가스레인지 끄는 것을 깜빡했을 수도 있다.

3 | will / would

기출 포인트

1. will은 '~할 예정이다, ~일 것이다'라는 단순 미래와 예정, '~할 것이다'라는 주어의 의지, 또는 '으레 ~하다, 종종 ~하다'라는 습관적이고 규칙적인 동작을 나타내기도 한다.

2. will은 예정의 의미로 주로 출제되며, would는 습관적, 규칙적 동작을 나타내는 문제로 출제되기도 한다.

will

(1) ~일 것이다/~할 예정이다 (단순 미래와 예정)

Stella **will** travel to Paris next month for a business conference.
스텔라는 다음 달 비즈니스 회의에 참석하기 위해 파리로 갈 것이다.

(2) ~할 것이다 (주어의 의지)

I **will** volunteer at the local shelter every weekend to help care for the homeless animals. 나는 주말마다 유기 동물 돌보는 일을 돕기 위해 지역 보호소에서 자원봉사를 할 것이다.

(3) 으레 ~하다, 흔히/자주 ~하다 (습관적/규칙적 동작)

People **will** often feel more energetic and productive after a good night's sleep.
사람들은 종종 숙면을 취한 후 더 활기차고 생산적인 기분을 느낀다.

would

(1) 과거 시점에서 미래 표현하기

Mark said he **would** take care of everything, but now he is backpedaling.
마크는 모든 것을 처리하겠다고 말했지만, 이제 와서 번복하고 있다.

(2) '~하곤 했다'라는 뜻의 과거의 불규칙적인 습관

Every summer, we **would** go to the beach and spend hours playing in the waves.
매년 여름이면 우리는 해변에 가서 파도타기를 하며 몇 시간씩 놀곤 했다.

4 should

(1) ～해야 한다 (의무)

The topic **should** cover the bright side of your school days and **should** not exceed 300 words.

주제는 학창 시절의 밝은 면을 다루어야 하며 300단어를 초과해서는 안 된다.

※ must보다 강제성 없이 도덕적이고 주관적인 의무를 나타냄

(2) ～하는 것이 좋겠다 (제안/충고)

I think you **should** consider applying for that job, which aligns well with your skills and interests.

네 기술과 관심사에 잘 맞는 그 직종에 지원을 고려해 보는 것이 좋다고 생각한다.

(3) ～일 것이다 (당연)

With the current weather conditions, it **should** rain later today.

현재 기상 조건으로 볼 때 오늘 늦게 비가 올 것으로 예상된다.

※ must보다 덜 확신하는 상태이며, 당연하다는 뜻을 내포함

(4) should have p.p.: ～했어야 했는데 하지 않았다

I **should have double-checked** the address before sending the package.

패키지를 보내기 전에 주소를 다시 한 번 확인했어야 했는데. (확인하지 못했다)

5 must

You must log in first and click as soon as possible.

I'm nervous about failing to get a ticket.

(1) ～해야 한다 (강한 의무/필수)

You must wear protective gear while working in the construction zone.

공사 구역에서 작업하는 동안에는 반드시 보호 장비를 착용해야 한다.

(2) ～하지 말아야 한다 (금지)

You must not use your phone during the examination; it is strictly prohibited.

시험 중에는 휴대전화를 사용해서는 안 되며 엄격히 금지된다.

(3) ～임에 틀림없다 (강한 추측)

The streets flooded by heavy rain indicate that there must be a problem with the drainage system.

폭우로 침수된 도로를 보면 배수 시스템에 문제가 있는 것이 틀림없다.

(4) must have p.p: ～했음에 틀림없다 (과거의 일에 대한 확신이나 강한 추측)

Cathy must have finished her project ahead of time because she seems very relaxed now.

캐시가 지금 매우 여유로워 보이는 걸 보니, 프로젝트를 미리 끝냈음에 틀림없다.

Exercise

1. An entrepreneur (must / might) be prepared to accept calculated risks to build a successful startup.

2. If we don't act now, irreversible climate change (could / should) happen within the next few decades.

3. Yesterday, my father promised that he (would / will) teach me how to drive a car.

4. Yuki (will / must) have been accepted into a major company because of her strong qualifications and background.

5. We (should / may) actively reduce our carbon footprint; otherwise, climate change will have detrimental effects on our planet and future generations.

6. To protect your computer from viruses, your computer (can / will) often install antivirus software automatically.

7. Given the recent industry situation, the company (may / would) make a public statement in response to the incident.

8. Mary (could / would) go out and jog for a few hours after she got back from work.

9. Lack of physical activity (can / might) lead to several health problems like heart disease and obesity.

10. The recent discovery of microplastics in our food chain (should / would) serve as a wake-up call for humanity.

어휘

entrepreneur 기업가 be prepared to-V ~할 (마음의) 준비가 되어 있다 calculated risk 예측된 위험 startup 신생 기업 irreversible 되돌릴 수 없는 decade 10년 be accepted into ~에 합격하다 qualification 자격 (요건) actively 적극적으로 reduce 줄이다 carbon footprint 탄소 발자국(온실 효과를 유발하는 이산화탄소의 배출량) otherwise 그렇지 않으면 detrimental 해로운 protect 보호하다 install 설치하다 antivirus software 바이러스 백신 소프트웨어 given that ~을 고려하여 make a public statement 공개적으로 성명을 발표하다 in response to ~에 대응하여 incident 사건 lack 부족 physical activity 신체 활동 heart disease 심장 질환 obesity 비만 discovery 발견 microplastic 미세 플라스틱 food chain 먹이사슬 serve as ~의 역할을 하다 wake-up call 경각심을 일으키는 것 humanity 인류, 인간

11. All returns or exchanges (must / might) be sent intact with the original receipt within 21 days of purchase.

12. The principal regretted that he (couldn't / wouldn't) attend the annual school function due to a family emergency.

13. According to his insignia, he (must / would) be a high-ranking officer in the army.

14. If you enjoy eating, you (can / must) create your own delectable dishes by learning how to cook.

15. A competent teacher (can / should) be able to effectively engage students and facilitate their learning.

16. Following recent research, scientists cautiously believe that there (might / would) be water beneath the surface of Mars.

17. By utilizing solar energy, humans (can / might) significantly decrease their reliance on fossil fuels.

18. Historians suggest that ancient civilizations (could / should) have used the stars for navigation.

19. She assured me that she (would / may) arrive in time for the concert tonight.

20. It's a fast-paced digital world, but people (should / could) take a moment to slow down.

★ 정답 및 해설 p. 24

어휘

return 반품 exchange 교환품 original receipt 영수증 원본 purchase 구매 principal 학장, 총장 regret 후회하다 attend 참석하다 annual 연례의 function 행사, 의식 insignia 계급장 high-ranking officer 고급 장교 delectable 맛있는 competent 유능한 effectively 효과적으로 engage 참여시키다 facilitate 촉진하다 following ~ 후에, ~에 따르면 cautiously 신중하게, 조심스럽게 beneath ~ 아래 surface 표면 Mars 화성 utilize 활용하다 solar energy 태양 에너지 significantly 상당히 decrease 줄이다 reliance 의존 fossil fuel 화석 연료 historian 역사학자 ancient civilization 고대 문명 navigation 항해 fast-paced 빠른 속도의 take a moment 잠시 멈추다 slow down 천천히 하다

Practice

1. It is common knowledge that eating right after a strenuous workout helps with muscle recovery. Therefore, you _____ replenish your body with plenty of water and high-protein foods immediately following your exercise routine.

   (a) may
   (b) can
   (c) will
   (d) should

2. My grandmother, a woman of many tales, claimed that during her childhood in the countryside, she _____ see ghosts roaming the fields during the full moon. We, as children, were always caught between fear and fascination, unsure whether to believe her or not.

   (a) would
   (b) will
   (c) shall
   (d) can

3. As a beginner, mastering an instrument like the piano may seem daunting. However, with consistent practice and dedication, you _____ be able to play the piano proficiently in a year or two.

   (a) might
   (b) can
   (c) will
   (d) must

4. Marine animals possess a range of adaptations to thrive in their environments. For instance, certain fish _____ filter oxygen directly from water through their gills. This adaptation allows them to live in a variety of aquatic habitats, from deep oceans to shallow streams.

   (a) will
   (b) may
   (c) can
   (d) would

5. A local charity organization is looking for volunteers for their upcoming event. As someone who enjoys giving back to the community, you _____ sign up for it if you're free this weekend. Your participation will make a significant difference.

   (a) will
   (b) could
   (c) might
   (d) may

6. When I first met Thomas, he was a terrible baker. His cookies and cakes were often burnt. However, he _____ have taken baking classes, considering that his skills have improved immensely these days.

   (a) must
   (b) can
   (c) would
   (d) will

★ 정답 및 해설 p. 25

DAY 07 should 생략

적절한 동사의 형태를 골라야 하는 Form 유형으로 총 두 문제가 출제된다.
should 생략을 이끄는 표현으로 당위성 동사와 이성적 판단의 형용사가 출제되며
고난이도로 명사형도 출제된다. 이 유형은 동사원형이 정답이다.

1단계 선택지가 한 동사의 다양한 형태로 반드시 동사원형이 있음

2단계 빈칸이 있는 문장에는 if절 또는 'had + 주어 + p.p.'가 없고,
빈칸 앞에는 주장, 요구, 제안, 권고의 의미를 지닌 동사, 명사, 형용사가 있음

3단계 should를 생략한 동사원형을 정답으로 고르기

should 생략

	예문
당위성 동사	I **recommend** that we **meet** in person to discuss the project details. 직접 만나서 프로젝트 세부 사항을 논의하는 것을 권합니다.
이성적 판단 형용사	It is **crucial** that the committee members **remain** impartial in their decision-making process. 위원회 위원들은 의사 결정 과정에서 공정한 태도를 유지하는 것이 매우 중요하다.
명사	My **suggestion** is that you **take** some time off to rest and recharge. 내 제안은 휴식을 취하고 재충전할 수 있는 시간을 가지라는 것이다.

FM 문제 풀이 공략

Many people are criticizing those who go abroad to leave military duties behind. They **insist** that the government _____ the lawbreakers to balance the rights and obligations of citizens with dual citizenships.

(a) regulated
(b) regulate
(c) is regulating
(d) has regulated

STEP 1 선택지 유형 분석
선택지가 동사 regulate의 다양한 형태로서 동사원형을 묻는 Form 유형임을 파악하기

STEP 2 빈칸 문장에서 단서 찾기
빈칸이 포함된 문장에 '당위성 동사(insist) + that절'이 나오므로 빈칸에는 should가 생략된 동사원형이 들어감

STEP 3 정답 고르기
동사원형인 (b)를 정답으로 고르기

If someone is suffering from substance abuse, it is **recommended** that families _____ help from professionals or counseling institutions rather than trying to solve the problem on their own.

(a) are looking for
(b) to look for
(c) look for
(d) have looked for

STEP 1 선택지 유형 분석
선택지가 동사구 look for의 다양한 형태로서 동사원형을 묻는 Form 유형임을 파악하기

STEP 2 빈칸 문장에서 단서 찾기
빈칸이 포함된 문장에 '당위성 동사(recommend) + that절'이 나오므로 빈칸에는 should가 생략된 동사원형이 들어감

STEP 3 정답 고르기
동사원형인 (c)를 정답으로 고르기

The actors on the stage can see more of you than you expect. Therefore, it is probably **best** that you _____ doing something to distract them, such as waving your hands or trying to communicate with them when they are performing.

(a) have avoided
(b) avoided
(c) will avoid
(d) avoid

STEP 1 선택지 유형 분석
선택지가 동사 avoid의 다양한 형태로서 동사원형을 묻는 Form 유형임을 파악하기

STEP 2 빈칸 문장에서 단서 찾기
빈칸이 포함된 문장에 '이성적 판단 형용사(best) + that절'이 있으므로 빈칸에는 should가 생략된 동사원형이 들어감

STEP 3 정답 고르기
동사원형인 (d)를 정답으로 고르기

1 should 생략을 이끄는 동사

기출 포인트

1. 당위성을 의미하는 동사 다음에 오는 that절에서는 should를 생략한다.
2. '~할 것을 주장[요구/제안/권고]하다'로 해석하며, 항상 동사원형이 정답이다.

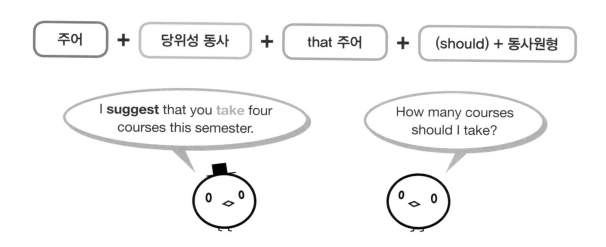

주어 **+** 당위성 동사 **+** that 주어 **+** (should) + 동사원형

> I **suggest** that you take four courses this semester.

> How many courses should I take?

출제 포인트 should 생략을 이끄는 동사

advise 조언하다 advocate 지지하다 agree 합의하다 argue 주장하다 ask 부탁하다 beg 간청하다 claim 주장하다 command 명령하다 demand 요구하다 direct 지시하다 impose 규정하다 insist 주장하다 instruct 지시하다 intend 의도하다 mandate 규정하다 move 제안하다 order 명령하다 prefer (가급적) ~하기를 바라다 prescribe 규정하다 propose 제안하다 recommend 권고하다 request 요청하다 require 요구하다 stipulate 규정하다 stress 강조하다 suggest 제안하다 urge 촉구하다 warn 경고하다

I **advised** that he attend the workshop to gain valuable insights into the subject matter.
나는 주제에 대한 귀중한 통찰력을 얻기 위해 워크숍에 참석하라고 그에게 조언했다.

The team leader **demanded** that the report be completed by the end of the day.
팀장은 오늘 안으로 보고서를 완성해 달라고 요구했다.

The teacher **insisted** that we develop a greater understanding of the world around us.
선생님은 우리가 주변의 세상에 대한 더 큰 이해를 길러야 한다고 주장하셨다.

Exercise

1. The local ordinance moves that all pet owners (placed / place) identification tags on their pets.

2. Disgruntled employees insisted that the company (offer / offered) a fair compensation for overtime work.

3. Health experts argue that individuals (reduced / reduce) fast food consumption and adopt a balanced diet.

4. The Ministry of Education ordered that all public school (introduce / introduces) a comprehensive racism-free program.

5. The non-disclosure agreement stipulates that no confidential information (be disclosed / has been disclosed) by any party.

6. The alumni association requests all members (participate / participated) in the annual reunion gala.

7. The company's ethical guidelines impose that all interactions (avoided / avoid) disrespect or harassment.

8. The CEO begged that his trusted colleague (inherit / will be inheriting) his position upon his retirement.

9. The negotiation team suggested that the clauses of the contract (be clarified / has been clarified).

10. The company's policy prescribes that employees (will complete / complete) a mandatory training program annually.

어휘

local ordinance 지역 조례 place a tag on ~에 표를 달다 identification tag 인식표 disgruntled 불만을 품은 fair 공정한 compensation 보상 overtime work 초과 근무 health expert 건강 전문가 consumption 섭취 adopt 채택하다 comprehensive 포괄적인 racism-free 인종차별 없는 non-disclosure agreement 기밀 유지 협약 confidential 기밀의 disclose 밝히다. 공개하다 party (협약, 계약의) 당사자, 측 alumni association 동문회 annual 연례의 reunion 동창회 gala 파티, 연회 ethical 윤리의 disrespect 무례. 결례 harassment 괴롭힘 trusted 신뢰받는 colleague 동료 inherit 물려받다 retirement 은퇴 negotiation 협상 clause of the contract 계약 조항 clarify 명확히 하다 policy 정책 complete 이수하다 mandatory 의무의 annually 매년

11. Concerned parents demanded that the school (implemented / implement) additional safety measures.

12. Gandhi strongly advocated that nonviolence (be adopted / had been adopted) as a means to protest against injustice.

13. If you want to stay updated with the latest technology, I advise that you (subscribe / subscribed) to this tech magazine.

14. The committee claimed that the chairperson (delay / was delayed) the vote until all members were present.

15. The quiz instructions stress that the questions (encompass / encompassed) only the chapters reviewed in the previous class.

16. The director urged that all inconsistencies in the script (are resolved / be resolved) before shooting begins.

17. The management directed that all department heads (attend / attended) the budget planning meeting on Friday.

18. The CEO proposed that a new product line (was launched / be launched) a new product line to tap into emerging market opportunities.

19. The coach instructed that each player (wear / wore) the proper protective gear during practice.

20. The job position includes a requirement that applicants (had / have) at least three years of relevant work experience.

어휘

★ 정답 및 해설 p. 27

concerned 우려하는 implement 시행하다 additional 추가의 safety measures 안전 조치 nonviolence 비폭력 means 수단 protest 저항하다 injustice 부당. 불의 subscribe 구독하다 committee 위원회 delay 연기하다 vote 투표 present 참석한 instruction 지침 encompass 포함하다 previous 이전의 inconsistency 모순 resolve 해결하다 shooting 촬영 management 경영진. 운영진 department head 부서장 attend 참가하다 budget planning 예산 기획 launch 출시하다 emerging market 신흥 시장 proper 적절한 protective gear 보호 장비 requirement 요구사항 applicant 지원자 relevant 관련된

Practice

1. The health committee, committed to improving well-being and health consciousness, is asking that the consumption of junk food _____ limited in schools. This is to ensure that children develop healthy eating habits and reduce the risk of obesity and related health issues.

   (a) is
   (b) was
   (c) be
   (d) will be

2. The airline company rules underscore the company's commitment to passenger safety and compliance with aviation regulations. For example, it mandates that all passengers _____ their seat belts during takeoff, landing, and when the seat belt sign is on.

   (a) fasten
   (b) fastened
   (c) have been fastening
   (d) are fastening

3. The local health department is concerned about the recent outbreak of food poisoning in the city. It has warned that any types of food from unhygienic street vendors _____ immediately. This preventative action is aimed to stop the further spread of foodborne illnesses.

   (a) be avoided
   (b) is avoided
   (c) avoids
   (d) would avoid

4. The library strives to maintain a calm and peaceful environment conducive to study and research. So, it prefers that the visitors _____ their mobile phones on silent mode or switch them off while they are in the library.

   (a) keeps
   (b) keep
   (c) kept
   (d) will keep

5. As part of the company's plan to improve its environmental footprint and encourage a sustainable future, the CEO intends that all employees _____ their carbon emissions. This can be achieved by encouraging staff to carpool, bike, or use public transportation for their commute.

   (a) reduce
   (b) to reduce
   (c) reducing
   (d) will reduce

6. At the student council meeting, it was unanimously agreed that the school _____ the venue for the upcoming festival at the sports field on campus. They believed that this would provide sufficient space for all the planned activities and ensure easy accessibility for all students.

   (a) will be situating
   (b) is situating
   (c) was situating
   (d) situate

★ 정답 및 해설 p. 28

2 should 생략을 이끄는 형용사

기출 포인트

1. 이성적 판단(중요·필수·의무)을 뜻하는 형용사 뒤 that절에서는 should를 생략한다.

2. '~해야 하는 것을 [중요·필수·의무]로 한다'로 해석하며, 항상 동사원형이 정답이다.

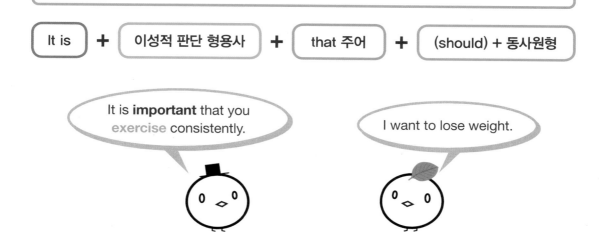

출제 포인트　should 생략을 이끄는 형용사

advisable 바람직한　best 가장 좋은　compulsory 의무의　critical 중요한　crucial 매우 중요한
customary 관례의　desirable 바람직한　essential 필수인　fair 마땅한, 공평한　imperative 반드시 해야 하는
important 중요한　mandatory/obligatory 의무인　necessary 필요한　urgent 시급한　vital 필수적인

It is **crucial** that we **maintain** open lines of communication among team members to ensure efficient collaboration.
효율적인 협업을 보장하기 위해 팀원들 간에 개방된 의사소통 경로를 유지하는 것이 중요하다.

It is **fair** that everyone **be treated** equally regardless of their race, gender, or background.
누구나 인종, 성별 또는 배경과 관계없이 공평하게 대우받는 것이 마땅하다.

It is **necessary** that the government **take** immediate action to address the environmental crisis.
정부는 환경 위기를 해결하기 위해 즉각적인 조치를 취하는 것이 필요하다.

Exercise

1. It is best that all students thoroughly (reviewed / review) their learning before the final exams.

2. It is essential that the workers (turns off / turn off) all the machinery after its use.

3. It is urgent that the government (devise / devises) measures to prevent fraud in rental contracts.

4. In numerous photography clubs, it is customary that new members (showcase / showcased) a selection of their best work at the initial meeting.

5. It is critical that all divers (have / had) their equipment checked beforehand when scuba diving.

6. It is imperative that the software team (fixes / fix) the bugs before the product launch.

7. It is not desirable that teachers (assign / assigned) excessive homework over the weekend.

8. For university students, it is mandatory that they (completed / complete) a thesis before graduation.

9. Given the increasing traffic, it is necessary that new roads (be built / are built) to reduce congestion.

10. It is vital that airlines (maintain / maintained) strict safety protocols to ensure the wellbeing of passengers.

★정답 및 해설 p. 29

어휘

thoroughly 철저하게 review 복습하다 final exam 기말 시험, 기말고사 machinery 기계 devise measures 대책을 마련하다 prevent 방지하다 fraud 사기 rental contract 임대차 계약 showcase 전시하다 a selection of ~을 선별한 것 initial 초기의 equipment 장비 beforehand 사전에 fix the bugs 오류를 수정하다 product launch 제품 출시 assign 할당하다 excessive 과도한 thesis 논문 graduation 졸업 given ~을 고려하면 congestion 혼잡 maintain 유지하다 safety protocol 안전 규약 wellbeing 안녕, 건강

Practice

1. In many companies, punctuality is highly valued. In order to build good relationships with colleagues and maintain a professional image, it is obligatory that you _____ on time for meetings and appointments.

   (a) arrive
   (b) to arrive
   (c) arriving
   (d) will arrive

2. These days, convenience stores do not supply customers with bags for free in order to discourage the use of disposable plastic. When you go shopping, it is crucial that you _____ your own reusable bag.

   (a) will bring
   (b) are bringing
   (c) bring
   (d) have been bringing

3. With the growing dependence on digital technology in our daily lives, taking care of our digital health is as important as physical health. Therefore, it is advisable that you _____ vaccine software on your phone as it may be vulnerable to a cyber-attack.

   (a) download
   (b) downloads
   (c) would have downloaded
   (d) is downloading

4. In the early 20th century, societal norms differed significantly from today. It was compulsory that women _____ hats in public as a sign of modesty and respectability. Hats protected them from sun damage and also conveyed a sense of style and elegance.

   (a) wore
   (b) wear
   (c) wearing
   (d) to wear

5. Living in a democratic country, where every voice matters, it is fair that citizens freely _____ opinions without fear. This right allows individuals to share their views and engage in meaningful discussions.

   (a) is exercising
   (b) exercises
   (c) had been exercising
   (d) exercise

6. The threats to endangered species and their habitats are escalating every year. And it is important that wildlife conservation groups _____ their efforts to protect these creatures. This involves establishing more protected areas and promoting the awareness of biodiversity.

   (a) are intensifying
   (b) were intensifying
   (c) intensifies
   (d) intensify

★ 정답 및 해설 p. 29

DAY 08 연결어

빈칸 앞뒤 문장을 해석하여 적절한 단어를 골라야 하는
Meaning 유형으로 총 두 문제가 출제된다. 빈출 연결어의 개념을 암기하고
단어와 문장 간의 논리나 문맥을 파악해야 풀 수 있는 고난이도 유형이다.

1단계 선택지에 전치사, 접속사나 접속부사가 나오면 연결어 문제임

2단계 빈칸에 선택지의 연결어를 하나씩 넣어 해석해 보기

3단계 앞뒤 문장을 논리적으로 가장 적절하게 이어주는 연결어를 정답으로 고르기

연결어

종류	예문
전치사(구)	Despite the heavy rain, they decided to go for a hike in the mountains. 폭우에도 불구하고 그들은 등산을 가기로 결정했다.
접속사(구)	Molly meticulously reviewed and reconciled financial transactions while she worked as an accountant. 몰리는 회계사로 일하는 동안 금융 거래를 꼼꼼하게 검토하고 조정했다.
접속부사	I had planned to go for a walk; however, the sudden rain forced me to stay indoors. 나는 산책할 계획이었지만 갑작스러운 비로 인해 실내에 머물러야 했다.

FM 문제 풀이 공략

The printer on our floor is broken due to a paper jam. _____ turning the power off and removing the paper, somebody tried to remove the paper while the printer was on. We are going to put a sign on it to prevent this from happening again.

(a) In the event of
(b) Instead of
(c) In addition to
(d) On account of

STEP 1 선택지 유형 분석
선택지를 보고 알맞은 전치사(구)를 고르는 M유형임을 파악하기

STEP 2 빈칸 문장에서 단서 찾기
문맥상 프린터 전원을 켜 둔 채 용지를 제거하려다 문제가 생긴 것이므로 '용지를 제거하는 것 대신에(instead of)'가 가장 적절함

STEP 3 정답 고르기
'~대신에'라는 뜻의 (b)를 정답으로 고르기

Data analytics makes your life easier, safer, and more convenient _____ you go on a trip. They reduce your travel time, manage traffic congestion, and create safer and more accessible ways to drive your own vehicle or use public transportation.

(a) when
(b) because
(c) although
(d) until

STEP 1 선택지 유형 분석
선택지를 보고 알맞은 접속사를 고르는 M유형임을 파악하기

STEP 2 빈칸 문장에서 단서 찾기
빈칸이 있는 문장 뒤에 이어지는 내용이 이동할 때 데이터 분석이 주는 장점을 이야기하고 있으므로 '여행을 갈 때(when)'가 가장 적절함

STEP 3 정답 고르기
'~할 때'라는 뜻의 (a)를 정답으로 고르기

The company representative states that Hinata Industries will be able to expand to new markets in Asia, Europe, and Oceania. _____, he expects that Asia will emerge as a promising market for Hinata Industries' line of products.

(a) Nevertheless
(b) Rather
(c) As requested
(d) In particular

STEP 1 선택지 유형 분석
선택지를 보고 알맞은 접속부사(구)를 고르는 M유형임을 파악하기

STEP 2 빈칸 문장에서 단서 찾기
빈칸 앞에서 회사가 새로운 시장으로 확장할 수 있을 것을 이야기했고, 뒤 문장에서도 아시아가 유명한 시장으로 부상할 것을 기대한다는 강조 내용이 나왔으므로, 문맥상 In particular(특히)가 가장 적절함

STEP 3 정답 고르기
'특히'라는 뜻의 (d)를 정답으로 고르기

1 전치사

출제 포인트　　**빈출 전치사(구)**

이유	due to / because of / owing to / on account of	~ 때문에
양보	in spite of / despite	~에도 불구하고
제외	except for / excluding / but for / other than / apart from / aside from	~을 제외하고, 이외에도
	regardless of	~와 상관없이
추가	in addition to / plus besides / apart[aside] from	~에 더하여 ~외에도
	including	~을 포함하여
조건	in case of / in the event of	(만약) ~인 경우에
	considering	~을 고려하면
대체	in place of / instead of	~ 대신에
결과	as a result of	~의 결과로
주제	about / regarding / as to / as for	~에 관하여, 관한
	speaking of	~에 대해 말하자면
동반/소지	with / along with	~을 가지고 / ~와 함께
예시	such as / just as	~와 같은
	like / unlike	~와 같이 / ~와는 달리
비교	rather than	차라리 ~ 보다
기타	depending on	~에 따라
	during	~ 동안

The restaurant had a wide variety of dishes on the menu, **except for** vegetarian options, which were limited.
그 식당에는 매우 제한적인 채식주의자 옵션을 제외하고 다양한 음식이 메뉴에 있었다.

During his road trip, he decided to take the scenic route to enjoy the beautiful countryside views.
그는 여행 중 아름다운 시골 풍경을 즐기기 위해 경치 좋은 경로를 택하기로 결정했다.

기초 문법 확인하기

Exercise

1. She was able to complete the project (in spite of / due to) the many challenges she faced.

2. We will have to postpone the picnic (because of / excluding) the rain forecast tomorrow.

3. (In place of / Including) Jack, all members of the team arrived on time for the meeting.

4. (Considering / Rather than) her vast experience, she was chosen to lead the new project.

5. The hike was more strenuous but rewarding (other than / as a result of) the difficult terrain.

6. All students must submit their assignments (regardless of / except for) those who have received an extension.

7. We must have a backup plan (in case of / like) any unexpected issues.

8. (Speaking of / Such as) Italian cuisine, tiramisu is a classic dessert with a rich combination of coffee and cream.

9. (Unlike / Other than) my sister, who enjoys coffee, I prefer tea.

10. (Instead of / Despite) holding back like a coward, you should tell them directly.

11. The building had to be evacuated (during / just as) the fire drill.

12. He decided to use public transportation (rather than / like) driving his own car to work to save money.

13. The wildlife park is home to various animals (such as / but for) tigers, elephants, and giraffes.

14. He always carries his umbrella (along with / as for) his keys and wallet, regardless of the weather forecast.

15. I will decide on the travel date (depending on / in the event of) my work schedule.

★ 정답 및 해설 p. 31

어휘

complete 완성하다 face a challenge 어려움에 직면하다. 시험대에 오르다 postpone 연기하다 forecast 예보 vast 방대한 strenuous 힘든 rewarding 보람 있는 terrain 지형 assignment 과제 extension 연장 backup plan 대안 unexpected 예상치 못한 cuisine 요리 combination 조합 hold back 망설이다. 머뭇거리다 coward 겁쟁이 evacuate (장소)에서 대피시키다 fire drill 소방 훈련 wildlife park 야생동물 공원 carry 가지고 다니다 work schedule 업무 일정

Practice

1. The literary club hosts several events throughout the year, ranging from poetry readings to book discussions. _____ these traditional literary activities, the club has recently embarked on a venture to promote digital literature. They are now planning to host webinars on popular blogs and review digital book platforms as well.

    (a) In addition to
    (b) Rather than
    (c) Speaking of
    (d) Except for

2. Samantha has always loved plants. She enjoys the process of nurturing them from seeds to full-grown, lush greenery. _____ her hobby, she often talks about her favorite plants and the unique care they require.

    (a) Aside from
    (b) During
    (c) As a result of
    (d) Rather than

3. The city council has been grappling with the issue of littering in public spaces. Many locals are frustrated with the constant mess and have been calling for stricter laws. _____ the growing public pressure, the council has decided to increase the fine for littering.

    (a) On account of
    (b) In spite of
    (c) Instead of
    (d) In case of

4. Jennifer's painting style is distinctive. Her use of vibrant colors and intricate patterns has won her recognition in the art community. However, she has faced criticism for her unconventional themes. _____ some harsh critiques, she continues to stay true to her style and create art that she believes in.

    (a) Due to
    (b) Regardless of
    (c) Except for
    (d) Just as

5. Tom is an avid traveler, and he has visited various countries and loves to immerse himself in different cultures. _____ his passion for travel, Tom is also a gifted writer who shares his experiences through his own travel blog.

    (a) As for
    (b) In place of
    (c) Speaking of
    (d) Along with

6. After years of hard work, the scientific team was finally on the verge of a breakthrough. However, an unexpected power outage caused the loss of crucial data. _____ this setback, they were determined not to give up and resumed their work, hopeful for success.

    (a) In the event of
    (b) Instead of
    (c) Despite
    (d) On account of

★ 정답 및 해설 p. 31

2 접속사

기출 포인트

단어와 단어, 구와 구, 절과 절을 이어주는 품사이다. 단어, 구, 절을 논리적으로 가장 적절하게 연결하는 접속사를 고르는 문제가 출제된다.

출제 포인트 빈출 접속사(구)

시간	when / as ~할 때 while ~하는 동안에 until ~할 때까지 before ~하기 전에 after ~한 후에	since ~한 이후로 as soon as ~하자마자 once 일단 ~하면 / ~하자마자 by the time ~할 때(쯤)
조건	if ~라면 providing/provided that ~라는 조건으로, ~라면 once 일단 ~하면 unless ~가 아니라면	given that ~을 고려해서 as long as ~하기만 한다면, ~하는 한 in case (that) ~인 경우에 대비하여 in the event (that) ~인 경우에
이유	because / as / since ~하기 때문에	now that ~이므로
양보	though / although / even though ~에도 불구하고, ~이지만	
	even if ~일지라도	
대조	whereas / while ~인 반면에, ~지만	
목적	so that / in order that S + V ~하기 위해, ~할 수 있도록	
결과	so 형용사/부사 that S +V 매우 ~해서 ~하다	
기타	except that ~을 제외하고 insofar as / so far as ~하는 한(에서는) whenever (anytime) 언제든지 however 얼마든지/어떻게 ~하든지	as if 마치 ~인 것처럼 whether (or not) ~이든 (아니든) wherever 어디서든지

Businesses will be motivated to adopt sustainable practices **as long as** consumers support green products.
소비자가 친환경 제품을 지지하는 한, 기업은 지속 가능한 관행을 채택할 동기를 부여받게 될 것이다.

While she loved the thrill of adventure, he preferred the comfort of staying home with a good book.
그녀는 모험의 전율을 좋아했지만, 그는 집에서 좋은 책을 읽는 편안함을 더 선호했다.

기초 문법
확인하기

Exercise

1. (While / If) Emma was studying for her exams, she managed to maintain her part-time job at a bookstore.

2. You should keep the flashlight handy (until / after) the electrician fixes the wiring.

3. John had a light meal (after / since) he finished his late-night shift.

4. The train will depart (as soon as / in order that) all passengers are on board.

5. You can call me (wherever / if) you are when you need any help or assistance as I'm always available to guide you through the process.

6. (Once / Unless) you complete your internship, you cannot apply for a full-time position.

7. You can use my car (as long as / in case) you refill the gas tank before returning it.

8. We should prepare alternative plans (in the event / in order that) the first proposal doesn't get approved.

9. He dedicated his life to charity work (whereas / since) he believed in making a difference in society.

10. (As if / Though) she has a master's degree, she chose to continue her education.

11. I will offer to help them (even if / whereas) the team is doing well without me.

12. The shelter was built (so that / except that) homeless people could find a place to rest.

13. The child spoke (as if / insofar as) he were an adult.

14. I am uncertain (whether / whenever) he will be able to join the party.

15. (Whenever / Wherever) I think about that day, I feel so embarrassed that I end up kicking myself.

어휘

manage to 어떻게든 ~하다 maintain 유지하다 keep ~ handy ~을 가까운 곳에 두다 electrician 전기공 wiring 배선 have a light meal 가볍게 식사하다 late-night shift 야간 근무 depart 출발하다 on board 승차한, 탑승한 assistance 도움 available 시간이 있는 full-time position 정규직 refill 다시 채우다 alternative plan 대안 proposal 제안 get approved 승인을 받다 dedicate A to B A를 B에 전념하다, 헌신하다 charity work 자선 사업 make a difference 변화를 가져오다 shelter 보호 시설, 쉼터 homeless 노숙의 uncertain 확신이 없는, 잘 모르는 embarrassed 창피한, 당혹스러운 end up ~ing ~로 끝나다 kick oneself 자책하다

16. (However / As soon as) much the authorities try to hide the incident, a thorough investigation and unbiased analysis should be conducted.

17. (Before / As long as) Mike finishes his homework, he won't be able to play video games.

18. You can borrow my laptop (insofar as / though) you promise not to download anything harmful.

19. (Now that / Until) Lily has completed her training, she can start the new job.

20. (Since / As soon as) Jack started working out regularly, he has been feeling more energetic.

21. Sarah will join the party (once / by the time) she finishes her shift.

22. (If / Once) you don't start investing for retirement now, it may be too late later.

23. We would have proceeded with the project (providing that / except that) a certain condition was not met; so, the project is currently on hold.

24. She enjoys swimming and spends most of her free time in the pool, (while / because) her brother prefers cycling in the park.

25. (Because / Even if) Megan excels in math, she was selected to represent the school in the Math Olympiad.

26. She usually goes for a walk (when / whereas) the sun sets, enjoying the peace and tranquility of the evening.

27. Tim decided to leave the party early (although / in case that) he was having a good time.

28. Carry an umbrella (in case / until) it rains, as the weather forecast predicted a chance of showers later in the day.

29. (Whereas / Insofar as) Joe loves playing video games, his brother prefers reading books.

30. (Given that / Unless) she is already fluent in three languages, it won't be difficult for her to learn a fourth one, especially with her linguistic aptitude.

어휘

★ 정답 및 해설 p. 33

incident 사고 thorough 철저한 investigation 조사 unbiased 편견 없는 analysis 분석 conduct 행하다 work out 운동하다 regularly 규칙적으로 energetic 활력이 넘치는 shift 교대 retirement 은퇴 proceed with ~을 진행하다 certain 어떤, 특정한 currently 현재 on hold 보류 중인 prefer 선호하다 excel in ~에 뛰어나다 represent 대표하다 tranquility 고요함 weather forecast 일기 예보 predict 예측하다 chance 가능성 shower 소나기 fluent 유창한 linguistic 언어의 aptitude 재능

1. You're welcome to use our company's brand-new sports rental car for your cross-country road trip, _____ you return it in the same condition as it is now, without any scratches or dents. We've spent a lot of time and effort maintaining it, so we'd appreciate your utmost care.

   (a) provided that
   (b) unless
   (c) in case
   (d) because

2. The military boot camp was so intense _____ several participants, despite being in peak physical condition, had to take breaks to catch their breath. The trainers were relentless, pushing everyone to their limits.

   (a) as soon as
   (b) that
   (c) as if
   (d) even though

3. The basketball team was severely criticized for their risky strategy and yet continued with their unique game plan. _____ they were significantly behind in points, they had full confidence that their strategy would ultimately turn the tide in their favor.

   (a) In case
   (b) Given that
   (c) Even though
   (d) As long as

4. Sam, a notorious procrastinator, has to finish all his assignments and email them to his professor _____ his parents arrive home from their vacation. If he doesn't, he will have to face the consequences of his procrastination.

   (a) hence
   (b) since
   (c) in spite of
   (d) by the time

5. Please ensure all the documents, including the passport-sized photos, birth certificate, and proof of address, are ready and scanned, _____ we can start the application process for your visa on time. The embassy is strict about their submission deadlines.

   (a) rather than
   (b) though
   (c) providing that
   (d) in order that

6. In our enduring friendship, I have always supported your decisions. _____ they serve your well-being and enhance your happiness, you can always count on my unwavering support. Your happiness remains a priority to me.

   (a) So that
   (b) So far as
   (c) As long as
   (d) In case

★ 정답 및 해설 p. 34

3 | 접속부사

기출 포인트

1. 문장이나 절 사이를 연결하고 관계를 나타내는 부사로 앞 문장과의 다양한 관계를 표현한다.

2. 앞문장과 논리적으로 가장 적절하게 연결하는 부사를 고르는 문제가 출제된다.

출제 포인트 **빈출 접속부사**

대조 & 양보	**however** 그러나 **otherwise** 그렇지 않으면 **still** 그럼에도, 여전히 **contrarily/in contrast** 그에 반해서 **regardless** 개의치 않고	**nevertheless/nonetheless** 그럼에도 불구하고 **even so** 그렇다 하더라도 **on the other hand** 반면에 **on the contrary** 그와는 반대로, 대조적으로
결과	**therefore/thus/hence** 그러므로 **eventually/after all** 결국에는 **as a result** 결과적으로, 그 결과	**accordingly** 그에 따라서 **consequently** 그 결과 **to conclude** 결론적으로, 마지막으로
부가 & 설명	**in addition, additionally** 추가로, 게다가 **moreover/besides/furthermore** 게다가, 더욱이 **in the same way** 같은 방법으로 **also** 또한	**indeed** 정말로, 확실히 **in fact** 사실은, 실제로 **naturally** 당연히, 물론 **altogether** 전체적으로 보아, 요컨대 **overall** 전반적으로
순서	**previously/formerly** 이전에 **finally/at last/at length** 마침내, 결국	**thereafter** 그 후에 **afterward(s)** 나중에 **(since) then** 그리고 나서
강조	**particularly/in particular** 특히	**actually** 실제로(는) **in the first place** 우선
가정	**then** 그러면	**if so** 만약 그렇다면
화제 전환	**meanwhile/(in the) meantime** 그 동안, 한편 **at the same time** 동시에	**that is (to say)/namely** 즉, 다시 말해서 **in other words** 즉, 다시 말해서
대안	**instead** 대신에	**alternatively** 그 대신에
기타	**in short/in brief** 요컨대, 간단히 말해서 **in summary/to summarize** 요약하자면 **for example[instance]** 예를 들어 **as requested** 요청한 대로 **rather** 오히려	**likewise, similarly, in the same way** 마찬가지로 **unfortunately** 유감스럽게도, 안타깝게도 **until then** 그때까지 **presently** 현재

Sam had limited experience in coding. **Still**, he successfully developed a mobile application in a short time. 샘은 코딩 경험이 부족했다. 그래도 그는 짧은 시간 안에 모바일 애플리케이션을 개발하는데 성공했다.

The team expected a tough competition, but **in fact**, it emerged as the clear winner.
그 팀은 치열한 경쟁을 예상했지만, 사실은 확실한 승자로 떠올랐다.

Exercise

1. Even after her repeated failures, Lisa didn't give up. (Still / Consequently), she succeeded in achieving her goal through persistence and hard work.

2. You need to complete the assignment by the end of the week. (Moreover / Otherwise), your grades might be affected.

3. The city is known for its beautiful architecture. (On the contrary / Furthermore), it has a rich historical heritage.

4. Our boys' basketball team lost the match today in the final game. (On the other hand / In fact), the girls' basketball won against last year's champions.

5. The results of the survey were promising. (In contrast / As a result), the actual feedback from customers was not very positive.

6. Steve didn't really study for the exam. (Nevertheless / Finally), he managed to score good marks.

7. The project was challenging and required a lot of effort. (Nonetheless / Previously), the team managed to complete it on time.

8. The weather was terrible for a picnic. (Altogether / Regardless), we decided to go ahead with our plans.

9. The symposium was quite long and tiresome. (Even so / In particular), we were able to make significant progress.

10. This year's SAT was too easy. (Thus / In the meantime) it was criticized for lacking discrimination.

11. The exterior of the building is quite modern. (However / Therefore), the interior design is a blend of contemporary and traditional styles.

12. The movie was very popular when it was first released. (In addition / On the contrary), it won several awards.

13. Mark couldn't reach the station on time. (Hence / Instead), he missed the train.

14. Due to irreconcilable differences among its members, the band (particularly / eventually) disbanded in late 2022.

15. The project was completed on time and within budget. (Rather / Moreover), the client expressed great satisfaction with the results.

어휘

repeated 반복되는 failure 실패 persistence 끈기 complete 완료하다 assignment 과제 affect 영향을 미치다 architecture 건축물 historical heritage 역사 유산 promising 유망한 actual 실제의 positive 긍정적인 challenging 도전적인 go ahead with ~을 추진하다 symposium 심포지엄, 학술 토론회 tiresome 지겨운, 성가신 significant 중대한, 상당한 progress 진전 SAT (미국) 대학수학능력시험 be criticized for ~로 비판받다 lack ~이 부족하다 discrimination 변별성 exterior 외부 blend 혼합 contemporary 현대의 release 공개하다 win an award 상을 타다 miss 놓치다 irreconcilable 화해할 수 없는 difference 차이 disband 해체하다 budget 예산 express 표현하다 satisfaction 만족

16. He spent hours analyzing the meaning behind the painting. (In other words / Nevertheless), he was interpreting its symbolism.

17. (Formerly / Unfortunately), I cannot attend the conference due to a business trip next month.

18. The company has been performing well recently. (Naturally / Contrarily), its shares have seen a significant rise.

19. Susana thought the movie would be boring based on the trailer. (Therefore / On the contrary), it turned out to have kept her thrilled throughout.

20. The actor's previous movie was a critical and commercial success. (However / Accordingly), he received multiple offers for lead roles in upcoming films.

21. A walking stick, or stick insect, has a long and delicate appearance that resembles a branch. (In short / However), they look like a part of a tree.

22. Misha had always aspired to be a writer. (Formerly / Indeed), she has now published her first book.

23. The outfit wasn't merely beautiful. (In fact / Alternatively), it was also quite comfortable.

24. Today's plenary session is not just a routine meeting; (particularly / however), important decisions will be made.

25. Ms. Jinn is a team member of the management department. (Indeed / Previously), she was the CEO of a venture company.

26. Marvin has often claimed that he supports vegetarianism. (Contrarily / Additionally), I have seen him eating meat on several occasions.

27. Kesha elaborated for a long time about her plans. (At length / Nonetheless), everyone started to listen to her with interest.

28. The team finished the project with results that exceeded expectations. (Regardless / As a result), they were awarded a bonus on top of their salary.

29. The article was not simply discussing the book. (Namely / In contrast), it was analyzing the underlying themes.

30. The meeting concluded in the afternoon. (Thereafter / On the other hand), everyone went back to their tasks.

★ 정답 및 해설 p. 35

어휘

analyze 분석하다 interpret 해석하다 symbolism 상징주의 perform well 실적이 좋다 share 주식, 주가 see a significant rise ~가 크게 상승하다 trailer 예고편 turn out ~로 판명되다 thrilled 짜릿한 previous 이전의 critical 비평가들의, 평단의 commercial 상업적인 lead role 주역 walking stick 지팡이 벌레 delicate 섬세한 appearance 외형 resemble ~와 닮다 aspire to-V 열망하다 outfit 옷차림 merely 단지 plenary session 본회의 routine 일상적인 claim 주장하다 on several occasions 여러 번 elaborate (자세히) 설명하다 with interest 관심있게 exceed 뛰어넘다 expectation 기대 award 수여하다 on top of ~ 외에 underlying 근본적인 conclude (행사, 연설이) 끝나다

31. Emily didn't just finish the task. (Also / Otherwise), she helped John with his.

32. Clara was explaining the project to the audience. (In the meantime / On the other hand), a downpour started outside.

33. The chef experimented with different flavors, facing difficulties. (Additionally / Contrarily), he crafted a masterpiece dish with creativity and passion.

34. The speaker gave a presentation on the importance of renewable energy. (Then / If so), there was a Q&A session.

35. The novel wasn't conventional. (Actually / Therefore), it contained many hidden messages.

36. The ceremony finished within an hour. (Afterward / Rather), everyone stayed for dinner.

37. You may be late because of traffic. (If so / On the contrary), please inform your director.

38. Put water in a large pan and wait for it to boil. (Meanwhile/ Instead), start slicing the vegetables.

39. Following many rounds of revisions, the report was well-received. (Additionally / After all), the team felt proud of the end result.

40. The weather was unfavorable, but she (still, unfortunately) completed the marathon, showcasing her determination.

41. George is not only an artist; he has other careers too. (For example / Contrarily), he is a talented musician.

42. The comedy show was highly anticipated, but it turned out to be unfunny. (That is to say / Nevertheless), no one laughed.

43. The team had been working on the prototype for months. (Presently / In contrast), they are preparing for the product launch.

44. Mark couldn't meet the deadline. (In the first place / Consequently), he didn't have enough data and time, nor did he have sufficient help.

45. In the entertainment industry, the director plans the production schedule. (At the same time / Otherwise), the rest of the crew scouts for filming locations.

어휘

downpour 폭우 craft (정교하게) 만들다 creativity 창의력 passion 열정 give a presentation on ~에 대해 발표하다 renewable 재생 가능한 conventional 전통적인 contain 포함하다 inform 알리다 following ~ 후에 round 회차 revision 수정 be well-received 호평을 받다 end result 최종 결과물 unfavorable (상태가) 좋지 않은 showcase 보여주다 determination 의지 anticipate 기대하다 turn out to-V ~로 드러나다 prototype 시제품 sufficient 충분한 crew 팀, 조, 반 scout for ~을 찾아 돌아다니다 filming location 촬영 장소

46. Our company does not receive phone calls regularly. (Instead / On the contrary), please send an email if you have any concerns.

47. Sonya had the option to study abroad. (Rather / Furthermore), she chose to study in her home country.

48. Lucian was formerly a student of this institution. (Afterwards / On the other hand), he applied for a faculty member here.

49. The coach elucidated the strategy in the semi-final game. (In brief / Similarly), it was effective.

50. The company showed impressive growth this quarter. (Besides / Therefore), they have also introduced several employee welfare programs.

51. The cuisine was quite satisfying. (In particular / Nonetheless), the unique flavor in the entre was unexpectedly delicious.

52. Leadership plays a crucial role in team dynamics. (Likewise / Formerly), effective communication is key to maintaining a harmonious and productive environment.

53. The employees expressed their concerns about the low bonus rates during the annual meeting. (As requested / Nonetheless), the management has decided to raise their bonus.

54. The president won't be able to be present at the summit. (Presently / Therefore), he will send a representative.

55. We can go hiking this weekend. (After all / Alternatively), we could spend the day at the beach if the weather is nice.

56. The rise of e-commerce platforms has drastically changed the retail industry. (Similarly / On the contrary), the emergence of digital payment methods is revolutionizing the financial sector.

57. After a period of fluctuation, the market finally stabilized. (However / Finally), investors remained optimistic and are now seeing promising returns.

58. Many cultural narratives highlight the concept of honor and sacrifice. Ancient Greek literature, (for instance / therefore), includes numerous accounts of heroic martyrdom.

59. The Korean archery team had been training rigorously. (Until then / At last), they had faced numerous challenges, but their determination never wavered.

60. The concert, filled with mesmerizing melodies and energetic performances, was fantastic. (In summary/ On the other hand), it was a remarkable experience.

어휘

★ 정답 및 해설 p. 37

concern 용무, 우려 home country 본국 institution 기관 faculty 교수진 elucidate (자세히) 설명하다 semi-final 준결승 entrée 전채 요리, 앙트레 unexpectedly 뜻밖에, 의외로 dynamics 역학 summit 정상회담 representative 대리인 rise 상승 e-commerce 전자 상거래 drastically 급격히 retail industry 소매업계 emergence 출현 payment 결제 revolutionize 대변혁을 일으키다 fluctuation 등락, 변동 stabilize 안정되다 optimistic 낙관적인 promising 유망한 return 수익 narrative 서술, 서사 highlight 강조하다 sacrifice 희생 account 이야기 martyrdom 순교 archery 양궁 rigorously 엄격하게 determination (굳은) 의지, 투지 waver 흔들리다, 약해지다 mesmerizing 매혹적인 remarkable 놀랄 만한

Practice

1. Lauren started her career as a teacher, making a significant impact on her students. _____, she has now expanded her influence by opening her own school and continuing her dedication to education.

    (a) Previously
    (b) On the other hand
    (c) Overall
    (d) Rather

2. Traditional French cuisine relies heavily on butter for enhancing richness and flavor in dishes. Whether in pastries or sauces, butter plays a central role. _____, this extensive usage of butter makes many dishes high in saturated fats, which has raised concerns among health-conscious diners.

    (a) Otherwise
    (b) Instead
    (c) Moreover
    (d) However

3. Nowadays, the perception of high-end fashion is not shaped by the collections of renowned designers such as Gucci or Chanel. _____, It is defined by the latest creations from emerging designers like Off-White and Vetements.

    (a) Nevertheless
    (b) Therefore
    (c) To summarize
    (d) Rather

4. Quantum computing holds the potential to revolutionize data processing and solve problems. _____, with its ability to handle complex calculations at an incredibly fast pace, researchers are testing its applications in material science, cryptography, and even in the development of new drugs.

    (a) However
    (b) Otherwise
    (c) In fact
    (d) Regardless

5. The team had a long discussion to decide on the design of the up-to-date smartwatch. _____, they reached a decision, which was not what the board wanted but was in line with the client's requirements.

    (a) Finally
    (b) In fact
    (c) Therefore
    (d) However

6. The Japanese art of origami involves folding paper into intricate designs and shapes without using glue or scissors. _____, the Korean art of Jong-ie-jeobgi also involves paper folding, but often incorporates cutting and pasting.

    (a) Therefore
    (b) In contrast
    (c) While
    (d) In the same way

★ 정답 및 해설 p. 39

DAY 09 관계사

적절한 관계사절을 골라야 하는 Form 유형이다.
관계대명사나 관계부사 중 2문제가 출제되며,
관계사를 포함한 문장 전체가 보기에 나온다.

1단계 선택지가 모두 관계사로 시작하는 절

2단계 빈칸 앞에 쉼표(,)가 있으면 that 제외, 선행사가 있으면 what 제외

3단계 선행사가 사람이면 who/whom/that
➡ who/that + 주어 없는 절, whom/that + 목적어 없는 절
선행사가 사물이면 which/that + 주어나 목적어 없는 절
선행사가 장소이면 where + 완전한 절, 선행사가 시간이면 when + 완전한 절

관계사	
용법	**예문**
관계대명사	I lent my favorite book to **a friend** who **is an avid reader**. 나는 독서광인 한 친구에게 제일 좋아하는 책을 빌려줬다. **The novel** which **I have been waiting for** was finally released yesterday. 내가 기다리던 소설이 어제 드디어 출간되었다. **The book** whose **cover is leather** looked very classy . 표지가 가죽인 그 책은 매우 고급스럽게 보였다.
관계부사	**The park** where **we had fun** was full of blooming flowers. 우리가 즐겁게 놀았던 그 공원은 활짝 핀 꽃들로 가득했다. I still remember **the moment** when **I received the award**. 나는 상을 받던 그 순간이 아직도 기억난다. I can see **the reason** why **Emily quit her job**. 나는 에밀리가 왜 일을 그만뒀는지 알 것 같다.

FM 문제 풀이 공략

The new substance is intended to work by preventing the buildup of glycoprotein in patients' brains. This may delay the progress of Alzheimer's disease for **people _____**.

(a) what are in its early stages
(b) whom are in its early stages
(c) **who are in its early stages**
(d) which are in its early stages

STEP 1 선택지 유형 분석
선택지가 모두 관계사를 포함한 문장이므로 알맞은 관계절을 고르는 문제임을 파악하기

STEP 2 빈칸 문장에서 단서 찾기
빈칸 앞 선행사가 사람(people)이고 선택지 문장이 주어가 필요한 불완전한 문장이므로 주격 관계대명사(who나 that) 찾기

STEP 3 정답 고르기
관계사절에서 주어로 쓰이고 선행사 사람을 꾸며주는 (c)를 정답으로 고르기

My sister doesn't enjoy mainstream pop, rock, or hip-hop music. Instead, she only listens to **classical and jazz music**, _____. She also attends orchestral concerts featuring renowned soloists.

(a) who she downloads from the app store
(b) that she downloads from the app store
(c) what she downloads from the app store
(d) **which she downloads from the app store**

STEP 1 선택지 유형 분석
선택지가 모두 관계사를 포함한 문장이므로 알맞은 관계절을 고르는 문제임을 파악하기

STEP 2 빈칸 문장에서 단서 찾기
빈칸 앞 선행사가 classical music and jazz (사람 아님)이고 쉼표가 있고 선택지 문장이 목적어가 필요한 문장이므로 목적격 관계대명사(which) 찾기

STEP 3 정답 고르기
관계사절에서 목적어로 쓰이고 선행사 classical and jazz music을 꾸며주는 (d)를 정답으로 고르기

Samuel was born and raised in **the wilderness of Quebec**, _____. He crossed mountains and traversed frozen grounds and lakes on the sled with seven Siberian huskies.

(a) that he faced numerous challenges
(b) why he faced numerous challenges
(c) which he faced numerous challenges
(d) **where he faced numerous challenges**

STEP 1 선택지 유형 분석
선택지가 모두 관계사를 포함한 문장이므로 알맞은 관계절을 고르는 문제임을 파악하기

STEP 2 빈칸 문장에서 단서 찾기
빈칸 앞 선행사가 장소(the wilderness of Quebec)이고 선택지가 완전한 문장이므로 장소를 나타내는 관계부사(where) 찾기

STEP 3 정답 고르기
관계사절에서 부사로 쓰이고 선행사 장소를 꾸며주는 (d)를 정답으로 고르기

1 관계대명사

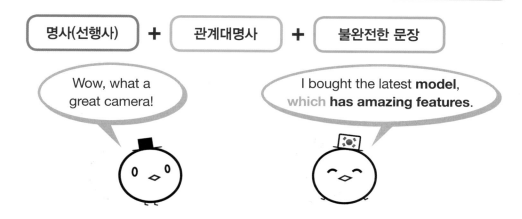

| 명사(선행사) | + | 관계대명사 | + | 불완전한 문장 |

> Wow, what a great camera!

> I bought the latest **model**, **which has amazing features**.

출제 포인트 — 관계대명사의 종류

선행사	주격	목적격	소유격
사람	who, that	whom, that	whose
사물, 동물	which, that	which, that	whose, of which
관계절에서의 역할	관계절에서 주어	관계사절에서 목적어	〈whose + 명사〉가 주어나 목적어

1. **사람이 선행사: who/that/whom**

   The student who[that] received the scholarship was overjoyed with the news.

   장학금을 받게 된 학생은 그 소식에 뛸 듯이 기뻤다.

2. **사물/동물이 선행사: which/that**

   We visited **a museum which[that] displayed ancient artifacts**.

   우리는 고대 유물을 전시한 박물관을 방문했다.

3. **소유격: whose**

   The company whose CEO resigned is now searching for a replacement.

   CEO가 사임한 그 회사는 현재 후임자를 찾고 있다.

2 관계부사

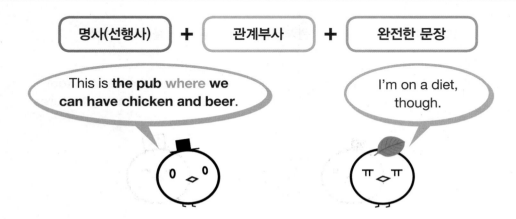

| 명사(선행사) | + | 관계부사 | + | 완전한 문장 |

This is **the pub where we can have chicken and beer**.

I'm on a diet, though.

출제 포인트   관계부사의 종류

선행사	관계부사	관계부사절
장소 (place)	where	주어 + 동사 + 보어/목적어 + 장소 전치사구 없음
시간 (time, day, year)	when	주어 + 동사 + 보어/목적어 + 시간 전치사구 없음
이유 (reason)	why	주어 + 동사 + 보어/목적어 + 이유 전치사구 없음
X	how	주어 + 동사 + 보어/목적어 + 방법 전치사구 없음

The beach where **we spent our summer holidays** is now a popular tourist destination.

우리가 여름휴가를 보냈던 해변은 이제 인기 관광지가 되었다.

I'll never forget **the day** when **I met my favorite celebrity in person**.

가장 좋아하는 연예인을 직접 만났던 날을 절대 잊지 못할 것이다.

Ellen explained **the reasons** why **she chose to pursue a career in music**.

엘렌은 음악 분야에서 경력을 쌓기로 한 이유를 설명했다.

I couldn't understand how **he managed to complete the project so quickly**.

그가 그렇게 빨리 프로젝트를 완료할 수 있었던 방법을 이해할 수 없었다.

3 관계사절의 용법

1. 관계대명사와 관계부사 구별하기

선행사 다음에 오는(문제에서는 빈칸) 관계사절이 주어나 목적어가 빠진 불완전한 문장이면 관계대명사절을, 완전한 문장이면 관계부사절을 고른다.

(1) which와 where

The museum, which has the Monet exhibition, is a must-visit place for art lovers.
_{주어가 빠진 불완전한 절}

모네 기획전을 하고 있는 그 미술관은 미술 애호가라면 꼭 방문해야 할 곳이다.

The museum, where you can see the Monet exhibition, is a must-visit for art
_{주어와 목적어가 있는 완전한 절}

lovers.   모네 전시회를 볼 수 있는 그 미술관은 미술 애호가라면 꼭 방문해야 할 곳이다.

(2) which와 when

The moment which changed my life was when I received the job offer.
_{주어가 빠진 불완전한 절}

내 인생을 바꾼 순간은 입사 제안을 받았을 때였다.

The moment when I received the job offer was a turning point in my life.
_{주어와 목적어가 있는 완전한 절}

입사 제안을 받았던 순간이 내 인생의 전환점이었다.

(3) 관계부사를 '전치사 + which'로 바꿔 쓰기

I enjoy visiting **the multiplex where I can enjoy a wide variety of movies**.
= I enjoy visiting **the multiplex which I can enjoy a wide variety of movies at**.
= I enjoy visiting **the multiplex at which I can enjoy a wide variety of movies**.
나는 다양한 영화를 즐길 수 있는 멀티플렉스에 가는 것을 좋아한다.

2. 관계사절의 계속적 용법
(1) 관계대명사

선행사 다음에(문제에서는 빈칸 앞에) 쉼표(,)가 올 경우 선택지에서 that과 what이 있는 절은 제외한다.

(O) **My boss, who is a highly supportive leader**, always motivates the team
  towards success.

(X) **My boss, ~~that~~ is a highly supportive leader**, always motivates the team
  towards success.

내 상사는 매우 지원을 잘하는 리더로서 항상 팀이 성공하도록 동기를 부여한다.

(O) I bought **a new laptop**, which **I use for both work and gaming**.

(X) I bought **a new laptop**, ~~that~~ **I use for both work and gaming**.

(X) I bought **a new laptop**, ~~what~~ **I use for both work and gaming**.

나는 새 노트북을 구입하여 업무와 게임 모두에 사용하고 있다.

(2) 관계부사

쉼표(,)가 없는 한정적 용법과 마찬가지로 관계절이 완전한 문장이면 장소, 시간, 이유 등을 나타내는 관계부사가 있는 절을 고른다.

The city, where **countless opportunities await**, attracts people from all walks of life.

수많은 기회가 기다리고 있는 도시에는 각계각층의 사람들이 모여든다.

The day, when **we celebrated my sister's graduation**, was filled with joy and pride.

여동생의 졸업을 축하하던 날은 기쁨과 자부심으로 가득했다.

3. 관계대명사 소유격 완벽하게 이해하기

소유격 관계대명사절은 「whose+명사」가 주어나 목적어가 되는 완전한 문장이다.

- The company hired **a new CEO** whose **experience in the industry is extensive**.

  = The company hired **a new CEO**. + His experience in the industry is extensive.

  회사는 업계에서의 경험이 풍부한 새로운 CEO를 고용했다.

- **The movie**, whose **director is highly respected**, received critical acclaim.

  = **The movie**, of which the director is highly respected, received critical acclaim.

  = The director of the movie is highly respected. + **The movie** received critical acclaim.

  많은 존경을 받는 감독이 연출한 그 영화는 비평가들의 찬사를 받았다.

4. 관계대명사 what

관계사 what은 「the thing(s) + that (선행사+관계대명사)」의 축약형이며, '~하는 것'으로 해석한다.

- What **brings people together** are shared interests, common goals, and mutual respect.

  = The things that **bring people together** are shared interests, common goals, and mutual respect.

  사람들을 하나로 모으는 것은 공통의 관심사, 공동의 목표, 상호 존중이다.

- I appreciate what **my parents have done for me throughout my life**.

  = I appreciate the things that **my parents have done for me throughout my life**.

  나는 부모님이 평생 나를 위해 해 주신 일들에 감사하고 있다.

Exercise

1. The athlete (who is from Brazil / which is from Brazil) won the marathon this year.

2. The bakery (who sells delicious pastries / which sells delicious pastries) is always crowded.

3. The author (whom I admire most / which I admire most) is coming to the bookstore for a signing event.

4. The headphone (whom I bought / which I bought) is out of stock now.

5. You can collect the projector (who you asked for / which you asked for) at the workshop.

6. The food critic (that was supposed to visit today / which was supposed to visit today) hasn't show up.

7. The book cover (whom I designed / that I designed) required further revision.

8. All volunteers will report to Jessica, (who will be organizing the event / that will be organizing the event).

9. A group of engineers designed a new robot, (which assists in housekeeping tasks / that assists in housekeeping tasks).

10. The architectural company has announced its latest project, (of which the blueprint showcases innovative design / whom the blueprint showcases innovative design).

어휘

★정답 및 해설 p. 41

athlete 운동선수 crowded 붐비는 author 작가, 저자 admire 존경하다 signing event 사인회 out of stock 재고가 없는, 품절된 collect (=pick up) 수령하다 ask for 요구하다 food critic 식품 평론가 be supposed to-V ~할 예정이다 show up 나타나다 further 추가의 revision 수정 report to ~에게 보고하다 organize 조직하다, 주관하다 housekeeping task 집안일 architectural 건축의 blueprint 설계도 showcase 보여주다 innovative 혁신적인

11. The attendees, (that the host should greet / whom the host should greet), are gathered in the entrance hall.

12. The committee will inform everyone of the precise time (when the team meeting starts / why the team meeting starts).

13. This is the village (how my father grew up / where my father grew up) in his childhood.

14. No one is aware of the reason (why Lucy and Antony chose to end their relationship / when Lucy and Antony chose to end their relationship).

15. The violinist (who last performance captivated the audience / whose last performance captivated the audience) is planning another recital soon.

16. Olivia has lived in Canada since her last birthday, (which she moved from France on / when she moved from France on).

17. The front-row seats, (which you can enjoy the opera most closely from / where you can enjoy the opera most closely from), are quite expensive.

18. The cause (which my uncle relocated to another city for / why my uncle relocated to another city for) remains a mystery.

19. What sets their service apart is (how they cater to customers' needs / what they cater to customers' needs).

20. The guide shows (what the students should do / which the students should do) in case of a fire.

★ 정답 및 해설 p. 41

어휘

attendee 참석자 host 주인, 진행자 entrance hall 입구 inform A of B A에게 B를 알리다 precise 정확한 be aware of ~을 알다 choose to-V ~하기로 하다 relationship 연애 관계, 교제 captivate 사로잡다 audience 관객 recital 독주회 front-row seat 앞좌석 closely 가까이서 cause 이유 relocate to ~로 이사하다 remain 남아 있다 set ~ apart ~을 구별되게 하다 cater to ~에 맞추다 customers'needs 고객의 필요 guide 안내서 in case of ~경우에 fire 화재

Practice

1. Having earned her PhD in astrophysics, she is an astrophysicist _____ . Her groundbreaking research has gained international recognition, and she persists in expanding our understanding of the cosmos.

   (a) which specializes in black holes
   (b) who specializes in black holes
   (c) whom specializes in black holes
   (d) what specializes in black holes

2. Breeders of ornamental fish have developed short-bodied varieties through selective breeding. These fish, _____, have a reduced number of vertebrae in their curved spines and have shorter lifespans than unaltered varieties.

   (a) that come from many different genera
   (b) what come from many different genera
   (c) which come from many different genera
   (d) who come from many different genera

3. When applying for a scholarship from universities, many tend to focus on the application assessment process. However, the result may differ depending on the admission officer _____ as the evaluation of the documents can be subjective.

   (a) whose you consult
   (b) which you consult
   (c) whom you consult
   (d) where you consult

4. Sarah was born and raised in the coastal region of Maine, _____. She also navigated the open waters and harbors on a small sailboat with her family.

   (a) that she explored the sea
   (b) where she explored the sea
   (c) which she explored the sea
   (d) why she explored the sea

5. Thousands of cyclists from all over the world will celebrate National Cycling Day this year in France. They are expected to ride routes _____.

   (a) which they can have fun on
   (b) what they can have fun on
   (c) who they can have fun on
   (d) where they can have fun on

6. A recent study shows that the mystery film, _____, has become popular among the millennial generation. It began gaining traction in the early 2000s, with movies such as Memento, Mulholland Drive, and The Others.

   (a) what genre revolves around suspense
   (b) which genre revolves around suspense
   (c) who genre revolves around suspense
   (d) whose genre revolves around suspense

★ 정답 및 해설 p. 42

Chapter

2

독해

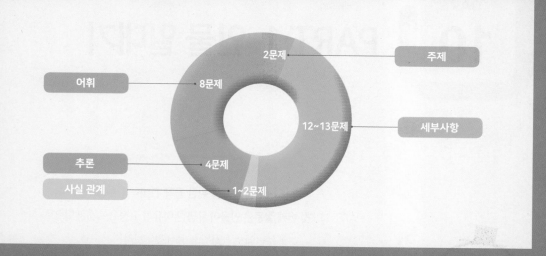

- 어휘 — 8문제
- 추론 — 4문제
- 사실 관계 — 1~2문제
- 2문제 — 주제
- 12~13문제 — 세부사항

독해 영역 소개

❶ 문항: 28문제 (53~80번)

❷ 각 파트별 7개 질문의 정답 고르기 (마지막 두 문제는 유의어 고르는 어휘 문제)

❸ 파트별 지문의 길이는 5~7단락 정도

독해 출제 유형

PART	유형	문항 수 (번호)	개요	전개	문제 유형
PART 1	인물 일대기	7 (53~59)	과거 또는 현재 유명 인사의 일대기를 소개하는 글	인물 소개, 중요 업적 ➡ 출생, 유년기 ➡ 청소년기 ➡ 전성기, 업적, 특징 ➡ 말년, 죽음, 평가	세부사항, 추론, 사실 관계, 어휘(2)
PART 2	잡지 기사	7 (60~66)	사회, 정치, 환경, 과학 등을 주제로 한 연구 결과나 사회적 이슈를 다루는 기사문	주제 및 연구 결과 소개 ➡ 연구 과정 ➡ 연구 결과에 대한 세부 설명 ➡ 평가와 과제	주제, 세부사항, 추론, 사실 관계, 어휘(2)
PART 3	지식 백과	7 (67~73)	역사적, 과학적 사실이나 유익한 정보나 지식 소개	정보 소개 ➡ 기원 및 유래 ➡ 특징 ➡ 현재 상황 및 영향	세부사항, 추론, 사실 관계, 어휘(2)
PART 4	비즈니스 레터	7 (74~80)	업무 관련 메일로 주로 마케팅, 사업 제안 및 업무 내용이 담긴 편지	인사 ➡ 편지의 목적 ➡ 세부사항, 앞으로의 업무 절차 ➡ 마무리 인사	주제, 세부사항, 추론, 사실 관계, 어휘(2)

▶ 독해 & 어휘 구성 및 공략

DAY 10 PART 1 인물 일대기

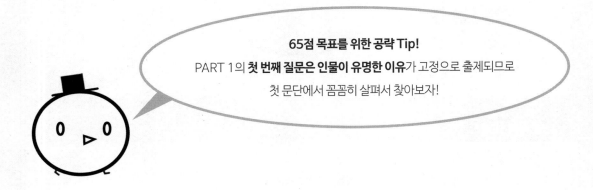

65점 목표를 위한 공략 Tip!

PART 1의 **첫 번째 질문은 인물이 유명한 이유**가 고정으로 출제되므로
첫 문단에서 꼼꼼히 살펴서 찾아보자!

내용	유명 인물의 일대기를 소개하는 글 (Historical Account)
문제	7문제 (53번 ～ 59번)
문제 유형	세부사항, 추론, 사실 관계, 어휘(2)
빈출 주제	역사적으로 유명한 인물, 예술가, 정치인, 현대의 유명 인사의 일대기, 가끔은 유명한 콘텐츠의 주인공이나 역사 소개 등
내용 전개	(53번) 인물 소개, 유명한 이유와 중요 업적 (54번) 인물의 출생, 유년기, 청년기 (55～56번) 인물의 중요 업적과 관련된 세부 내용 (57번) 인물의 근황, 말년, 평가 (58～59번) 어휘
풀이 전략	1. 질문을 읽고 빠르게 키워드 메모하기 2. 질문의 키워드와 그에 따른 정답의 시그널을 본문에서 찾기 3. 시그널이 있는 문장을 중심으로 앞뒤에서 키워드에 맞는 내용 찾기 4. 선택지에서 본문의 내용이 패러프레이즈된 정답 고르기 5. 어휘(동의어 찾기) 문제는 다의어 중 지문의 문맥에 맞는 뜻으로 고르기

PART 1에 쓰이는 문제 유형

세부 사항

1. PART 1 첫 번째 문제 – 인물이 유명한 이유

What is David Bowie **famous for**?

데이비드 보위는 무엇으로 유명한가?

What is Steve Jobs **best known for**?

스티브 잡스는 무엇으로 가장 잘 알려져 있는가?

2. 시기별로 인물의 핵심 업적이나 사건과 관련한 문제

Why did Twain leave his home state of Missouri for New York?

왜 트웨인은 그의 고향인 미주리주를 떠나 뉴욕으로 갔는가?

What did Houston achieve in 1985?

휴스턴은 1985년에 무엇을 성취했나?

추론

인물의 행동이나 발생한 사건에 대해 추론하는 문제

When were Winton's actions **probably** introduced to a wider audience?

언제 윈스턴의 행동은 더 많은 청중들에게 소개되었을 것 같은가?

Why might people not potentially be unable to view Spielberg's movies in the coming years?

왜 사람들은 스필버그의 영화를 앞으로 몇 년 안에 볼 수 없게 될 수도 있을까?

Based on the article, what can be said about Elon's space travel?

기사에 따르면 엘론의 우주 여행에 대해 무엇을 알 수 있을까?

사실 관계

인물 또는 인물과 관련된 사건에 관해 사실 여부를 묻는 문제

Which of the following is NOT true about Michael Jackson?

다음 중 마이클 잭슨에 관해 사실이 아닌 것은 무엇인가?

Which does NOT describe Jerry Seinfeld's childhood?

제리 자인펠트의 어린 시절을 묘사하지 않은 것은 무엇인가?

PART 1 빈출 어휘

어휘	뜻 (= 유의어)	어휘	뜻 (= 유의어)
figure	인물 (= person, character, individual)	award-worthy	상 받을 만한
character	성격 (= personality, nature, individuality)	best	최고의, 일류의 (= top-notch, prestigious)
characteristic	특징, 특성 (= trait, feature, quality, property)	exceptional	특출한 (= special, unique, distinguished)
movie	영화 (= film, cinema, moving picture)	famous	유명한 (= best known, well-known, renowned, prominent, distinguished)
painting	그림 (= drawing, illustration, image)	recognized	인정받은, 알려진 (= honored, noted, credited)
(art)work	(예술) 작품 (= piece)	passionate	열정적인 (= eager, enthusiastic, impassioned)
feature-length	장편의	be educated	교육받다
masterpiece	걸작	be born	태어나다
title	제목 (= name) 출판물 (= publication, issue) 권리 (= right, authority)	give birth to	아이를 낳다 (= deliver a baby)
volume	(시리즈 중) 한 권	die	죽다 (= be dead, pass away, be gone, be killed, lose one's life)
literary classic	문학 명작	be raised	자라다 (= be brought up, grow up)
influence	영향력 (= effect, impact)	great	대단한 (= amazing, incredible, grand)
ability	능력 (= gift, power, skill, capacity, competence)	considerable	중요한, 상당한 (= significant, substantial)
role	역할 (= part, act) 지위 (= status, position)	important	중요한 (= key, major, crucial, critical, essential, imperative)
prolific	다작의 (= many, abundant, rich, productive)	honor	명예, 영광 (= fame, glory, praise, reputation, privilege) 훈장 (= medal, award, decoration)

professional	전문적인 (= specialized, technical) 전문가 (= expert)	contribution	기여, 공헌 (= donation)
excellent	훌륭한 (= great, remarkable, outstanding)	devotion	헌신, 전념 (= dedication, commitment, loyalty)
legacy	업적 (= work, achievement, contribution, accomplishment)	historian	역사학자
job	직업 (= work, position, career, profession, occupation, vocation)	journalist	언론인, 기자
animator	애니메이션 제작자[창작자]	judge	판사
astronomer	천문학자	lawyer	변호사 (= attorney)
astronaut	우주 비행사 (= spaceman)	leader	리더 (= guide, director, coach)
businessman	사업가 (= entrepreneur)	lecturer	강사 (= teacher, instructor)
captain	선장, 대위	linguist	언어학자
cartoonist	만화가	master	장인 (= workman, craftsman, artisan)
celebrity	연예인, 유명 인사	mechanic	정비공
CEO	최고 경영자 (= Chief Executive Officer)	monk	수도승
climber	등반가 (= mountaineer, hiker)	novelist	소설가 (= fictionist)
composer	작곡가 (= songwriter)	pharmacist	약사
conductor	지휘자	philosopher	철학자
critic	비평가	politician	정치인
director	책임자, 영화감독	priest	신부, 사제
doctor	의사, 박사	senator	상원 의원
dramatist	극작가	sculptor	조각가
electrician	전기 기술자[기사]	trader	상인, 거래자 (= dealer, merchant, seller, businessman)
engineer	기술 공학자, 엔지니어	vet	수의사 (= veterinary doctor, veterinarian)

▶ 문제와 지문을 읽고 키워드와 단서를 찾아 문제를 풀어 보세요 .

ANTONI GAUDI

1	(1)Antoni Gaudi, a visionary architect from Spain, is best known for his distinctive modernist architectural designs in Barcelona. His ingenious works, like the Sagrada Família, transformed Catalonia's capital into an art haven, firmly imprinting his philosophy of "Nature is my master" onto the architecture of the city. He also designed famous buildings like Casa Batlló and Park Güell.
2	Antoni Gaudi was born to Francesc Gaudi Serra and Antònia Cornet Bertran on June 25, 1852, in Reus, Catalonia. (2)He began his studies at the School of Architecture in Barcelona, where he learned to blend nature with architectural form, bringing out the essence of Catalonian heritage.
3	(3b)Gaudi achieved his degree in architecture from the Provincial School of Architecture in 1878. (3a)He embarked on a journey that took him to various parts of Spain, absorbing the essence of its medieval and Moorish styles. His flair for innovation earned him a place in Barcelona's elite design community. (3c)Driven by passion and a profound connection with his roots, Gaudi set out to create masterpieces that combined nature and architecture.
4	By the 1900s, Gaudi had begun his most ambitious project, the Sagrada Família. (4)Even though he did not live to see its completion due to his death, his distinctive design has since been continued by a series of architects, reflecting the enduring impact of his vision. His ability to integrate color, form, and natural (6)motifs has made his works unique, drawing tourists from all over the world to Barcelona.
5	Over time, Gaudi's vision branched out beyond just architecture. He was involved in planning urban spaces and gardens, and even had ideas for music halls. His accolades are numerous, with recognition from UNESCO for his contribution to world heritage sites and he is often termed the "Architect of God" by the global design community.
6	Antoni Gaudi's life took a tragic turn on June 7, 1926, when he was hit by a tram while walking in Barcelona. He died three days later, a loss deeply mourned by both the city and architects around the world. Despite his untimely death, Gaudi left behind an unmatched legacy that profoundly (7)influenced modernist architecture. His works are not just buildings, but a blend of art, nature, and religion, making them timeless masterpieces. (5)His creations, including The Sagrada Família, still under construction today, stand as a testament to his genius, drawing millions of visitors annually.

1 세부사항

What is Antoni Gaudi **most famous for**?

(a) constructing the largest building in Spain
(b) introducing modernist architecture in Barcelona
(c) founding the School of Architecture in Barcelona
(d) writing books on Catalan heritage

STEP 1 문제 유형 분석하기
PART 1의 첫 번째 문제(53번)는 항상 인물이 유명한 이유를 묻는 문제가 출제된다.

STEP 2 문제 키워드로 지문에서 시그널 찾기
문제의 most famous for라는 키워드로 1단락에서 시그널 best known for를 찾는다.

STEP 3 정답 고르기
시그널을 중심으로 앞뒤 내용 중에서 유명한 이유를 찾고 "his distinctive modernist architectural designs ~" 문장이 패러프레이즈된 (b)를 고른다.

2 세부사항

How did Gaudi's **education** contribute to his architectural style?

(a) He mixed nature with architectural form.
(b) He learned modernist designs from European artists.
(c) He focused exclusively on Spanish medieval styles.
(d) He became a master of conventional designs.

STEP 1 문제 유형 분석하기
PART 1의 두 번째 문제(54번)는 유년(청년) 시절 또는 경력의 시작에 대한 내용을 묻는 문제가 주로 출제되며, 2단락에서 시그널을 찾는다.

STEP 2 문제 키워드로 지문에서 시그널 찾기
문제의 education이라는 키워드로 2단락에서 시그널 began his studies, learned를 찾는다.

STEP 3 정답 고르기
시그널을 중심으로 앞뒤 내용 중에서 학업과 건축 스타일에 대한 내용을 찾고 "blend nature with architectural form" 부분을 보고 (a)를 고른다.

3 　사실 관계

According to the third paragraph, what is **NOT true** about Gaudi's architectural design?

(a) His designs were influenced by parts of Spain.
(b) He earned his degree in the late 19th century.
(c) He was deeply connected to his Catalonian roots.
(d) **He mainly focused on modernist styles.**

STEP 1　문제 유형 분석하기
NOT 문제는 선택지를 보고 본문의 키워드와 비교하면서 맞는 보기를 하나씩 제거한다.

STEP 2　문제 키워드로 지문에서 시그널 찾기
문제의 architectural design이라는 키워드로 3단락에서 선택지의 내용을 하나씩 맞춰본다.

STEP 3　정답 고르기
3단락에서 관련 내용을 찾을 수 없는 (d)를 정답으로 고른다.

4 　세부사항

Why couldn't Gaudi see the completion of the Sagrada Família?

(a) He lost interest in the project.
(b) He was focused on other buildings in Barcelona.
(c) **He passed away before it was completed.**
(d) He left Barcelona before finishing the project.

STEP 1　문제 유형 분석하기
PART 1의 세 번째와 네 번째 문제는 주로 인물의 중요 업적과 관련된 내용을 묻는 문제가 출제된다.

STEP 2　문제 키워드로 지문에서 시그널 찾기
문제의 completion, Sagrada Familia라는 키워드로 4단락에서 시그널을 찾는다.

STEP 3　정답 고르기
시그널을 중심으로 앞뒤 내용 중에서 사그라다 파밀리아 완공에 대한 내용을 찾고 "he did not live to see its completion due to his death" 문장이 패러프레이즈된 (c)를 고른다.

5 추론

How, **most likely**, do Gaudi's works serve as a testament to his genius today?

(a) They are taught in every architectural school.
(b) They are the most replicated designs in Spain.
(c) They are visited by tourists around the world.
(d) They have been converted into modern commercial hubs.

STEP 1 문제 유형 분석하기
질문에 most likely가 있으면 추론 문제이다.

STEP 2 문제 키워드로 지문에서 시그널 찾기
문제의 testament, genius라는 키워드로 6단락에서 시그널을 찾는다.

STEP 3 정답 고르기
시그널을 중심으로 앞뒤 내용 중에서 키워드가 언급된 정보를 토대로 (c)를 고른다.

6-7 어휘

In the context of the passage, motifs means _____.

(a) figures
(b) structures
(c) themes
(d) colors

STEP 1 문제 유형 분석하기
지문의 맥락에서 단어의 동의어를 찾는 문제이다.

STEP 2 지문에 쓰인 단어 뜻 찾기
지문에서 motif는 '주제', influence는 '영향을 미치다'란 뜻으로 쓰였다.

STEP 3 정답 고르기
6번은 '주제'라는 뜻을 가진 (c)를,
7번은 '영향을 미치다'의 의미인 (a)를 정답으로 고른다.

In the context of the passage, influenced means _____.

(a) affected
(b) based
(c) copied
(d) ignored

	안토니 가우디
1	(1)스페인 출신의 선구적인 건축가 안토니 가우디는 바르셀로나의 독특한 모더니즘 건축 디자인으로 가장 잘 알려져 있다. 사그라다 파밀리아 같은 그의 독창적인 작품들은 카탈루냐의 수도를 예술의 안식처로 탈바꿈시켰으며, "자연은 나의 주인이다"라는 그의 철학을 도시의 건축 양식에 확고히 각인시켰다. 그는 카사 바트요와 구엘 공원과 같은 유명한 건물도 디자인했다.
2	안토니 가우디는 1852년 6월 25일, 카탈루냐의 레우스에서 프란체스크 가우디 세라와 안토니아 코르넷 베르트란 사이에서 태어났다. (2)그는 바르셀로나의 건축 학교에서 공부를 시작했고, 그곳에서 자연과 건축 형태를 융합하는 법을 배우고 카탈루냐 문화 유산의 본질을 끌어냈다.
3	(3b)1878년에 가우디는 지방 건축 학교에서 건축 학위를 받았다. 그는 스페인의 여러 지역을 여행하며 중세와 무어인 양식의 본질을 흡수하는 여정에 나섰다. (3a)혁신에 대한 재능은 그에게 바르셀로나 엘리트 디자인 커뮤니티에 자리를 갖게 해주었다. (3c)열정과 뿌리에 대한 깊은 연관성에 이끌려, 가우디는 자연과 건축을 결합한 대작을 창작하기 시작했다.
4	1900년대가 되어 가우디는 가장 야심 찬 프로젝트인 사그라다 파밀리아를 시작했다. (4)그는 죽음으로 인해 그것이 완성되는 것을 목격하지 못했지만, 그의 독특한 디자인은 이후 여러 건축가들에 의해 계승되어, 그의 비전의 지속적인 영향을 반영하고 있다. 그의 색상, 형태, 자연의 (6)주제를 통합하는 능력은 그의 작품을 독특하게 만들었고, 전 세계 관광객들을 바르셀로나로 끌어들였다.
5	시간이 지나면서, 가우디의 비전은 건축을 넘어 확장되었다. 그는 도시 공간과 정원 계획에 참여했고, 심지어 음악당에 대한 아이디어도 가지고 있었다. 그의 수상 경력은 수없이 많으며, 유네스코로부터 세계 문화유산에 대한 기여로 인정받았으며, 전 세계 디자인 커뮤니티에서는 종종 "신의 건축가"로 불린다.
6	1926년 6월 7일, 안토니 가우디의 생애는 바르셀로나에서 걷다가 트램에 치여 비극적인 전환을 맞이했다. 그는 3일 후에 사망했으며, 도시와 전 세계 건축가들이 그의 죽음을 깊이 애도했다. 때 아닌 죽음에도 불구하고, 가우디는 모더니즘 건축에 깊은 (7)영향을 미친 비할 데 없는 유산을 남겼다. 그의 작품들은 단순히 건물이 아니라 예술, 자연, 종교의 조화로운 혼합이며, 시대를 초월한 걸작이 되었다. (5)오늘날에도 여전히 건설 중인 사그리다 파밀리아를 포함한 그의 창작물들은 매년 수백만 명의 방문객을 끌어들이며 그의 천재성에 대한 증거가 되고 있다.

어휘 visionary 선구적인, 독창적인 architect 건축가 distinctive 독특한 ingenious 기발한, 독창적인 transform 탈바꿈시키다, 변형시키다 capital 수도 haven 안식처 imprint 각인시키다 master 주인 blend A with B A와 B를 융합하다, 혼합하다 bring out 끌어내다 essence 본질 heritage 유산 architecture 건축 provincial 지방의 embark on ~에 나서다, 착수하다 absorb 흡수하다 medieval 중세의 Moorish 무어인의 flair for ~에 타고난 재능 innovation 혁신 earn ~에게 (존경, 명성)을 가져다주다 driven by (감정, 생각)에 이끌린 passion 열정 profound 심오한 set out to-V ~을 시작하다 masterpiece 걸작, 대작 combine 결합하다 ambitious 야심 찬 completion 완성 reflect 반영하다 enduring 지속적인 integrate 통합하다 motif 주제, 모티프 branch out (새로운 분야로) 뻗어나가다, 확장하다 urban 도시의 accolade 상, 영예 recognition 인정 contribution 기여 be termed ~라고 불리다 take a tragic turn 비극적인 전환을 맞이하다 mourn a loss 죽음을 애도하다 despite ~에도 불구하고 untimely 때가 아닌, 시기상조의 leave behind ~을 남기다 unmatched 비할 데 없는, 타의 추종을 불허하는 legacy 유산 profoundly 깊이 under construction 건설 중인 testament to ~에 대한 증거 annually 매년

1. 안토니 가우디는 무엇으로 가장 유명한가?

(a) 스페인에서 가장 큰 건물을 건설한 것
(b) 바르셀로나에 모더니즘 건축을 도입한 것
(c) 바르셀로나 건축 학교를 설립한 것
(d) 카탈루냐 문화유산에 관한 책을 쓴 것

> **어휘** construct 건설하다 introduce 도입하다 found 설립하다 Catalan 카탈루냐의

2. 가우디의 교육은 그의 건축 스타일에 어떻게 기여하였는가?

(a) 자연과 건축 스타일을 혼합했다.
(b) 유럽 예술가들로부터 모더니즘 디자인을 배웠다.
(c) 오로지 스페인 중세 스타일에만 집중했다.
(d) 전통적인 디자인의 대가가 되었다.

> **어휘** contribute to ~에 기여하다 focus on ~에 집중하다 exclusively 오로지 master 대가 conventional 전통적인

> **패러프레이징**
> • blend ➡ mix ≒ compound(혼합하다), mingle(섞다), fuse(융합하다), incorporate(통합하다), merge(합병하다)
> • form ➡ style ≒ design(디자인), fashion(스타일), mode (방식), pattern(패턴, 스타일), structure(구조), system (체계, 구조), plan(계획, 설계도), scheme(계획, 설계도)

3. 세 번째 단락에 따르면, 가우디의 건축 디자인에 대해 사실이 아닌 것은 무엇인가?

(a) 그의 디자인은 스페인의 여러 지역에서 영향을 받았다.
(b) 그는 19세기 말에 학위를 받았다.
(c) 그는 카탈루냐의 뿌리와 깊이 연결되어 있었다.
(d) 그는 주로 모더니즘 스타일에 집중했다.

> **어휘** part of ~의 지역 earn a degree 학위를 받다 mainly 주로

4. 왜 가우디는 사그라다 파밀리아의 완성을 보지 못했는가?

(a) 프로젝트에 흥미를 잃었다.
(b) 바르셀로나의 다른 건물에 집중하고 있었다.
(c) 완성되기 전에 사망했다.
(d) 프로젝트를 완료하기 전에 바르셀로나를 떠났다.

> **어휘** lose interest in ~에 흥미를 잃다 pass away 사망하다

> **패러프레이징**
> • death ➡ passed away ≒ die(죽다), be dead (죽다), be killed (타의로 죽다), be gone (죽다), lose one's life (목숨을 잃다), demise(사망)

5. 가우디의 작품들은 오늘날 그의 천재성을 증명하는 것으로 어떻게 작용할 것 같은가?

(a) 모든 건축 학교에서 가르친다.
(b) 스페인에서 가장 많이 복제된 디자인이다.
(c) 전 세계의 관광객들이 방문한다.
(d) 현대 상업 중심지로 전환되었다.

> **어휘** replicated 복제된 be converted into ~로 전환되다 commercial 상업의 hub 중심지, 중추

6. 본문의 맥락에서, motifs는 _____을 의미한다.

(a) 인물, 수치
(b) 구조
(c) 주제
(d) 색상

7. 본문의 맥락에서, influenced는 _____을 의미한다.

(a) 영향을 미쳤다
(b) 기반했다
(c) 복사했다
(d) 무시했다

이제 실전처럼 파트1을 연습한 방법에 맞춰 풀어 보세요.

SUSAN AHN CUDDY

Susan Ahn Cuddy was an American naval officer recognized for her service in World War II. She is best known as the first Asian American woman to join the U.S. Navy and later became the first female gunnery officer. Her accomplishments are widely considered remarkable and unparalleled in U.S. Military History.

Susan Cuddy was born Susan Soon Keum Ahn on January 16, 1915, in Los Angeles, California. Her parents, Dosan Ahn Chang Ho and Helen Ahn were leaders in the Korean independence movement. Raised in a family of activists, she was instilled with a sense of duty and patriotism from a young age. This led her to break traditional boundaries, dreaming of serving her country.

In 1942, as World War II raged, Cuddy decided to join the U.S. Navy. Her first attempt was not successful, but she was accepted on her second attempt. In time, she rose through the ranks, eventually becoming a lieutenant. While serving, Cuddy faced many challenges, not only from the war but also from the biases of her time. However, her resilience led her to be appointed as the first female gunnery officer. In her biography, she mentioned, "A lot of people thought that women didn't belong in the service. That made us try harder."

Cuddy's intellect and work ethic made her a vital asset, leading her to roles in Naval Intelligence. She was in charge of a think tank of over 300 agents during the Cold War and worked on many top-secret projects for the United States government. Her responsibilities also included training Navy pilots, a task she undertook with commitment and excellence.

After the war, she went on to work with the National Security Agency and was a vocal advocate for the Korean-American community. She took up numerous roles to bridge the gap between her two cherished communities: America and Korea. Her efforts were instrumental in reinforcing the rights and position of Asian Americans within the U.S.

Susan Ahn Cuddy passed away in 2015, leaving behind a legacy of service, resilience, and advocacy. Her remarkable life has been celebrated through numerous awards, community recognitions, and a documentary detailing her extraordinary journey. She remains an inspiration for many who want to overcome discrimination and inequity and break barriers.

1. What is Susan Ahn Cuddy best known for?

   (a) becoming the first female Asian American officer in the U.S. Navy
   (b) advocating for the Korean-American community
   (c) working with the National Security Agency
   (d) leading a Korean independence movement

2. Based on the article, what, most likely, inspired Cuddy to dream of serving her country?

   (a) experiencing the Korean independence movement
   (b) the outbreak of World War II
   (c) the challenges and biases of her time
   (d) growing up under patriotic parents

3. What happened when Cuddy attempted to enlist in the Navy?

   (a) She started her rank from lieutenant.
   (b) She wrote a biography of herself.
   (c) She failed to join on her first try.
   (d) She became the first female gunnery officer easily.

4. Which was NOT one of Cuddy's responsibilities in Naval Intelligence?

   (a) instructing Navy pilots
   (b) leading a group of over 300 agents
   (c) working on confidential missions
   (d) reinforcing the rights of Korean-Americans

5. According to the last paragraph, what does "break barriers" probably refer to?

   (a) continue her service in the U.S. Navy
   (b) advocate for the rights of gender equality
   (c) return to Korea to lead the independence movement
   (d) produce documentaries about her life

6. In the context of the passage, boundaries means _____.

   (a) predecessors
   (b) properties
   (c) limitations
   (d) cultures

7. In the context of the passage, gap means _____.

   (a) difference
   (b) physique
   (c) difficulty
   (d) adaption

★ 정답 및 해설 p. 44

이제 실전처럼 파트1을 연습한 방법에 맞춰 풀어 보세요.

MIYAZAKI HAYAO

Miyazaki Hayao is a Japanese film director, producer, and animator. He is renowned for his work in animation and has directed and produced some of the most acclaimed and highest-grossing anime films worldwide. He is widely regarded as one of the most accomplished filmmakers in the history of animation.

Hayao was born on January 5, 1941, in Tokyo, Japan. His father was the director of a family-owned airplane parts manufacturer, which had a profound influence on Miyazaki's fascination with flight, frequently <u>portrayed</u> in his films. After the devastating Second World War, young Miyazaki sought solace in the world of art and animation. By the age of 17, Miyazaki was deeply engrossed in Japanese manga and comics, drawing his creations and dreaming of a career in the animation industry.

Isao Takahata, a seasoned director and animator, noticed Miyazaki's innate talents and took him under his wing. Under Takahata's guidance, Miyazaki learned the intricate details of animation. He collaborated with Takahata on various projects, such as *The Little Norse Prince,* solidifying their professional bond. After years of experience, Miyazaki moved to establish himself independently in the industry. Here, he drew inspiration from various sources, including European literature and Japanese folklore, creating masterpieces like *Nausicaä of the Valley of the Wind* and *Laputa: Castle in the Sky*.

In 1985, together with Takahata, Miyazaki co-founded Studio Ghibli, a <u>pivotal</u> moment in animation history. At Ghibli, he directed several acclaimed films, including *Spirited Away*, which won the Academy Award for Best Animated Feature. His innovative ideas, coupled with his detailed animations, set him apart in the industry. In each of his early films, Miyazaki employed traditional animation methods, drawing each frame by hand; computer-generated imagery was used for several of his later films. Aside from his directorial successes, Miyazaki also penned scripts, designed storyboards, and even sketched for various Ghibli projects, showcasing his versatility in the world of animation.

While Miyazaki is still very much alive and active, he has announced his retirement multiple times since the release of *The Wind Rises* in 2012. However, he later returned to write and direct his twelfth feature film, *The Boy and the Heron* (2023). Over his illustrious career, he has received numerous awards and has influenced a generation of animators worldwide. His commitment to his craft ensures his legacy will continue to inspire for generations to come.

1. What is Miyazaki Hayao most famous for?

   (a) originating Japanese manga and animation
   (b) writing best-selling Japanese literature
   (c) establishing a film manufacturing company
   (d) producing universally acclaimed anime films

2. Why was Miyazaki fascinated with flight?

   (a) because of the Second World War
   (b) because of his father's career
   (c) because of his passion for European literature
   (d) because of the influence of Isao Takahata

3. Based on the third paragraph, how did Miyazaki begin his career as an animator?

   (a) by establishing an independent company
   (b) by creating his own comics as a teenage
   (c) by studying under a renowned director
   (d) by succeeding in his family business

4. What did Miyazaki NOT do while he worked at Studio Ghibli?

   (a) He won an Academy Award for his film.
   (b) He persevered in using traditional methods only.
   (c) He co-founded Studio Ghibli with his colleague.
   (d) He participated in his projects in many directions.

5. What can be inferred about Miyazaki's twelfth feature film, *The Boy and the Heron*?

   (a) It could signify a new direction in his filmmaking style.
   (b) It may feature different genres from his past works.
   (c) It was created after he decided to step down from the movie industry.
   (d) It shifted his focus to producing films rather than directing them.

6. In the context of the passage, portrayed means _____.

   (a) prepared
   (b) represented
   (c) archived
   (d) written

7. In the context of the passage, pivotal means _____.

   (a) fundamental
   (b) trivial
   (c) secondary
   (d) optional

★ 정답 및 해설 p. 48

PART 2 잡지 기사

65점 목표를 위한 공략 Tip!
PART 2의 **첫 번째 질문**은 주로 글의 **주제**를 묻는 문제가 출제된다.
첫 번째 질문의 키워드인 **지문의 제목**을 꼼꼼히 살펴서 확인하자!

내용	연구 결과나 사회적 이슈를 다룬 잡지나 기사 (Magazine Article)
문제	7문제 (60번 ~ 66번)
문제 유형	주제, 세부사항, 추론, 사실 관계, 어휘(2)
빈출 주제	사회, 역사, 과학, 생활, 문화, 예술, 생물 등 다양한 분야에 관련된 정보
내용 전개	(60~64번) 연구 결과 소개 ➡ 연구 배경 및 특징 ➡ 연구 과정 ➡ 연구의 의의 및 시사점 (65~66번) 어휘
풀이 전략	1. 질문을 읽고 빠르게 키워드 메모하기 2. 질문의 키워드와 그에 따른 정답의 시그널을 본문에서 찾기 3. 시그널이 있는 문장을 중심으로 앞뒤에서 키워드에 맞는 내용 찾기 4. 선택지에서 본문의 내용이 패러프레이즈된 정답 고르기 5. 어휘(동의어 찾기) 문제는 다의어 중 지문의 문맥에 맞는 뜻으로 고르기

PART 2에 쓰이는 문제 유형

주제

글의 소재, 주제 또는 연구의 결론이 무엇인지를 묻는 문제

What is the **topic** of the article?

이 기사의 주제는 무엇인가?

What is the study **mainly about**?

이 연구는 주로 무엇에 관한 것인가?

What is the **main idea** of the article?

이 기사의 주제는 무엇인가?

What did the study **find out**?

이 연구는 무엇을 알아냈는가?

세부 사항

연구 대상 또는 소재에 관한 세부적인 것을 묻는 문제

According to the article, **why** did people criticize the project?

기사에 따르면 왜 사람들이 이 프로젝트를 비판했는가?

How did the researchers gather data for the study?

연구자들은 그 연구에서 어떻게 데이터를 수집했는가?

What did the government do with its investment visa policy in 2015?

그 정부는 2015년 투자 비자 정책으로 무엇을 했는가?

사실 관계

연구와 관련된 내용에 대해 사실 여부를 묻는 문제

What is **NOT true** about the UFO identified by a U.S. Navy pilot?

미 해군 조종사가 목격한 UFO에 대해 사실이 아닌 것은 무엇인가?

What is **NOT true** of the researcher's definition of organic farming?

연구자가 정의한 유기농에 대한 정의 중 사실이 아닌 것은 무엇인가?

추론

연구의 한계나 추후 과제, 세부 내용 등에 대한 추론

Why, **most likely**, were the Berkshire College freshmen expelled?

왜 버크셔 대학 신입생들이 퇴학당했을 것 같은가?

Based on the article, what **might** be a benefit of the mammoth's comeback?

기사에 따르면 매머드의 컴백으로 인한 이점은 무엇인 것 같은가?

According to the concluding section, what did the author **probably** mean by "overcoming obstacles"?

결론 부분에 따르면 저자가 '장애물 극복'으로 뜻하려 했던 것은 무엇이었을 것 같은가?

PART 2 빈출 어휘

어휘	뜻 (= 유의어)	어휘	뜻 (= 유의어)
study	연구, 조사 (= research, survey, report)	extinction	멸종 (= death, annihilation, destruction, elimination, obsolescence)
experiment	실험 (= test, trial)	fossil	화석 (= relic, skeleton, specimen, trace)
method	방법, 방식 (= approach, technique, procedure)	remains	유적 (= site, relics, ruins, factor)
hypothesis	가설, 추측 (= theory, conjecture, assumption)	element	요소 (= ingredient, component, factor)
discovery	발견 (= finding, revelation, uncovering)	material	물질 (= matter, substance)
factor	요인 (= cause, element, component)	ceramic	도자기, 도자기의
innovation	혁신, 창조 (= invention, novelty, breakthrough)	chemical	화학 물질, 화학의
genetics	유전학 (= heredity, genealogy, genomics)	concrete	구체적인 (= specific, detailed, tangible) 콘크리트
evolution	진화 (= development, progression, adaptation)	fiber	섬유질
environment	환경 (= surroundings, habitat, ecosystem)	liquid	액체
laboratory	실험실 (= lab, research facility, testing ground)	metal	금속
energy	에너지 (= power, force, vitality, plasma)	mineral	광물
medicine	약 (= medication, drug, pill, pharmaceutical product)	plaster	석고
biology	생물학	plastic	플라스틱, 비닐
physics	물리학	rubber	고무
history	역사 (= past)	semiconductor	반도체

archaeology	고고학	anthropology	인류학
linguistics	언어학	homogeneous	동종의 (= uniform, identical, equal, similar)
psychology	심리학 (= mind, mental)	synthetic	합성한, 합성 물질
sociology	사회학	porous	다공성의, 투과성의 (= permeable, penetrable, absorbent)
statistics	통계학	textile	직물
abundant	풍족한 (= rich, plentiful, generous)	original	원래의 (= first, primary, initial, authentic) 독창적인 (= creative, innovative)
active	활동적인 (= alive, effective, operating, functioning, dynamic)	relevant	관련된 (= linked, related, involved, associated)
additional	추가의 (= added, further, increased, new, other, supplementary	solid	단단한 (= strong, hard, tough, firm)
available	이용할 수 있는 (= possible, usable, accessible, applicable, feasible)	sufficient	충분한 (= enough, ample)
basic	기본의 (= elementary, primary, fundamental)	suitable	적절한, 유용한 (= good, useful, suited, fitting, convenient, advisable, applicable)
thick	두꺼운 (= heavy, broad, wide, massive)	transparent	투명한 (= clear, see-through)
fine	섬세한, 아주 작은 (= small, micro, detailed, minute) 좋은 (= good, nice)	new	새로운 (= latest, updated, up-to-date, cutting-edge, state-of-the-art, innovative)
flexible	유연한 (= bendable, elastic)	advanced	진보한 (= evolved, progressive, improved)

Exercise

▶ 문제와 지문을 읽고 키워드와 단서를 찾아 문제를 풀어 보세요.

	AUSTRALIA BATTLES RAMPANT RABBIT POPULATION
1	(1)The Australian government has expressed concern as rabbit populations surge across its vast landscapes. Over 100 million rabbits are believed to be roaming the country, causing massive disruptions to local ecosystems.
2	The scale of the rabbit infestation in Australia is unprecedented. (2c)It is said that there are roughly ten rabbits for every Australian resident. (2a)Farmers have reported significant damage to their crops, (2d)resulting in substantial economic losses. (2b)Additionally, native flora is struggling to survive the constant grazing, causing irreversible harm to local ecosystems.
3	According to a new study by the Proceedings of the National Academy of Sciences, (3)the sudden boom in the rabbit population is primarily attributed to a lack of natural predators and their (6)adaptive nature, allowing them to thrive in diverse environments. European rabbits, which are the primary culprits, were introduced to Australia in the late 18th century for hunting purposes. Over time, their numbers exploded due to the country's ideal conditions. (3)Without natural predators, like the fox or badger found in Europe, and an abundance of food sources, these rabbits began to multiply rapidly.
4	(4)What's alarming is the rabbits' natural instinct to avoid human settlements, but the sheer number of them has driven many into populated areas in search of food. The constant intrusion into urban areas has led to numerous challenges, including traffic disturbances and damage to public parks. Residents often complain about gardens being uprooted overnight and recreational areas littered with burrows, posing safety risks. Efforts to control the population, including fences and introduced diseases, have met with limited success.
5	Given the ongoing challenges and potential long-term ecological damage, Australian officials are considering taking more aggressive measures to manage the rabbit crisis. The Australian government has introduced the myxoma virus and calicivirus, both of which target and reduce rabbit populations. Alongside biological methods, large-scale fencing projects, such as the Rabbit-Proof Fence, were established to prevent the spread of rabbits into agricultural areas. Furthermore, local communities have been encouraged to participate in culling programs to keep the numbers in check.
6	While the extermination of these animals is controversial, (5)the priority is to strike a balance that ensures the protection of the nation's unique biodiversity while considering humane solutions for the (7)invasive rabbits.

1 주제

What is the article mainly about?

(a) the introduction of rabbits to Australia in the 18th century
(b) the problems caused by the rabbit population in Australia
(c) the successful control of rabbit populations in Australia
(d) the natural predators of rabbits in Australia

STEP 1 문제 유형 분석하기
PART 2의 첫 번째 문제(60번)는 주로 글의 주제를 묻는 문제가 출제된다.

STEP 2 문제 키워드로 지문에서 시그널 찾기
주제를 묻는 질문의 키워드가 되는 제목과 첫 번째 단락을 살펴본다.

STEP 3 정답 고르기
제목 '토끼 개체수 증가에 맞서 싸우다'와 1단락의 '혼란을 일으키다'라는 내용이 패러프레이즈된 (b)를 고른다.

2 사실 관계

What is NOT true about the rabbit infestation in Australia?

(a) Farmers have faced significant crop damage due to the rabbits.
(b) Native flowers are being damaged by the rabbits.
(c) There are roughly ten rabbits for each citizen in Australia.
(d) The rabbit problem has had a minor impact on the economy.

STEP 1 문제 유형 분석하기
NOT 문제는 선택지를 보고 본문의 키워드와 비교하면서 맞는 보기를 하나씩 제거한다.

STEP 2 문제 키워드로 지문에서 시그널 찾기
문제의 rabbit infestation in Australia라는 키워드로 2단락에서 선택지의 내용을 하나씩 맞춰본다.

STEP 3 정답 고르기
2단락에서 관련 내용(substantial economic losses)과 맞지 않은 (d)를 정답으로 고른다.

3   세부사항

What was one reason that the rabbit population increased rapidly in Australia?

(a) They were bred by hunters for sport.
(b) They were not nutritious enough for cooking.
(c) They were not being preyed upon.
(d) They were protected by the government at first.

STEP 1   문제 유형 분석하기
PART 2의 세부사항 문제는 연구나 현상에 대한 세부적인 내용을 묻는 문제가 출제된다.

STEP 2   문제 키워드로 지문에서 시그널 찾기
문제의 increased rapidly라는 키워드로 3단락에서 시그널 multiply rapidly를 찾는다.

STEP 3   정답 고르기
시그널을 중심으로 Without natural predators가 패러프레이즈된 (c)를 고른다.

4   추론

Why probably are rabbits moving into populated areas?

(a) because they need to hide from local predators
(b) because they cannot find enough food in their habitat
(c) because they are attracted to city lights
(d) because they want to breed in parks

STEP 1   문제 유형 분석하기
질문에 probably가 있으면 추론 문제이다.

STEP 2   문제 키워드로 지문에서 시그널 찾기
문제의 populated areas라는 키워드로 4단락에서 시그널을 찾는다.

STEP 3   정답 고르기
시그널을 중심으로 앞뒤 내용 중에서 인구 밀집 지역으로 이동한 토끼들에 대한 내용을 찾고 "~ in search of food" 구문이 패러프레이즈된 (b)를 고른다.

According to the last paragraph, what is most likely the main priority for Australian officials?

(a) to increase the rabbit population for tourism
(b) to capture and domesticate all wild rabbits
(c) to find a way to control the rabbits in an appropriate way
(d) to begin a conservation program for rabbits

STEP 1 문제 유형 분석하기
질문에 most likely가 있으면 추론 문제이다.

STEP 2 문제 키워드로 지문에서 시그널 찾기
문제의 priority라는 키워드로 마지막 단락에서 시그널을 찾는다.

STEP 3 정답 고르기
시그널(priority) 문장에서 "considering humane solutions(인도적인 해결책을 고려하여)"에서 "find a way to control the rabbit in an appropriate way(적절한 방법으로 토끼를 통제할 방법을 찾기)"를 유추할 수 있으므로 정답은 (c)이다.

6-7 어휘

In the context of the passage, adaptive means _____.

(a) flexible
(b) expansive
(c) overrated
(d) robust

In the context of the passage, invasive means _____.

(a) endangered
(b) encroaching
(c) indigenous
(d) rare

STEP 1 문제 유형 분석하기
지문의 맥락에서 단어의 동의어를 찾는 문제이다.

STEP 2 지문에 쓰인 단어 뜻 찾기
지문에서 adaptive는 '적응할 수 있는', invasive는 '침입종의'란 뜻으로 쓰였다.

STEP 3 정답 고르기
6번은 '유연한'이라는 뜻을 가진 (a)를,
7번은 '잠식하는'의 의미인 (b)를 정답으로 고른다.

	호주, 만연한 토끼 개체수 증가에 맞서 싸우다
1	(1)호주 정부는 토끼 개체수가 광활한 대지를 넘나들며 급증함에 따라 우려를 표현했다. 1억 마리가 넘는 토끼들이 호주 전역을 돌아다니며 지역 생태계에 막대한 혼란을 일으키고 있는 것으로 추정된다.
2	호주에서 토끼가 창궐한 규모는 전례가 없는 수준이다. (2c)호주 주민 한 명당 대략 10마리의 토끼가 있다고 한다. (2a)농부들은 농작물에 심각한 피해를 입어 (2d)상당한 경제적 손실을 입었다고 보고하고 있다. (2b)더욱이, 토종 식물은 지속적인 방목으로 인해 생존에 어려움을 겪고 있어 이는 지역 생태계에 돌이킬 수 없는 해를 입히고 있다.
3	미국 국립과학원 회보의 새로운 연구에 따르면, 토끼 개체수의 급증은 천적의 부족과 다양한 환경에서 번성할 수 있는 토끼의 (6)적응력 때문이라고 한다. 주범인 유럽 토끼는 18세기 후반에 사냥 목적으로 호주에 도입되었다. 시간이 지나면서 호주의 이상적인 환경 때문에 토끼 개체수가 폭발적으로 증가했다. (3)유럽에서 발견되는 여우나 오소리와 같은 천적이 없고, 먹이가 풍부해서 토끼는 빠르게 번식하기 시작했다.
4	(4)놀라운 것은 토끼의 본능은 사람이 사는 곳을 피하지만, 토끼의 수가 너무 많아 먹이를 찾아 인구 밀집 지역으로 몰려들고 있다. 지속적인 도시 지역 침범은 교통 방해와 공원 훼손 등 여러 가지 문제를 일으키고 있다. 주민들은 하룻밤 사이에 정원이 뿌리째 뽑히고, 여가 공간이 토굴로 어지럽혀져서 안전에 위협을 받는다고 종종 불평한다. 울타리 설치와 질병 유입 등 개체수 조절을 위한 노력은 제한적인 성공을 거두었다.
5	현재 진행 중인 문제와 장기적 생태 피해 가능성을 고려할 때, 호주 정부는 토끼 위기를 관리하기 위해 보다 더 적극적인 조치를 취할 것을 고려하고 있다. 호주 정부는 토끼를 표적으로 개체수를 줄이기 위해 점액종 바이러스와 칼리시 바이러스도 도입했다. 생물학적 방법과 함께 토끼가 농경지로 확산되는 것을 막기 위해 토끼 방지 울타리와 같은 대규모 울타리 프로젝트를 구축했다. 또한, 지역 사회가 도태 프로그램에 참여하도록 장려하여 토끼 개체수를 억제하고 있다.
6	이 동물들을 박멸하는 것은 논란의 여지가 있지만, (5)우선순위는 국가의 독특한 생물 다양성 보호를 보장하고 (7)침입종 토끼에 대한 인도적인 해결책을 고려하여 균형을 맞추는 것이다.

어휘 ▶ battle ~와 싸우다 rampant 만연한, 걷잡을 수 없이 퍼진 population 개체수 concern 우려 surge 급증 vast 광활한, 거대한 landscape 대지, 풍경 roam 돌아다니다 massive 대규모의 disruption 지장, 혼란 ecosystem 생태계 scale 규모 infestation (해충이) 들끓음, 창궐 unprecedented 전례 없는 roughly 대략 resident 거주자, 주민 result in ~을 일으키다 substantial 상당한 additionally 더욱이 flora 식물군 struggle to-V ~하려고 애쓰다 constant 지속적인 grazing (가축의) 방목 irreversible 되돌릴 수 없는 proceedings 회의록 National Academy of Sciences 미국 국립과학원 sudden boom 급증 primarily 주로 be attributed to ~에 기인하다 natural predator 천적 adaptive 적응할 수 있는 thrive 번성하다 diverse 다양한 culprit 원인 제공자, 범인 purpose 목적 explode 폭발적으로 증가하다 badger 오소리 abundance 풍부함 multiply 번식하다 alarming 놀라운, 우려되는 instinct 본능 settlement 정착지 sheer number 엄청난 수 populated 인구 밀집의 constant 지속적인 intrusion 침입 challenge 골치 아픈 문제 disturbance 방해, 피해 uproot 뿌리째 뽑다 be littered with ~로 어질러져 있다 burrow (토)굴 pose a risk 위험을 제기하다 meet with success 성공하다 given that ~을 고려하면 ecological 생태의 official 공무원 aggressive 적극적인 measure 조치 myxoma 점액종 target 표적으로 삼다 alongside ~와 나란히 biological 생물학적인 establish 구축하다 prevent 막다 agricultural 농업의 furthermore 게다가, 또한 encourage 장려하다 cull 도태시키다 keep ~ in check ~을 억제하다 extermination 박멸 controversial 논란이 되는 priority 우선순위 strike a balance 균형을 맞추다 ensure 보장하다 protection 보호 biodiversity 생물 다양성 humane 인도적인 invasive 침입종의

1. 이 기사는 주로 무엇에 관한 것인가?

(a) 18세기에 호주에 토끼를 도입한 것
(b) 호주의 토끼 개체수가 야기한 문제들
(c) 호주에서 토끼 개체수를 성공적으로 통제한 것
(d) 호주에 있는 토끼의 천적들

어휘 introduction 도입 century 세기, 100년 cause 초래하다, 야기하다

2. 호주의 토끼 창궐에 대해 사실이 아닌 것은 무엇인가?

(a) 농부들은 토끼들로 인해 상당한 작물 피해를 입었다.
(b) 토끼들로 인해 토종 꽃들이 손상되고 있다.
(c) 호주의 주민 한 명당 대략 열 마리의 토끼가 있다.
(d) 토끼 문제가 경제에 미미한 영향을 미쳤다.

어휘 face 직면하다 crop 작물 damage 피해: 피해를 입히다 due to ~ 때문에 native 토종의 citizen 주민 , 시민 minor 미미한 impact 영향

패러프레이징
(a) Farmers have reported significant damage to their crops ➡ Farmers have faced significant crop damage
(b) native flora is struggling to survive ➡ Native flowers are being damaged by the rabbits
  • flora ➡ flower ≒ tree(나무), plant (식물), vegetation (식물)
(c) there are roughly ten rabbits for every Australian resident ➡ There are roughly ten rabbits for each citizen
  • resident ➡ citizen ≒ people(사람, 국민), inhabitant (거주자), community(거주자, 단체), population(인구, 거주자)

3. 호주에서 토끼의 개체수가 급증한 이유 중 하나는 무엇이었는가?

(a) 토끼가 사냥꾼들에 의해 스포츠용으로 사육되었다.
(b) 요리하기에 충분히 영양가가 없었다.
(c) 토끼들이 먹잇감이 되지 않았다.
(d) 처음에 정부에 의해 보호받았다.

어휘 breed 사육하다. 번식하다 nutritious 영양가가 높은 be preyed upon 먹잇감이 되다 protect 보호하다 at first 처음에

4. 왜 토끼들이 인구 밀집 지역으로 이동하고 있는 것 같은가?

(a) 현지 포식자로부터 숨어야 하기 때문에
(b) 서식지에서 충분한 먹이를 찾지 못하기 때문에
(c) 도시의 불빛에 끌리기 때문에
(d) 공원에서 번식하고 싶어하기 때문에

어휘 local 현지의, 지역의 predator 포식자 habitat 서식지 attract 끌다 breed 번식하다

5. 마지막 문단에 따르면, 호주 공무원들의 주요 우선순위는 무엇인 것 같은가?

(a) 관광을 위해 토끼 개체수 늘리기
(b) 모든 야생 토끼를 포획하여 가축화하기
(c) 토끼를 적절하게 통제할 방법 찾기
(d) 토끼를 위한 보호 프로그램 시작하기

어휘 tourism 관광 capture 포획하다 domesticate 가축화하다 appropriate 적절한 conservation 보호, 보존

패러프레이징 considering solutions ➡ find a way to control

6. 본문의 맥락에서, adaptive는 _____을 의미한다.

(a) 유연한
(b) 광활한
(c) 과대평가된
(d) 튼튼한

7. 본문의 맥락에서, invasive는 _____을 의미한다.

(a) 멸종 위기의
(b) 잠식하는
(c) 토착의
(d) 희귀한

Practice 1

이제 실전처럼 파트2를 연습한 방법에 맞춰 풀어 보세요.

PHILIPPINES STRUGGLES WITH DEVASTATING TYPHOONS

In 2013, the Philippines was devastated by one of the most potent typhoons on record. Super Typhoon Haiyan, locally known as Yolanda, led to losses totaling billions in both infrastructure and agriculture.

With over 7,000 islands, the Philippines boasts pristine beaches, crystal-clear waters, and a rich cultural history. Tourists flock to the nation to bask under the sun, dive in world-renowned coral gardens, or hike in its lush mountain ranges. Besides its natural beauty, the country is famed for its warm hospitality, with locals going the extra mile to make visitors feel at home. Tourism is a crucial part of the country's economy, contributing significantly to its gross domestic product.

Super Typhoon Haiyan first made landfall in the central region of the country. With wind speeds surpassing 195 mph, it ranked as one of the most powerful typhoons to make landfall. Cities like Tacloban were brought to their knees, with coastal regions wiped out, infrastructures demolished, and countless lives lost. Conservative estimates placed the death toll at over 6,000 with many more missing.

Within weeks, the Philippines faced another storm, though not as strong as Haiyan, further compounding the nation's woes. The subsequent storm led to floods, landslides, and further disruptions to already paralyzed communities. The aftermath of these events caused significant impact on tourism, with various international advisories discouraging travel to the affected areas.

Though only a portion of the Philippines was directly hit by Super Typhoon Haiyan, its ripple effect impacted the nation's overall tourism industry, with reports showing a noticeable dip in tourism rates. Tourist destinations, like Palawan and Boracay, despite being spared from the typhoon's direct impact, saw dwindling tourist numbers in the following months. The magnitude of the disaster was so significant that it shook global perceptions about the country's safety for travelers, leading to a decrease in visitor numbers compared to the previous year.

Recovering from such large-scale devastation can be a difficult task for any nation. Yet, the resilient Filipino spirit shone through. Communities united, and with international aid and local determination, the Philippines set its sights on rebuilding, hoping to restore and even elevate its tourism appeal in the years to come.

1. According to the article, what event in 2013 caused massive damage to the Philippines?

   (a) a hurricane
   (b) a tsunami
   (c) an earthquake
   (d) a drought

2. Why is tourism crucial to the Philippines?

   (a) because the Philippines has unique coral gardens
   (b) because it is the only source of income for the country
   (c) because most Filipinos work in the tourism industry
   (d) because it plays a vital role in the nation's economy

3. How most likely did Super Typhoon Haiyan impact cities like Tacloban?

   (a) It enhanced their tourism appeal.
   (b) It left them completely untouched.
   (c) It brought significant infrastructural improvements.
   (d) It caused enormous destruction and casualties.

4. Based on the fourth paragraph, what is NOT true about the subsequent storm after Haiyan?

   (a) It brought other natural disasters.
   (b) It was as strong as Haiyan.
   (c) It damaged the local communities.
   (d) It kept international tourists from traveling.

5. What can be suggested about the Philippines' response to the devastation?

   (a) They waited for another country to rebuild them.
   (b) They immediately gave up on tourism.
   (c) They united and aimed to rebuild with positive mind.
   (d) They left the affected areas as they were.

6. In the context of passage, woes means _____.

   (a) celebrations
   (b) prosperity
   (c) misfortunes
   (d) advancements

7. In the context of passage, resilient means _____.

   (a) elastic
   (b) defeated
   (c) fragile
   (d) yielding

★ 정답 및 해설 p. 53

이제 실전처럼 파트2를 연습한 방법에 맞춰 풀어 보세요.

RESEARCH DISPROVES MUTUALISTIC THEORY BETWEEN CROCODILE BIRDS AND CROCODILES

People have often believed that crocodile birds and crocodiles share a beneficial, mutualistic relationship. This widely held view was that birds would pick food remnants from the crocodile's teeth, providing dental hygiene for the crocodile and nourishment for the bird. However, subsequent studies have brought this widely held belief into question, challenging the authenticity of the supposed mutualism.

Drawing from a 2010 study, researchers from the University of Pretoria in South Africa monitored interactions between 40 crocodiles and a set of crocodile birds across two years. The primary goal was to decipher the actual nature of their relationship. During the observation, scientists rigorously documented birds approaching the crocodiles, the time they spent on or near the reptiles, and the crocodiles' reactions. They also assessed the crocodiles' dental state and maintained detailed logs of the birds' diet and feeding behaviors.

Ten years after the initial research, the same group revisited their findings to clarify the nature of this alleged mutualism. The reevaluation found birds rarely interacted with crocodile mouths. When they did, it was not for teeth-trapped food but for small aquatic creatures. No notable dental benefits were identified in crocodiles, and birds primarily sought food from other sources, not from crocodiles.

The initial research hadn't emphasized this mutual relationship, ensuring unbiased results. This neutrality led to revelations contradicting the long-held beliefs. While the data debunked the mutualism theory, it didn't provide a comprehensive explanation for the occasional interactions. Researchers speculate it might be opportunistic feeding for the birds, not a long-standing co-evolved relationship.

So, where did the widespread belief in this mutualistic relationship between crocodile birds and crocodiles come from? The theory's origin is rooted in ancient observations. On a trip to Egypt in 459 BC, Greek historian Herodotus reported witnessing a small bird, likely an Egyptian plover, extracting food from a crocodile's mouth. Assumed to be a mutualistic act, this interpretation had its credibility. However, this story was widely contested later. In truth, there is no concrete evidence to validate a symbiotic cleaning relationship between any bird species and crocodiles.

In conclusion, myths and ancient tales often shape our understanding, but it is the rigorous scientific research that brings us closer to the truth.

1. What is the main idea of the article?

   (a) why many ancient tales about crocodiles were authentic
   (b) how a specific bird cleans crocodile teeth
   (c) why mutualism between birds and crocodiles is false
   (d) how birds feed only on aquatic creatures

2. What was most likely the study's main goal by the University of Pretoria?

   (a) to train crocodiles for a zoo exhibition
   (b) to prove that crocodiles feed only on crocodile birds
   (c) to discover tales about ancient crocodile birds
   (d) to analyze the nature of the relationship between two animals

3. According to the article, why do crocodile birds occasionally interact with crocodiles?

   (a) for dental service
   (b) for hunting prey
   (c) for training purposes
   (d) for long-standing relationship

4. What is NOT true about the origin of crocodile birds and crocodiles' mutualistic relationship?

   (a) The public didn't believe Herodotus's observations at first.
   (b) The symbiotic relationship had no concrete proof.
   (c) A historian reported witnessing a mutualistic act during his travel.
   (d) The theory came from ancient records.

5. Based on the article, what can be inferred from the conclusion?

   (a) Strict scientific research is vital in validating widely held beliefs.
   (b) Ancient tales and myths are usually accurate.
   (c) Mutualistic theories can be trusted from now.
   (d) Crocodiles always benefit from the presence of crocodile birds.

6. In the context of passage, <u>logs</u> means _____.

   (a) carvings
   (b) lumber
   (c) notations
   (d) experiments

7. In the context of passage, <u>unbiased</u> means _____.

   (a) misinformed
   (b) impartial
   (c) prejudiced
   (d) inclined

DAY 12 PART 3 지식 백과

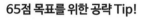

65점 목표를 위한 공략 Tip!

PART 3의 **첫번째 질문**은 표제어의 **정의나 유래를 묻는 문제**가 주로 출제된다.

첫 번째 문제의 키워드는 첫 문단에서 꼼꼼히 살펴서 찾아보자!

내용	다양한 분야의 정보를 제공하는 백과사전식 지문 (Encyclopedia)
문제	7문제 (67번 ~ 73번)
문제 유형	주제, 세부사항, 추론, 사실 관계, 어휘(2)
빈출 주제	사회, 역사, 과학, 생활, 문화, 예술, 생물 등 다양한 분야
내용 전개	(67번) 소재의 정의, 기원, 유래 (68~70번) 특징 1, 2, 3 … (71번) 현재 상황 및 결과나 영향력 (72~73번) 어휘
풀이 전략	1. 질문을 읽고 빠르게 키워드 메모하기 2. 질문의 키워드와 그에 따른 정답의 시그널을 본문에서 찾기 3. 시그널이 있는 문장을 중심으로 앞뒤에서 키워드에 맞는 내용 찾기 4. 선택지에서 본문의 내용이 패러프레이즈된 정답 고르기 5. 어휘(동의어 찾기) 문제는 그 어휘의 다의어 중 지문의 문맥에 맞는 뜻으로 고르기

PART 3에 쓰이는 문제 유형

주제

글의 주제나 목적을 묻는 문제

What is the article **mainly about**?

기사는 주로 무엇에 관한 것인가?

세부 사항

소재의 정의, 유래, 특징, 유명한 이유 등 소재에 대한 세부사항을 묻는 문제

What is Hamburger Helper?

햄버거 햄퍼는 무엇인가?

What is the origin of the word 'jerky'?

'저키'라는 단어의 기원은 무엇인가?

When does an aurora polaris occur?

오로라는 언제 발생하는가?

Based on the article, **why** does the metaverse have privacy issues?

기사에 따르면, 메타버스는 왜 사생활 문제를 가지고 있는가?

사실 관계

소재와 관련된 내용의 사실 여부를 묻는 문제

What is **true** about the Taj Mahal of India today?

오늘날 인도의 타지마할에 대해 사실인 것은 무엇인가?

Which of the following is **NOT true** about the kiwi?

다음 중 키위에 대해 사실이 아닌 것은 무엇인가?

추론

소재에 대해 언급된 내용을 바탕으로 추론하는 문제

What is **most likely** the reason Cassiopeia is often mentioned in the movies?

영화에서 카시오페이아가 자주 언급되는 이유가 무엇인 것 같은가?

Based on the article, what **probably** does "shattering stereotypes" imply?

기사에 따르면, "고정 관념을 깨는 것"은 무엇을 암시하는 것 같은가?

What can be **inferred** about FutureGreen's recent series of eco-friendly products?

FutureGreen의 최근 친환경 제품 시리즈에 대해 무엇을 추론할 수 있는가?

어휘	뜻 (= 유의어)	어휘	뜻 (= 유의어)
come from	유래하다, 나오다 (= originate from, be taken from, be derived from, stem from)	phenomenon	현상 (= happening, event, circumstances, incident, episode)
name	부르다 (= call, refer to, dub, designate)	botany	식물학
species	종 (= race, genus, family)	nectar	꿀
living thing	생물 (= life form, creature, organism)	pollen	꽃가루
carnivore	육식 동물	pollination	수분
herbivore	채식 동물	stem	줄기
amphibian	양서류	bloom	피다
fish	어류	spread	퍼뜨리다
mammal	포유류	sprout	발아하다
reptile	파충류	beat	박자
sea creature	해양 생물	composer	작곡가
abdomen	복부	conductor	지휘자
beak	부리	harmony	화성, 조화
claw	발톱	lyric	가사
fin	지느러미	maestro	대가 (= master)
nostril	콧구멍	piece	작품
tentacle	촉수	masterpiece	걸작
predator	포식자, 포식 동물	note	음, 음표
prey	먹잇감	score	악보
cold-blooded	냉혈의	musical instrument	악기
warm-blooded	온혈의	percussion	타악기
berry	산딸기류 열매	vocal	보컬, 목소리의
Cold War	냉전	oxygen	산소
medieval times	중세 시대 (= Middle Ages)	constellation	별자리
modern	현대의 (= contemporary)	gravity	중력

battle	전투, 교전 (= combat, warfare)	hemisphere	반구
soldier	군인	light year	광년
rifle	소총	shooting star	별똥별
artillery	포병	meteor	유성
strategy	전략	meteorite	운석
tactics	전술	observatory	관측소
military	군대	orbit	궤도
army	육군, 군대	satellite	위성
navy	해군	space station	우주 정거장
air force	공군	telescope	망원경
conflict	충돌	athlete	선수
truce	휴전	competition	경쟁, 대회
diplomacy	외교	fitness	체력
ally	동맹국	physique	체격
armistice	휴전 협정	championship	선수권 대회
colonization	식민지화	tournament	토너먼트, 승자 진출전
tariff	관세	heritage	유산
tax	세금	custom	관습
treaty	조약	belief	신념
space	우주 (= cosmos, universe)	value	가치
galaxy	은하	ritual	의식
planet	행성	folklore	민속
Milky Way	은하수	ethnicity	민족성
asteroid	소행성	diversity	다양성
atmosphere	대기	civilization	문명
atom	원자	ideology	이념
comet	혜성	norm	규범
crater	분화구	cuisine	요리
eclipse	일식 (= solar eclipse) 월식 (= lunar eclipse)	mythology	신화

Exercise

▶ 문제와 지문을 읽고 키워드와 단서를 찾아 문제를 풀어 보세요.

	TURRITOPSIS DOHRNII
1	The Turritopsis dohrnii, often referred to as the immortal jellyfish, is a small, biologically fascinating species originally found in the Pacific Ocean, but has been accidently introduced into all tropical and temperate waters through human activity. (1)It is renowned for its ability to revert to its juvenile polyp after reaching sexual maturity, a form of biological immortality. Recent studies have uncovered that this jellyfish might hold secrets to longevity.
2	(2)This ability to revert to a polyp attached to stones or the sea floor is triggered when the jellyfish is under duress, such as in unsuitable environmental conditions or when they have been injured. After about a day as a polyp, it forms its body into a new jellyfish and swims away.
3	This is not to say that this jellyfish cannot die, despite its English name. (3)In fact, it has proven to be quite difficult to keep alive in laboratory aquariums unless provided with ample amounts of tiny food in the form of marine plankton. At only about 5mm long, these jellyfish can eat only microscopic zooplankton and have a preference for floating eggs of fish and crustaceans, as well as larval mollusks in the water column. The weight of Turritopsis dohrnii is (6)negligible, but its impact on marine biology is significant.
4	Although it is capable of renewing itself as well as performing traditional jellyfish reproduction, two abilities that have allowed it to spread around the globe, (4d)environmental changes pose indirect threats to its existence. (4b)The primary concern for their survival is the alteration of sea temperatures and pollution, which can disrupt their development and the balance of their habitats. (4a)Conservation efforts focus on protecting the marine ecosystems that support not only Turritopsis dohrnii but also other marine life.
5	In the regions it (7)inhabits, Turritopsis dohrnii is more than a simple marine organism. It has sparked conversations about marine conservation and inspired communities to consider the broader implications of their actions on ocean life. In commerce, it has lent its name to products that promise rejuvenation and timeless allure.
6	Moreover, scientific investigations are exploring its remarkable regenerative process, which could reveal insights into cellular aging and resilience, (5)potentially contributing to advancements in human medical research.

1 세부사항

Why is Turritopsis dohrnii often called the immortal jellyfish?

(a) because it lives forever without any aging
(b) because it can revert to a youthful stage
(c) because it was the first species discovered in Japan
(d) because it can survive in any environment

STEP 1 문제 유형 분석하기
PART 3의 첫 번째 문제(67번)는 표제어의 정의나 유래를 묻는 문제가 출제된다.

STEP 2 문제 키워드로 지문에서 시그널 찾기
문제의 immortal jellyfish라는 키워드로 1단락에서 시그널을 찾는다.

STEP 3 정답 고르기
시그널을 중심으로 앞뒤 내용에서 불멸의 해파리로 불리는 이유가 패러프레이즈된 (b)를 고른다.

2 추론

What might cause the jellyfish to become a polyp again?

(a) the need to relocate
(b) the need to heal
(c) the need to find food
(d) the need to reproduce

STEP 1 문제 유형 분석하기
PART 3의 두 번째 문제(68번)는 소재에 대한 세부사항을 묻는 문제가 주로 출제된다.

STEP 2 문제 키워드로 지문에서 시그널 찾기
문제의 become a polyp again이라는 키워드로 2단락에서 시그널 revert to a polyp을 찾는다.

STEP 3 정답 고르기
시그널을 중심으로 앞뒤에서 홍해파리가 상처를 입었을 때(when they have been injured) 유발된다는 내용에서 유추할 수 있는 (b)를 고른다.

Based on the third paragraph, what is true about Turritopsis dohrnii?

(a) It has a very specific diet.
(b) It is almost immortal in captivity.
(c) It can only be grown in a lab.
(d) It lays eggs among plankton.

STEP 1 문제 유형 분석하기
사실 관계 문제는 선택지를 보고 본문의 키워드와 비교하면서 틀린 보기를 하나씩 제거한다.

STEP 2 문제 키워드로 지문에서 시그널 찾기
3단락에서 홍해파리에 관한 사실을 찾는다.

STEP 3 정답 고르기
홍해파리에 관한 내용 중 "ample amounts of tiny food in the form of marine plankton"이 패러프레이즈된 (a)를 고른다.

---

4 사실 관계

According to the fourth paragraph, what is NOT a threat to Turritopsis dohrnii?

(a) the loss of marine ecosystems
(b) rising sea temperatures and pollution
(c) overfishing in coastal waters
(d) their inability to adapt

STEP 1 문제 유형 분석하기
NOT 문제는 선택지를 보고 본문의 키워드와 비교하면서 맞는 보기를 하나씩 제거한다.

STEP 2 문제 키워드로 지문에서 시그널 찾기
문제의 threat이라는 키워드로 4단락에서 선택지의 내용을 하나씩 맞춰본다.

STEP 3 정답 고르기
4단락에서 관련 내용을 찾을 수 없는 (c)를 정답으로 고른다.

5 세부사항

Based on the article, what do scientists expect further scientific investigation of Turritopsis dohrnii to lead to?

(a) revolutions in the seafood industry
(b) new underwater exploration methods
(c) the secrets of eternal life
(d) research in human medicine

STEP 1 문제 유형 분석하기
PART 3의 마지막 문제(71번)는 후반부에서 표제어가 미친 영향이나 결과를 묻는 문제가 출제된다.

STEP 2 문제 키워드로 지문에서 시그널 찾기
문제의 scientific investigation이라는 키워드로 6단락에서 시그널을 찾는다.

STEP 3 정답 고르기
시그널을 중심으로 앞뒤 문장 중에서 키워드가 언급된 정보를 토대로 추론할 수 있는 (d)를 고른다.

6-7 어휘

In the context of the passage, <u>negligible</u> means _____.

(a) trivial
(b) important
(c) normal
(d) acceptable

STEP 1 문제 유형 분석하기
지문의 맥락에서 단어의 동의어를 찾는 문제이다.

STEP 2 지문에 쓰인 단어 뜻 찾기
지문에서 negligible은 '미미한', inhabit은 '서식하다'라는 뜻으로 쓰였다.

STEP 3 정답 고르기
6번은 '사소한'이라는 뜻을 가진 (a)를,
7번은 '거주하다'라는 의미인 (d)를 정답으로 고른다.

In the context of the passage, <u>inhabits</u> means _____.

(a) survives
(b) perches
(c) feeds
(d) dwells

홍해파리

1	자주 불멸의 해파리라고도 불리는 홍해파리는 원래 태평양에서 발견되는 작고 생물학적으로 매혹적인 종이지만, 우연히 인간의 활동을 통해 모든 열대 및 온대 해역에 유입되었다. (1)이 해파리는 성적 성숙기에 도달한 후 어린 폴립으로 되돌아가는 능력으로 유명하며, 이는 생물학적 불멸의 한 형태이다. 최근 연구에 따르면 이 해파리가 장수의 비밀을 간직하고 있을 수 있다는 사실이 밝혀졌다.
2	(2)돌이나 해저에 붙어 있는 폴립으로 되돌아가는 이 능력은 해파리가 부적합한 환경 조건이나 상처를 입는 등 위협을 받았을 때 유발된다. 폴립으로 하루 정도 지나면 새로운 해파리로 몸을 만들어 헤엄쳐 간다.
3	그렇다고 이 해파리가 영어 이름에도 불구하고 죽지 않는다는 말은 아니다. (3)실제로 이 해파리는 해양 플랑크톤 형태의 작은 먹이를 충분히 제공하지 않으면 실험실 수족관에서 생존하기가 매우 어렵다는 것이 입증되었다. 길이가 약 5mm에 불과한 해파리는 미세한 동물성 플랑크톤만 먹을 수 있으며, 물기둥 안의 연체동물 유충뿐 아니라 떠다니는 어류와 갑각류의 알도 선호한다. 홍해파리의 무게는 (6)미미하지만 해양 생태에 미치는 영향은 상당하다.
4	비록 그것이 전세계에 퍼져 나갈 수 있게 한 두 가지 능력으로 전통적인 해파리 복제 수행뿐 아니라 자기 재생이 가능하기는 하지만, (4d)환경 변화는 불멸의 해파리의 존재에 간접적인 위협을 가하고 있다. (4b)그들의 생존에 주된 우려 사항은 해수 온도 변화와 오염으로, 이는 이들의 발달과 서식지 균형을 방해할 수 있다. (4a)보전 노력은 홍해파리뿐만 아니라 다른 해양 생물들을 지탱하는 해양 생태계를 보존하는 데 초점을 맞춘다.
5	홍해파리가 (7)서식하는 지역에서 홍해파리는 단순한 해양 생물 그 이상이다. 해양 보존에 대한 대화를 촉발시키고 지역 사회가 해양 생물에 대한 행동이 미치는 광범위한 영향을 고려하도록 영감을 주었다. 상업 분야에서는 젊음과 세월이 흘러도 변치 않는 매력을 약속하는 제품에 그 이름을 내어주었다.
6	또한, 과학적 연구는 놀라운 재생 과정을 탐구하고 있으며, 이는 세포의 노화와 회복력에 대한 통찰을 밝혀낼 수 있고, (5)잠재적으로 인간 의학 연구의 발전에 기여할 수 있다.

어휘 refer to A as B A를 B라고 부르다 immortal 불멸의 jellyfish 해파리 biologically 생물학적으로 fascinating 매혹적인 species 종 originally 원래 the Pacific Ocean 태평양 tropical 열대의 temperate 온대의 waters 해역, 수역 revert to ~로 되돌아가다 juvenile 어린, 연소한 polyp 폴립(강장동물의 기본형) maturity 성숙 immortality 불멸 uncover 밝혀내다 longevity 장수 attached to ~에 붙어 있는 trigger 유발하다 under duress 위협을 받아 unsuitable 부적합한 laboratory 실험실 aquarium 수족관 ample 충분한 microscopic 미세한 zooplankton 동물성 플랑크톤 have a preference for ~을 선호하다 crustacean 갑각류 larval mollusk 유충 연체동물 water column 물기둥 negligible 무시할 정도의, 미미한 marine biology 해양 생태 be capable of ~을 할 수 있다 renew oneself 재생하다 reproduction 복제 pose a threat 위험을 제기하다 indirect 간접적인 existence 존재 conservation 보존 ecosystem 생태계 alteration 변화 disrupt 방해하다 development 발달 habitat 서식지 inhabit ~에 서식하다 organism 생물체 spark 촉발하다 inspire 영감을 주다 implication 영향 commerce 상업 rejuvenation 젊어짐 timeless (세월이 흘러도) 변치 않는 allure 매력 investigation 조사, 연구 remarkable 놀라운 regenerative 재생의 reveal 밝히다 insight 통찰 cellular 세포의 aging 노화 resilience 회복력 potentially 잠재적으로 contribute to ~에 기여하다 advancement 발전

1. 왜 홍해파리가 종종 불멸의 해파리로 불리는가?

(a) 노화 없이 영원히 살기 때문에
(b) 젊은 단계로 되돌아갈 수 있기 때문에
(c) 일본에서 처음 발견된 종이기 때문에
(d) 어떤 환경에서도 생존할 수 있기 때문에

어휘 discover 발견하다 survive 생존하다

패러프레이징
- revert to its juvenile polyp ➡ revert to a youthful stage
- juvenile ➡ youthful ≒ young(어린), childlike/childish (어린, 유치한), inexperienced(미숙한), adolescent(청소년기의)

2. 무엇이 해파리를 다시 폴립이 되게 하는 것 같은가?

(a) 이주의 필요성
(b) 치료의 필요성
(c) 먹이를 구해야 할 필요성
(d) 번식의 필요성

어휘 relocate 이주하다 heal 치료하다 reproduce 번식하다

3. 세 번째 문단에 따르면, 홍해파리에 관해 사실인 것은 무엇인가?

(a) 매우 구체적인 식단을 가지고 있다.
(b) 감금되어 있으면 거의 불멸이다.
(c) 실험실에서만 키울 수 있다.
(d) 플랑크톤 사이에서 알을 낳는다.

어휘 specific 구체적인 in captivity 감금 상태로 lay an egg 알을 낳다

4. 네 번째 문단에 따르면, 홍해파리에게 위협이 아닌 것은 무엇인가?

(a) 해양 생태계의 손실
(b) 해수 온도 상승과 오염
(c) 연안 수역에서의 과잉 어획
(d) 적응 불가능함

어휘 loss 손실 overfishing 과도한 어업 coastal water 연안 수역 inability to-V ~할 수 없음 adapt (to) ~에 적응하다

5. 기사에 따르면, 과학자들은 해파리의 추가 과학적 조사가 무엇으로 이어질 것으로 기대하는가?

(a) 수산업의 혁명
(b) 새로운 수중 탐사법
(c) 영생의 비밀
(d) 인간 의학의 연구

어휘 revolution 혁명 exploration 탐사 eternal 영원의

6. 본문의 맥락에서, negligible은 _____을 의미한다.

(a) 사소한
(b) 중요한
(c) 정상적인
(d) 허용할 수 있는

7. 본문의 맥락에서, inhibits는 _____을 의미한다.

(a) 살아남다
(b) 앉다
(c) 먹이를 주다
(d) 거주하다

이제 실전처럼 파트3을 연습한 방법에 맞춰 풀어 보세요.

RIPLEY'S SYNDROME

Ripley's Syndrome, named after the character from Patricia Highsmith's novel *The Talented Mr. Ripley*, describes a psychological disorder characterized by an individual's habitual fabrication of reality. This condition involves living in a fictional world created by one's imagination and believing in its reality while often engaging in deceptive behavior.

The term "Ripley's Syndrome" was inspired by the novel's protagonist, Tom Ripley, who assumes the identity of a deceased acquaintance and weaves a complex web of lies and deceit. The character's ability to convincingly adopt another person's life and deceive those around him while believing in the facade he created, exemplifies the core characteristics of Ripley's Syndrome.

Ripley's Syndrome indicates a severe form of escapism where individuals deny their reality, often due to feelings of inferiority or unfulfilled desires. They create elaborate fictional lives, sometimes even assuming alternate identities, and become so immersed in their fabrications that they start to accept them as true.

In contemporary society, Ripley's Syndrome can manifest in various forms, from benign daydreaming to more harmful behaviors like identity theft and fraud. In the digital age, this syndrome is further exacerbated by the ease of creating false personas on social media platforms, where individuals can present idealized versions of themselves or entirely fictional lives.

Psychologists view Ripley's Syndrome as a coping mechanism for underlying issues such as low self-esteem, anxiety, or trauma. It is a complex condition that blurs the boundaries between reality and fantasy within the individual's mind, leading to a distorted perception of their actual life. This syndrome highlights the human tendency to escape reality and the potential dangers when such escapism becomes a chronic, pathological condition.

In conclusion, Ripley's Syndrome serves as a stark reminder of the complexities of the human psyche and its capacity for self-deception. It highlights the importance of addressing underlying psychological challenges and stresses the role of mental health professionals in identifying and treating such conditions. As we navigate an increasingly digital and interconnected world, where the lines between reality and fiction can fade, Ripley's Syndrome reminds us of the crucial need for authenticity and self-awareness in our personal and online interactions.

1. What is Ripley's Syndrome?

    (a) a disorder that makes people believe they are in a fictional world
    (b) a condition characterized by extreme truthfulness
    (c) a syndrome related to physical health issues
    (d) a psychological condition causing people to avoid reality

2. How, most likely, did the term "Ripley's Syndrome" originate from the novel's protagonist?

    (a) by his ability to portray psychological disorders
    (b) by his adherence to moral and ethical standards
    (c) by his skill in choosing to live like another person
    (d) by his actions being based on historical events

3. How does Ripley's Syndrome manifest in individuals in contemporary society?

    (a) by having a preference for solitude
    (b) by stealing someone's identity on social media
    (c) by heightening awareness of their actual life
    (d) by showcasing extraordinary honesty

4. Based on the fifth paragraph, what is NOT true about psychologists' view of Ripley's Syndrome?

    (a) It is considered a simple condition with clear-cut symptoms.
    (b) They think it may be dangerous when it becomes chronic.
    (c) They believe it blurs reality and fantasy in the mind.
    (d) It is seen as a coping mechanism for underlying psychological issues.

5. According to the article, what can be inferred about the treatment of Ripley's Syndrome?

    (a) It is easily treatable with medication.
    (b) It is crucial to address its underlying issues.
    (c) It is a permanent condition with no known treatment.
    (d) It is best managed through social media.

6. In the context of the passage, fabrication means _____.

    (a) faking
    (b) illusion
    (c) destruction
    (d) truth

7. In the context of the passage, blurs means _____.

    (a) sharpens
    (b) distinguishes
    (c) confuses
    (d) emphasizes

★ 정답 및 해설 p. 62

이제 실전처럼 파트3을 연습한 방법에 맞춰 풀어 보세요.

SUPERCONDUCTORS

Superconductors are materials that exhibit zero electrical resistance below a characteristic critical temperature. This phenomenon allows the unimpeded flow of electric current, hence offering transformative potential for energy transmission and storage. The term combines "super," indicating surpassing, and "conductor," a material that permits the flow of electric charge. The discovery of superconductivity was first observed in mercury by Heike Kamerlingh Onnes in 1911.

Unlike conventional conductors, superconductors expel magnetic fields, a property known as the Meissner effect, which enables applications such as magnetic levitation used in high-speed maglev trains. When cooled below their critical temperature, superconductors transition into a state that can dramatically enhance the performance of various electronic devices. This transition is facilitated by what physicists term "Cooper pairs," where electrons pair up and move through a lattice without resistance.

This phenomenon enables them to support applications that seemed like science fiction not too long ago. For instance, the magnetic levitation technology used in maglev trains relies on this effect to reduce friction drastically, resulting in increased speeds and efficiency. Moreover, superconductors are at the heart of magnetic resonance imaging (MRI) technologies, providing the strong and stable magnetic fields necessary for high-resolution imaging that aids in medical diagnostics, surpassing what conventional conductors can achieve in terms of both efficiency and functionality.

Privacy concerns regarding superconductors primarily involve their use in surveillance and sensitive data storage. Superconducting devices are crucial in quantum computing and communications systems. Thus, this could result in unparalleled data interception and decryption capabilities. Furthermore, the unique properties of superconductors may introduce new paradigms in cybersecurity, necessitating novel security measures.

The impact of superconductors extends beyond mere academic interest or industrial applications; they are paving the way for a revolution in how we handle and perceive energy and information. As we stand on the brink of significant breakthroughs in high-temperature superconductivity, the anticipation in the scientific community is very high. Research labs, along with tech giants like IBM and Google, are vying to unlock the full potential of superconductors, particularly in the realm of quantum computing. Such advancements could transform the computational landscape, bringing about new discoveries and innovations that could rival the societal transformations expected from emerging technologies like the AI (Artificial Intelligence).

1. What best describes superconductors?

   (a) They have high electrical resistance at low temperatures.
   (b) They show zero electrical resistance below a critical temperature.
   (c) They are most effective at room temperature.
   (d) They are primarily used in conventional trains.

2. Based on the second paragraph, how do superconductors differ from regular conductors?

   (a) They are less efficient in transmitting electricity.
   (b) They permit magnetic fields within them.
   (c) They have a special effect of ejecting magnetic fields.
   (d) They require higher temperatures to function.

3. What is NOT true about the applications of superconductors?

   (a) They enable maglev trains to operate at high speeds.
   (b) They are used in medical diagnostics through MRI technology.
   (c) They increase the need for electricity in electronic devices.
   (d) They are central to developing high-resolution imaging techniques.

4. Why, most likely, are there privacy concerns regarding superconductors?

   (a) because they can't be used in quantum computing
   (b) because they may be vulnerable to cyberattacks
   (c) because they disrupt existing communication systems
   (d) because they cause inefficient data storage

5. According to the article, what can be inferred about the future of superconductors?

   (a) They hold great potential in the quantum computing.
   (b) They are not expected to have much impact on society.
   (c) They will be replaced by AI technologies soon.
   (d) They will primarily be used in the transportation industry.

6. In the context of the passage, facilitated means _____.

   (a) expedited
   (b) impeded
   (c) categorized
   (d) isolated

7. In the context of the passage, anticipation means _____.

   (a) concern
   (b) indifference
   (c) confusion
   (d) excitement

★ 정답 및 해설 p. 67

DAY 13 PART 4 비즈니스 레터

65점 목표를 위한 공략 Tip!

PART 4의 **첫 번째 질문은 편지를 쓴 목적을 묻는 문제**가 출제된다.
첫 문단에서 바로 답이 보이지 않더라도 당황하지 말고 전체적인 맥락을 읽고
꼭 맞히도록 하자!

내용	비즈니스 편지 지문 (Business Letter)
문제	7문제 (74번 ~ 80번)
문제 유형	주제/목적, 세부사항, 추론, 사실 관계, 어휘
빈출 주제	문의, 협조 요청, 제안, 행사 홍보, 상품 설명, 인사 채용 등 다양한 주제
내용 전개	받는 사람 정보 (74번) 편지를 쓴 목적 (75~78번) 배경 설명 및 문제에 대한 해결책 끝인사 보내는 사람 정보 (79~80번) 어휘
풀이 전략	1. 수신인과 발신인의 정보 파악하기 2. 질문을 읽고 빠르게 키워드 메모하기 3. 질문의 키워드와 그에 따른 정답의 시그널을 본문에서 찾기 4. 시그널이 있는 문장을 중심으로 앞뒤에서 키워드에 맞는 내용 찾기 5. 선택지에서 본문의 내용이 패러프레이즈된 정답 고르기

PART 4에 쓰이는 문제 유형

주제 목적

보내는 이가 편지를 쓴 목적을 묻는 문제

What is the **purpose** of the letter?
편지의 목적은 무엇인가?

Why did Jennifer Pitz **write** to Samantha Pedini?
왜 제니퍼 피츠는 사만다 페디니에게 편지를 썼는가?

세부 사항

편지에 나온 사건, 행사나 과정 등에 대해 세부적인 것을 묻는 문제

Who did Mr. Durand first contact regarding his stolen motorcycle?
듀랜드 씨는 도난당한 오토바이에 대해 누구와 처음 연락했는가?

What does the Haivich Resort offer to families for no extra fee during the holiday?
헤이비치 리조트는 연휴 동안 가족들에게 무엇을 추가 요금 없이 제공하는가?

사실 관계

편지에 나와 있는 내용에 대한 사실 여부를 묻는 문제

Based on the letter, what is **NOT true** about the actions taken by Mr. Ladd?
편지에 따르면 라드 씨가 취한 조치에 대해 사실이 아닌 것은 무엇인가?

Which of the following is **NOT true** about the high school reunion?
다음 중 고등학교 동창회에 대한 설명으로 옳지 않은 것은 무엇인가?

추론

편지에 나와 있는 내용을 바탕으로 추론하는 문제

What, **most likely**, motivated Kevin to aspire to work in public service?
무엇이 케빈이 공공 서비스 분야에서 일하는 것을 열망하도록 동기를 부여했을 것 같은가?

Based on the concluding section, what is **suggested** about Alex Thompson's planned talk?
결론 부분에 따르면, 알렉스 톰슨의 예정된 강연에 대해 무엇이 제안되는가?

어휘	뜻 (= 유의어)	어휘	뜻 (= 유의어)
announce	발표하다 (= notify, inform, let *sb* know)	cover letter	자기 소개서
in response to	~에 대한 답변으로	reference	추천서 (= recommendation letter)
would like to	~하고 싶다	fill out	작성하다 (= complete)
issue	쟁점 (= matter)	application	신청서, 지원서
trouble	골칫거리, 문제 (= difficulty, obstacle, challenge)	employee	직원 (= worker, staff, agent, representative, associate, personnel)
mistake	실수, 오류 (= error, flaw, glitch, setback, miscue, miscalculation, inaccuracy, blunder)	employment	고용 (= hiring, recruitment)
contract	계약서 (= agreement)	full-time	정규직
tenant	세입자	part-time	아르바이트, 비정규직 (= intern, temporary worker)
landlord	집주인 (= owner)	apply for	신청하다
manager	관리인 (= janitor, custodian, superintendent)	submit	제출하다 (= turn in)
travel	여행 (= tour, sightseeing)	send	보내다 (= forward, direct)
destination	목적지	requirement	필요조건, 요구 조건 (= requisites)
vacation	휴가 (= leave, holiday)	qualification	자격 (= eligibility, entitlement)
relaxation	휴식 (= break, rest)	job offer	일자리 제안
accommodation	숙박업체	human resources (HR)	인사과 (= personnel)
itinerary	일정표 (= schedule, plan)	position	직책 (= job, duty)
transportation	교통수단	post	게시하다
academic	학업의, 학문적인 (= scholarly, scholastic)	job opening	(직장의) 공석 (= open position, vacancy)
faculty	교수진	understaffed	인원이 부족한 (= short-handed)
undergraduate	학부생, 대학생	pay	급여 (= salary, wage)
alumni	동창 (= classmate, fellow)	earnings	소득
scholarship	장학금	allowance	수당
diploma	학위	employee benefit	복리 후생
assignment	과제	promotion	승진 (= advancement)
candidate	지원자 (= applicant)	performance	성과, 실적

résumé	이력서	review	평가 (= evaluation, assessment)
headquarters	본사 (= center, main office, head office)	clothing	의류 (= clothes, apparel, attire, garment)
branch	지사 (= satellite office)	inventory	재고 (= stock)
seminar	발표회, 세미나 (= forum)	release	출시 (= launch)
convention	총회 (= meeting, symposium)	line	라인, 제품군
presentation	발표	inexpensive	저렴한 (= affordable, cheap, low-priced, reasonable, competitive)
lecture	강의 (= course, session)	free	공짜의 (= at no extra[additional] cost, complimentary)
fair	박람회 (= expo, exposition)	user-friendly	사용하기 쉬운 (= easy to use)
picnic	소풍, 야유회 (= excursion, outing)	portable	휴대용의
retreat	휴양지	mobile	이동식의
catering	출장 요리	tough	단단한 (= hard, firm, durable)
farewell party	송별회	long-lasting	오래 지속되는
welcome reception	환영회	ad(vertisement)	광고 (= promotion, endorsement)
fundraiser	기금 모금 행사 (= charity event)	pamphlet	전단지 (= brochure, flyer, leaflet)
show	전시회 (= display, exhibit, exhibition)	out of stock	품절된 (= sold out)
live performance	공연 (= live show, concert)	receipt	영수증 (= proof of purchase, payment record)
party	파티, 연회 (= feast, banquet, gala)	customized	맞춤형의 (= personalized, tailored)
anniversary	기념일 (= celebration, commemoration)	limited	한정된 (= exclusive, private)
product	제품 (= goods, merchandise)	discount	할인 (= price reduction, special offer/sale/deal, on sale, n% off, clearance sale, bargain sale, markdown)
electronics	전자 제품	coupon	쿠폰, 상품권 (= voucher, gift certificate)
appliance	가전제품	delivery	배달, 운송 (= shipment)
commodity	상품	express	속달의 (= overnight, expedited)
equipment	장비 (= device, gadget)	contact	연락하다 (= text, message, call, reply, get/keep in touch, reach)

▶ 문제와 지문을 읽고 키워드와 단서를 찾아 문제를 풀어 보세요.

받는 사람	Martha Sinclair Head of Procurement Green Solutions Enterprises
서론	Dear Ms. Sinclair: As we embrace the new fiscal year, we extend our gratitude to valued clients like you. At EcoTech Innovations, (1)we're excited to introduce our latest range of sustainable energy solutions, (6)tailored to meet the evolving needs of businesses like yours.
본론 1	In a world increasingly focused on sustainability, (2)our new line of solar panels and wind turbines represents a leap forward in eco-friendly technology. Whether your company is just embarking on its green journey or already has established eco-friendly practices, EcoTech Innovations offers scalable solutions to enhance your sustainable footprint.
본론 2	(3c)We're currently running a special promotion that could save your company up to $500 on initial installation costs. Our Eco-Smart Program Plan features a range of products designed to seamlessly integrate into your existing operations, (3b)providing both efficiency and flexibility. (3d)This program is crafted to support your company's growth while adapting to environmental changes.
본론 3	(4)Opting for our services now entitles you to two months of complimentary maintenance and consultation. Furthermore, our dedicated support team is always available to assist with any technical requirements. By choosing EcoTech Innovations, you're not only investing in your company's future but also contributing to a healthier planet.
마무리 인사	(5)For more information, please visit EcoTechInnovations.com. I would be delighted to discuss how our solutions can align with your company's goals. Feel free to contact us to schedule a meeting at your convenience. We appreciate your continued partnership and look forward to supporting your sustainability (7)initiatives.
보내는 사람	Warm regards, Alex Thompson CEO, EcoTech Innovations

1 주제/목적

Why did Alex Thompson write to Ms. Sinclair?

(a) to introduce her to a sustainable energy company
(b) to advertise an up-to-date line of products
(c) to request additional funding for EcoTech Innovations
(d) to offer her a position at EcoTech Innovations

STEP 1 문제 유형 분석하기
PART 4의 첫 번째 문제(74번)는 주로 편지를 쓴 목적을 묻는 문제가 출제된다.

STEP 2 문제 키워드로 지문에서 시그널 찾기
본문 1단락에서 시그널 "we're excited to introduce ~"를 찾는다.

STEP 3 정답 고르기
시그널을 중심으로 편지를 쓴 목적을 찾고 그 내용이 패러프레이즈된 (b)를 고른다.

2 추론

What can be inferred about EcoTech Innovations' new line of solar panels and wind turbines?

(a) They are primarily focused on short-term solutions.
(b) They are less advanced than their previous models.
(c) They offer technology for eco-friendly companies.
(d) They are incompatible with established eco-practices.

STEP 1 문제 유형 분석하기
질문에 infer가 있으면 추론 문제이다.

STEP 2 문제 키워드로 지문에서 시그널 찾기
문제의 new line of solar panels and wind turbines라는 키워드로 2단락에서 시그널을 찾는다.

STEP 3 정답 고르기
시그널을 중심으로 앞뒤 내용 중에서 새로운 태양광 패널과 풍력 터빈 제품에 대한 내용을 찾고 "represents a leap forward in eco-friendly technology" 부분을 보고 (c)를 고른다.

3 사실 관계

According to the third paragraph, what is NOT true about the Eco-Smart Program Plan?

(a) It focuses on products that disrupt current operations.
(b) It offers efficient and flexible solutions.
(c) It includes a significant discount on installations.
(d) It is designed to support business growth and adaptability.

STEP 1 문제 유형 분석하기
NOT 문제는 선택지를 보고 본문의 키워드와 비교하면서 맞는 보기를 하나씩 제거한다.

STEP 2 문제 키워드로 지문에서 시그널 찾기
문제의 Eco-Smart Program Plan이라는 키워드로 3단락에서 선택지의 내용을 하나씩 맞춰본다.

STEP 3 정답 고르기
3단락에서 관련 내용을 찾을 수 없는 (a)를 정답으로 고른다.

4 세부사항

What will happen if Green Solutions Enterprises selects EcoTech Innovations' services now?

(a) They can get two months of free consultation.
(b) They will have 24-hour maintenance assistance.
(c) They can have their own technical support team.
(d) They will receive donations for a healthier planet.

STEP 1 문제 유형 분석하기
PART 4에서는 주로 요청, 서비스, 행사, 채용에 관한 정보를 묻는 문제가 출제된다.

STEP 2 문제 키워드로 지문에서 시그널 찾기
문제의 selects ~ services now라는 키워드로 4단락에서 시그널 Opting for our services을 찾는다.

STEP 3 정답 고르기
시그널을 중심으로 문장의 내용이 패러프레이즈된 (a)를 고른다.

Based on the letter, how can Ms. Sinclair **learn more about** EcoTech Innovations?

(a) by calling Alex Thompson directly
(b) by contacting EcoTech Innovations Service Center
(c) by sending donations to EcoTech Innovations
(d) by visiting the company's website

STEP 1 문제 유형 분석하기
편지에 나온 사건, 행사, 또는 그 과정 등에 대한 세부적인 것을 묻는 문제이다.

STEP 2 문제 키워드로 지문에서 시그널 찾기
문제의 learn more about이라는 키워드로 5단락에서 시그널 For more information을 찾는다.

STEP 3 정답 고르기
시그널을 중심으로 키워드가 언급된 정보를 토대로 (d)를 고른다.

6-7 어휘

In the context of the passage, tailored means _____.

(a) complex
(b) experienced
(c) stable
(d) customized

STEP 1 문제 유형 분석하기
지문의 맥락에서 단어의 동의어를 찾는 문제이다.

STEP 2 지문에 쓰인 단어 뜻 찾기
지문에서 tailored는 '맞추어진', initiative는 '계획' 이란 뜻으로 쓰였다.

STEP 3 정답 고르기
6번은 '맞춤형의'라는 뜻을 가진 (d)를, 7번은 '계획'의 의미인 (c)를 정답으로 고른다.

In the context of the passage, initiatives means _____.

(a) actions
(b) challenges
(c) plans
(d) problems

받는 사람	마사 싱클레어 조달 책임자 그린 솔루션스 엔터프라이즈
서론	싱클레어 씨께: 새 회계연도를 맞이하여, 귀하와 같은 소중한 고객 여러분께 감사의 말씀을 전합니다. 에코테크 이노베이션스에서는 (1)**지속 가능한 에너지 솔루션의 최신 시리즈를 소개하게 되어 기쁩니다**. 이는 귀사와 같은 기업의 진화하는 요구를 충족시키기 위해 (6)**맞춰진** 것입니다.
본론 1	지속 가능성에 대해 점점 더 관심이 높아지는 세계에서, (2)**저희**의 새로운 태양광 패널과 풍력 터빈 제품군은 **친환경 기술에서의 도약을 의미합니다.** 이제 막 친환경 여정을 시작한 기업이든 이미 친환경 관행을 확립한 기업이든, 에코테크 이노베이션스는 지속 가능한 발자국을 강화할 수 있는 확장 가능한 솔루션을 제공합니다.
본론 2	(3c)저희는 현재 초기 설치 비용에서 귀사가 최대 $500까지 절약할 수 있는 특별 프로모션을 진행 중입니다. 저희의 에코 스마트 프로그램 플랜은 귀사의 기존 운영 방식에 원활하게 통합되도록 설계된 다양한 제품을 특징으로 하며, (3b)효율성과 유연성을 모두 제공합니다. (3d)이 프로그램은 환경 변화에 적응하면서 귀사의 성장을 지원하기 위해 만들어졌습니다.
본론 3	(4)저희 서비스를 지금 선택하면 2개월 동안 무료 유지 보수 및 상담 혜택을 받을 수 있습니다. 또한, 저희 전담 지원팀이 기술적인 요구 사항에 대해 언제든지 도움을 드릴 수 있습니다. 에코테크 이노베이션스를 선택하면 귀사의 미래에 투자하는 것뿐만 아니라 더 건강한 지구를 만드는 데도 기여하게 됩니다.
마무리 인사	(5)자세한 정보를 원하시면 EcoTechInnovations.com에 방문해 주세요. 저희 솔루션이 귀사의 목표에 어떻게 부합할 수 있는지 기꺼이 논의해 드리겠습니다. 편한 시간에 언제든지 연락하여 미팅 일정을 잡으세요. 지속적인 파트너십에 감사드리며, 귀사의 지속 가능성 (7)**계획**을 지원하기를 기대합니다.
보내는 사람	온정을 담아, 알렉스 톰슨 에코테크 이노베이션스, CEO

어휘 head 책임자 procurement 조달 enterprise 회사 embrace 포옹하다, 맞이하다 fiscal year 회계연도 extend one's gratitude to ~에 감사를 전하다 valued 소중한 range (동일 계열의) 시리즈, 군 sustainable 지속 가능한 tailored to-V ~하기 위해 맞춰진 evolve 진화하다, 발전하다 increasingly 점점 더 focused on ~에 집중하는 sustainability 지속 가능성 solar panel 태양전지판 wind turbine 풍력 터빈 represent 의미하다, 나타내다 leap forward 발전, 도약 embark on (여정을) 시작하다 green journey 친환경 여정 scalable 확장 가능한 enhance 강화하다, 향상시키다 footprint 발자국 initial 초기의 installation 설치 seamlessly 원활하게, 매끄럽게 integrate into ~에 통합되다 be crafted (정교하게) 만들어지다 opt for ~을 선택하다 entitle *sb* to-V ~에게 ~할 자격을 주다 complimentary 무료의 maintenance 유지 consultation 상담 furthermore 또한, 게다가 dedicated 전용의, 전담의 available to-V ~할 시간을 낼 수 있는 align with ~에 부합하다, 맞추다 look forward to ~을 고대하다, 기대하다 initiative 계획, 자발성, 주도

1. 왜 알렉스 톰슨이 싱클레어 씨에게 편지를 보냈는가?

(a) 지속 가능한 에너지 회사를 소개하기 위해
(b) 최신 제품 라인을 광고하기 위해
(c) 에코테크 이노베이션스에 대한 추가 자금을 요청하기 위해
(d) 에코테크 이노베이션스에 자리를 제안하기 위해

어휘 **advertise** 광고하다 **up-to-date** 최신의 **line of product** 제품군 **additional funding** 추가 자금

패러프레이징 introduce our latest range of sustainable energy solutions ➡ advertise an up-to-date line of products

2. 에코테크 이노베이션스의 새로운 태양광 패널 및 풍력 터빈 제품군에 대해 무엇을 유추할 수 있는가?

(a) 주로 단기적인 해결책에 초점을 맞추고 있다.
(b) 이전 모델보다 덜 발전되었다.
(c) 친환경 회사들에게 기술을 제공한다.
(d) 기존 친환경 관행과 호환되지 않는다.

어휘 **primarily** 주로 **short-term** 단기의 **advanced** 진보된 **eco-friendly** 친환경의 **incompatible with** ~와 호환되지 않는 **eco-practice** 친환경 관행

3. 세 번째 단락에 따르면, 에코 스마트 프로그램 계획에 대해 사실이 아닌 것은 무엇인가?

(a) 현재 운영을 방해하는 제품에 초점을 맞춘다.
(b) 효율적이고 유연한 솔루션을 제공한다.
(c) 설치 시 상당한 할인 혜택이 포함되어 있다.
(d) 비즈니스 성장과 적응력을 지원하도록 설계되었다.

어휘 **disrupt** 방해하다 **current** 현재의 **operation** 운영 **efficient** 효율적인 **flexible** 유연한 **significant** 상당한 **installation** 설치 **growth** 성장 **adaptability** 적응성

4. 그린 솔루션스 엔터프라이즈가 지금 에코테크 이노베이션즈의 서비스를 선택하면 어떻게 되는가?

(a) 두 달 동안 무료 상담을 받을 수 있다.
(b) 24시간 유지 관리 지원을 받을 것이다.
(c) 그들만의 기술 지원 팀을 가질 수 있다.
(d) 더 건강한 지구를 위해 기부를 받을 것이다.

어휘 **assistance** 도움 **donation** 기부금 **planet** 행성

패러프레이징 entitles you to two months of complimentary ~ consultation
➡ get two months of free consultation

5. 편지에 따르면, 어떻게 싱클레어 씨는 에코테크 이노베이션스에 대해 더 많이 알 수 있는가?

(a) 알렉스 톰슨에게 직접 전화함으로써
(b) 에코테크 이노베이션스 서비스 센터에 연락함으로써
(c) 에코테크 이노베이션스에 기부금을 보냄으로써
(d) 회사 웹사이트를 방문함으로써

어휘 **contact** ~에게 연락하다 **donation** 기부금

6. 본문의 맥락에서, tailored는 _____을 의미한다.

(a) 복잡한
(b) 경험 있는
(c) 안정된
(d) 맞춤형의

7. 본문의 맥락에서, initiatives는 _____을 의미한다.

(a) 행동
(b) 도전
(c) 계획
(d) 문제

이제 실전처럼 파트4를 연습한 방법에 맞춰 풀어 보세요.

Brenda Collins
Principal
Greenwood High School
Salem, Oregon 97301

Dear Ms. Collins:

I am writing to propose an innovative approach to modernize our educational tools. The concept, sparked during our recent faculty meeting, involves transitioning from traditional bulky textbooks to tablet PCs in the classroom.

Upon reviewing our current teaching methods and materials, I believe we can greatly enhance the learning experience for our students. Our school has been at the forefront of adopting new educational technologies, and by shifting to tablet PCs, we can make learning more interactive and accessible.

This shift is crucial for keeping pace with technological advancements in education. By supplying a handful of tablets to each classroom, our school can show its dedication to fostering a cutting-edge learning environment. Our teachers have shown great interest in this digital transition. They are eager to contribute to this initiative's successful implementation and educate the school community about the benefits of using technology in education.

I am certain that by reevaluating our current educational resources and considering digital alternatives, we can achieve remarkable improvements. Therefore, I request a meeting with the school board to discuss the feasibility and funding of this initiative. I am available for a meeting at your earliest convenience this week.

To further this discussion, I have prepared a detailed presentation highlighting the advantages and practical aspects of integrating tablet PCs into our curriculum. This presentation includes feedback from other educational institutions that have successfully made this transition, along with a cost-benefit analysis. With the board's support, I believe we can significantly modernize our educational approach. I look forward to sharing these insights with you and the board.

Thank you for considering this forward-thinking proposal.

Warm regards,

Jordan Michaels
Technology Integration Specialist

1. Why is Jordan Michaels writing to Ms. Collins?

   (a) to request a budget increase for the digital tools
   (b) to advocate for an upgrade of the students' tablets
   (c) to criticize the inadequacies of current teaching methods
   (d) to suggest changing textbooks to tablet PCs

2. What is true about Greenwood High School?

   (a) It heavily relies on outdated textbooks.
   (b) It has been a leader in adopting new educational technologies.
   (c) It focuses more on traditional learning methods.
   (d) It lacks interactive and modern educational resources.

3. According to the third paragraph, what is NOT true about adopting tablet PCs?

   (a) It will provide tablet PCs to every student.
   (b) It will satisfy the faculty's needs.
   (c) It will aim to correspond with technological advancements.
   (d) It will boost the school's learning environment.

4. Why does Jordan Michaels propose a meeting with the school board?

   (a) to discuss the financing for the plan
   (b) to seek approval for the initiative
   (c) to give a presentation for the upcoming event
   (d) to explore partnerships with technology providers

5. Based on the final paragraph, what is suggested about Jordan Michaels' prepared presentation?

   (a) It could overlook the practical aspects of using tablet PCs.
   (b) It might persuade the school board to support the initiative.
   (c) It will focus solely on the financial implications of the transition.
   (d) It may exclude feedback from other educational institutions.

6. In the context of the passage, implementation means _____.

   (a) planning
   (b) hesitation
   (c) execution
   (d) rejection

7. In the context of the passage, feasibility means _____.

   (a) practice
   (b) necessity
   (c) possibility
   (d) cost

이제 실전처럼 파트4를 연습한 방법에 맞춰 풀어 보세요.

9 January

Ms. Deborah Nichols
Level 2, N2, 4 Hobson Street
Auckland, New Zealand

Dear Ms. Nichols,

Thank you for your interest in the managerial position at Bright Future Tech Solutions and for the time you invested in the interview process. We appreciate your enthusiasm and the impressive skills you showcased. After careful consideration, we regret to inform you that we have decided to move forward with another candidate for this specific role.

However, your experience and expertise, particularly in project management, left a strong impression on our team. We believe your talents could be a valuable asset to our company in a different capacity. Specifically, we have openings in our Operations and Marketing departments that could benefit greatly from your skill set.

We would like to invite you to consider these roles – particularly the Operations Analyst and Marketing Coordinator positions – which we believe align well with your experience and aspirations. If either of these roles piques your interest, please do not hesitate to reach out. Our recruitment team would be more than happy to discuss these opportunities with you in detail and provide any additional information you might need.

We understand that this may not be the outcome you were hoping for, but we genuinely believe that your skills could significantly contribute to our team in one of these roles. We sincerely hope you consider staying in touch for potential future opportunities.

Once again, thank you for considering a career with Bright Future Tech Solutions. We wish you the best in your job search and professional endeavors. Please feel free to contact us if you wish to discuss these alternative positions or if you have any other inquiries.

Best regards,

Jason Miller
Recruitment Manager
Bright Future Tech Solutions
San Francisco, CA

1. Why did Jason Miller write to Ms. Nichols?

   (a) to notify her that she failed to get the job
   (b) to inform her about the project manager position being vacated
   (c) to schedule a second interview for the same position
   (d) to provide feedback on her interview performance

2. Based on the letter, which department did Ms. Nichols apply for?

   (a) personnel department
   (b) project management department
   (c) operations department
   (d) marketing department

3. According to the third paragraph, what is NOT true about the alternative roles offered to Ms. Nichols?

   (a) The roles are in the Operations and Marketing departments.
   (b) The positions are less challenging than the project manager role.
   (c) The roles relate to her experience and ambition.
   (d) The recruitment team is willing to provide more information about them.

4. Based on the fourth paragraph, what will happen if Ms. Nichols accepts the offer?

   (a) She will be required to work overseas.
   (b) She will have a position she had not expected.
   (c) She will work under Jason Miller.
   (d) She will primarily focus on administrative tasks.

5. What should Ms. Nichols probably do if she is interested in alternative positions?

   (a) visit the Bright Future Tech Solutions on-site
   (b) apply again through the company's online portal
   (c) attend a job fair hosted by Bright Future Tech Solutions
   (d) reach out to the recruitment team

6. In the context of the passage, piques means _____.

   (a) diminishes
   (b) arouses
   (c) discourages
   (d) confuses

7. In the context of the passage, endeavors means _____.

   (a) fears
   (b) doubts
   (c) efforts
   (d) hesitations

★정답 및 해설 p. 76

Chapter

3 청취

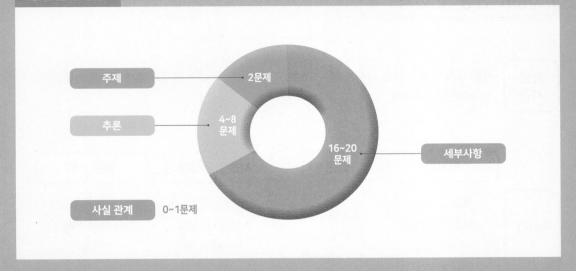

- 주제 ──── 2문제
- 추론 ──── 4~8 문제
- 16~20 문제 ──── 세부사항
- 사실 관계 0~1문제

청취 영역 소개

❶ 문항: 26문제 (27〜52번)

❷ 대화(2명)나 담화(1명)를 듣고, 각 파트별 6〜7개 질문의 정답 고르기

❸ 전체 시험 중간에 듣기 방송(약 20분)이 나오며 〈질문 ➡ 지문(약 3분) ➡ 질문 반복〉으로 진행됨

청취 출제 유형

PART	유형	문항 수 (번호)	개요	전개	문제 유형
PART 1	일상 대화	7 (27〜33)	두 남녀의 생활 속 경험에 대한 대화	인사 ➡ 주제에 관한 대화 ➡ 질문과 응답 ➡ 다음 할 일	세부사항, 추론
PART 2	강연 & 발표	6 (34〜39)	광고나 상업적 목적의 발표 또는 행사 안내 및 강연	인사 ➡ 강연&발표 목적 소개 ➡ 특징과 정보 제공 ➡ 마무리 인사 및 혜택 안내	주제/목적, 세부사항, 추론
PART 3	협상	6 (40〜45)	두 개의 옵션에 대한 두 남녀의 장단점 논의 및 결정	인사 ➡ 고민 상황 제시 ➡ 두 개 옵션의 장단점 비교 ➡ 마지막 결정	세부사항, 추론
PART 4	과정 & 팁	7 (46〜52)	특정 주제에 대한 단계적 설명	인사 ➡ 주제 소개 ➡ 과정 또는 팁 제시 ➡ 마무리 인사	주제/목적, 세부사항, 추론

▶ 청취 구성 및 공략

청취 진행 및 전략

	문법 시간	문법 문제를 풀고 남은 시간에 청취로 넘어와서 선택지(a~d)의 동사와 명사 위주로 키워드에 밑줄 치거나 해석하기

	지시문	질문 1차	지문 (3~3:30)	질문 2차
PART 1	선택지(a~d)의 동사와 명사 등 키워드에 밑줄 치거나 해석하기	질문의 키워드 요약 및 스키밍(skimming)하기	질문의 키워드와 정답 시그널을 본문에서 찾아 정답 고르기	PART2의 선택지 파악하기
PART 2	선택지 파악하기	요약 및 스키밍	문제 풀기	PART3의 선택지 파악하기
PART 3	선택지 파악하기	요약 및 스키밍	문제 풀기	PART4의 선택지 파악하기
PART 4	선택지 파악하기	요약 및 스키밍	문제 풀기	놓친 부분 다시 보기

풀이팁

- 질문: 의문사, 주어, 동사, 목적어, 보어 위주로 요약하는 연습 꾸준히 하기
- 지문의 순서대로 문제가 출제됨
- 첫 번째 문제는 본문 초반에, 마지막 문제는 후반부에서 정답 찾기
- 정답의 단서는 질문과 보기에 있는 키워드가 본문에 그대로 나오거나, 난이도가 높아지면 패러프레이징(paraphrasing)되어 나옴
- 답이 바로 나오지 않으면 과감하게 다음 질문으로 넘어가기
- 다음 질문의 키워드를 먼저 들었다면 이전 문제의 답을 지나친 것이므로 다음 질문에 집중하기

빈출 질문 유형

주제/목적

• 1인 담화(PART2와 PART4)의 첫 번째 문제로 주제나 목적을 묻는 유형이 주로 출제된다. 질문의 시그널 없이 지문의 첫 부분에 주제 및 목적이 등장하지만 앞부분을 집중해서 들으면 충분히 맞힐 수 있다.

빈출 질문

PART 2 What is the subject of the talk? 이 담화의 주제는 무엇인가?

What is the speaker mainly talking about? 화자가 주로 무엇에 관해 이야기하고 있는가?

What is the talk/presentation mainly about? 이 담화[발표]는 주로 무엇에 관한 것인가?

What was the purpose of the upcoming event at the library?
도서관에서 있을 행사의 목적은 무엇인가?

PART 4 What topic is the speaker mainly discussing? 화자는 주로 어떤 주제를 논하고 있는가?

What is the purpose of the talk? 이 담화의 목적은 무엇인가?

What is the main topic of the talk? 이 담화의 주제는 무엇인가?

세부사항

• 세부사항을 묻는 문제는 파트별로 4~5문항 정도로 가장 많이 출제되는 유형이다. 의문사(why, what, how, when)가 포함된 정보는 최대한 많이 메모해 두자. Part 2는 마지막 문제로 할인이나 혜택에 관한 문제가 주로 출제되고, Part 4는 과정이나 단계를 순서대로 설명하기 때문에 연결어 뒤에 나오는 부분이 세부사항 유형으로 출제될 가능성이 높다.

빈출 질문

PART 1 Why has Jina never learned to play the piano? 왜 지나는 피아노를 배워본 적이 없는가?

How will David improve his restaurant's menu?
어떻게 데이비드는 레스토랑의 메뉴를 향상시킬 것인가?

PART 2 Why did the school decide to repair the gym soon?
왜 학교는 체육관을 곧 수리하기로 결정했는가?

According to the speaker, what is the problem with running early in the morning? 화자에 따르면, 아침 일찍 뛰는 것의 문제점은 무엇인가?

How can customers receive a coupon for their next purchase?
어떻게 고객은 다음 구매를 위한 쿠폰을 받을 수 있는가?

PART 3 Based on the conversation, why are people switching to organic products?
대화에 따르면, 왜 사람들이 유기농 제품으로 전환하고 있는가?

When was Brain able to sell his used car? 언제 브라이언은 자신의 중고차를 팔 수 있었나?

PART 4 What does the speaker recommend doing with the data collected from the experiment? 화자는 실험에서 수집한 데이터를 가지고 무엇을 하라고 권하는가?

Based on the talk, how can one improve the quality of a video clip?
담화에 따르면, 어떻게 동영상 클립의 화질을 개선할 수 있는가?

According to the announcement, who is NOT eligible to apply for the position?
공고에 따르면, 누가 그 직책에 지원할 자격이 없는가?

추론

• 파트별로 1~2문항씩 출제되며 (most) likely, probably, could, suggested 같은 표현이 들린다면 추론 문제
이다. 특히 마지막 문제로 Part 1은 대화를 끝낸 후 할 일을, Part 3은 남성 또는 여성이 할 선택이 추론 유형으
로 고정으로 출제되므로 끝까지 집중해서 들어야 한다.

빈출 질문

PART 1 How could using a travel search website help Nancy?
여행 검색 사이트를 사용하는 것이 낸시에게 어떻게 도움이 될 것 같은가?

What will Eric most likely do after the conversation?
에릭은 대화 이후 무엇을 할 것 같은가?

What will Hazel probably do tomorrow? 헤이즐은 내일 무엇을 할 것 같은가?

PART 2 How will ChatGPT most likely help students improve their learning
experience? ChatGPT는 학생들의 학습 경험을 향상시키는 데 어떻게 도움이 될 것 같은가?

According to the talk, why most likely is adding more plant-based foods to
our meals beneficial? 담화에 따르면, 왜 식사에 식물성 음식을 더 많이 첨가하는 것이 이로울 것 같은가?

PART 3 Why would Kate most likely struggle to complete the project?
왜 케이트는 그 프로젝트를 완수하는 데 고군분투할 것 같은가?

What most likely will Kevin do after the conversation?
케빈은 대화 후 무엇을 할 것 같은가?

What did Cindy probably decide to do? 신디는 무엇을 하기로 결정하였는가?

PART 4 Why should people probably avoid consuming too much sugar on a daily
basis? 왜 사람들은 매일 너무 많은 설탕 섭취를 피해야 할 것 같은가?

Based on the talk, what will the audience probably think when a speaker is
confident? 담화에 따르면, 발표자가 자신감이 있을 때 청중은 어떤 생각을 할 것 같은가?

빈출 질문 메모 연습하기

🎧 **L_Q.mp3** 의문사와 키워드를 메모하고 내용을 파악해 보세요.

주제/목적

1. _____ ?

2. _____ ?

3. _____ ?

세부사항

4. _____ ?

5. _____ ?

6. _____ ?

7. _____ ?

8. _____ ?

9. _____ ?

10. _____ ?

11. _____ ?

추론

12. _____ ?

13. _____ ?

14. _____ ?

15. _____ ?

★ 정답 p. 117

질문 유형에 따른 문제 풀이 전략

🎧 L_1.mp3

Ex1. (a) how to prepare a quick breakfast
(b) how to make a delectable jam
(c) how to bake a simple bread
(d) how to plan a healthy diet

Q What is the main topic of the talk?

Hello, everyone. Welcome to the Happy Farm Radio Broadcast. In today's busy world, many people tend to have a simple and quick breakfast before going to work. Nothing is simpler than having toast with delicious jam. However, did you know that you can make any kind of jam easily at home without spending lots of money? Today, **we are going to learn** how to make healthy and delicious jam. In fact, this recipe is so easy to follow regardless of age, and everyone will love it!

주제/목적

STEP 1 선택지 내용 파악하기
녹음이 시작되기 전에 선택지를 동사와 명사 중심으로 파악한다.

STEP 2 질문 듣고 키워드 적기
What, topic, talk 등 키워드를 자신만의 방식으로 메모한다.

STEP 3 지문에서 시그널 찾기
주제/목적 유형의 단서가 되는 표현인 we are going to learn 다음에 나오는 내용을 잘 듣고 선택지와 맞춰본다.

STEP 4 단서에 맞는 정답 선택하기
화자가 "Today, we are going to learn how to make healthy and delicious jam."(오늘, 우리는 건강하고 맛있는 잼을 만드는 과정에 대해 배워보려고 합니다.)이라고 말했으므로, 내용과 일치하는 (b)를 고른다.

주제/목적 유형의 단서가 되는 빈출 표현

I will[am going to] tell you + / talk about + / learn +

I'd/We'd like to talk about

I'm here to +

We will be talking about +

I will[am going to] give you tips on + / consider the steps + / share some advice on +

Here are[Let me share with you] some tips[steps] on +

🎧 L_2.mp3

Ex2. (a) Electric cars have a higher resale value.

(b) **She is concerned about the environment.**

(c) She wants to avoid paying high gas prices.

(d) Electric cars can go further than hybrids.

Q Why does Lily's sister want to sell her hybrid car and get an electric one?

M: She already has a hybrid, why would she **want to change**?

F: Well, the hybrids have a much smaller electric range than true electric vehicles. The electricity is mostly a supplement to the gas. Because of that, they still have a negative effect on the environment, just not as much as older cars. She wants to do her part to reduce global warming.

세부사항

STEP 1 선택지 내용 파악하기
녹음이 시작되기 전에 선택지를 동사와 명사 중심으로 파악한다.

STEP 2 질문 듣고 키워드 적기
Why, Lily's sister, want, sell, hybrid car, electric 등 키워드를 자신만의 방식으로 메모한다.

STEP 3 지문에서 시그널 찾기
질문에 있는 want to sell이 단서가 되는 시그널이므로 바로 다음부터 주의 깊게 듣고 선택지와 맞춰본다.

STEP 4 단서에 맞는 정답 선택하기
릴리가 "She wants to do her part to reduce global warming."(그녀는 지구 온난화를 줄이기 위해 자신의 역할을 하고 싶어해요.)이라고 했으므로 내용과 일치하는 (b)를 고른다.

🎧 L_3.mp3

Ex3. (a) It does not require any coffee-making knowledge.
(b) It enables anyone to enjoy coffee all day long.
(c) There is no need to use quality coffee beans.
(d) There is no need to worry about brewing time.

Q According to the speaker, what most likely is an advantage of having an automatic coffee maker?

The fourth step and perhaps the most crucial one is where the magic happens. Brew for the right amount of time. You're ready to brew a great cup of coffee with a great ratio, the perfect water quality and temperature, and a consistent grind. The brewing time is another variable that needs to be considered, but if you **have an automatic coffee maker**, then this is not likely to be a problem for you as all the guesswork is removed with the built-in timer. If you're using a manual method like a French press or percolator, however, knowing how long your coffee should brew is a significant factor in producing the perfect cup.

추론

STEP 1 선택지 내용 파악하기
녹음이 시작되기 전에 선택지를 동사와 명사 중심으로 파악한다.

STEP 2 질문 듣고 키워드 적기
질문에 most likely가 있으면 추론 문제이다. what, most likely, advantage, automatic coffee maker 등 키워드를 자신만의 방식으로 메모한다.

STEP 3 지문에서 시그널 찾기
질문에 있는 automatic coffee maker가 단서가 되는 시그널이므로 바로 나오는 내용을 주의 깊게 듣고 선택지와 맞춰본다.

STEP 4 단서에 맞는 정답 선택하기
화자가 "then this is not likely to be a problem for you as all the guesswork is removed with the built-in timer"(자동 커피 메이커를 사용하는 경우 내장된 타이머로 모든 추측이 제거되므로 이는 문제가 되지 않을 것입니다)라고 했으므로 내용과 일치하는 (d)를 고른다.

DAY 14 — PART 1 일상 대화

65점 목표를 위한 공략 Tip!

PART 1의 **첫 번째와 두 번째 질문의 키워드**는 주로 **대화의 초반**에 있고,

마지막 질문은 대화 후 할 일을 묻는 문제가 나오므로 꼭 맞히도록 합시다!

내용	**남자와 여자의 일상 대화 (Narration)**
문제	7문제 (27번 ~ 33번)
문제 유형	세부사항, 추론
빈출 주제	문제 해결, 특정 장소 방문, 일정 및 계획: 학교 생활, 여행, 여가 활동, 애완 동물, 행사, 비즈니스, 교육, 문화 예술, 음식 및 서비스
내용 전개	두 남녀의 만남과 인사 ➡ (27~32번) 대화의 주제 제시 ➡ 각자의 의견 및 질문과 응답 ➡ 문제 해결 ➡ (33번) 다음 일정 및 계획
풀이 전략	1. 지시문 나오기 전부터 선택지 보면서 요약하기 2. 질문 들으면서 빠르게 키워드 메모하기 3. 초반부 잘 들으면서 27번 (또는 28번까지) 정답 고르기 4. 다음 문제의 키워드가 나오면 앞 문제는 과감하게 넘어가기 5. 마지막 문제는 대화 이후 할 일이므로 잘 듣고 꼭 맞히기

선택지 스키밍 선택지를 읽으면서 키워드에 밑줄을 치고 메모해 보세요.

1. (a) at a gaming convention
    (b) at a shopping mall
    (c) at an amusement park
    (d) at a gaming store

2. (a) She was working at a gaming store.
    (b) She needed to relax after work.
    (c) She was searching for something fun to do.
    (d) She was recommended gaming by her friend.

3. (a) developing narratives in detail
    (b) setting up various characters
    (c) talking to different users
    (d) interacting with books

4. (a) She prefers playing alone.
    (b) She doesn't know any other gamers.
    (c) She feels she needs to improve her basic skills first.
    (d) She is not interested in multiplayer games.

5. (a) a game launch event
    (b) a gaming exposition
    (c) a game developer conference
    (d) a multiplayer gaming competition

6. (a) They are places where she can purchase new games.
    (b) They can be good places to learn techniques.
    (c) They will help her to become a professional gamer.
    (d) They will grant her exclusive access to the event.

7. (a) by meeting in person
    (b) by talking over the phone
    (c) by sending voice messages
    (d) by chatting electronically

질문 메모 연습

🎧 **1_1.mp3**　질문을 들으면서 키워드를 메모한 후 대화를 들으면서 답을 선택해 보세요.

1. _____

- (a) at a gaming convention
- (b) at a shopping mall
- (c) at an amusement park
- (d) at a gaming store

2. _____

- (a) She was working at a gaming store.
- (b) She needed to relax after work.
- (c) She was searching for something fun to do.
- (d) She was recommended gaming by her friend.

3. _____

- (a) developing narratives in detail
- (b) setting up various characters
- (c) talking to different users
- (d) interacting with books

4. _____

- (a) She prefers playing alone.
- (b) She doesn't know any other gamers.
- (c) She feels she needs to improve her basic skills first.
- (d) She is not interested in multiplayer games.

5. _____

- (a) a game launch event
- (b) a gaming exposition
- (c) a game developer conference
- (d) a multiplayer gaming competition

6. _____

- (a) They are places where she can purchase new games.
- (b) They can be good places to learn techniques.
- (c) They will help her to become a professional gamer.
- (d) They will grant her exclusive access to the event.

7. _____

- (a) by meeting in person
- (b) by talking over the phone
- (c) by sending voice messages
- (d) by chatting electronically

🎧 **1_3.mp3**　대화를 들은 후 질문을 다시 들으면서 답을 점검해 보세요.

구성	게임	
[인사 및 주제] 게임	M: (1)Hey, Amanda! I didn't expect to see you here. Never knew you were into games. F: Hi, Chris! Same here. (1)I always knew you like playing games, but I didn't know you work at a gaming store. Actually, I started playing games just last week. I got myself a gaming console. M: That's really cool! I love gaming. It's my go-to when I need to chill out after a busy day. So, what got you into gaming? F: (2)I was looking for something fun to do. The moment I started playing, I got hooked! It's pretty exciting, right?	남: (1)안녕, 아만다! 여기서 너를 볼 줄이야. 네가 게임을 좋아하는 줄 몰랐어. 여: 안녕, 크리스! 나도 마찬가지야. (1)네가 게임을 좋아하는 건 알았지만, 게임 가게에서 일하는 건 몰랐어. 사실, 나는 바로 지난 주에 게임을 시작했어. 게임 콘솔을 샀거든. 남: 정말 멋지네! 나는 게임하는 것을 너무 좋아해. 바쁜 하루를 보낸 후에 긴장을 풀고 싶을 때 즐겨 찾는 곳이야. 그럼, 너는 게임에 관심을 가지게 된 계기가 뭐야? 여: (2)나는 재미있는 것을 찾고 있었어. 게임을 시작하자마자, 완전히 빠져버렸어! 꽤 흥미진진하지, 그렇지?
[본론 1] RPG 게임을 좋아하는 이유	M: Totally! It feels great to start a new game. So, what type of games are you into? Any favorites so far? F: (3)I've been trying out role-playing games lately. They have these big, deep worlds and detailed stories, kind of like interactive books! M: I agree! RPGs are some of my favorites too. They make you think, and (3)the worlds they create are so detailed. It's like you're right there, part of the story. F: Exactly! I love that I can talk to different characters and make decisions that affect the game. It feels like I'm part of this whole other world.	남: 완전히! 새로운 게임을 시작하면 정말 기분이 좋아. 그럼, 너는 어떤 종류의 게임을 좋아하니? 지금까지 특히 좋아하는 건? 여: (3)나는 최근에 롤플레잉 게임을 해 보고 있어. 그것에는 크고 심오한 세계와 상세한 스토리가 있어, 마치 인터랙티브 북처럼! 남: 동감이야! RPG도 내가 가장 좋아하는 것 중 하나야. 그들은 네가 생각하게 만들고, (3)그들이 만든 세계는 너무나도 상세해. 마치 네가 바로 그곳에 있는 것 같아, 이야기의 일부인 것처럼. 여: 바로 그래! 나는 다양한 캐릭터와 대화하고 게임에 영향을 미치는 결정을 내릴 수 있는 점이 정말 좋아. 마치 내가 이렇게 완전히 다른 세계의 일부인 것 같아.
[본론 2] 멀티플레이어 게임 제안	M: Have you tried playing games with others yet? Multiplayer games are a whole different kind of fun. F: (4)I haven't gotten to that yet. I think I need to get better at the basics first before I start playing with others.	남: 다른 사람들과 함께 게임을 해 본 적 있어? 멀티플레이어 게임은 완전히 다른 종류의 재미야. 여: (4)아직 거기까지는 안 해 봤어. 다른 사람들과 게임을 시작하기 전에 기본적인 것들을 더 잘해야 할 것 같아.

	M: I see where you're coming from. It can be hard to adapt to multiplayer games, but they're really fun. You can play with friends, or even with people from anywhere in the world. F: You do make it sound fun! Once I get better, I might give multiplayer games a go. Thanks for the advice, Chris!	남: 무슨 말인지 알겠어. 멀티플레이어 게임에 적응하기 어려울 수 있지만, 정말 재미있어. 네가 친구들이나 세계 곳곳에서 온 사람들과도 플레이할 수 있으니까. 여: 정말 재미있을 것 같아! 내가 더 나아지면 멀티플레이어 게임도 해 볼게. 조언 고마워, 크리스!
[본론 3] 게임 박람회 참석 제안	M: No problem. (5)I also recommend you try attending gaming fairs. They're a lot of fun and a good place to learn more about games. F: A gaming fair? Can you tell me about it? M: Sure! There, you can try out new games, meet developers, and even join competitions. It's an awesome experience, especially if you're getting into gaming. F: Competitions? Wow, that sounds pretty intense. M: It can be! But it's also a lot of fun, especially if you're into the game. (6)Plus, you can learn a lot by watching other people play. There's always a mix of casual gamers and pros, and everyone's there because they love gaming. F: That sounds like a great community to be part of. Maybe I should try attending one after I get a little better at gaming. M: I think that's a great idea! You can also meet people who are into the same games as you. It's an easy way to make new friends with the same interests. F: You're right. It sounds really fun. I'll definitely consider it. Thanks for all the tips, Chris!	남: 고맙기는. (5)또한 네가 게임 박람회에 참석하는 것도 추천해. 그것은 정말 재미있고 게임에 대해 더 많이 배울 수 있는 좋은 곳이야. 여: 게임 박람회? 그것에 대해 말해 줄 수 있어? 남: 물론이야! 그곳에서는 새로운 게임을 시도해 보고, 개발자들을 만나고, 대회에도 참가할 수 있어. 특히 네가 게임에 빠져들고 있다면, 그건 멋진 경험이야. 여: 대회라니? 와, 꽤 치열할 것 같아. 남: 그럴 수 있지! 하지만 그건 또 정말 재미있을 거야. 특히 네가 게임을 좋아한다면. (6)게다가 너는 다른 사람들이 게임하는 걸 보면서 많이 배울 수 있어. 언제나 비전문 게이머와 프로 게이머가 섞여 있고, 모두가 게임을 매우 좋아하기 때문에 그곳에 있어. 여: 참여하기 좋은 커뮤니티인 것 같아. 게임을 좀 더 잘하게 되면 한 번 참석해 볼게. 남: 좋은 생각이야! 너와 같은 게임에 관심이 있는 사람들을 만날 수도 있어. 같은 관심사를 가진 새로운 친구를 사귈 수 있는 쉬운 방법이지. 여: 맞아. 정말 재미있을 것 같아. 꼭 고려해 볼게. 조언 모두 고마워, 크리스!
[마무리] 온라인 채팅 약속	M: Anytime, Amanda! (7)If you need any more gaming advice, we can actually meet online by adding our accounts to the console and chatting. Just give me the name of your account and I will message you tonight. F: Thanks, Chris! Looking forward to our next gaming chat!	남: 언제든지, 아만다! (7)게임에 대해 더 많은 조언이 필요하면, 우리는 실제로 계정을 콘솔에 추가하고 채팅을 통해 온라인에서 만날 수 있어. 그냥 네 계정의 이름을 알려주면, 오늘 밤에 메시지 보낼게. 여: 고마워, 크리스! 다음 게임 채팅이 기대돼!

어휘 expect 예상하다 be into~ ~에 관심이 많다[좋아하다] same here 나도 마찬가지다 get oneself ~을 사다 go-to 찾는 사람[곳] chill out 긴장을 풀다 the moment ~하자마자 hooked 푹 빠진 lately 최근에 detailed 상세한 exactly 맞아 affect 영향을 미치다 get to ~에 이르다 basics 기본 see where ~ is coming from ~의 의견을 이해하다, 알다 adapt to ~에 적응하다 give ~ a go ~을 한번 해 보다 developer 개발자 get into ~에 빠지다, 열중하다 intense 치열한 casual 임시의, 비정기적인 definitely 분명히, 확실히 account 계정 look forward to ~을 기대하다

Where / C&A / run into / each other (어디 / C&A / 마주치다 / 서로) 세부사항

1. Where did Chris and Amanda run into each other?

(a) at a gaming convention
(b) at a shopping mall
(c) at an amusement park
(d) at a gaming store

크리스와 아만다는 어디에서 서로 마주쳤는가?

(a) 게임 박람회에서
(b) 쇼핑몰에서
(c) 놀이 공원에서
(d) 게임 상점에서

정답 시그널 see you here ※참고로 첫 번째 문제는 대화의 초반에 있다.

해설 대화에서 "Hey, Amanda! I didn't expect to see you here."(안녕, 아만다! 여기서 너를 볼 줄이야.)와 "I always knew you like playing games, but I didn't know you work at a gaming store."(나는 네가 게임을 좋아하는 건 알았지만, 게임 가게에서 일하는 건 몰랐어.)를 근거로 정답은 (d)이다.

어휘 run into (우연히) 마주치다　gaming convention 게임 박람회　amusement park 놀이 공원

 What / made / A / start / playing video games
(무엇 / 만들다 / A / 시작하다 / 비디오 게임 하는 것) 세부사항

2. What made Amanda start playing video games?

(a) She was working at a gaming store.
(b) She needed to relax after work.
(c) She was searching for something fun to do.
(d) She was recommended gaming by her friend.

무엇 때문에 아만다가 비디오 게임을 시작하게 되었는가?

(a) 게임 가게에서 일하고 있었다.
(b) 일을 마치고 휴식이 필요했다.
(c) 재미있는 활동을 찾고 있었다.
(d) 친구로부터 게임을 추천받았다.

정답 시그널 what got you into gaming

해설 대화에서 "I was looking for something fun to do."(나는 재미있는 것을 찾고 있었어.)를 근거로 정답은 (c)이다. (a)는 남성이 게임을 하는 이유이므로 오답이다.

어휘 relax 휴식을 취하다　search for ~을 찾다　recommend 추천하다

 What / A&C / like / RPGs (무엇 / A&C / 좋아하다 / RPGs) 세부사항

3. What do both Amanda and Chris like about role-playing games?

(a) developing narratives in detail
(b) setting up various characters
(c) talking to different users
(d) interacting with books

아만다와 크리스 모두 롤플레잉 게임의 어떤 점을 좋아하는가?

(a) 이야기를 세밀하게 전개하기
(b) 다양한 캐릭터 설정하기
(c) 다른 유저와 대화하기
(d) 책과 상호 작용하기

정답 시그널 role-playing games, RPGs

해설 대화에서 "I've been trying out role-playing games lately. They have these big, deep worlds and detailed stories"(나는 최근에 롤플레잉 게임을 해보고 있어. 그것에는 크고 심오한 세계와 세부적인 스토리가 있어.)와 "the worlds they create are so detailed"(그들이 만든 세계는 너무나도 상세해)를 근거로 정답은 (a)이다.

패러프레이징 ▶ detailed stories ➡ detailed narrative
- story ➡ narrative ≒ narration(이야기), description(설명, 묘사), depiction(묘사, 서술), plot(줄거리)

어휘 ▶ narrative 이야기, 서술 set up 설정하다

---

 why / A / not tried / multiplayer games (왜 / A / 시도 안 하다 / 멀티플레이어 게임)　　**세부사항**

4. According to the conversation, <u>why</u> has Amanda <u>not</u> yet <u>tried</u> <u>multiplayer games</u>?

(a) She prefers playing alone.
(b) She doesn't know any other gamers.
(c) She feels she needs to improve her basic skills first.
(d) She is not interested in multiplayer games.

대화에 따르면, 왜 아만다는 아직 멀티플레이어 게임을 해보지 않았는가?

(a) 혼자 게임하는 것을 선호한다.
(b) 다른 게이머를 전혀 알지 못한다.
(c) 먼저 기본 기술을 향상시켜야 한다고 느낀다.
(d) 멀티플레이어 게임에 관심이 없다.

정답 시그널 ▶ Multiplayer games

해설 ▶ 대화에서 "I haven't gotten to that yet. I think I need to get better at the basics first before I start playing with others."(아직 거기까지는 안 해 봤어. 다른 사람들과 게임을 시작하기 전에 기본적인 것들을 더 잘해야 할 것 같아.)를 근거로 정답은 (c)이다.

패러프레이징 ▶ get better at the basics ➡ improve her basic skills
- get better ➡ improve ≒ increase(증가시키다), upgrade(업그레이드하다), progress(전진하다), boost(신장시키다), advance(향상시키다), enhance(향상시키다)

어휘 ▶ prefer 선호하다 alone 혼자서 improve 향상시키다

 What event / C / suggest / A / consider / attending (어떤 행사 / C / 제안하다 / A / 고려하다 / 참석하는 것)　　**세부사항**

5. <u>What event</u> does Chris <u>suggest</u> Amanda should <u>consider</u> <u>attending</u>?

(a) a game launch event
(b) a gaming exposition
(c) a game developer conference
(d) a multiplayer gaming competition

크리스는 어떤 행사에 아만다가 참석하는 것을 고려해야 한다고 제안하는가?

(a) 게임 출시 행사
(b) 게임 박람회
(c) 게임 개발자 회의
(d) 멀티플레이어 게임 대회

정답 시그널 ▶ recommend you try attending ~

해설 ▶ 대화에서 "I also recommend you try attending gaming fairs."(또한 네가 게임 박람회에 참석하는 것도 추천해.)를 근거로 정답은 (b)이다.

패러프레이징 ▶ gaming fairs ➡ gaming exposition
- fair ➡ exposition ≒ show(쇼, 전시회), display(전시회), exhibit/exhibition(전시회, 박람회), expo(박람회)
- recommend ➡ suggest ≒ propose(제안하다, 추천하다), advise(권고하다), encourage(장려하다)

어휘 ▶ launch 출시 exposition 박람회

6. How, most likely, does Amanda benefit from watching gaming competitions?

(a) They are places where she can purchase new games.

(b) They can be good places to learn techniques.

(c) They will help her to become a professional gamer.

(d) They will grant her exclusive access to the event.

아만다는 게임 대회를 관람함으로써 어떤 이점을 얻을 것 같은가?

(a) 새로운 게임을 구매할 수 있는 장소이다.

(b) 기술을 배우는 좋은 장소가 될 수 있다.

(c) 프로 게이머가 되도록 도울 것이다.

(d) 그 행사에 대한 독점적인 접근을 허가할 것이다.

▶ 정답 시그널 ▶ competitions, watching

▶ 해설 ▶ 대화에서 "Plus, you can learn a lot by watching other people play."(게다가 너는 다른 사람들이 게임하는 걸 보면서 많이 배울 수 있어.)를 근거로 가장 적절한 정답은 (b)이다.

▶ 패러프레이징 ▶ you can learn a lot ➡ good places to learn techniques

▶ 어휘 ▶ benefit from ~ing ~에서 이점을 얻다 grant 허가하다, 부여하다 exclusive 독점적인 access 접근

7. Based on the conversation, how will probably Amanda and Chris talk to each other next time?

(a) by meeting in person
(b) by talking over the phone
(c) by sending voice messages
(d) by chatting electronically

대화에 따르면, 아만다와 크리스는 다음에 서로 어떻게 대화할까?

(a) 직접 만나서
(b) 전화 통화로
(c) 음성 메시지를 보내서
(d) 전자 채팅을 통해

▶ 정답 시그널 ▶ ※마지막 문제는 대화의 후반에 있으며, PART 1에서는 주로 남성 또는 여성의 다음 할 일이 출제된다.

▶ 해설 ▶ 대화의 마지막에서 "If you need any more gaming advice, we can actually meet online by adding our accounts to the console and chatting. Just give me the name of your account and I will message you tonight."(게임에 대해 더 많은 조언이 필요하면, 우리는 실제로 계정을 콘솔에 추가하고 채팅을 통해 온라인에서 만날 수 있어. 그냥 네 계정의 이름을 알려주면 오늘 밤에 메시지 보낼게.)와 "Thanks, Chris! Looking forward to our next gaming chat!"(고마워, 크리스! 다음 게임 채팅이 기대돼!)를 근거로 가장 적절한 정답은 (d)이다.

▶ 패러프레이징 ▶ online ➡ electronically ≒ the Internet(인터넷), the Net/network(네트워크), website/web(웹사이트), server(서버)

▶ 어휘 ▶ in person 직접 만나서, 대면하여 voice message 음성 메시지 electronically 전자적으로

Practice 1

🎧 **1_4.mp3**　이제 실전처럼 파트1을 연습한 방법에 맞춰 풀어 보세요.

1. (a) an international quantum physics meeting
   (b) a regional physics convention
   (c) a worldwide science fair
   (d) a national scientific research symposium

2. (a) She can stay in touch with her alumni.
   (b) She can recruit other experts.
   (c) She can mingle with other professionals.
   (d) She can improve her resume.

3. (a) He received a national award.
   (b) He met some researchers to work with.
   (c) He found an interesting topic for his project.
   (d) He was invited to present his work.

4. (a) balancing his studies, research, and event
   (b) paying a high fee to attend the conference
   (c) not finding collaboration opportunities
   (d) knowing nobody at the conference

5. (a) by delegating some of his tasks
   (b) by giving up some projects
   (c) by using some tactics
   (d) by taking a break from events

6. (a) a registration form
   (b) an attendant list
   (c) an estimate
   (d) a pamphlet

7. (a) start working on their research
   (b) register for the conference
   (c) meet the researchers from last year
   (d) drop by a restaurant for a meal

★ 정답 및 해설 p. 80

Practice 2

🎧 1_5.mp3 이제 실전처럼 파트1을 연습한 방법에 맞춰 풀어 보세요.

1. (a) She went to a new pet store.
    (b) She adopted a new cat.
    (c) She got herself a new puppy.
    (d) She attended a dog training class.

2. (a) easy and relaxing
    (b) fun and challenging
    (c) boring and monotonous
    (d) stressful and overwhelming

3. (a) training her dog regularly
    (b) identifying the right food
    (c) playing with her dog more often
    (d) teaching her dog some tricks

4. (a) She had to move to a larger house.
    (b) She had to work from home.
    (c) She had to change her timetable.
    (d) She had to teach him to play.

5. (a) Pets provide comfort and unconditional love.
    (b) Pets help with house chores.
    (c) Pets are a source of constant entertainment.
    (d) Pets help meet new people.

6. (a) She would feel more relieved.
    (b) She would feel more at risk.
    (c) She would feel happier.
    (d) She would feel lonelier.

7. (a) visit a pet store
    (b) take Max to the vet
    (c) attend a pet training class
    (d) go to the ABC mall

★ 정답 및 해설 p. 85

DAY 15 PART 2 강연 & 발표

65점 목표를 위한 공략 Tip!
PART 2에서는 주로 **첫 번째 질문으로 주제를 물어보는 문제가 출제됩니다.**
마지막 질문은 추가 혜택에 관한 내용을 묻는 경우가 많으므로
정답을 꼭 맞히도록 합시다!

내용	한 명의 화자가 정보를 제공하는 담화 (Formal Monologue)
문제	6문제 (34번 ~ 39번)
문제 유형	주제/목적, 세부사항, 추론
빈출 주제	신제품, 서비스, 프로그램, 비즈니스, 기관 및 단체, 행사 등을 소개하거나 정보 공유, 채용, 강의, 광고 등
내용 전개	인사 ➡ (34번) 강연 또는 발표 주제 소개 ➡ (35~38번) 세부적인 내용 알려주기 ➡ (39번) 할인이나 추가 혜택을 설명하는 정보 언급하며 마무리
풀이 전략	1. 지시문 나오기 전부터 선택지 보면서 요약하기 2. 질문 들으면서 빠르게 키워드 메모하기 3. 초반부 잘 들으면서 담화문의 주제 파악하기 4. 다음 문제의 키워드가 나오면 앞 문제는 과감하게 넘어가기 5. 마지막 문제는 추가 혜택이나 할인에 관한 내용이므로 잘 듣고 꼭 맞히기

선택지 스키밍 선택지를 읽으면서 키워드에 밑줄을 치고 메모해 보세요.

1. (a) introducing a new genre of movies
   (b) promoting a city's culture and history
   (c) celebrating the city's new festival
   (d) showcasing an award-winning indie film

2. (a) contact the city council
   (b) reach out to a festival employee
   (c) speak to the speaker directly
   (d) be patient and kind to each other

3. (a) It is located outskirts of the city.
   (b) It is outfitted with modern equipment.
   (c) It is the oldest theater in the city.
   (d) It is the latest open-air venue.

4. (a) by watching an exclusive film
   (b) by attending movie-themed parties
   (c) by touring vintage movie theaters
   (d) by participating in the workshops

5. (a) to generate more ticket sales
   (b) to raise funds for next generation of filmmakers
   (c) to build competition among filmmakers
   (d) to improve young artists' skills

6. (a) by showing their festival tickets
   (b) by purchasing festival merchandise
   (c) by attending the panel discussions
   (d) by winning awards at the festival

🎧 2_1.mp3 질문을 들으면서 키워드를 메모한 후 담화를 들으면서 답을 선택해 보세요.

1. _____

  (a) introducing a new genre of movies
  (b) promoting a city's culture and history
  (c) celebrating the city's new festival
  (d) showcasing an award-winning indie film

2. _____

  (a) contact the city council
  (b) reach out to a festival employee
  (c) speak to the speaker directly
  (d) be patient and kind to each other

3. _____

  (a) It is located outskirts of the city.
  (b) It is outfitted with modern equipment.
  (c) It is the oldest theater in the city.
  (d) It is the latest open-air venue.

4. _____

  (a) by watching an exclusive film
  (b) by attending movie-themed parties
  (c) by touring vintage movie theaters
  (d) by participating in the workshops

5. _____

  (a) to generate more ticket sales
  (b) to raise funds for next generation of filmmakers
  (c) to build competition among filmmakers
  (d) to improve young artists' skills

6. _____

  (a) by showing their festival tickets
  (b) by purchasing festival merchandise
  (c) by attending the panel discussions
  (d) by winning awards at the festival

🎧 2_3.mp3 담화를 들은 후 질문을 다시 들으면서 답을 점검해 보세요.

Exercise

구성	영화제	
[인사 및 주제] 영화제 소개	Hello, everyone! (1)I'm really excited to tell you about a new journey we're starting - the first season of our "Silver Screen Spectacle" - a really cool film festival kicking off this fall. This new festival is not just about watching films. "Silver Screen Spectacle" is all about movies, culture, and community. We want to give a stage to filmmakers - both those who've been around a while and new ones - to share their creativity and reach more people. There will be some fun-packed days ahead in which viewers can watch loads of different types of films from all over the world.	안녕하세요, 여러분! (1)저는 여러분에게 저희가 시작하는 새로운 여정, 올 가을에 시작하는 정말 멋진 영화제인 "Silver Screen Spectacle"의 첫 시즌에 대해 말씀드리게 되어 매우 기쁩니다. 이 새로운 축제는 단순히 영화를 보는 것만은 아닙니다. "Silver Screen Spectacle"은 영화, 문화, 공동체에 관한 모든 것입니다. 저희는 오랜 경력의 영화 제작자들과 신인 영화 제작자들 모두에게 무대를 제공하여 창의성을 공유하고 더 많은 사람들에게 다가가길 원합니다. 관람객들이 전 세계에서 온 수많은 다양한 종류의 영화를 볼 수 있는 재미로 가득 찬 날들이 있을 것입니다.
[본론 1] 참가 전 주의 사항	Before we go any further, it's important to mention a few housekeeping notes. We're committed to ensuring everyone has a fantastic and safe time at the festival. That means respecting each other, the venue, and our lovely city. It is expecting large crowds, so we advise everyone to be patient and kind to others. (2)There will be festival staff and volunteers strategically situated in case anyone needs any assistance.	더 진행하기 전에, 몇 가지 주의 사항을 말씀드리고 싶습니다. 저희는 모든 참가자가 축제에서 환상적이고 안전한 시간을 보낼 수 있도록 최선을 다하고 있습니다. 그것은 서로와 행사장, 우리의 사랑스러운 도시를 존중하는 것을 뜻합니다. 많은 인파가 예상되므로 모든 이에게 인내심을 가지고 다른 이들에게 친절하게 행동할 것을 권고합니다. (2)도움이 필요한 경우를 대비해 축제 직원과 자원봉사자들이 전략적으로 배치될 예정입니다.
[본론 2] 특징1: 독립 영화 조명하기	What makes our festival special is our deep appreciation for indie films. These movies, with their bold ideas and unique views, are key in making storytelling better. So, we've set aside a special part of the festival just for showing these powerful films and giving them the praise that they deserve.	저희 축제를 특별하게 만드는 것은 독립 영화에 대한 깊은 감사의 표현입니다. 이 영화들은 대담한 아이디어와 독특한 관점으로 스토리텔링을 더 좋게 하는데 중요한 역할을 합니다. 그래서 저희는 축제의 특별한 부분을 따로 마련해서 이런 훌륭한 영화들을 상영하고, 그들이 마땅히 받아야 하는 칭찬을 드리려 합니다.
[본론 3] 특징2: 상영장	Our festival venue shows just how much we love films. (3)The main theater where we'll be showing movies will be decorated like a movie house of old, but equipped with the latest in sound and picture technology. It's designed to pull viewers into the movie and make sure audiences feel every scene and every line of dialogue.	저희 축제 장소는 저희가 영화를 얼마나 사랑하는지 보여줍니다. (3)영화가 상영될 주요 극장은 옛 영화관처럼 꾸며질 예정이지만 최신 음향 및 영상 기술이 갖춰져 있습니다. 이것은 관객들을 영화 안으로 끌어들이고 모든 장면과 대사를 느낄 수 있도록 설계되었습니다.

[본론 4] 특징3: 영화제에 거는 기대	(4)At the festival, we want to get people to talk and understand more about films through panel discussions and workshops. Big names from the movie industry will be leading these and will share insights on everything from script writing and film shooting to directing and producing.	(4)축제에서 저희는 사람들이 패널 토론과 워크숍을 통해 영화에 대해 더 많이 이야기하고 이해하기를 원합니다. 영화계의 유명 인사들이 이를 주도하며, 시나리오 작성과 영화 촬영부터 연출과 제작에 이르기까지 모든 것에 대한 통찰을 공유할 예정입니다.
[본론 5] 특징4: 특별 행사	(5)Furthermore, we want to help the next generation of filmmakers. That's why we've added a special segment of the festival just for student filmmakers. We think it's important to give young artists a place where they can show off their skills, learn from pros, and get feedback on their work. On top of all this, we've got a great mix of special events planned. From big opening night parties with premieres of long-awaited films to closing award shows that honor the most original and thought-provoking films of the festival, there will be something for everyone.	(5)저희는 또한 차세대 영화 제작자를 돕고 싶습니다. 그렇기 때문에 학생 영화 제작자를 위한 특별한 부문을 영화제에 추가했습니다. 저희는 젊은 아티스트들에게 자신의 실력을 뽐내고, 전문가들로부터 배우고, 그들의 작품에 대한 피드백을 받을 수 있는 자리를 마련하는 것이 중요하다고 생각합니다. 이외에도, 우리는 다양한 특별 이벤트들을 계획했습니다. 오랫동안 기다려온 영화들의 시사회가 열리는 대규모 개막식 밤 파티부터 영화제에서 가장 독창적이고 생각을 자극하는 영화를 시상하는 폐막 시상식까지 모두를 위한 행사가 준비되어 있습니다.
[본론 6] 추가 혜택	Lastly, we're happy to say we're teaming up with local shops and restaurants, who'll be offering discounts and special deals throughout the festival to make your time even better. (6)Festival-goers simply need to show their ticket at any participating business.	마지막으로, 저희는 지역 상점 및 식당과 협력하여 축제 기간 동안 할인과 특가 상품을 제공하여 여러분의 시간을 훨씬 더 즐겁게 할 수 있다고 말할 수 있어 기쁩니다. (6)축제 참가자는 어떤 참여 업체에서든 티켓을 보여주기만 하면 됩니다.
[결론] 마무리	The "Silver Screen Spectacle" is more than just watching movies. It's about enjoying the magic of storytelling, valuing the art of film, and most of all, bringing people together. I invite all movie lovers to dive into this amazing world of film. Thank you all for being here today, and I can't wait to see you at the first "Silver Screen Spectacle"!	"Silver Screen Spectacle"은 단순히 영화를 보는 것 이상입니다. 이것은 스토리텔링의 마법을 즐기고, 영화 예술을 소중히 여기며, 무엇보다 사람들을 함께 모으는 것입니다. 영화를 사랑하는 모든 분들을 이 놀라운 영화의 세계로 뛰어들도록 초대합니다. 오늘 여기 참석해 주신 모든 분들께 감사드리며, 첫 번째 "실버 스크린 스펙터클"에서 여러분을 빨리 만나뵙고 싶습니다!

어휘 film festival 영화제 kick off 시작하다 filmmaker 영화 제작자 fun-packed 재미 가득한 loads of 수많은 housekeeping note (운영상의) 주의 사항 be committed to ~에 전념하다. 최선을 다하다 ensure 확실하게 하다 venue 장소 large crowds 많은 인파 strategically 전략적으로 situated 위치한 in case ~의 경우에 대비하여 assistance 도움 indie film 독립 영화 bold 대담한 praise 칭찬 deserve 받을 만하다 be equipped with ~이 갖춰져 있다 panel 토론단 big name 유명인. 명사 insight 통찰력 script writing 시나리오 작성 film shooting 영화 촬영 directing 연출 producing 제작 next generation 차세대 segment 부분. 부문 show off 자랑하다. 뽐내다 on top of ~에 더해 premiere 개봉. 시사회 long-awaited 오랫동안 기다려온 award show 시상식 honor 명예를 부여하다 original 독창적인 thought-provoking 생각을 하게 하는 team up 조를 짜 일하다. 협력하다 special deal 특가 상품 festival-goer 축제 참가자 value 소중하게 생각하다 most of all 무엇보다 dive into ~에 뛰어들다

What / is / talk (무엇 / 이다 / 담화) 　　　세부사항

1. What is the talk all about?

  (a) introducing a new genre of movies
  (b) promoting a city's culture and history
  (c) celebrating the city's new festival
  (d) showcasing an award-winning indie film

> 이 담화는 무엇에 관한 것인가?
> (a) 새로운 장르의 영화 소개하기
> (b) 도시의 문화와 역사 홍보하기
> **(c) 도시의 새로운 축제 축하하기**
> (d) 상을 받은 독립 영화 소개하기

정답 시그널 tell you about ※ PART 2의 첫 번째 문제는 주제를 묻는 유형으로 고정되어 있지만, 담화 초반에 답이 나오지 않더라도 당황하지 않고 전체적인 내용을 듣고 답을 고르는 것이 좋다.

해설 담화에서 "I'm really excited to tell you about a new journey we're starting – the first season of our "Silver Screen Spectacle – a really cool film festival,"(저는 여러분에게 저희가 시작하는 새로운 여정, 올 가을에 시작하는 정말 멋진 영화제인 "Silver Screen Spectacle"의 첫 시즌에 대해 말씀드리게 되어 매우 기쁩니다.)을 근거로 정답은 (c)이다.

어휘 promote 홍보하다 showcase 소개하다, 선보이다 award-winning 상을 받은

 what / participants / do / need / assistance (무엇 / 참가자 / 하다 / 필요하다 / 도움) 　세부사항

2. According to the talk, what should participants do if they need assistance?

  (a) contact the city council
  (b) reach out to a festival employee
  (c) speak to the speaker directly
  (d) be patient and kind to each other

> 담화에 따르면, 참가자들이 도움이 필요하다면 무엇을 해야 하는가?
> (a) 시 의회에 연락한다
> **(b) 축제 직원에게 연락한다**
> (c) 발표자에게 직접 말한다
> (d) 인내심을 가지고 서로에게 친절해야 한다

정답 시그널 in case anyone needs any assistance

해설 담화에서 "There will be festival staff and volunteers strategically situated in case anyone needs any assistance."(도움이 필요할 경우를 대비해 축제 직원과 자원봉사자들이 전략적으로 배치될 예정입니다.)를 근거로 정답은 (b)이다.

패러프레이징 festival staff ➡ festival employee
  • staff ➡ employee ≒ worker(직원), staff member(직원), agent(대리인, 직원), representative(대리인, 직원), attendant(안내원, 승무원, 종업원)

어휘 city council 시 의회 directly 직접 reach out to ~에게 연락하다 patient 인내심 있는

세부사항

3. What is one of the features of the festival venue?

    (a) It is located outskirts of the city.
    (b) It is outfitted with modern equipment.
    (c) It is the oldest theater in the city.
    (d) It is the latest open-air venue.

축제 장소의 특징 중 하나는 무엇인가?

(a) 도시 외곽에 위치해 있다.
(b) 현대식 장비를 갖추고 있다.
(c) 도시에서 가장 오래된 극장이다.
(d) 최신 야외 공연장이다.

정답 시그널 festival venue

해설 담화에서 "The main theater where we'll be showing movies will be decorated like a movie house of old, but equipped with the latest in sound and picture technology."(영화가 상영될 주요 극장은 옛 영화관처럼 꾸며질 예정이지만 최신 음향 및 영상 기술이 갖춰져 있습니다.)를 근거로 정답은 (b)이다.

패러프레이징 equipped with the latest in sound and picture technology ➡ It is outfitted with modern equipment.
• equipped ➡ outfitted ≒ installed(설치된), mounted(탑재된), furnished(갖춘), supplied(공급된), armed(무장된)

어휘 feature 특징 be located ~에 위치하다 outskirts of ~의 외각 outfitted with ~을 갖추고 있다 equipment 장비 open-air 야외의

세부사항

4. How will attendees learn more about films?

    (a) by watching an exclusive film
    (b) by attending movie-themed parties
    (c) by touring vintage movie theaters
    (d) by participating in the workshops

어떻게 참석자들은 영화에 대해 더 많이 알게 될 것인가?

(a) 독점 영화를 보면서
(b) 영화를 주제로 한 파티에 참석하면서
(c) 빈티지 영화관을 둘러보며
(d) 워크숍에 참여하면서

정답 시그널 talk and understand more about films

해설 담화에서 "At the festival, we want to get people to talk and understand more about films through panel discussions and workshops."(축제에서 저희는 사람들이 패널 토론과 워크숍을 통해 영화에 대해 더 많이 이야기하고 이해하기를 원합니다.)를 근거로 정답은 (d)이다.

패러프레이징 understand more about films ➡ learn more about films
• understand ➡ learn ≒ study(공부하다, 배우다), master(배우다, 전공하다), discover(발견하다), find out(발견하다), determine (밝히다, 알아내다)
• vintage ≒ classic(고전적인), aged/age-old(오래된), established(기성의), traditional(전통적인), obsolete(구식의)

어휘 attendee 참석자 exclusive 독점적인 themed 주제[테마]로 한 tour 둘러보다, 견학하다

why / most likely / festival / has added / special part / student filmmakers
(왜 / 추론 / 축제 / 추가했다 / 특별한 부분 / 학생 영화 제작자)

추론

5. Based on the talk, <u>why</u> <u>most likely</u> <u>has</u> the festival <u>added</u> a <u>special part</u> for <u>student filmmakers</u>?

(a) to generate more ticket sales
(b) to raise funds for the next generation of filmmakers
(c) to build competition among filmmakers
(d) to improve young artists' skills

담화에 따르면, 왜 축제에 학생 영화 제작자를 위한 특별한 부분을 추가했을 것 같은가?

(a) 더 많은 티켓 판매를 내기 위해
(b) 차세대 영화 제작자를 위한 기금 마련을 위해
(c) 영화 제작자들 사이의 경쟁을 조성하기 위해
(d) 젊은 예술가들의 기술을 향상시키 위해

정답 시그널 added a special segment of the festival just for student filmmakers

해설 담화에서 "Furthemore, we want to help the next generation of filmmakers. That's why we've added a special segment of the festival just for student filmmakers. We think it's important to give young artists a place where they can show off their skills, learn from pros, and get feedback on their work."(또한 저희는 차세대 영화 제작자를 돕고 싶습니다. 그렇기 때문에 학생 영화 제작자를 위한 특별한 부문을 영화제에 추가했습니다. 저희는 젊은 아티스트들에게 자신의 실력을 뽐내고, 전문가들로부터 배우고, 그들의 작품에 대한 피드백을 받을 수 있는 자리를 마련하는 것이 중요하다고 생각합니다.)를 근거로 가장 적절한 정답은 (d)이다.

어휘 generate 만들어 내다, 창출하다 raise fund 기금을 마련하다 build competition 경쟁을 조성하다

 How / probably / restaurant goers / receive / discount / meals
(어떻게 / 추론 / 식당에 가는 사람들 / 받다 / 할인 / 식사)

추론

6. <u>How</u> <u>probably</u> can <u>restaurant goers</u> <u>receive</u> a <u>discount</u> on their <u>meals</u>?

(a) by showing their festival tickets
(b) by purchasing festival merchandise
(c) by attending the panel discussions
(d) by winning awards at the festival

어떻게 식당에 가는 사람들은 식사에서 할인을 받을 것 같은가?

(a) 축제 티켓을 보여줌으로써
(b) 축제 상품을 구입함으로써
(c) 패널 토론에 참석함으로써
(d) 축제에서 상을 받음으로써

정답 시그널 local shops, discounts ※ 마지막 문제는 담화의 마지막에 있으며, 주로 추가 혜택이나 할인에 관한 문제가 나온다.

해설 담화에서 "Festival-goers simply need to show their ticket at any participating business."(축제 참가자는 어떤 참여 업체에서든 티켓을 보여주기만 하면 됩니다.)를 근거로 가장 적절한 정답은 (a)이다.

어휘 purchase 구매하다 merchandise 상품

이제 실전처럼 파트2를 연습한 방법에 맞춰 풀어 보세요 .

1. (a) training professional artists for exhibitions
   (b) introducing water features to the public
   (c) offering a plant sale with over 500 types of plants
   (d) merging nature and human creativity through art

2. (a) They can assist in planning the new gardens.
   (b) They can see more than 500 birds all year.
   (c) They can observe new scenes in each season.
   (d) They can relax in the quiet of the Zen Garden.

3. (a) during weekdays in the evenings
   (b) on Saturday and Sunday mornings
   (c) once a month on a designated date
   (d) after the children's art program

4. (a) a chance to participate in a big art event
   (b) a trip abroad to study international gardens
   (c) an interview with the event organizers
   (d) a weekly session with renowned international artists

5. (a) to get a discount on the program fee
   (b) to secure one of the limited spots
   (c) to participate in multiple workshops at once
   (d) to get early access to the garden before others

6. (a) by visiting the local art stores
   (b) by displaying their art on the website
   (c) by leaving a review on their social media
   (d) by applying for the program in the first weekend

★ 정답 및 해설 p. 90

Practice 2

🎧 2_5.mp3 이제 실전처럼 파트2를 연습한 방법에 맞춰 풀어 보세요.

1. (a) to showcase a seasonal line of products
   (b) to introduce the latest baby products
   (c) to celebrate the company's anniversary
   (d) to promote a children's playground

2. (a) eco-friendly diapers
   (b) teddy bears
   (c) allergen-free foods
   (d) on-site caregivers

3. (a) technologically advanced baby items
   (b) products for expectant parents
   (c) promotional deals from photo studios
   (d) a panel discussion with influencers

4. (a) by going on a shopping spree
   (b) by attending sessions led by professionals
   (c) by testing various products on display
   (d) by interacting with other parents

5. (a) discounts from nearby restaurants and cafés
   (b) special early bird entry to next year's fair
   (c) promotions from partnered photo studios
   (d) live entertainment for kids

6. (a) by designing an innovative product
   (b) by attending the baby fair this summer
   (c) by filling out a survey form
   (d) by entering a raffle

★ 정답 및 해설 p. 94

DAY 16 PART 3 협상

65점 목표를 위한 공략 Tip!
PART 3의 **첫 번째와 두 번째 질문의 키워드**는 주로 **대화의 초반**에 있고,
마지막 질문은 최종 결정에 대한 문제이므로 꼭 맞히도록 합시다!

내용	장단점을 비교하고, 그에 따른 결정을 하는 두 남녀의 협상적 대화 (Negotiation)
문제	6문제 (40번 ~ 45번)
문제 유형	세부사항, 추론
빈출 주제	현장 판매와 온라인 판매, 일반 제품과 유기농 제품, 혼자 공부하는 것과 그룹 스터디, 일반 대학과 사이버 대학, 근무 중 소셜 미디어 사용, 웹 세미나와 대면 세미나, 태블릿과 교과서로 수업을 듣는 것 등 다양한 주제에 대한 장단점과 찬반에 대한 대화
내용 전개	두 남녀의 만남과 인사 ➡ (40번) 대화의 주제 제시 ➡ (41~42번) 한 가지 옵션에 대한 장점과 단점 의견 나누기 ➡ (43~44번) 다른 옵션에 대한 장점과 단점 의견 나누기 ➡ (45번) 최종 결정
풀이 전략	1. 지시문 나오기 전부터 선택지 보면서 요약하기 2. 질문 들으면서 빠르게 키워드 메모하기 3. 초반부 잘 들으면서 첫 번째와 두 번째 문제 맞히기 4. 장단점을 묻는 문제가 자주 출제되며, 다음 문제의 키워드가 나오면 앞 문제는 과감하게 넘어가기 5. 마지막에 화자가 두 가지 중 최종적으로 결정하는 내용을 잘 듣고 꼭 맞히기

1. (a) She changed her position.
   (b) She finished her probationary period.
   (c) She moved her office in the company.
   (d) She decided to work from home.

2. (a) He can wake up early in the morning.
   (b) He can save commute time and costs.
   (c) He can take longer lunch breaks.
   (d) He can stay away from noisy colleagues.

3. (a) because she will miss her colleague's jokes
   (b) because she may not get her salary on time
   (c) because she might watch TV during work hours
   (d) because she wouldn't have more leisure time

4. (a) a space where she can work in silence
   (b) the busy office atmosphere
   (c) utilizing the technology and resources
   (d) being able to work at flexible hours

5. (a) by damaging office equipment
   (b) by taking too many coffee breaks
   (c) by having too many team meetings
   (d) by talking too much during work hours

6. (a) work with her team in the company
   (b) apply for a full-time position soon
   (c) enhance her work-life balance
   (d) telecommute from her house

1. _____

(a) She changed her position.
(b) She finished her probationary period.
(c) She moved her office in the company.
(d) She decided to work from home.

2. _____

(a) He can wake up early in the morning.
(b) He can save commute time and costs.
(c) He can take longer lunch breaks.
(d) He can stay away from noisy colleagues.

3. _____

(a) because she will miss her colleague's jokes
(b) because she may not get her salary on time
(c) because she might watch TV during work hours
(d) because she wouldn't have more leisure time

4. _____

(a) a space where she can work in silence
(b) the busy office atmosphere
(c) utilizing the technology and resources
(d) being able to work at flexible hours

5. _____

(a) by damaging office equipment
(b) by taking too many coffee breaks
(c) by having too many team meetings
(d) by talking too much during work hours

6. _____

(a) work with her team in the company
(b) apply for a full-time position soon
(c) enhance her work-life balance
(d) telecommute from her house

Exercise

구성	재택 근무 vs. 사무실 근무	
[인사 및 주제]	M: Hey, Lisa! It feels like forever since we've talked. How's everything going? Do you like your new work? F: Chris! Time has flown by, right? I really like my new job! (1)Switching my position from illustrator to web designer was the best decision I've made this year. Now that I have finished the probationary period, the company is letting me choose between working from home or at the office. To be honest, I'm wondering which one to choose. M: I've tried both ways but most days, I've been working from home. There are a lot of things I like about it. F: Really? What do you like about it?	M: 안녕, 리사! 우리 얘기한지 오래된 거 같다. 어떻게 지내고 있어? 새로운 일은 마음에 들어? F: 크리스! 시간이 정말 빨리 갔네, 그렇지? 나는 정말 새로운 일이 맘에 들어! (1)일러스트레이터에서 웹디자이너로 직책을 바꾸는 것은 올해 내가 내린 최고의 결정이었어. 지금은 수습 기간이 끝났기 때문에 회사에서는 집에서 일할지 사무실에서 일할지 선택할 수 있게 해줘. 솔직히, 어떤 것을 선택해야 할지 고민이 되네. M: 나도 두 가지 방법을 다 시도해봤는데, 대부분의 날은 집에서 일하고 있어. 많은 이유로 집에서 일하는 것이 좋아. F: 정말? 어떤 점이 마음에 드니?
[본론 1] 재택근무의 장점	M: First off, if you work from home, you wouldn't have to wake up super early for the long commute. (2)It's amazing how much time I save, and I don't spend as much on gas or bus tickets! Also, I can take little breaks, grab a snack from the kitchen, and even manage some household chores during my breaks. F: Oh wow, Chris! That sounds pretty amazing! I can imagine that it will definitely give me a sense of freedom. It should be more peaceful and relaxing. But everything has its downsides, right?	M: 먼저, 네가 집에서 일하면, 긴 통근 때문에 아주 일찍 일어나지 않아도 돼. (2)얼마나 시간을 아끼는지 놀라워. 그리고 기름값이나 버스표를 그만큼 쓰지 않아도 되고! 또 잠깐 휴식을 취하거나 주방에서 간식을 먹거나 쉬는 시간에 집안일도 할 수 있어. F: 와, 크리스! 정말 멋진 거 같네! 분명히 나한테도 자유롭게 느껴질 것 같아. 더 편안하고 여유롭겠지. 하지만 모든 일에는 단점이 있겠지, 맞지?
[본론 2] 재택근무의 단점	M: Of course, nothing's perfect. Sometimes, the quiet gets to me. I would miss laughing over silly jokes and the synergy of brainstorming sessions with my teammates. Video calls are okay, but it's just not the same. F: I totally get that. (3)Also, I am kind of worried that I might get distracted because my TV is right there in the corner! I might grab a snack from the kitchen, and even sneak in a quick TV episode.	M: 맞아, 아무것도 완벽하지 않아. 가끔은 조용함이 내게 영향을 미치기도 해. 실없는 농담에 웃거나 팀원들과 브레인스토밍 하면서 시너지를 내던 순간이 그립곤 해. 화상 통화도 좋지만, 같이 있는 것만큼은 아니야. F: 완전히 이해해. (3)그리고 TV가 바로 구석에 있기 때문에 주의가 산만해질까 봐 좀 걱정돼! 간식을 집어먹거나 몰래 TV 한 편을 빨리 볼 수도 있겠다는 거지.

	It might be difficult for me to focus on my work. Now, let's talk about working in the office.	일에 집중하는 것이 내게는 어려울지도 몰라. 그럼, 사무실에서 일하는 것에 대해 얘기해 보자.
[본론 3] 사무실 근무의 장점	M: Well, the office environment certainly has its perks. For one, the structure really helps with productivity. You go in, get to your desk, and it's like a mental switch turns on that says, "It's work time." F: True. (4)Another advantage of working at the office is that all the tech and resources are right there. No worries about a dodgy internet connection or printer malfunctions at home. Also, If I have a question, I can just ask someone nearby.	M: 음, 사무실 환경은 확실히 장점이 있어. 우선 구조가 생산성에 실제로 도움이 돼. 사무실에 들어가서 책상에 가면, 마치 '이제 일할 시간이야'라고 말하는 정신 스위치가 켜지는 느낌이야. F: 맞아. (4)사무실에서 일하는 또다른 장점은 모든 기술과 자원이 바로 거기에 있다는 거야. 집에서 인터넷 연결이 불안하거나 프린터 고장이 나는 것 같은 걱정이 없어. 또, 물어볼 게 있으면 근처에 있는 누군가에게 물어볼 수 있어.
[본론 4] 사무실 근무의 단점	M: Absolutely. But then there are the downsides too. Commuting, as I mentioned before, eats up so much of the day. And sometimes, the office can get really noisy or there might be distractions. (5)Plus, there's that one colleague who thinks it's okay to interrupt you every five minutes to tell you about her weekend plans. F: Haha, I know what you're talking about! I guess it really boils down to individual preference. It seems like both options have their strengths and weaknesses.	M: 물론이지. 그렇지만 단점도 있어. 이미 언급했듯이, 통근하는 것은 하루의 대부분을 차지해. 때로는 사무실이 너무 시끄럽거나 주의를 산만하게 할 수 있어. (5)게다가 주말 계획에 대해 말하기 위해 5분마다 방해해도 괜찮다고 생각하는 한 동료가 있어. F: 아, 무슨 말인지 알겠어! 결국 개인의 취향으로 귀결되네. 둘 다 장단점이 있는 것 같아.
[결론]	M: So, have you decided which one to choose? F: (6)I'm pretty sure that I would miss birthday celebrations, team lunches, or even just casual coffee breaks at a café with my colleagues. Moreover, I believe that direct communication is more efficient when you face a problem. M: Whatever you choose, make sure it helps you maintain a work-life balance and enhances your productivity. F: Thanks, Chris! It's always good to have a friend to help you think things through.	M: 그럼 넌 어떤 걸 선택할지 정했니? F: (6)나는 생일 축하나 팀 점심, 심지어 카페에서 동료들과의 일상적인 커피 타임도 정말 그리워할 것 같아. 게다가, 문제가 생겼을 때 직접 대화하는 것이 더 효율적이라고 생각해. M: 네가 무엇을 선택하든, 일과 생활의 균형을 잘 유지하고 생산성을 높여주는지 꼭 확인해 봐. F: 고마워 크리스! 충분히 생각하도록 도와주는 친구가 있다는 건 언제나 좋네.

어휘 fly by (시간이) 쏜살같이 지나가다 switch 바꾸다 now that 이제 ~이므로 probationary period 수습 기간 work from home 집에서 일하다, 재택근무를 하다 to be honest 솔직히 first off 우선 commute 통근(하다) as much 그만큼 grab a snack 간식을 집어먹다 household chore 집안일 imagine that ~일 것 같다 definitely 분명히 downside 단점 get to ~에게 영향을 미치다 get distracted 산만해지다 sneak in 몰래 하다 certainly 확실히 perk 혜택 for one 우선 resources 자원 dodgy 부실한, 위태로운 malfunction 고장 absolutely 물론이다 eat up 거의 다 써버리다 distraction 주의 산만 interrupt 방해하다 boil down to ~로 귀결되다 individual preference 개인의 취향 strengths and weaknesses 장단점 casual 일상의 moreover 게다가 efficient 효율적인 make sure ~을 확인하다 enhance 높이다 think ~ through 충분히 생각하다

What decision / L / make / this year (어떤 결정 / L / 만들다 / 올해) 세부사항

1. What decision did Lisa make this year?

(a) **She changed her position.**
(b) She finished her probationary period.
(c) She moved her office in the company.
(d) She decided to work from home.

리사가 올해 어떤 결정을 내렸는가?

(a) **직책을 변경했다.**
(b) 수습 기간을 마쳤다.
(c) 회사 내에서 사무실을 이동했다.
(d) 집에서 일하기로 결정했다.

정답 시그널 the best decision I've made this year ※ 첫 번째 문제는 대화의 초반에 있다.

해설 대화에서 "Switching my position from illustrator to web designer was the best decision I've made this year."(일러스트레이터에서 웹 디자이너로 직책을 바꾸는 것은 올해 내가 내린 최고의 결정이었어.)를 근거로 정답은 (a)이다.

패러프레이징 Switching my position ➡ changed her position
• switch ➡ change ≒ shift(변경하다), replace(교체하다), turn(생각/화제를 바꾸다), modify(변경하다, 수정하다), alter(바꾸다)

 C / what / is / advantage / working / home (C / 무엇 / 이다 / 장점 / 일하는 것 / 집) 세부사항

2. According to Chris, what is one advantage of working from home?

(a) He can wake up early in the morning.
(b) **He can save commute time and costs.**
(c) He can take longer lunch breaks.
(d) He can stay away from noisy colleagues.

크리스에 따르면, 재택근무의 한 가지 장점은 무엇인가?

(a) 아침에 일찍 일어날 수 있다.
(b) **통근 시간과 비용을 절약할 수 있다.**
(c) 더 긴 점심시간을 가질 수 있다.
(d) 시끄러운 동료들로부터 멀리 있을 수 있다.

정답 시그널 work from home

해설 대화에서 "It's amazing how much time I save, and I don't spend as much on gas or bus tickets!"(얼마나 시간을 아끼는지 놀라워. 그리고 기름값이나 버스표를 그만큼 쓰지 않아도 되고!)를 근거로 정답은 (b)이다.

어휘 cost 비용 stay away 멀리 떨어져 있다

 Why / L / express / concerns / working / home (왜 / L / 표현하다 / 걱정 / 일하는 것 / 집) 세부사항

3. Why does Lisa express concerns about working from home?

(a) because she will miss her colleague's jokes
(b) because she may not get her salary on time
(c) **because she might watch TV during work hours**
(d) because she wouldn't have more leisure time

왜 리사는 재택근무에 대해 걱정을 표하는가?

(a) 동료들의 농담을 그리워할 것이어서
(b) 월급을 제때 받지 못할 수도 있어서
(c) **근무 시간 중에 TV를 볼지도 몰라서**
(d) 더 많은 여가 시간을 갖지 못해서

해설 ▶ 대화에서 "Also, I am kind of worried that I might get distracted because my TV is right there in the corner! I might grab a snack from the kitchen, and even sneak in a quick TV episode."(그리고 TV가 바로 구석에 있기 때문에 주의가 산만해 질까 봐 좀 걱정돼)를 근거로 정답은 (c)이다.

패러프레이징 ▶ worried ➡ concerns
• worried ➡ concern ≒ afraid(두려워하는), troubled(곤란한), anxious(불안한), nervous(불안한), clutched(긴장된)

어휘 ▶ concern 걱정 joke 농담 salary 월급 on time 제때에

🔑 L / what / is / important / her / office (L / 무엇 / 이다 / 중요한 / 그녀 / 사무실)　　세부사항

4. According to Lisa, <u>what</u> <u>is</u> <u>important</u> for <u>her</u> in the office?

리사에 따르면, 사무실에서 그녀에게 중요한 것은 무엇인가?

(a) a space where she can work in silence
(b) the busy office atmosphere
(c) utilizing the technology and resources
(d) being able to work at flexible hours

(a) 조용히 일할 수 있는 공간
(b) 바쁜 사무실 분위기
(c) 기술과 자원을 활용하는 것
(d) 유연한 시간대에 일할 수 있는 것

해설 ▶ 대화에서 "Another advantage of working at the office is that all the tech and resources are right there. No worries about a dodgy internet connection or printer malfunctions at home."(사무실에서 일하는 또다른 장점은 모든 기술과 자원이 바로 거기에 있다는 거야. 집에서 인터넷 연결이 불안하거나 프린터 고장이 나는 것 같은 걱정이 없어.)을 근거로 정답은 (c)이다.

어휘 ▶ in silence 조용히, 말없이 atmosphere 분위기 utilize 활용하다 flexible 유연한

🔑 how / most likely / colleagues / cause / distraction / office (어떻게 / 추론 / 동료들 / 야기하다 / 주의 산만 / 사무실)　　추론

5. According to the conversation, <u>how</u> most likely do colleagues <u>cause</u> <u>distraction</u> in the <u>office</u>?

대화에 따르면, 어떻게 사무실에서 동료들이 주의를 산만하게 할 것 같은가?

(a) by damaging office equipment
(b) by taking too many coffee breaks
(c) by having too many team meetings
(d) by talking too much during work hours

(a) 사무실 장비를 손상시킴으로써
(b) 너무 많이 커피를 마시며 쉼으로써
(c) 너무 많은 팀 회의를 함으로써
(d) 근무 시간 중에 너무 많이 이야기함으로써

해설 ▶ 대화에서 "Plus, there's that one colleague who thinks it's okay to interrupt you every five minutes to tell you about her weekend plans."(게다가 주말 계획에 대해 말하기 위해 5분마다 방해해도 괜찮다고 생각하는 한 동료가 있어.)를 근거로 가장 적절한 정답은 (d)이다.

어휘 ▶ cause 야기하다 damage 손상시키다 equipment 장비

6. What has Lisa probably decided to do?

(a) work with her team in the company
(b) apply for a full-time position soon
(c) enhance her work-life balance
(d) telecommute from her house

리사는 무엇을 하기로 결정한 것 같은가?

(a) 회사 내 팀과 함께 일하기
(b) 곧 정규직으로 지원하기
(c) 일과 생활의 균형 향상시키기
(d) 재택근무 하기

정답 시그널 decided which one to choose ※ 마지막 문제는 대화의 마지막에 있다.

해설 대화에서 "I'm pretty sure that I would miss birthday celebrations, team lunches, or even just casual coffee breaks at a café with my colleagues. Moreover, I believe that direct communication is more efficient when you face a problem."(나는 생일 축하나 팀 점심, 심지어 카페에서 동료들과의 일상적인 커피 타임도 정말 그리워할 것 같아. 게다가, 문제가 생겼을 때 직접 대화하는 것이 더 효율적이라고 생각해.)를 근거로 가장 적절한 정답은 (a)이다.

어휘 apply for 지원하다 full-time position 정규직 telecommute 재택근무를 하다

Practice 1

이제 실전처럼 파트3을 연습한 방법에 맞춰 풀어 보세요.

1. (a) by watching TV shows about the environment
    (b) by being recommended by a celebrity
    (c) by reading some articles about marine life
    (d) by referring to a post on her social media

2. (a) longevity
    (b) materials
    (c) colors
    (d) durability

3. (a) because they are banned in some cities
    (b) because they may become soggy later
    (c) because they are impractical
    (d) because they need regular cleaning

4. (a) They break down easily over time.
    (b) They give a unique texture to beverages.
    (c) They look stylish and modern compared to plastic.
    (d) Restaurants have already switched to paper ones.

5. (a) He enjoyed the texture.
    (b) He didn't like it with juices.
    (c) He had an unpleasant experience.
    (d) He felt the same as his friends.

6. (a) use paper straws from now on
    (b) research about the environment
    (c) use reusable straws in the future
    (d) go to the café with Clara

★ 정답 및 해설 p. 99

🎧 **3_5.mp3**   이제 실전처럼 파트3을 연습한 방법에 맞춰 풀어 보세요.

1. (a) starting a new job after graduation
   (b) going on a trip to South America
   (c) showing photos of his trip
   (d) traveling to New Zealand

2. (a) exclusive access to certain places
   (b) having everything organized
   (c) flexibility in choosing destinations
   (d) less research and booking effort

3. (a) because the itinerary is very strict
   (b) because foods are not familiar to her.
   (c) because it is not easy to find accommodations
   (d) because it is hard to communicate in foreign languages

4. (a) information packet about local bistros
   (b) instruction by a local guide
   (c) tickets to outdoor activities
   (d) application for choosing destinations

5. (a) visiting many attractions in groups
   (b) staying in one place for a long duration
   (c) traveling during the peak season
   (d) having too much authentic experience

6. (a) ask Sue to join him on his trip
   (b) prepare to go backpacking
   (c) cancel his travel plans
   (d) book a packaged tour

★ 정답 및 해설 p. 103

DAY 17 PART 4 과정 & 팁

65점 목표를 위한 공략 Tip!

PART 4의 **첫 번째 문제는 주제를 묻는 유형**이 나오고,

그 이후에는 **순서를 나타내는 말(first, second, ...)과 함께 세부사항을**

묻는 문제가 나오므로 놓치지 말아야 합니다!

내용	한 명의 화자가 절차나 과정 또는 팁을 설명하는 담화 (Process)
문제	7문제 (46번 ~ 52번)
문제 유형	주제/목적, 세부사항, 추론
빈출 주제	제품을 만들거나 꾸미는 과정, 업무의 절차 및 노하우, 경력을 쌓는 조언, 면접 관련 팁, 소통 방법이나 갈등 해결 방법 등
내용 전개	(46번) 인사 및 주제 소개 ➡ (47번~51번) 절차1 ➡ 절차2 ➡ 절차3 ➡ 절차4 ➡ 절차5 ➡ 절차6 (52번) 마지막 절차 또는 결론
풀이 전략	1. 초반부를 잘 들으면서 담화문의 주제 파악하기 2. 지시문 나오기 전부터 선택지 보면서 요약하기 3. 질문 들으면서 빠르게 키워드 메모하기 4. 다음 문제의 키워드가 나오면 앞 문제는 과감하게 넘어가기

선택지 스키밍 선택지를 읽으면서 키워드에 밑줄을 치고 메모해 보세요.

1. (a) the benefits of being outdoors
   (b) the science behind plant growth
   (c) the management of a home garden
   (d) the history of gardening

2. (a) by observing the plant's growth rate
   (b) by using a soil test kit from the store
   (c) by checking the color of the soil
   (d) by asking a gardening expert

3. (a) to check the soil quality
   (b) to measure the garden space
   (c) to see how much sunlight it receives
   (d) to decide the garden's theme

4. (a) to determine which plants will thrive in the area
   (b) to understand which plants need more water
   (c) to know the average cost of plants
   (d) to see the history of plant growth in the area

5. (a) afternoon
   (b) early morning
   (c) early evening
   (d) night

6. (a) sprinkling salt around the plants
   (b) introducing insects like ladybugs
   (c) watering the plants more frequently
   (d) keeping the plants in the shade

7. (a) be patient when watching your plants
   (b) invest in expensive gardening tools
   (c) decorate your balcony with your own garden
   (d) have fun and relax while gardening

질문 메모 연습

🎧 **4_1.mp3**   질문을 들으면서 키워드를 메모한 후 담화를 들으면서 답을 선택해 보세요.

1. _____

(a) the benefits of being outdoors
(b) the science behind plant growth
(c) the management of a home garden
(d) the history of gardening

2. _____

(a) by observing the plant's growth rate
(b) by using a soil test kit from the store
(c) by checking the color of the soil
(d) by asking a gardening expert

3. _____

(a) to check the soil quality
(b) to measure the garden space
(c) to see how much sunlight it receives
(d) to decide the garden's theme

4. _____

(a) to determine which plants will thrive in the area
(b) to understand which plants need more water
(c) to know the average cost of plants
(d) to see the history of plant growth in the area

5. _____

(a) afternoon
(b) early morning
(c) early evening
(d) night

6. _____

(a) sprinkling salt around the plants
(b) introducing insects like ladybugs
(c) watering the plants more frequently
(d) keeping the plants in the shade

7. _____

(a) be patient when watching your plants
(b) invest in expensive gardening tools
(c) decorate your balcony with your own garden
(d) have fun and relax while gardening

🎧 **4_3.mp3**   담화를 들은 후 질문을 다시 들으면서 답을 점검해 보세요.

Exercise

구성	가정 원예
[인사 및 주제] 집에서 정원 가꾸기	Hello, friends! Welcome to 'Garden Fun' on Earth Radio. My name is Larry Thompson, and (1)today we're diving into the enchanting world of home gardening. More and more people want to spend time outdoors and grow their own food or flowers. Whether you're seeking a new hobby, or just want to enjoy fresh produce right from your backyard, this episode is for you! (1)We will chat about how to start and take care of a garden.	안녕하세요, 친구들! Earth Radio의 'Garden Fun'에 오신 것을 환영합니다. 제 이름은 래리 톰슨이고 (1)오늘 우리는 집에서 정원을 가꾸는 매혹적인 세계로 뛰어들어가 보려고 합니다. 점점 더 많은 사람들이 야외에서 시간을 보내며 자신만의 음식이나 꽃을 키우고 싶어 합니다. 새로운 취미를 찾고 있거나 그저 뒷마당에서 바로 신선한 농산물을 즐기고 싶다면, 이 에피소드는 여러분을 위한 것입니다! (1)우리는 정원을 시작하고 돌보는 방법에 대해 이야기할 것입니다.
[방법 1] 토양 관리하기	Starting a garden might seem hard. But don't worry! With some simple steps and care, you can enjoy seeing plants grow. First, you need to check your soil. Good soil helps plants grow well. There are many types of soil, and some plants need a special kind. (2)A simple soil test kit from your local garden store can provide you with your soil's pH and nutrient levels. Just like we need good food, plants need good soil!	정원을 시작하는 것은 어려워 보일 수 있습니다. 하지만 걱정하지 마세요! 몇 가지 간단한 단계와 관심으로 식물이 자라는 모습을 보는 즐거움을 누릴 수 있습니다. 먼저, 토양을 확인해야 합니다. 좋은 토양은 식물이 잘 자라는 데 도움이 됩니다. 토양에는 여러 종류가 있으며 일부 식물에는 특별한 종류가 필요합니다. (2)귀하의 지역 정원 상점에서 간단한 토양 검사 키트를 사용하면 토양의 pH와 영양 수준을 알 수 있습니다. 우리에게 좋은 음식이 필요한 것처럼, 식물에게도 좋은 토양이 필요합니다!
[방법 2] 정원 위치 선택하기	(3)Next, consider the location. Many plants need sunlight for about six hours a day. But some plants like shade. Watch the place where you want to garden for a day to see how much sun it gets. If you have only shade in your yard, don't despair. There are some colorful plants and plants with interesting leaves that are perfect for shade. For example, coleus, impatiens, and hosta are all well suited for ferns and create gorgeous displays.	(3)다음으로, 위치를 고려하세요. 많은 식물들은 하루에 약 여섯 시간 동안 햇빛이 필요합니다. 하지만 일부 식물은 그늘을 좋아합니다. 정원을 만들고 싶은 장소를 하루 동안 관찰하여 햇빛이 얼마나 들어오는지 확인하세요. 마당에 그늘만 있다고 해서 절망하지 마세요. 그늘에 어울리는 화려한 색상의 식물과 흥미로운 잎을 가진 식물이 몇 가지 있습니다. 예를 들어 콜레우스, 봉선화, 비비추는 모두 양치류와 잘 어울리며 근사한 전시를 연출할 수 있습니다.
[방법 3] 지역과 토양에 맞는 식물 고르기	The third step is selecting your plants. While it's tempting to buy every beautiful flower or vegetable you see, it's essential to choose plants suitable for your climate and soil. (4)Check the USDA Hardiness Zone Map to understand which plants will grow well in your region beforehand. If you want to download the map, go to the download section on our website.	세 번째 단계는 식물을 선택하는 것입니다. 눈에 보이는 모든 아름다운 꽃이나 채소를 사고 싶은 유혹이 있지만, 귀하의 기후와 토양에 적합한 식물을 선택하는 것이 중요합니다. (4)"미국 농무부 내한성 구역 지도"를 확인하여 귀하의 지역에서 어떤 식물이 잘 자랄 수 있는지 미리 알아 두세요. 지도를 다운로드하려면 저희 웹사이트의 다운로드 섹션으로 이동하세요.

[방법 4] 물 주는 방법	Fourth, let's talk about water. Different plants have varying water needs, and a general rule is to water deeply but infrequently. (5)Early morning is the best time to water, preventing evaporation and fungal diseases that thrive in nighttime dampness. This helps plants stay healthy and encourages the plant to develop a deep root system. But remember, too much water can be as harmful as too little.	넷째, 물에 대해 이야기하겠습니다. 다양한 식물들은 필요한 물의 양이 다르며, 일반적인 규칙은 물을 깊게 주되 드물게 주는 것입니다. (5)이른 아침이 물을 주기에 가장 좋은 시간으로, 증발과 밤의 습기 속에서 번성하는 곰팡이성 질병을 예방할 수 있습니다. 이것은 식물이 건강을 유지하는 데 도움이 되고, 식물이 깊은 뿌리 체계를 발달시킬 수 있도록 촉진합니다. 그러나 너무 많은 물은 너무 적은 것만큼이나 해로울 수 있음을 기억하세요.
[방법 5] 해충 관리하기	Our fifth step is controlling bugs. Some bugs can hurt plants, but you can use simple and safe ways to keep them away. For example, you can sprinkle some insecticides to keep bugs away. (6)But there are also natural methods such as introducing beneficial insects like ladybugs, which eat the harmful ones.	다섯 번째 단계는 벌레를 통제하는 것입니다. 일부 벌레들은 식물을 해칠 수 있지만, 간단하고 안전한 방법을 사용해서 그것들을 쫓아낼 수 있습니다. 예를 들어, 벌레를 쫓아내려면 살충제를 약간 뿌릴 수 있습니다. (6)하지만 무당벌레와 같이 해충을 잡아먹는 유익한 곤충을 도입하는 것과 같은 자연적인 방법도 있습니다.
[방법 6] 식물을 지켜보며 인내심 갖기	The sixth piece of advice is about being patient when watching your plants. Like us, plants have good and bad days too. A good idea is to keep a notebook about your plants, their progress, any challenges faced, and solutions implemented. Over time, this helps you learn and take better care of your garden and makes you a more intuitive gardener.	여섯 번째 조언은 식물을 관찰할 때 인내심을 가져야 한다는 것입니다. 우리와 마찬가지로, 식물도 좋은 날과 나쁜 날이 있습니다. 좋은 생각은 식물, 진행 상황, 직면한 모든 어려움, 실행된 해결책을 적어보는 것입니다. 시간이 지나면서 이것은 귀하의 정원에 대해 배우고, 정원을 더 잘 돌보게 하는데 도움이 되고, 당신을 더 직관적인 정원사로 만들어 줍니다.
[방법 7] 정원 가꾸기의 즐거움	(7)Finally, have fun! Gardening is about enjoying time with plants. Touching the soil and watching plants grow is fun and relaxing. It can be a great way to unwind as you commune with nature after a hard day at work. It can be an interesting activity to do together if you can get your whole family involved. There are few joys as precious as watching something we planted from a seed or seedling to blossom under our care. Just be patient and enjoy simple things.	(7)마지막으로, 즐기세요! 정원 가꾸기는 식물과 함께 시간을 즐기는 것입니다. 흙을 만지고 식물이 자라는 것을 보는 것은 재미있고 편안합니다. 직장에서 힘든 하루 일과를 마치고 자연과 교감하면서 긴장을 풀 수 있는 좋은 방법이 될 수 있습니다. 온 가족이 함께 참여할 수 있다면 재미있는 활동이 될 수도 있습니다. 씨앗이나 묘목을 심어, 우리의 돌봄으로 꽃을 피우는 것을 보는 것만큼 소중한 기쁨도 드뭅니다. 인내심을 갖고 단순한 것을 즐기세요.

어휘 dive into ~에 뛰어들다 enchanting 매혹적인 home gardening 가정 원예 produce 농산물 soil 토양, 흙 pH 수소 이온 농도 지수 nutrient 영양소 location 위치 shade 그늘 despair 절망하다 coleus 콜레우스속(꿀풀과의 여러해살이풀) impatiens 봉선화 hosta 비비추(옥잠화속) be suited for ~에 어울리다 fern 양치류 gorgeous 근사한 tempting 유혹하는 suitable 적합한 USDA 미국 농업국 (United States Department of Agriculture) hardiness (동식물의) 내한성, 강인함 beforehand 미리, 사전에 varying 다양한, 다른 infrequently 드물게 evaporation 증발 fungal 진균의 thrive 번성하다 dampness 습기 keep ~ away ~을 쫓아내다, 예방하다 sprinkle 뿌리다 insecticide 살충제 ladybug 무당벌레 patient 인내심 있는 keep a notebook 노트에 기록하다 implement 실행하다 intuitive 직관적인 unwind 긴장을 풀다, 휴식을 취하다 commune with ~와 교감하다 seedling 묘목 blossom 꽃을 피우다

What / is / subject / broadcast (무엇 / 이다 / 주제 / 방송) `주제`

1. What is the subject of the broadcast?

   (a) the benefits of being outdoors
   (b) the science behind plant growth
   (c) the management of a home garden
   (d) the history of gardening

방송의 주제는 무엇인가?

(a) 야외 활동의 이점
(b) 식물 성장에 숨겨진 과학
(c) 가정 정원의 관리
(d) 원예의 역사

정답 시그널 ※ PART 4의 첫 번째 문제는 주제를 묻는 유형으로 고정되어 있다. 담화 초반에 답이 나오지 않더라도 당황하지 않고 전체적인 내용을 듣고 답을 선택하는 것이 좋다.

해설 담화에서 "today we're diving into the enchanting world of home gardening"(오늘 우리는 집에서 정원을 가꾸는 매혹적인 세계로 뛰어들어가 보려고 합니다)와 "We will chat about how to start and take care of a garden."(우리는 정원을 시작하고 돌보는 방법에 대해 이야기할 것입니다.)을 근거로 정답은 (c)이다.

패러프레이징 how to start and take care of a garden ➡ the management of a home garden
  • take care ➡ management ≒ take charge(책임을 맡다, 관리하다), control(관리하다, 통제하다) supervise(관리하다)

어휘 broadcast 방송 benefit 이점 growth 성장 management 관리

 How / L / check / soil's pH and nutrient level
(어떻게 / 청취자 / 확인하다 / 토양의 pH와 영양 수준) `세부사항`

2. How can the listeners check their soil's pH and nutrient level?

   (a) by observing the plant's growth rate
   (b) by using a soil test kit from the store
   (c) by checking the color of the soil
   (d) by asking a gardening expert

어떻게 청취자들은 토양의 pH와 영양 수준을 확인할 수 있는가?

(a) 식물의 성장 속도를 관찰함으로써
(b) 상점의 토양 검사 키트를 사용함으로써
(c) 토양의 색을 확인함으로써
(d) 원예 전문가에게 물어봄으로써

정답 시그널 soil's pH and nutrient levels

해설 담화에서 "A simple soil test kit from your local garden store can provide you with your soil's pH and nutrient levels."(귀하의 지역 정원 상점에서 간단한 토양 검사 키트를 사용하면 토양의 pH와 영양 수준을 알 수 있습니다.)를 근거로 정답은 (b)이다.

어휘 rate 속도 observe 관찰하다 expert 전문가

 Why / probably / important / to consider / location / garden
(왜 / 추론 / 중요한 / 고려하는 것 / 위치 / 정원) `추론`

3. Why is it probably important to consider the location of the garden?

   (a) to check the soil quality
   (b) to measure the garden space
   (c) to see how much sunlight it receives
   (d) to decide the garden's theme

왜 정원의 위치를 고려하는 것이 중요한 것 같은가?

(a) 토양 품질을 확인하기 위해
(b) 정원 공간을 측정하기 위해
(c) 얼마나 많은 햇빛을 받는지 보기 위해
(d) 정원의 테마를 결정하기 위해

consider the location

담화에서 "Next, consider the location. Many plants need sunlight for about six hours a day."(다음으로, 위치를 고려하세요. 많은 식물들은 하루에 약 여섯 시간 동안 햇빛이 필요합니다.)"를 근거로 가장 적절한 정답은 (c)이다.

quality 품질 measure 측정하다 theme 테마, 주제

Why / s / suggest / checking / USDA Hardiness Zone Map
(왜 / 화자 / 제안하다 / 확인하는 것 / 미국 농무부 내한성 구역 지도)

세부사항

4. Why does the speaker suggest checking the USDA Hardiness Zone Map?

(a) **to determine which plants will thrive in the area**
(b) to understand which plants need more water
(c) to know the average cost of plants
(d) to see the history of plant growth in the area

왜 화자가 미국 농무부 내한성 구역 지도를 확인하라고 제안하는가?

(a) **해당 지역에서 어떤 식물이 번성할지 결정하기 위해**
(b) 어떤 식물이 더 많은 물이 필요한지 이해하기 위해
(c) 식물의 평균 가격을 알기 위해
(d) 해당 지역에서의 식물 성장의 역사를 알아보기 위해

Check the USDA Hardiness Zone Map

담화에서 "Check the USDA Hardiness Zone Map to understand which plants will grow well in your region beforehand."("미국 농무부 내한성 구역 지도"를 확인하여 귀하의 지역에서 어떤 식물이 잘 자랄 수 있는지 미리 알아 두세요.)"를 근거로 정답은 (a)이다.

grow well in your region ➡ thrive in the area
• grow ➡ thrive ≒ flourish(성장하다, 번영하다), prosper(번영하다), bloom(피다), pollinate(수분하다-식물), breed(번식하다-동물)
• region ➡ area ≒ district(지구, 구역), section(섹션, 구역), sector(구역, 지구), territory(영토, 지역), zone(구역)

determine 결정하다 average cost 평균 가격

---

when / is / best time / to water / plants
(언제 / 이다 / 가장 좋은 시간 / 물 주기 위한 / 식물)

세부사항

5. Based on the talk, when is the best time to water the plants?

(a) afternoon
(b) **early morning**
(c) early evening
(d) night

담화에 따르면, 언제가 식물에 물을 주기에 가장 좋은 시간인가?

(a) 오후
(b) **이른 아침**
(c) 이른 저녁
(d) 밤

the best time to water

담화에서 "Early morning is the best time to water,"(이른 아침이 물을 주기에 가장 좋은 시간으로)를 근거로 정답은 (b)이다.

What natural method / s / mention / to control / harmful bugs
(어떤 자연적인 방법 / 화자 / 언급하다 / 통제하기 위해 / 해충)

6. What natural method does the speaker mention to control harmful bugs?

(a) sprinkling salt around the plants
(b) introducing insects like ladybugs
(c) watering the plants more frequently
(d) keeping the plants in the shade

화자는 해충을 통제하기 위해 어떤 자연적인 방법을 언급하는가?

(a) 식물 주위에 소금을 뿌리는 것
(b) 무당벌레와 같은 곤충을 도입하는 것
(c) 식물에 더 자주 물을 주는 것
(d) 식물을 그늘에 두는 것

정답 시그널 natural methods

해설 담화에서 "But there are also natural methods such as introducing beneficial insects like ladybugs, which eat the harmful ones."(하지만 무당벌레와 같이 해충을 잡아먹는 유익한 곤충을 도입하는 것과 같은 자연적인 방법도 있습니다.)를 근거로 정답은 (b)이다.

어휘 method 방법 mention 언급하다 introduce 도입하다, 소개하다 water 물을 주다 frequently 자주

---

 what / is / final tip (무엇 / 이다 / 마지막 팁)

7. According to the speaker, what is the final tip?

(a) be patient when watching your plants
(b) invest in expensive gardening tools
(c) decorate your balcony with your own garden
(d) have fun and relax while gardening

화자에 따르면, 마지막 팁은 무엇인가?

(a) 식물을 볼 때 인내심을 갖는 것
(b) 비싼 원예 도구에 투자하는 것
(c) 발코니를 자신만의 정원으로 꾸미는 것
(d) 정원을 가꾸면서 재미와 휴식을 갖는 것

정답 시그널 Finally ※ 참고로 마지막 문제는 담화의 마지막에 있다.

해설 담화에서 "Finally, have fun! Gardening is about enjoying time with plants. Touching the soil and watching plants grow is fun and relaxing."(마지막으로, 즐기세요! 정원 가꾸기는 식물과 함께 시간을 즐기는 것에 관한 것입니다. 흙을 만지고 식물이 자라는 것을 보는 것은 재미있고 편안합니다.)을 근거로 정답은 (d)이다.

어휘 invest in ~에 투자하다 tool 도구 decorate 장식하다 relax 휴식을 갖다, 편히 쉬다

Practice 1

4_4.mp3　이제 실전처럼 파트4를 연습한 방법에 맞춰 풀어 보세요.

1. (a) how to find a good academy
   (b) how to choose your learning style
   (c) how to use online resources for studying
   (d) how to effectively get ready for tests

2. (a) to analyze the charts and pictures better
   (b) to identify what type of exams you are good at
   (c) to use methods that enhance your learning
   (d) to listen to your study partners more wisely

3. (a) at least 2 weeks before the exam
   (b) at least 4 weeks before the exam
   (c) the night before the exam
   (d) the same day as the exam

4. (a) explaining what you learned to your acquaintances
   (b) taking frequent breaks before practicing
   (c) changing study locations on a regular basis
   (d) studying while standing up or moving around

5. (a) an online resource
   (b) a podcast
   (c) a library book
   (d) a workshop

6. (a) a technique of reviewing cards every day
   (b) a method of increasing blood flow to the brain
   (c) a way to study for 25 minutes at a time
   (d) a method of playing memory-enhancing game for 5 minutes

7. (a) It helps you distinguish the facts well.
   (b) It ensures you don't need to study the night before.
   (c) It decreases the need for breaks during classes.
   (d) It helps your brain work better during the exam.

★ 정답 및 해설 p. 108

Practice 2

🎧 **4_5.mp3**   이제 실전처럼 파트4를 연습한 방법에 맞춰 풀어 보세요.

1.
(a) picking the right home
(b) selling an apartment or a house
(c) remodeling the old house
(d) choosing a good real estate

2.
(a) the mantra of the real estate agent
(b) the distance from the workplace
(c) the number of rooms in the house
(d) the age of the house

3.
(a) to consider the initial price only
(b) to think about unforeseen expenses
(c) to receive a tax rebate
(d) to defer utility payments

4.
(a) a large yard
(b) a place to study
(c) numerous rooms
(d) an extra bedroom

5.
(a) to evaluate the potential costs
(b) to decide on the furniture layout
(c) to consider probable life changes
(d) to choose the best season to move

6.
(a) make sure it is bustling
(b) do not worry about it
(c) do not engage with the neighbors
(d) visit during different times of the day

7.
(a) The house was located far from her job.
(b) The house was smaller than she thought.
(c) The house had leaks in the basement.
(d) The house had noisy neighbors nearby.

★ 정답 및 해설 p. 113

Appendix 필수 동사 300

001 accept 수락하다, 받아들이다

= agree, approve, consent

002 achieve 성취하다

= accomplish, attain, fulfill, reach

003 acquire 획득하다, 습득하다

[획득하다] get, obtain, gain, procure, land, secure, garner
[습득하다] learn, master

004 act 행동하다

= do, perform, behave, fulfill, execute

005 adapt 적응하다, 각색하다

[적응하다] fit, adjust, conform, be accustomed to
[각색하다] change, revise, modify, dramatize

006 add 추가하다

= append, include, insert

007 adjust 조정하다

= adapt, modify, alter

008 admire 감탄하다, 숭배하다

= esteem, respect, adore, idolize

009 admit 인정하다

= accept, praise, recognize, acknowledge, confess, herald

010 adopt 채택하다

= choose, select, pick, embrace, take up

011 advise 조언하다

= counsel, recommend, suggest

012 afford 여유가 되다

= allow, manage

013 agree 동의하다, 수락하다, 협상하다

[동의하다] consent, concur
[수락하다] accept, approve
[협상하다] negotiate, settle, bargain

014 air 방송하다, 방영하다

= show, broadcast, televise, transmit, premiere

015 alert 경고하다

= warn, inform, notify

016 align 정렬하다

= arrange, line up, position

017 allow 허용하다

= permit, enable, authorize, approve, sanction, endorse

018 announce 발표하다

= declare, make public, publish, state, release, proclaim

019 answer 대답하다

= reply, respond

020 anticipate 예상하다, 예측하다

= expect, guess, forecast, foresee, project, estimate, predict

021 apologize 사과하다

= say sorry, regret

022 appear 나타나다

= emerge, show up, debut

023 apply 적용하다

= use, utilize, employ, implement

024 approach 접근하다, 다가가다

= come close, come up, reach, go to,
advance, near

025 approve 승인하다

= endorse, sanction, ratify

026 argue 논쟁하다

= debate, dispute, contend

027 arrange 배열하다

= set, order, organize, dispose

028 arrest 체포하다

= detain, apprehend, capture

029 arrive 도착하다

= reach, come, appear

030 ask 묻다, 요구하다

[묻다] inquire, question
[요구하다] need, claim, demand, require,
request

031 aspire 열망하다

= desire, hope, aim

032 assess 평가하다

= evaluate, appraise, judge, rate,
estimate

033 assign 임명하다, 할당하다, 위임하다

[임명하다] name, appoint, elect
[할당하다] provide, task, grant, undertake,
allocate, allot
[위임하다] delegate, entrust

034 assist 돕다, 보조하다

= help, aid, support

035 assume 가정하다, 맡다

[가정하다] presume, suppose, hypothesize
[맡다] take on, undertake, accept

036 assure 확신시키다, 보장하다, 약속하다

[확신시키다] make sure, guarantee, ensure
[약속하다] promise, pledge, vow

037 attach 붙이다

= join, fix, stick, connect, adhere, affix

038 attack 공격하다

= charge, strike, invade, assault, assail

039 attain 달성하다

= achieve, reach, accomplish

040 attend 참석하다

= join, go to, take part in, participate in,
engage in

041 attract 끌다

= draw, charm, catch, captivate, bewitch,
fascinate, attract, allure

042 **audit** 감사하다

= check, review, inspect, analyze,
  examine, investigate, scrutinize

043 **avoid** 피하다

= evade, dodge, shun, avert

044 **balance** 균형을 잡다

= equilibrate, stabilize

045 **ban** 금지하다

= stop, forbid, prohibit, disallow, outlaw,
  proscribe

046 **battle** 싸우다

= fight, combat, struggle, contend

047 **bear** 참다, 가지다

[참다] hold, endure, tolerate
[가지다] carry, hold

048 **become** 되다

= turn into, grow into, evolve into

049 **beg** 간청하다

= request, plead, entreat, appeal, solicit,
  conjure, invoke

050 **begin** 시작하다

= start, initiate, commence

051 **behave** 행동하다

= act, conduct, comport, perform

052 **believe** 믿다

= trust, have faith in, be convinced

053 **belong** 속하다

= join, fit in, be part of, participate,
  be associated with

054 **bend** 구부리다

= flex, curve, bow

055 **bet** 내기하다

= wager, gamble, stake

056 **bid** 입찰하다

= offer, propose, tender

057 **block** 막다

= stop, hold, cover, screen, guard,
  defend, obstruct, occlude, avert

058 **book** 예약하다

= reserve

059 **bother** 방해하다

= disrupt, interrupt, disturb, hamper,
  unsettle, afflict, impede

060 **break** 부수다

= fracture, shatter, snap

061 **breed** 번식하다

= give birth, increase, reproduce,
  multiply, cultivate, propagate,
  proliferate

062 **bring** 가져오다

= carry, deliver, convey

063 build 짓다, 세우다

= construct, design, erect

064 buy 사다

= get, shop, purchase, acquire, obtain

065 call 전화하다, 연락하다

= phone, ring, contact

066 cause 유발하다, 초래하다

= bring about, lead, produce, generate, trigger, spark, prompt, provoke, intrigue, induce

067 challenge 도전하다, 반박하다

[도전하다] dare, confront
[반박하다] oppose, question, dispute, defy

068 change 변하다, 교체하다

= shift, vary, modify, transform, replace, adapt, convert, alter, substitute, metamorphose, revolutionize, distort

069 charge 비난하다

= accuse, indict, impeach

070 choose 선택하다

= select, pick, opt

071 claim 주장하다

= assert, declare, state, insist

072 classify 분류하다

= categorize, label, sort, separate

073 close 닫다

= shut, slam, occlude

074 collect 수집하다

= gather, put together, garner, compile, accumulate

075 command 지휘하다, 명령하다

= order, compel, direct

076 commit 헌신하다

= dedicate, devote

077 compare 비교하다

= contrast, liken

078 complain 항의하다, 불평하다

= demonstrate, protest, remonstrate, object to

079 complete 완성하다, 끝마치다

= end, finish, accomplish, conclude, terminate

080 concern 걱정시키다

= worry, distress, trouble

081 confine 구금하다, 가두다

= store, keep, lock, imprison, impound

082 confirm 확인하다

= check, prove, affirm, verify

083 confuse 혼동하다, 혼동시키다

= mix, mistake, puzzle, bewilder, confound, perplex, garble

084 **connect** 연결하다, 관련시키다

[연결하다] link, attach, assemble, affix

[관련시키다] link, relate, involve, concern, associate, attribute

085 **consider** 고려하다, 여기다

[고려하다] think, contemplate, ponder, deliberate

[여기다] find, believe, reckon, deem

086 **consist** (of) 구성되다, 이루어지다

= be made up of, be composed of, comprise, constitute

087 **contain** 포함하다

= hold, include, enclose, comprise

088 **continue** 계속하다

= go on, maintain, last, proceed, progress, sustain, persist

089 **copy** 복사하다, 모방하다

[복사하다] reproduce, photocopy, replicate, duplicate

[모방하다] imitate, mock, mimic, emulate, plagiarize

090 **count** 세다

= calculate, enumerate, tally

091 **cover** 덮다, 다루다, (비용을) 감당하다, 보험에 들다

[덮다, 동봉하다] envelop, conceal, shield, enclose

[다루다] take care of, deal with, handle

[감당하다] afford, pay, spend money on

[보험에 들다] insure

092 **create** 창조하다

= make, produce, develop, invent, generate

093 **credit** 공로를 돌리다

= attribute, ascribe

094 **cut** 자르다, 줄이다

[자르다] slice, chop

[줄이다] reduce, decrease, lessen, diminish

095 **damage** 손상을 입히다

= bust, impair, injure, mar

096 **deal** (in) 거래하다

= trade, negotiate, handle

097 **decide** 결정하다

= choose, determine, resolve

098 **declare** 선언하다

= announce, proclaim, state

099 **define** 정의하다, 규정하다

= determine, establish

100 **delay** 연기하다, 미루다

= put off, postpone, defer, procrastinate

101 **describe** 묘사하다

= draw, illustrate, depict, portray, characterize

102 **deserve** 받을 만하다[가치가 있다]

= be worth, be entitled to, earn, justify, warrant, merit

103 destroy 파괴하다

= ruin, wreck, batter, devastate

104 determine 알아내다, 결정하다

[알아내다] identify, discover, establish, ascertain
[결정하다] decide, settle, conclude

105 develop 개발하다, 발전하다

[개발하다] make, create, build, form, write, create
[발전하다] grow, evolve, expand, prosper, refine

106 die 죽다

= be dead, be killed, pass away, lose life, cease, perish, be extinct

107 diminish 약해지다, 감소하다

[약해지다] weaken, fade, wane, wither, dwindle
[감소하다] drop, cut, fall, decrease, lessen, reduce

108 direct 지시하다

= guide, lead, command

109 discover 발견하다

= find, uncover, reveal

110 discuss 논의하다

= talk about, debate, converse, dispute

111 disguise 위장하다, 닮다

= look like, be like, mirror, parallel, resemble, simulate, disguise, camouflage

112 disregard 무시하다, 외면하다

[무시하다] ignore, neglect, dismiss, defy
[외면하다] look away, avoid

113 disrupt 방해하다

= bother, interrupt, disturb, hamper, unsettle, distract, divert, sidetrack, impede

114 dominate 지배하다

= lead, rule over, control, overpower, overwhelm

115 donate 기부하다

= give, contribute to, endow

116 draw 그리다, 뽑다, (관심을) 끌다

[그리다] sketch, depict, illustrate
[뽑다] pick, extract, pull
[끌다] charm, catch, bewitch, captivate, fascinate, attract

117 drive 운전하다, 유도하다

[운전하다] operate, steer, navigate
[유도하다] lead, guide, derive, induce

118 drop 떨어뜨리다, 감소하다

= fall, descend, lower, plummet, plunge, decline, decrease

119 ease 덜다, 완화하다

= calm, relieve, lessen, reduce, alleviate, mitigate

120 eat 먹다, 식사하다

= chew, feed on, swallow, dine, ingest, digest, consume, devour

121 employ 사용하다, 고용하다

[사용하다] take on, use, utilize
[고용하다] hire, recruit, contract, engage

122 encourage 촉구하다, 격려하다

[촉구하다] urge, spur
[격려하다] influence, motivate, inspire, stir, stimulate

123 enforce 시행하다, 실행하다

= execute, discharge, implement, administer

124 ensure 확신시키다, 보장하다

= guarantee, secure, make sure

125 equip 설치하다

= set, furnish, install, mount, outfit

126 establish 설립하다

= start, build, form, set up, found, create

127 estimate 어림잡다, 추산하다

= guess, assess, calculate, compute

128 evaluate 평가하다

= assess, appraise, judge

129 evolve 진화하다

= grow, become, develop, advance, progress

130 exceed 초과하다, 넘다

= top, be beyond, surpass, outdo

131 exchange 교환하다, 바꾸다

= change, switch, trade, interchange, swap, commerce

132 exclude 제외하다, 배제하다

= get rid of, remove, eliminate, rule out, omit

133 excuse 변명하다, 면제하다

[변명하다] forgive, justify, pardon, explain
[면제하다] free, exempt, discharge, privilege, absolve, dispense

134 exist 존재하다

= live, be, subsist

135 expect 기대하다

= anticipate, await, hope for

136 explain 설명하다

= clarify, account for, make clear, describe, illustrate

137 exploit 착취하다

= abuse, squeeze, extort

138 export 수출하다

= sell/trade abroad, smuggle out

139 express 표현하다

= state, communicate, convey, articulate

140 extend 확장하다, 연장하다

= stretch, broaden, widen, lengthen, enlarge, prolong, last, expand

141 face 직면하다

= meet, experience, confront, encounter

142 facilitate 촉진하다

= ease, speed, promote, accelerate, expedite

143 fake 속이다, 날조하다

= make up, fabricate, invent, counterfeit

144 fill 채우다

= load, pack, occupy

145 find 찾다

= look for, search, discover, locate, uncover, navigate

146 fit 맞다, 어울리다

= meet, match, suit, blend, adapt, coordinate

147 fix 고치다, 고정하다

[고치다] repair, mend
[고정하다] attach, tie, secure, join, stick, connect, adhere, affix

148 focus 집중하다, 초점을 맞추다

= pay attention, concentrate, center, zoom

149 follow 따르다, 따라가다

[따르다] obey, keep to, observe, adhere to, stick with/to, abide by
[따라가다, 쫓다] chase, run after, accompany, keep up with, track, pursue

150 force 강요하다, 추진하다

[강요하다] push, compel, pressure, urge, enforce, impose
[추진하다] push, drive, propel

151 form 형성하다

= shape, create, construct

152 gather 수집하다, 모이다

[수집하다] collect, put together, compile, accumulate
[모이다] join, flock, convene, assemble, congregate

153 get 얻다

= have, be given, earn, receive, obtain, acquire, claim, garner

154 grant 수여하다

= give, provide, award, confer, allocate

155 grow 자라다

= raise, develop, cultivate

156 guarantee 보장하다

= assure, ensure, promise, secure, endorse

157 handle 다루다

= deal with, manage, control, manipulate

158 happen 일어나다, 발생하다

= arise, take place, occur, come about

159 hide 숨기다, 비밀로 하다

= bury, cover, secrete, cloak, conceal, veil

160 **hold** 잡다, 유지하다, 담다, 개최하다, 보유하다, 견디다

[잡다] grip, grasp

[유지하다] keep, maintain, sustain, retain

[담다, 수용하다] store, contain, house, accommodate

[개최하다] conduct, open, run

[보유하다] have, possess, keep

[견디다] bear, endure

161 **honor** 존경하다, 공로를 인정하다

[존경하다] respect, honor, appreciate

[공로를 인정하다] praise, recognize, commend, acknowledge

162 **host** 개최하다

= set, open, hold, organize, arrange

163 **identify** 식별하다, 밝혀내다

[식별하다] separate, identify, recognize, differentiate, distinguish, discern

[밝혀내다] find out, determine, discover, diagnose, look into, examine, pinpoint

164 **imagine** 상상하다

= envision, picture, conceive

165 **import** 수입하다

= introduce, smuggle in

166 **improve** 개선하다, 향상시키다

= enhance, better, upgrade, bolster, ameliorate

167 **include** 포함하다

= incorporate, encompass, contain

168 **increase** 올라가다, 증가하다

= rise, grow, boost, soar, skyrocket, augment, surge, ascend, accrue

169 **influence** 영향을 미치다

= affect, sway, impact

170 **inform** 통보하다, 알리다

= tell, let ~ know, notify

171 **integrate** 통합하다

= join, combine, merge, unify

172 **interact** 상호 작용하다, 소통하다

= communicate, interplay, collaborate, cooperate

173 **interfere** 개입하다, 끼어들다

= step in, mediate, intervene, meddle, intrude

174 **invest** 투자하다

= put money into, fund, finance

175 **isolate** 고립시키다, 격리하다

= separate, disconnect, seclude, strand, quarantine

176 **judge** 판단하다

= assess, decide, evaluate

177 **keep** 유지하다

= retain, hold, maintain

178 **know** 알다

= get, understand, grasp, comprehend, be aware, be conscious

179 lack 부족하다

= need, miss, be insufficient

180 lead 이끌다

= guide, direct, head

181 learn 배우다

= acquire, know, study, understand

182 leave 떠나다, 사임하다

[떠나다] depart, exit, go away, abandon, deviate, stray
[사임하다] quit, retire, resign

183 limit 제한하다, 한정하다

= control, confine, curb, restrict, regulate, refrain, constrain, hinder, impede

184 live 살다

= dwell, reside

185 maintain 유지하다

= uphold, preserve, keep, sustain, continue

186 manage 관리하다

= administer, oversee, control

187 manipulate 조작하다, 조종하다

= work, operate, handle, control, maneuver

188 mark 표시하다

= label, tag, note

189 match 어울리다, 일치하다

[어울리다] fit, mix, match, suit, associate, coordinate, mingle
[일치하다] agree, coincide, correspond, accord

190 mean 의미하다

= signify, imply, indicate, suggest

191 measure 측정하다

= gauge, calculate, assess

192 mix 섞다, 어울리다

[섞다] blend, stir, combine, unite, integrate
[어울리다] match, associate, coordinate, mingle

193 move 움직이다, 이동하다

= shift, travel, transfer, relocate, taxi

194 notice 주목하다, 파악하다

= see, observe, detect, discern, perceive

195 obtain 얻다

= acquire, get, gain, secure, win, derive

196 occupy 점유하다

= inhabit, reside in, fill

197 offer 제공하다

= propose, present, give

198 operate 운영하다, 작동하다

[운영하다] run, manage, work
[작동하다] function, work, perform, serve

199 overcome 극복하다, 이겨내다

= win, master, conquer

200 oversee 감독하다

= watch, manage, direct, monitor, supervise

201 participate (in) 참여하다

= join, take part, engage

202 pass 통과하다, 지나가다

= go through, get by, come by, overpass, transit, ventilate

203 perform 수행하다

= execute, carry out, accomplish

204 persuade 설득하다, 납득시키다

= talk (into), convince, reassure, reason with, prevail on

205 place 놓다

= put, set, position

206 plan 계획하다, 의도하다/~하려고 하다

[계획하다] design, arrange, plot
[의도하다] intend, mean

207 practice 연습하다

= rehearse, exercise, train

208 pray 기도하다, 기원하다

= want, hope, say grace, worship, invoke

209 prefer 선호하다

= favor, like better, choose

210 prepare 준비하다

= make ready, set up, arrange, gear up, put together

211 preserve 보존하다, 보호하다

= keep, protect, conserve

212 prevent 막다, 방지하다

= stop, block, hinder, refrain, preclude

213 produce 생산하다

= create, make, generate

214 progress 진행하다, 나아가다

= proceed, continue

215 protect 보호하다

= save, guard, shield, defend, conserve, preserve

216 prove 증명하다

= show, confirm, certify, verify, testify, attest, witness

217 provide 제공하다

= give, supply, offer, furnish, equip

218 publicize 광고하다, 알리다

= promote, advertise, endorse

219 quote 인용하다

= cite, take a line from, adduce

220 raise 올리다, 높이다, 제기하다, 키우다, 기르다

[올리다] lift, elevate
[높이다] increase, boost

[제기하다] stir, mention, bring up, cause, motivate, stimulate, prompt, arouse, inspire, provoke

[키우다] support, bring up, foster, breed, nurture

221 **reach** 도달하다

= arrive at, attain, achieve

222 **read** 읽다, 낭독하다

[읽다] see, view, study, scan, refer to, peruse

[낭독하다] recite

223 **recall** 회상하다

= remember, recollect, reminisce

224 **receive** 받다

= get, accept, obtain

225 **recover** 회복하다, 복구하다

= heal, cure, regain

226 **reduce** 줄이다

= cut, decrease, lessen, diminish

227 **reflect** 반영하다

= mirror, indicate, show, reveal

228 **register** 등록하다

= sign up, enroll

229 **regulate** 통제하다, 규제하다

= control, govern, administer, corset

230 **reimburse** 배상하다, 상환하다

= make up for, repay, compensate

231 **reject** 거부하다, 거절하다

= turn down, refuse, decline, dismiss, deny

232 **release** 방출하다, 발매하다

[방출하다] free, liberate, let go, discharge

[발매하다] put on the market, sell, launch, issue, unveil

233 **remain** 남아 있다

= stay, continue, persist

234 **remember** 기억하다

= recall, recollect, reminisce

235 **remodel** 리모델링하다

= rebuild, repair, renovate, improve

236 **remove** 제거하다

= take away, get rid of, delete, shed, dispose of, eliminate, eradicate

237 **renew** 갱신하다

= change, update, renovate

238 **report** 보고하다

= inform, announce, recount, say, state

239 **represent** 대표하다, 표현하다

[대표하다] symbolize, stand for

[표현하다] depict, portray

240 **require** 요구하다

= call for, need, demand, request, claim, necessitate

241 **rescue** 구조하다, 구출하다

= save, set free

242 **resolve** 해결하다, 결심하다

[해결하다] solve, settle, handle, take care of, manage, address

[결심하다] decide, determine

243 **respond** 응답하다

= reply, answer, react

244 **restore** 복구하다, 회복하다

= repair, recover, revive, regain, rehabilitate

245 **retire** 은퇴하다

= quit, resign, seclude

246 **retreat** 철수하다, 후퇴하다

= leave, depart, draw back, withdraw, evacuate

247 **reveal** 드러내다

= disclose, uncover, show, unveil

248 **run** 달리다, 운영하다, 작동하다

[달리다] jog, race

[운영하다] manage, operate

[작동하다] work, function, operate

249 **satisfy** 만족시키다

= please, meet, fulfill, gratify

250 **search** 검색하다, 탐색하다

= look for, seek, explore, investigate, study, research, inspect, examine

251 **seek** 찾다

= look for, search, pursue

252 **seem** (~인 것처럼) 보이다

= appear, look, give the impression

253 **sell** 팔다

= vend, market, trade

254 **send** 보내다

= dispatch, transmit, deliver

255 **serve** 봉사하다, 종사하다

= assist, help, cater, engage

256 **settle** 해결하다, 정착하다

[해결하다] deal with, take care of, resolve, finalize, conclude, establish, tackle, address

[정착하다] arrive, migrate, immigrate

257 **share** 공유하다, 나누다

= divide, distribute, partake

258 **shoot** 쏘다, 찍다

[쏘다] fire, blast

[찍다] photograph, film

259 **show** 보여주다, 나타내다

[보여주다] display, exhibit, present, demonstrate, prove

[나타내다] indicate, suggest, reveal, signify

260 **solve** 해결하다

= resolve, fix, work out

261 **spend** 소비하다

= expend, use, consume

262 **spin** 회전하다

= rotate, twirl, whirl

263 **spread** 퍼뜨리다

= extend, distribute, disperse

264 **stand** 서다, 견디다

[서다] rise, be upright
[견디다] bear, endure, suffer, withstand, tolerate

265 **steal** 훔치다

= thieve, pilfer, swipe

266 **stop** 중단하다

= call off, finish, end, quit, suspend, halt, cease

267 **strike** 치다

= hit, bash, impact

268 **succeed** 성공하다, 계승하다/뒤를 잇다

[성공하다] make it, achieve, thrive
[계승하다] take over, follow, inherit, accede

269 **survive** 생존하다

= live, subsist

270 **sweep** 쓸다

= clean, brush, wipe

271 **tear** 찢다

= rip, rend, shred

272 **tell** 말하다

= talk, speak, converse, discuss

273 **thank** 감사하다

= be grateful, appreciate, show gratitude

274 **thrive** 번창하다

= succeed, flourish, prosper

275 **tie** 묶다

= bind, fasten, secure

276 **touch** 만지다, 감동을 주다, 연락하다

[만지다] feel
[감동을 주다] move, affect, impress
[연락하다] contact

277 **train** 훈련하다

= coach, instruct, prepare

278 **transport** 운송하다

= move, deliver, ship, transfer, transit, convey

279 **treat** 대하다, (음식을) 사주다

[대하다] handle, deal with, regard
[사주다] buy, be on somebody

280 **try** 시도하다

= attempt, struggle, strive

281 **turn** 돌리다

= rotate, spin, twist

282 **undergo** 겪다

= experience, go through, suffer

283 **understand** 이해하다

= catch, grasp, perceive, interpret, comprehend

284 **update** 업데이트하다, 갱신하다

= renew, revise, modernize

285 **upset** 속상하게 하다

= disturb, distress, disconcert

286 **use** 사용하다

= utilize, employ, operate

287 **violate** 위반하다, 침해하다

[위반하다] break, commit, disobey, defy, transgress, infract
[침해하다] infringe, aggrieve, inroad, usurp

288 **visit** 방문하다

= go to, drop by, stop by, come by, swing by, call on, pay a visit

289 **walk** 걷다

= go on foot, wander, stroll, roam

290 **warn** 경고하다

= caution, alert, advise

291 **waste** 낭비하다, 버리다

[낭비하다] misuse
[버리다] get rid of, throw away, dump, discard, dispose of

292 **watch** 보다, 감시하다

[보다] see, look, observe, browse, glance, peer
[감시하다] keep an eye on, monitor

293 **weigh** 무게를 재다, 따져보다

[무게를 재다] measure
[따져보다] balance, consider

294 **welcome** 환영하다

= greet, embrace, receive

295 **widen** 확장하다, 넓히다

= broaden, widen, expand, extend, enlarge, stretch

296 **win** 이기다, (상품을) 따다

[이기다] beat, defeat, fight off, overcome, triumph, prevail
[따다] get, pick, receive, earn, claim, gain, obtain

297 **wish** 바라다

= hope, want, crave, demand, desire

298 **work** 일하다, 작동하다

[일하다] labor, serve, be employed, toil
[작동하다] function, operate

299 **yield** 수확하다, 포기하다

[수확하다] produce, generate
[포기하다] surrender

300 **zoom** 질주하다, 초점을 맞추다

[질주하다] speed, rush
[초점을 맞추다] focus

Test

실전 모의고사

GRAMMAR
LISTENING
READING AND VOCABULARY

시험 시간 90분

시험 준비하기

1. 휴대폰 전원 끄고 시계 준비하기
2. Answer Sheet, 컴퓨터용 사인펜, 수정 테이프 준비하기
3. 노트테이킹 할 필기구 준비하기

시작 시간 : _____ 시 _____ 분
종료 시간 : _____ 시 _____ 분

GRAMMAR SECTION

DIRECTIONS:

The following items need a word or words to complete the sentence. From the four choices for each item, choose the best answer. Then blacken in the correct circle on your answer sheet.

Example:

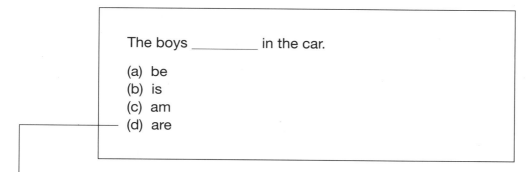

The boys _____ in the car.

(a) be
(b) is
(c) am
(d) are

The correct answer is (d), so the circle with the letter (d) has been blackened.

NOW TURN THE PAGE AND BEGIN

1. During the recent city revitalization project, Sarah's beloved bookstore faced the threat of being replaced by a modern shopping complex. Determined to preserve her childhood memories and the store's legacy, she _____ for innovative ideas to renovate and modernize the shop now.

    (a) is brainstorming
    (b) will brainstorm
    (c) has brainstormed
    (d) was brainstorming

2. Cooking at home involves more than just preparing meals; it's an art that requires attention to detail and creativity. If one enjoys _____ consistently with different cuisines and ingredients, one can discover a whole new world of flavors.

    (a) to experiment
    (b) experimenting
    (c) having experimented
    (d) to have experimented

3. My friend, Emily Rose, is an environmental activist. She _____ for the new legislation for two years, often organizing community events and awareness drives to garner support, by the time it is voted on next month.

    (a) will campaign
    (b) campaigns
    (c) will have been campaigning
    (d) campaigned

4. Since becoming the CEO of a tech company, the young entrepreneur often makes bold decisions in business strategies, which are effective yet unconventional. If his mentors from college saw him now, they _____ his risky methods.

    (a) will certainly question
    (b) would certainly question
    (c) have certainly questioned
    (d) would have certainly questioned

5. Since Alex opened his tech startup, his company has experienced rapid growth and considerable market interest. To keep up with demand, he is considering various options _____, aimed at increasing the company's reach and further enhancing its market share.

    (a) expanding
    (b) having expanded
    (c) to have expanded
    (d) to expand

6. Hummingbirds are known for their unique ability to fly in various directions unlike most birds. They are not restricted to only forward flight; they _____ fly backward, sideways, and even straight up, displaying remarkable aerial agility.

    (a) can
    (b) would
    (c) should
    (d) must

7. As the population ages, the demand for healthcare services is increasing. Over the past few years, more healthcare professionals _____ in elderly care, particularly focusing on improving the quality of life for those with chronic conditions.

(a) will be specializing
(b) have been specializing
(c) specializes
(d) are specializing

8. The politician was highly respected in his community and known for his commitment to social causes before he was caught _____ money from the public fund. Now, his political career is in jeopardy as his supporters and colleagues distance themselves, casting doubt on his integrity and trustworthiness.

(a) to steal
(b) stealing
(c) having stolen
(d) to have stolen

9. Recent studies in environmental conservation have shown significant improvements in air quality in urban areas. A researcher from the Global Environmental Research Center recommends that cities _____ in implementing green policies for sustainable development.

(a) persist
(b) have persisted
(c) will persist
(d) are persisting

10. Ecologists are excited about the recent increase in the population of endangered species in the region. Had it not been for the new conservation measures, these species _____ into extinction in the area.

(a) were disappearing
(b) might have disappeared
(c) had disappeared
(d) might disappear

11. She is the author of *Beasts of the Little Land*, a short story that will be made into a feature length movie. She initially hesitated _____ the book to be adapted into a film, but she relented when she was given creative input.

(a) having allowed
(b) allowing
(c) to allow
(d) to have allowed

12. Besides being a nutritious breakfast option, the taste of oatmeal is easily altered, with people enjoying it with fruits, nuts, or sweeteners. This versatility makes it a great breakfast choice _____.

(a) where many fitness enthusiasts prefer
(b) who many fitness enthusiasts prefer
(c) which many fitness enthusiasts prefer it
(d) that many fitness enthusiasts prefer

13. In recent years, local libraries have been experiencing a decrease in visitors due to the rise of digital reading platforms. Therefore, the Education Ministry commands that all local schools _____ reading programs in collaboration with libraries.

(a) are engaging in
(b) engaged in
(c) engage in
(d) have engaged in

14. As an avid traveler, Marco always travels through guided tours, rather than exploring new places on his own. As a result, he missed many hidden gems in the cities he visited. He _____ so many unique spots had he traveled by himself.

(a) wouldn't have missed
(b) wouldn't miss
(c) wasn't missing
(d) hadn't missed

15. This year, my colleague has chosen to skip the annual company retreat focused on team-building exercises. Instead, he _____ a comprehensive report on market trends for when the management team reviews the quarterly performance.

(a) will be preparing
(b) has been preparing
(c) is preparing
(d) had been preparing

16. The students were surprised when the professor abruptly ended the lecture due to technical difficulties. Most of them felt that the topic was essential and deserved a thorough discussion. However, they did not consider _____ the class to be an effective solution.

(a) having cancelled
(b) to be cancelling
(c) to cancel
(d) cancelling

17. The CEO, known for his busy schedule and constant travels, arrived late for the crucial board meeting. By the time he got there, the board members, discussing preliminary matters among themselves, _____ in the meeting room for half an hour.

(a) waited
(b) had waited
(c) were waiting
(d) had been waiting

18. Emily is planning to donate a significant amount of money to an animal shelter, which she was saving for a trip to Europe. They _____ with her choice and express their concern if her family were aware of her current plans.

(a) would have disagreed
(b) would disagree
(c) will disagree
(d) have disagreed

19. There has been an advertisement for the position of personal secretary to the governor for the past month. They are having difficulty filling the position because applicants must be fluent in three languages _____ five years of experience.

(a) due to
(b) in the event of
(c) in addition to
(d) rather than

20. Flowers consist of several parts including the petals, stamen, anthers, and pistils. The stamen is the thin filament supporting the anther _____. The pollen falls on the pistil, fertilizing it, and that leads to seeds being formed.

(a) which pollen is produced
(b) when pollen is produced
(c) where pollen is produced
(d) what pollen is produced

21. Sarah and her partner Mia are running a boutique that features handcrafted jewelry and artisanal scarves. They're not entirely satisfied with the current sales figures, though. Were they to decide to allocate more funds, they _____ the store and add more variety to their product line.

(a) have redesigned
(b) can redesign
(c) could have redesigned
(d) could redesign

22. During the annual science fair, the school's electricity suddenly went off, causing some chaos among the students and their projects. The science teachers _____ the safety measures to take during a power outage when the principal was asked to address the situation.

(a) had quickly explained
(b) quickly explained
(c) were quickly explaining
(d) are quickly explaining

23. Climate change is a critical issue that affects various aspects of the environment. _____, it leads to rising sea levels, increased temperatures, and altered weather patterns. Some of its impacts include more frequent and severe hurricanes, melting polar ice caps, and extended drought in many regions.

(a) Therefore
(b) For instance
(c) In addition
(d) Conversely

24. The introduction of advanced agricultural technology has revolutionized farming practices, increasing crop yields immensely. If farmers had realized its potential earlier, they _____ higher profits much sooner.

(a) would have reaped
(b) had reaped
(c) will be reaping
(d) would reap

25. The company's annual general meeting was scheduled to start at 10 a.m., but due to unexpected technical issues with the video conferencing software, there was a substantial delay. Given the time needed to resolve these issues, it _____ have been around 11:30 a.m. when the meeting finally commenced.

    (a) can
    (b) will
    (c) shall
    (d) must

26. When a customer decides to relocate, it is important to update their shipping address on their favorite online shopping sites. This action is vital _____ the correct delivery of their orders. It is also crucial for customers to keep their contact information current to facilitate smooth communication and ensure seamless service.

    (a) having supported
    (b) to have supported
    (c) supporting
    (d) to support

LISTENING SECTION

(a) one
(b) two
(c) three
(d) four

Bill Johnson has four brothers, so the best answer is (d). The circle with the letter (d) has been blackened.

NOW TURN THE PAGE AND BEGIN

27. (a) look for a job in Italy
    (b) pursue a master's degree
    (c) take a gap year
    (d) start her own business

28. (a) to explore new job opportunities
    (b) to spend time with her relatives
    (c) to participate in a seminar in her field
    (d) to earn money for her education

29. (a) software engineering
    (b) data science
    (c) computer science
    (d) information technology

30. (a) because they are less competitive options
    (b) because they are located far from her family
    (c) because they offer scholarships and financial aid
    (d) because they have the best AI programs

31. (a) by using savings from her internship
    (b) by working full-time during her gap year
    (c) by borrowing money from her parents
    (d) by getting student loans from a bank

32. (a) enjoying each and every moment
    (b) choosing the right university
    (c) getting good grades
    (d) planning to spend the money wisely

33. (a) discuss Gina's post-graduation plans
    (b) search universities for Gina's master's degree
    (c) talk about the previous trip experience
    (d) say their farewells to each other

Part 2. *You will hear a presentation by one person to a group of people. First you will hear questions 34 through 39. Then you will hear the talk. Choose the best answer to each question in the time provided.*

34. (a) nanotechnology
    (b) biotechnology
    (c) quantum computing
    (d) artificial intelligence

35. (a) developing data app technology
    (b) developing self-driving vehicles
    (c) developing rocket engines
    (d) developing an alternative energy device

36. (a) The new tech is too expensive.
    (b) The car is unavailable in some regions.
    (c) The invention may not be safe.
    (d) The machine is difficult to operate.

37. (a) city workers and bio-engineers
    (b) musicians and artists
    (c) economists and philosophers
    (d) landscapers and scientists

38. (a) a policy that allows employees to bring pets to the office
    (b) a policy that shares the information with the public
    (c) a policy that encourages feedback and communication
    (d) a policy that lets anyone visit the facility at any time

39. (a) by completing a document
    (b) by buying company stocks
    (c) by attending the tour tomorrow
    (d) by receiving tickets from the staff

Part 3. *You will hear a conversation between two people. First you will hear questions 40 through 45. Then you will hear the conversation. Choose the best answer to each question in the time provided.*

40. (a) She wanted to try out a fitness challenge.
    (b) Her morning jogs were becoming boring.
    (c) Tom recommended it to her.
    (d) She found the traffic unbearable.

41. (a) experiencing the wind in her hair
    (b) riding at a pace set by commuters
    (c) having the chance to save money
    (d) avoiding traffic jams on the street

42. (a) being too expensive to buy equipment
    (b) inclement weather conditions
    (c) not knowing the shortest routes
    (d) the challenge of finding a parking spot

43. (a) by trying a new fitness routine
    (b) by selling his expensive car
    (c) by driving less often than now
    (d) by not renewing his driving license

44. (a) He might get lost on unfamiliar routes at night.
    (b) He might have to spend all night working.
    (c) He might not be able to visit new shops.
    (d) He might end up missing the last bus.

45. (a) to use public transportation
    (b) to begin jogging to work
    (c) to start using his bicycle
    (d) to continue driving daily

46. (a) understanding digital platforms
    (b) making a career in writing
    (c) starting a successful blog
    (d) exploring different writing genres

47. (a) to ensure you are writing about popular topics
    (b) to allow your passion to connect to readers
    (c) to compete with other bloggers
    (d) to increase search engine rankings

48. (a) It should be lengthy and detailed.
    (b) It needs to have high-quality posts.
    (c) It needs to be posted daily.
    (d) It should only be about trending topics.

49. (a) by focusing only on content and ignoring the visuals
    (b) by using clear pictures with simple fonts
    (c) by writing longer blog posts without any images
    (d) by using multiple colors in each post

50. (a) by replying to the comments from the readers
    (b) by limiting their interactions to maintain exclusivity
    (c) by visiting other competitive bloggers
    (d) by focusing only on social media platform

51. (a) avoid following trends
    (b) stick with one search engine
    (c) join a blogging community
    (d) use relevant keywords

52. (a) to keep up with competitors
    (b) to do extensive research
    (c) to become digital experts
    (d) to update on a regular basis

READING AND VOCABULARY SECTION

DIRECTIONS:

You will now read four different passages. Each passage is followed by comprehension and vocabulary questions. From the four choices for each item, choose the best answer. Then blacken in the correct circle on your answer sheet.

Read the following example passage and example question.

Example:

> Bill Johnson lives in New York. He is 25 years old.
> He has four brothers and two sisters.
>
> How many brothers does Bill Johnson have?
>
> (a) one
> (b) two
> (c) three
> (d) four

The correct answer is (d), so the circle with the letter (d) has been blackened.

ⓐ ⓑ ⓒ ●

NOW TURN THE PAGE AND BEGIN

Part 1. Read the following biography article and answer the questions. The underlined words in the article are for vocabulary questions.

SPONGEBOB SQUAREPANTS

SpongeBob SquarePants is the principal figure of the iconic American animated series of the same title. It is renowned for its idiosyncratic characters, and a unique blend of humor and imaginative storytelling. SpongeBob SquarePants was central among the slew of animations in the late 1990s and early 2000s, establishing itself as a cultural phenomenon.

Created by Stephen Hillenburg for Nickelodeon, SpongeBob is a jovial but sometimes naive sea sponge residing in the underwater town of Bikini Bottom. He is recognized for his square, yellow appearance, distinctive laugh, and his career as a fry cook at the Krusty Krab. SpongeBob's memorable phrases like "I'm ready!" have become part of pop culture lexicon.

SpongeBob SquarePants emerged in 1999 from the creative mind of Stephen Hillenburg, who was initially a marine biologist. The idea was rooted in a comic he authored for educational purposes called "The Intertidal Zone." Hillenburg's work caught the attention of Nickelodeon executives. After fine-tuning the concept and settling on Tom Kenny for the voice role, SpongeBob SquarePants was born. The show premiered on Nickelodeon in May 1999. It garnered immense admiration from viewers, quickly ascending to flagship status, captivating audiences of all ages over the world.

In the animated series, SpongeBob dons his classic white short-sleeved shirt, red tie, and brown square pants. His perpetually optimistic nature and adventures with his best friend Patrick Star are central themes to the stories. While he often finds himself in quirky situations, his purity and determination usually see him through. SpongeBob's unwavering enthusiasm, be it for his job or for catching jellyfish, is both his strength and his comedic downfall. His interactions with other Bikini Bottom residents, like the cranky Squidward or money-loving Mr. Krabs, often lead to hilarious outcomes.

The SpongeBob SquarePants show ran for over 260 episodes by 2022 and inspiring movies, merchandise, and even a Broadway musical. Though it bagged multiple awards, its greatest achievement was the global impact and the generations it inspired. The series served as a stepping stone for numerous animators and writers who ventured on to produce other prominent animations, such as *Adventure Time* and *The Loud House*. SpongeBob's influence and that of contemporaneous shows have elevated animation, making it a revered art form for all ages.

53. What is SpongeBob SquarePants best known for?

  (a) leading the cultural phenomenon among 1990s animations
  (b) winning numerous awards for educational programs
  (c) starring in an American animated television series
  (d) inventing a new genre of underwater-themed comics

54. What has made SpongeBob become a part of pop culture lexicon?

  (a) his unique approach to solving problems
  (b) his fashion sense and style
  (c) his original catchy phrases
  (d) his adventures in Bikini Bottom

55. Based on the article, how was SpongeBob SquarePants created?

  (a) from a spin-off from another animation
  (b) from an adaptation of a famous novel
  (c) from collaboration with multiple animators
  (d) from a comic for educational purposes

56. According to the fourth paragraph, what is NOT true about SpongeBob?

  (a) He is known for his negative personality.
  (b) He gets along with his neighbors.
  (c) He often finds himself in unusual situations.
  (d) He has a pal named Patrick Star.

57. What did this cartoon series probably accomplish?

  (a) It was an obstacle in the animation industry.
  (b) It was a foundational phase in the creator's career.
  (c) It was a platform for launching future successful projects.
  (d) It was popular for a brief period of time.

58. In the context of the passage, jovial means _____.

  (a) cheerful
  (b) serious
  (c) withdrawn
  (d) ambitious

59. In the context of the passage, garnered means _____.

  (a) lost
  (b) ignored
  (c) collected
  (d) disrupted

STUDY ON MENTAL ATTITUDES AND AGING

Recent research from Harvard re-explored the influence of psychological factors on aging, particularly delving into the role of age-related stereotypes and mindsets. While aging has been traditionally viewed as a strictly biological process, emerging theory suggests that our psychological outlook holds significant sway.

Building upon the foundations of the renowned 1979 'Counterclockwise' experiment by Dr. Ellen Langer, this study focused on older adults, aged 75 and above. Langer's groundbreaking 1979 study had participants recreate their past by immersing them in an environment reminiscent of the 1950s. In the recent experiment, participants were similarly placed in a retreat where they were surrounded by an environment mimicking the late 1980s—no modern technology, dressed in period attire, and were encouraged to think and act as if they were reliving their younger days. Initial observations highlighted that participants showed signs of revitalized energy and increased physical activity.

The experiment was structured as a randomized control trial, encompassing three distinct groups: the experimental 'counterclockwise' group, an active control group that did not receive the 1980s time manipulation, and a group that received no specific intervention. The impact on medical, cognitive, and psychological domains, as well as participants' perceived age, were methodically assessed at particular intervals following the intervention.

Physical and psychological evaluations were administered both prior to and after the retreat. While there were slight improvements noted immediately post-retreat, a significantly more pronounced enhancement became evident when assessments were repeated a month later. Langer attributes this delayed yet considerable progress to the extended engagement of a youthful mindset and its positive effect on physical well-being. The study presumes that when individuals continuously embrace a more youthful perspective, they might experience improved physical health and diminished signs of aging.

The findings suggest that the power of the mind might play a broader role in our health and aging process than previously believed. A consciously adopted youthful mental outlook could potentially act as a buffer against the aging process. However, for definite benefits to occur, this shift in mindset should be genuine and sustained. Skepticism or disbelief might undercut potential effectiveness. Further studies are on the horizon, aiming to unpack the intricate ways our mental processes intersect with bodily aging.

60. What is the theme of the Harvard study?

   (a) the effectiveness of physical exercise on aging
   (b) the influence of mental state on bodily aging
   (c) the impact of modern technology on aging
   (d) the role of dietary changes in aging

61. Why, most likely, did the study recreate the 1980s environment for the participants?

   (a) to test the participants' memory of the 1980s
   (b) to help the participants believe that they are young
   (c) to provide entertainment for the participants
   (d) to compare technology advancements over decades

62. According to the third paragraph, how was the experiment structured?

   (a) It involved only one group reliving their past.
   (b) It was a single-blind study with two groups.
   (c) It was carried out on a random basis.
   (d) It let all participants use modern technology.

63. When did the significant enhancement in the evaluation became evident?

   (a) immediately after the retreat
   (b) a month prior to the retreat
   (c) in the middle of th retreat
   (d) a month after the retreat

64. Based on the article, what can be inferred about the youthful mental outlook?

   (a) It has no real effect on physical well-being.
   (b) It is less effective than physical exercise.
   (c) It needs to be believed for it to actually work.
   (d) It only works if combined with modern technology.

65. In the context of the passage, groundbreaking means _____.

   (a) theoretical
   (b) invisible
   (c) innovative
   (d) unimportant

66. In the context of the passage, presumes means _____.

   (a) denies
   (b) assumes
   (c) confirms
   (d) questions

ULURU

Uluru, often referred to as "the navel of the Earth," is a majestic sandstone formation famously known as Ayers Rock. This iconic natural formation, estimated to be over 500 million years old, rises majestically above the surrounding desert landscape of Australia. Uluru is a sacred site to the Anangu, the traditional Aboriginal owners of the land, and its name in the local Pitjantjatjara language means "great pebble."

Uluru was unknown to the outside world until the late 19th century. The first recorded European sighting was by surveyor William Gosse in 1873, who named Ayers Rock after Sir Henry Ayers, a South Australian politician. Uluru, which has been a significant cultural and spiritual site for the Anangu people for thousands of years, has since become an iconic symbol of Australia, drawing visitors from all over the world.

Notable for its striking red color, which changes dramatically at sunrise and sunset, Uluru is a geological marvel. Unlike other rock formations, it is unique in that most of its bulk lies underground, with only the tip visible above the surface. This feature, along with its isolated location, makes it an extraordinary sight in the otherwise flat, arid region.

The wildlife around Uluru is diverse, with an abundance of unique flora and fauna adapted to the harsh desert environment. The area is also home to several rare and endangered species, making it an important ecological preserve. Standing at a height of 348 meters and measuring around 9.4 kilometers in circumference, Uluru's imposing presence dominates the flat surrounding plains.

Uluru, designated as a UNESCO World Heritage Site in 1987 for its cultural and natural importance, has seen increased efforts to preserve its sacred status in recent years. Recognizing the significance of the site to the Anangu, climbing Uluru was officially banned in 2019. This decision was a pivotal move to honor the cultural heritage and beliefs of Australia's indigenous population.

Uluru remains one of Australia's most recognizable landmarks, celebrated for its cultural importance and breathtaking natural beauty. It is a testament to the deep connection between the land and its traditional custodians, offering insights into Australia's rich Aboriginal heritage.

67. What is Uluru famous for?

    (a) its unique wildlife
    (b) its underground mineral reserves
    (c) its traditional architectural style
    (d) its large rock formation

68. Why, most likely, is Uluru considered an iconic symbol of Australia?

    (a) because it was hidden for thousands of years
    (b) because it became a major tourist attraction
    (c) because it was discovered by a famous explorer
    (d) because it is the highest point in Australia

69. According to the third paragraph, what is NOT true about Uluru's geographical features?

    (a) It is predominantly underground.
    (b) It is known for its striking red color.
    (c) It looks like a flat and arid rock.
    (d) It changes color at sunrise and sunset.

70. What can be inferred from the fourth paragraph?

    (a) Its height and size changes due to the harsh environment.
    (b) The surrounding plains provide habitat for animals.
    (c) It is smaller in size compared to other rock formations in the area.
    (d) The region around Uluru is mostly urban and developed.

71. Based on the article, why was climbing Uluru banned?

    (a) to preserve the ecological balance
    (b) to respect the Anangu people
    (c) to increase domestic tourism
    (d) to ensure the safety of climbers

72. In the context of the passage, diverse means_____.

    (a) unchanged
    (b) hostile
    (c) scarce
    (d) varied

73. In the context of the passage, rich means _____.

    (a) abundant
    (b) unnoticeable
    (c) wealthy
    (d) familiar

Anthony Richardson
Lakeview Avenue, Chicago
IL, 60657

Dear Mr. Richardson:

As the fall season approaches, we want to express our gratitude to our loyal patrons. This November, as we approach our 15th anniversary, we would be delighted to have you join us for an exclusive gathering at a luxury hotel in downtown Chicago.

In addition, we are excited to announce the launch of our new product line, featuring a range of seasonal items perfect for the holidays. From elegant home decorations to unique gift ideas, these specially curated selections are designed to bring joy to your home. But don't delay as these will be available for a limited time only.

Additionally, we are pleased to extend an invitation for an exclusive shopping event in November, offering a 40% discount and extended shopping hours until 10 p.m. This special offer is available at all our locations across Illinois. During the week of Thanksgiving, we will host live jazz performances every evening.

We will also be distributing free bags of dark chocolate and cinnamon-spiced candles to enhance your Thanksgiving. As a special promotion, the store will also provide a complimentary, 20-minute boat tour along the Chicago River, valid throughout November for customers shopping in the area.

As a gesture of our appreciation, enclosed is a $100 gift voucher, redeemable exclusively in Illinois on purchases over $150. To guarantee entry to our event, please bring a photo ID or your invitation card, as our staff will verify names against the official guest list at the entrance.

Warm regards,

J. Patterson

James Patterson
Marketing Manager
Candles & More

74. Why did Mr. Patterson write to Mr. Richardson?

    (a) to invite him to a special anniversary gathering
    (b) to announce the closing of their Chicago store
    (c) to inform him about a change in store policy
    (d) to offer him a job at Candles & More

75. According to the second paragraph, what is suggested about the new product line?

    (a) It is only for new customers.
    (b) It includes extended shopping hours and discounts.
    (c) It is restricted to online purchases.
    (d) It offers limited items for a certain time.

76. What is one benefit of the exclusive shopping event in November?

    (a) It is available at all shops in the country.
    (b) The shopping hours will be extended to 24 hours.
    (c) Customers will receive more than half markdown.
    (d) Live concerts will be hosted during the holiday week.

77. What will Mr. Richardson receive for free?

    (a) cinnamon-spiced sweets
    (b) a ride on a ship
    (c) a coupon worth $150
    (d) chocolate and vanilla candles

78. Why is a $100 gift voucher probably included in the letter?

    (a) to encourage the shoppers to purchase more
    (b) as compensation for a previous inconvenience
    (c) to receive an invitation card and become an official guest
    (d) as a reward for Mr. Richardson's feedback

79. In the context of the passage, patrons means _____.

    (a) products
    (b) manufacturers
    (c) staff
    (d) customers

80. In the context of the passage, verify means _____.

    (a) prove
    (b) discard
    (c) check
    (d) transfer

★ 정답 및 해설 p.118

G-TELP

※ TEST DATE MO. DAY YEAR

감독확인관인

성 명

등급 ① ② ③ ④ ⑤

성명란
초성 / 중성 / 종성

수 험 번 호

1) Code 1.
2) Code 2.
3) Code 3.

주민등록번호 앞자리 — 고 유 번 호

문항	답 란	문항	답 란	문항	답 란	문항	답 란	문항	답 란
1	ⓐⓑⓒⓓ	21	ⓐⓑⓒⓓ	41	ⓐⓑⓒⓓ	61	ⓐⓑⓒⓓ	81	ⓐⓑⓒⓓ
2	ⓐⓑⓒⓓ	22	ⓐⓑⓒⓓ	42	ⓐⓑⓒⓓ	62	ⓐⓑⓒⓓ	82	ⓐⓑⓒⓓ
3	ⓐⓑⓒⓓ	23	ⓐⓑⓒⓓ	43	ⓐⓑⓒⓓ	63	ⓐⓑⓒⓓ	83	ⓐⓑⓒⓓ
4	ⓐⓑⓒⓓ	24	ⓐⓑⓒⓓ	44	ⓐⓑⓒⓓ	64	ⓐⓑⓒⓓ	84	ⓐⓑⓒⓓ
5	ⓐⓑⓒⓓ	25	ⓐⓑⓒⓓ	45	ⓐⓑⓒⓓ	65	ⓐⓑⓒⓓ	85	ⓐⓑⓒⓓ
6	ⓐⓑⓒⓓ	26	ⓐⓑⓒⓓ	46	ⓐⓑⓒⓓ	66	ⓐⓑⓒⓓ	86	ⓐⓑⓒⓓ
7	ⓐⓑⓒⓓ	27	ⓐⓑⓒⓓ	47	ⓐⓑⓒⓓ	67	ⓐⓑⓒⓓ	87	ⓐⓑⓒⓓ
8	ⓐⓑⓒⓓ	28	ⓐⓑⓒⓓ	48	ⓐⓑⓒⓓ	68	ⓐⓑⓒⓓ	88	ⓐⓑⓒⓓ
9	ⓐⓑⓒⓓ	29	ⓐⓑⓒⓓ	49	ⓐⓑⓒⓓ	69	ⓐⓑⓒⓓ	89	ⓐⓑⓒⓓ
10	ⓐⓑⓒⓓ	30	ⓐⓑⓒⓓ	50	ⓐⓑⓒⓓ	70	ⓐⓑⓒⓓ	90	ⓐⓑⓒⓓ
11	ⓐⓑⓒⓓ	31	ⓐⓑⓒⓓ	51	ⓐⓑⓒⓓ	71	ⓐⓑⓒⓓ		
12	ⓐⓑⓒⓓ	32	ⓐⓑⓒⓓ	52	ⓐⓑⓒⓓ	72	ⓐⓑⓒⓓ		
13	ⓐⓑⓒⓓ	33	ⓐⓑⓒⓓ	53	ⓐⓑⓒⓓ	73	ⓐⓑⓒⓓ		
14	ⓐⓑⓒⓓ	34	ⓐⓑⓒⓓ	54	ⓐⓑⓒⓓ	74	ⓐⓑⓒⓓ		
15	ⓐⓑⓒⓓ	35	ⓐⓑⓒⓓ	55	ⓐⓑⓒⓓ	75	ⓐⓑⓒⓓ		
16	ⓐⓑⓒⓓ	36	ⓐⓑⓒⓓ	56	ⓐⓑⓒⓓ	76	ⓐⓑⓒⓓ		
17	ⓐⓑⓒⓓ	37	ⓐⓑⓒⓓ	57	ⓐⓑⓒⓓ	77	ⓐⓑⓒⓓ		
18	ⓐⓑⓒⓓ	38	ⓐⓑⓒⓓ	58	ⓐⓑⓒⓓ	78	ⓐⓑⓒⓓ		
19	ⓐⓑⓒⓓ	39	ⓐⓑⓒⓓ	59	ⓐⓑⓒⓓ	79	ⓐⓑⓒⓓ		
20	ⓐⓑⓒⓓ	40	ⓐⓑⓒⓓ	60	ⓐⓑⓒⓓ	80	ⓐⓑⓒⓓ		

password

지텔프의 정석 65⁺ Level 2

2024. 4. 17. 1판 1쇄 인쇄
2024. 4. 24. 1판 1쇄 발행

지은이 | 오정석
펴낸이 | 이종춘
펴낸곳 | BM ㈜도서출판 **성안당**
주소 | 04032 서울시 마포구 양화로 127 첨단빌딩 3층(출판기획 R&D 센터)
　　　| 10881 경기도 파주시 문발로 112 파주 출판 문화도시(제작 및 물류)
전화 | 02) 3142-0036
　　　| 031) 950-6300
팩스 | 031) 955-0510
등록 | 1973. 2. 1. 제406-2005-000046호
출판사 홈페이지 | www.cyber.co.kr
ISBN | 978-89-315-5994-1 (13740)
정가 | 20,000원

이 책을 만든 사람들
책임 | 최옥현
진행 | 김은주
편집 · 교정 | 김은주, 박민경, 송수인
영문 검수 | Thomas Giammarco
본문 디자인 | 나인플럭스
표지 디자인 | 나인플럭스
홍보 | 김계향, 유미나, 정단비, 김주승
국제부 | 이선민, 조혜란
마케팅 | 구본철, 차정욱, 오영일, 나진호, 강호묵
마케팅 지원 | 장상범
제작 | 김유석

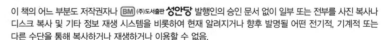

■ 도서 A/S 안내

성안당에서 발행하는 모든 도서는 저자와 출판사, 그리고 독자가 함께 만들어 나갑니다.
좋은 책을 펴내기 위해 많은 노력을 기울이고 있습니다. 혹시라도 내용상의 오류나 오탈자 등이 발견되면 **"좋은 책은 나라의 보배"**로서 우리 모두가 함께 만들어 간다는 마음으로 연락주시기 바랍니다. 수정 보완하여 더 나은 책이 되도록 최선을 다하겠습니다.
성안당은 늘 독자 여러분들의 소중한 의견을 기다리고 있습니다. 좋은 의견을 보내주시는 분께는 성안당 쇼핑몰의 포인트(3,000포인트)를 적립해 드립니다.
잘못 만들어진 책이나 부록 등이 파손된 경우에는 교환해 드립니다.

초급 Basic Grammar in use 4/e

전 세계 수백만 명의 학습자가 사용하는 영문법 교재입니다. 이 책의 구성은 스스로 공부하는 학생과 영어 수업의 필수 참고서로 적합한 교재입니다. 학습가이드를 통하여 영문법을 익히고 연습문제를 통하여 심화학습 할 수 있습니다. 쉽고 간결한 구성으로 Self-Study를 원하는 학습자와 강의용으로 사용하는 모두에게 알맞은 영어교재입니다.

┃ Book with answers and Interactive eBook 978-1-316-64673-1
┃ Book with answers 978-1-316-64674-8

초급 Basic Grammar in use 한국어판

한국의 학습자들을 위하여 간단 명료한 문법 해설과 2페이지 대면 구성으로 이루어져 있습니다. 미국식 영어를 학습하는 초급 단계의 영어 학습자들에게 꼭 필요한 문법을 가르치고 있습니다. 또한 쉽게 따라 할 수 있는 연습문제는 문법 학습을 용이하도록 도와줍니다. 본 교재는 Self-Study 또는 수업용 교재로 활용이 가능합니다.

┃ Book with answers 978-0-521-26959-9

초급 Essential Grammar in use 4/e

영어 초급 학습자를 위한 필수 문법교재 입니다. 학습가이드와 연습문제를 제공하며 Self-Study가 가능하도록 구성되어 있습니다.

┃ Book with answers and Interactive eBook 978-1-107-48053-7
┃ Book with answers 978-1-107-48055-1

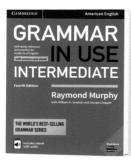

중급 Grammar in use Intermediate 4/e

미국식 영어학습을 위한 중급 문법교재입니다. 간단한 설명과 명확한 예시, 이해하기 쉬운 설명과 연습으로 구성되어 Self-Study와 강의용 교재 모두 사용 가능합니다.

┃ Book with answers and interactive eBook 978-1-108-61761-1
┃ Book with answers 978-1-108-44945-8

BM (주)도서출판 성안당 ✠ **CAMBRIDGE** │ 도서문의 031-950-6394

중급 Grammar in use Intermediate 한국어판

이해하기 쉬운 문법 설명과 실제 생활에서 자주 쓰이는 예문이 특징인 <Grammar in use Intermediate 한국어판>은 미국 영어를 배우는 중급 수준의 학습자를 위한 문법 교재입니다. 총 142개의 Unit로 구성되어 있는 이 교재는, Unit별로 주요 문법 사항을 다루고 있으며, 각 Unit은 간단명료한 문법 설명과 연습문제가 대면 방식의 두 페이지로 구성되어 있습니다. 문법과 전반적인 영어를 공부하고 하는 사람은 물론 TOEIC, TOEFL, IELTS 등과 같은 영어능력 시험을 준비하는 학습자에게도 꼭 필요한 교재입니다.

❘ Book with answers 978-0-521-14786-6

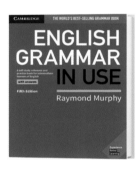

중급 English Grammar in use 5/e

최신판으로 중급 학습자를 위한 첫 번째 선택이며, 해당 레벨에서 필요한 모든 문법을 학습할 수 있는 교재입니다. <IN USE> 시리즈는 전 세계 누적 판매 1위의 영문법 교재로 사랑받고 있습니다. 145개의 Unit으로 이루어져 있으며, Study guide를 제공하여 Self-Study에 적합하며 강의용 교재로 활용할 수 있습니다.

❘ Book with answers and Interactive eBook 978-1-108-58662-7
❘ Book with answers 978-1-108-45765-1

고급 Advanced Grammar in use 4/e

영어 심화 학습자를 위한 영문법 교재입니다. Study planner를 제공하여 자율학습을 용이하게 합니다. 포괄적인 문법 범위와 친숙한 구성으로 고급레벨 학습자에게 적합합니다. 이미 학습한 언어 영역을 다시 확인할 수 있는 Grammar reminder 섹션을 제공합니다. Cambridge IELTS를 준비하는 학생들에게 이상적인 교재입니다.

❘ Book with Online Tests and eBook 978-1-108-92021-6
❘ eBook with Audio and Online Tests 978-1-009-36801-8

BM (주)도서출판 **성안당**   ✠ **CAMBRIDGE**   도서문의 031-950-6394

지텔프의 정석

해설집

65+

LEVEL 2

회계사 · 변리사 · 세무사
노무사 · 감정평가사 · 공무원
군무원 · 소방 · 경찰 필수 영어

BM (주)도서출판 성안당

지텔프의 정석 65+
LEVEL 2

해설집

오정석 (키위쌤) 지음

BM (주)도서출판 성안당

Chapter 1 | 문법

DAY 01 단순·진행 시제

1 현재진행

Exercise

1. is browsing
2. is practicing
3. is thinking
4. are deciphering
5. are implementing
6. is becoming
7. is growing
8. is analyzing
9. is conducting
10. are waiting

1. 지금 내 사촌은 인근 쇼핑몰에서 생일 선물을 사기 위해 둘러보고 있다.

근거 right now는 현재진행 시제와 사용되는 부사구이다.

2. 제인은 요즘 지역 미술 대회에 참가하기 위해 그림 기술을 연습하고 있다.

근거 these days는 현재진행 시제와 사용되는 부사구이다.

3. 이던은 지난 주 등산 중 사고를 당했고, 그는 지금 병원에 가려고 생각 중이다.

근거 at the moment는 현재진행 시제와 사용되는 부사구이다.

4. 현재 과학자들은 복잡한 단백질 분자 구조를 해독하고 있다.

근거 currently는 현재진행 시제와 사용되는 부사이다.

5. 현재 지역 당국은 주요 도시의 대중교통에서 무인 결제 시스템을 시행하고 있다.

근거 at the point는 현재진행 시제와 사용되는 부사구이다.

6. 현재 기후는 지구 온난화와 극한 기상 변화로 인해 더욱 예측할 수 없게 되고 있다.

근거 at the present time은 현재진행 시제와 사용되는 부사구이다.

7. 최근 데이터에 따르면, 원격 근무자와 디지털 유목민의 수가 요즘 꾸준히 증가하고 있다.

근거 nowadays는 현재진행 시제와 사용되는 부사이다.

8. 그 언어학자는 바로 이 순간에 멸종 위기에 처한 언어의 구문 양식을 분석하여 그 언어의 보존에 기여하고 있다.

근거 at this very moment는 현재진행 시제와 사용되는 부사구이다.

9. 연구팀은 다양한 분야의 전문가들과 협력하면서 양자 컴퓨팅에 대한 최첨단 실험을 통해 복잡한 문제를 더 효율적으로 해결하고 있다.

근거 while it is collaborating은 현재진행 시제와 사용되는 부사절로 동시에 일어나는 행동을 나타낸다.

10. 에이미를 오늘 놀래려는 계획으로, 반 친구들은 모두 교실에서 그녀가 들어오기를 기다리고 있다.

근거 today는 현재진행 시제와 사용되는 부사이다.

Practice

1. (a) 2. (d) 3. (b) 4. (c) 5. (a) 6. (d)

1. 몇 년 전, 우리 회사는 연령대별로 직원들을 분류해서 직원들의 건강 보험 비용을 평가하는 고급 기술을 개발했다. 오늘날 점점 더 많은 고객들이 원하는 대로 건강 보험을 보장받는 것에 대해 더 많은 정보를 얻고 있다.

풀이 방법

① 선택지를 보고 시제를 묻는 Form 유형임을 파악한다.

② 빈칸이 포함된 문장에서 today는 현재진행 시제와 자주 사용되는 부사임을 기억한다.

③ 현재진행 시제인 (a) are becoming을 고른다.

어휘 advanced 고급의 assess 평가하다 healthcare 건강보험 expense 비용 employee 직원 categorize 분류하다 increasing 증가하는 informed 정보가 있는 coverage (보험의) 보장 as desired 원하는 대로

2. 지난 5년 동안 차량 가격이 급등했지만, 대출 기관의 금융 지원도 평균 소득도 따라잡지 못했다. 그 결과, 중하위층 사람들은 현재 차를 구매하는 데 더 어려움을 겪고 있다.

풀이 방법

① 선택지를 보고 시제를 묻는 Form 유형임을 파악한다.

② 빈칸이 포함된 문장에서 currently는 현재진행 시제와 자주 사용되는 부사임을 기억한다.

③ 현재진행 시제인 (d) are currently having을 고른다.

어휘 vehicle 차량 surge 급등하다 financial assistance 금융 지원 lender 대출 기관 average income 평균 소득 keep up 따라잡다 as a result 그 결과 lower- and middle-class 중하위층 individual 개인, (한) 사람 have a difficult time

~ing ~에 어려움을 겪다

3. 소득 수준과 전문 교육 과정 비용 간의 점점 커지는 격차로 인해 상당한 경제적 부담이 발생했다. 요즘에는 일부 가정에서 자녀들에게 단기 자격증, 지역 교육 센터 또는 온라인 프로그램을 찾아보라고 권유하기도 한다.

풀이 방법

① 선택지를 보고 시제를 묻는 Form 유형임을 파악한다.

② 빈칸이 포함된 문장에서 nowadays는 현재진행 시제와 자주 사용되는 부사임을 기억한다.

③ 현재진행 시제인 (b) are even encouraging을 고른다.

어휘 growing 증가하는 disparity 격차 income level 소득 수준 expense 비용 lead to ~로 이어지다 significant 중대한 financial burden 경제적 부담 encourage 권장하다 short-term certification 단기 자격증 local training center 지역 교육 센터

4. 나는 대학 시절 이 교수님 아래에서 물리학을 배웠고 지금은 그 분야에서 유명한 과학자가 되었다. 나는 연구에 매진하고 있고, 교수님은 계속해서 논문 발표와 후학 지도를 통해 학계에 기여하고 있다.

풀이 방법

① 선택지를 보고 시제를 묻는 Form 유형임을 파악한다.

② 빈칸이 포함된 문장에서 while he is continuing은 현재진행 시제와 자주 사용되는 부사절임을 기억한다.

③ 현재진행 시제인 (c) am working을 고른다.

어휘 physics 물리학 work on ~에 매진하다, 노력하다 contribute to ~에 기여하다 academia 학계 publish 발표하다 paper 논문

5. 세계 재활용의 날은 5월 둘째 주 일요일에 기념한다. 재활용은 환경 보호와 자원 효율성의 상징이 되었으며, 현 시점에 전 세계적으로 더 많은 인식을 얻고 있다.

풀이 방법

① 선택지를 보고 시제를 묻는 Form 유형임을 파악한다.

② 빈칸이 포함된 문장에서 at this point는 현재진행 시제와 자주 사용되는 부사구임을 기억한다.

③ 현재진행 시제인 (a) is gaining을 고른다.

어휘 World Recycling Day 세계 재활용의 날 observe 기념하다 environmental conservation 환경 보호 resource efficiency 자원 효율성 gain acceptance 인식을 얻다

6. 오늘날 바쁜 세상에서, 부모들은 종종 자녀들을 위한 신뢰할 수 있는 방과 후 프로그램을 찾는 것을 어렵다고 생각한다. 어떻게 매번 높은 평가를 받은 방과 후 프로그램이 가족과 아이들의 필요를 효과적으로 충족시키고 있는지 알아낼 수 있을까?

풀이 방법

① 선택지를 보고 시제를 묻는 Form 유형임을 파악한다.

② 문장 전체적으로 현재 시점에서 이야기를 하고 있으며 every time은 반복을 나타내며 현재진행 시제와 사용되는 표현임을 기억한다.

③ 현재진행 시제인 (d) is meeting을 고른다.

어휘 find ~라고 생각하다 challenging 도전적인, 어려운 identify 확인하다, 발견하다 trustworthy 신뢰할 수 있는 determine 알아내다, 결정하다 highly-rated 높은 평가를 받은 meet the needs of ~의 필요를 충족시키다 effectively 효과적으로

2 과거진행

Exercise

1. were reading
2. were debating
3. was writing
4. was watching
5. was hiking
6. were living
7. was walking
8. was still trying
9. was telling
10. were going

1. 어제 태오와 그의 형제가 집에서 책을 읽고 있었다.

근거 yesterday는 과거진행 시제와 사용되는 부사이다.

2. 지난주에 국제 지도자들이 재생 에너지에 대한 중요한 정책을 토론하고 있었다.

근거 last week은 과거진행 시제와 사용되는 부사구이다.

3. 소피아는 1분 전에 컴퓨터 방에서 이메일을 쓰고 있었지만, 지금 그곳에 없다.

근거 a minute ago는 과거진행 시제와 사용되는 부사구이다.

4. 아버지가 어머니에게 전화했을 때, 그녀는 좋아하는 연속극을 보고 있었다.

근거 When my father called는 과거 시점을 나타낸다.

5. 캐나다 숲에서 하이킹을 하고 있을 때 그는 곰에게 쫓기게 되었다.

근거 주절이 과거(was chased)이고 while절이 지속되는 상황을 나타내므로 과거진행(was hiking)을 쓴다.

6. 1993년에, 할아버지와 할머니는 대도시 지역에서 살고 있었지만, 다음 해에 시골로 이사했다.

근거 In 1993은 과거진행 시제와 사용되는 부사구이다.

7. 준의 어머니가 길에서 걷고 있을 때, 아들이 비행 청소년 무리와 함께 놀고 있는 것을 발견했다.

근거 주절이 과거이므로 when절도 내용에 맞게 과거진행 시제가 쓰여야 한다.

8. 리암은 자신이 우승할 가능성이 희박하다는 것을 깨달았지만, 그 대회에서 우승하기 위해 여전히 열심히 노력하고 있었다.

근거 even though he realized는 과거 시점을 나타낸다.

9. 쟈니는 진정한 사랑을 찾기 위해 세계를 여행하기로 결정했다. 최근까지, 그는 완벽한 여자를 찾아 그녀와 결혼할 것이라고 모두에게 말하고 있었다.

근거 Until recently는 과거진행 시제와 사용되는 부사구이다.

10. 정부는 불법 마약 밀매를 통제하기 위해 엄격한 규정을 시행해야 한다. 내가 최근에 짧은 동영상 클립을 봤는데, 몇몇 사람들이 마약을 한 후 캠프장에서 난동을 부리고 있었다.

근거 문장 전체가 과거 시점에서 이야기하고 있으므로 과거진행 시제를 사용한다.

Practice

1. (a) **2.** (c) **3.** (b) **4.** (d) **5.** (a) **6.** (c)

1. 2008년 강력한 태풍이 남쪽 해안을 강타했고, 그것은 무방비 상태의 모든 이들을 덮쳤다. 강한 바람이 불고 나무가 넘어지는 동안, 주민들은 피난처가 될 안전한 장소를 찾고 있었다.

풀이 방법
① 선택지를 보고 시제를 묻는 Form 유형임을 파악한다.
② 빈칸이 포함된 문장의 'while + 과거진행(were blowing, were falling)'은 과거진행 시제와 자주 사용되는 표현임을 기억한다.
③ 과거진행 시제인 (a) were searching을 고른다.

어휘 southern coast 남쪽 해안 catch ~ off guard 무방비 상태의 ~를 당황하게 하다 resident 주민 take refuge 피난하다

2. 예술가 지망생인 비비안은 그림에 대한 영감을 얻기 위해 작은 마을로 이사했다. 도시를 벗어난 후 그녀는 주변의 자연의 아름다움을 관찰하던 중 자신의 창의력을 재발견했고, 결국 미술계에서 인정을 받게 되었다.

풀이 방법
① 선택지를 보고 시제를 묻는 Form 유형임을 파악한다.
② 빈칸이 포함된 문장에서 'after +과거 시점(got away)'는 과거진행 시제와 자주 사용되는 표현임을 기억한다.
③ 과거진행 시제인 (c) was observing을 고른다.

어휘 aspiring 장차 ~가 되려는, ~ 지망생인 inspiration 영감 get away from ~에서 벗어나다 rediscover 재발견하다 creativity 창의력 observe 관찰하다 lead sb to-V ~가 ~하도록 이끌다 gain recognition 인정을 받다

3. 1902년, 나중에 메리 여왕이 될 요크 공작부인은 귀족 사이에서 레이스 드레스 유행을 대중화시켰다. 곧 프랑스 디자이너

가 디자인한 눈부시게 아름다운 레이스 드레스를 입었던 그녀의 며느리를 포함한 모두가 우아한 레이스 드레스를 입고 있었다.

풀이 방법
① 선택지를 보고 시제를 묻는 Form 유형임을 파악한다.
② 앞 문장의 'in + 과거 시점(1902)'을 바탕으로 이어지는 내용도 과거진행 시제와 어울리는 표현이다.
③ 과거진행 시제인 (b) was wearing을 고른다.

어휘 duchess 공작부인 popularize 대중화하다 aristocracy 귀족 including 포함하여 daughter-in-law 며느리 stunning 눈부시게 아름다운 couturier 패션 디자이너

4. 최근 제인은 소셜 미디어를 과도하게 사용하여 직장에서 해고되었다. 그녀의 상사가 생산성이 떨어진다며 질책했을 때조차도, 제인은 여전히 자리에서 인스타그램에 사진을 게시하고 있었다.

풀이 방법
① 선택지를 보고 시제를 묻는 Form 유형임을 파악한다.
② 빈칸이 포함된 문장에서 'when + 과거(reprimanded)'는 과거진행 시제와 자주 사용되는 표현임을 기억한다.
③ 과거진행 시제인 (d) was still posting을 고른다.

어휘 due to ~ 때문에 excessive 과도한 reprimand sb for ~ing ~를 ~때문에 질책하다 unproductive 생산성이 떨어지는 cubicle 칸막이 공간(자리)

5. 20세기 초 유명한 발명가 토마스 에디슨은 전기 전구 개발에 지칠 줄 모르고 일하고 있었다. 그의 끈기는 결국 결실을 맺었고, 그는 세상을 바꾼 실용적이고 오래 지속되는 전구를 성공적으로 발명했다.

풀이 방법
① 선택지를 보고 시제를 묻는 Form 유형임을 파악한다.
② 빈칸이 포함된 문장에서 'in +과거 시점(the early 20th century)'은 과거진행 시제와 자주 사용되는 표현임을 기억한다.
③ 과거진행 시제인 (a) was working을 고른다.

어휘 inventor 발명가 work on ~에 노력을 기울이다 tirelessly 지치지 않고 development 개발 electric light bulb 전기 전구 persistence 끈기 eventually 결국 practical 실용적인 long-lasting 오래 지속되는

6. 내 이웃의 딸은 현지 극장계에서 유명한 배우다. 그녀는 지난달에 우리 동네를 방문했고, 나는 마침 근처 공원에서 그녀를 만날 기회를 가졌다. 그녀는 확실히 깊은 인상을 남겼는데, 그 이유는 그녀가 성공으로의 여정에 대한 진심 어린 이야기를 나누고 있었기 때문이다.

풀이 방법
① 선택지를 보고 시제를 묻는 Form 유형임을 파악한다.

② 앞 문장의 'last + 시간(month)'을 바탕으로 이어지는 문장도 과거진행 시제와 어울리는 표현이다.

③ 과거진행 시제인 (c) was sharing을 고른다.

어휘 local theater scene 현지 극장계 neighborhood 동네 opportunity 기회 certainly 확실하게 lasting 오래 지속하는, 깊은 heartfelt 진심 어린

3 미래진행

Exercise

1. will be using
2. will be studying
3. will be working
4. will be releasing
5. will be going
6. will be adopting
7. will be taking
8. will be moving
9. will be pursuing
10. will be preparing

1. 기술 잡지에 따르면, 2040년까지 우리는 자율 주행 차를 사용하게 될 것이다.

근거 by 2040는 미래 시점을 나타낸다.

2. 크리스는 시험을 준비하기 위해 내일 오후 내내 열심히 공부하고 있을 것이다.

근거 tomorrow는 미래 시점을 나타낸다.

3. 다음 평가까지 맥스는 고객 서비스 부서에서 일하게 될 것이다.

근거 until the next evaluation은 미래 시점을 나타낸다.

4. 우리 회사는 내년 10월에 최신 스마트 홈 기기를 출시할 예정이다.

근거 in the following October는 미래 시점을 나타낸다.

5. 다음 달에 몇몇 임원들이 아시아로 출장을 갈 예정이다.

근거 Next month는 미래 시점을 나타낸다.

6. 다음 학기부터 나는 다가오는 마라톤을 위해 운동 루틴을 채택할 예정이다.

근거 Starting next semester는 미래 시점을 나타낸다.

7. 다음 분기부터 데이비드는 팀 리더라는 새로운 직책에서 추가적인 책임을 맡게 된다.

근거 As of next quarter는 미래 시점을 나타낸다.

8. 제니가 장학금을 받으면 해외로 이주하게 될 것이다.

근거 if she accepts the scholarship은 미래 시점을 나타낸다.

9. 샐리가 요리 학교 현장 학습에서 돌아오면, 그녀는 유명한 요리사가 되는 꿈을 좇고 있을 것이다.

근거 When Sally returns from her field trip to the cooking school은 미래 시점을 나타낸다.

10. 참석자들이 행사장에 도착할 때까지 직원들이 회의실을 준비하고 있을 것이다.

근거 by the time the attendees arrive는 미래 시점을 나타낸다.

Practice

1. (a) **2.** (d) **3.** (b) **4.** (a) **5.** (b) **6.** (c)

1. 다음 시즌 초에 인기 TV 시리즈가 흥미진진한 반전이 있는 줄거리와 예기치 않은 등장인물의 성장을 특징으로 하는 새 에피소드를 방영할 것이다. 팬들은 드라마가 다시 시작되기를 간절히 기다리며 좋아하는 등장인물들에게 어떤 미래가 펼쳐질지 추측하고 있다.

풀이 방법

① 선택지를 보고 시제를 묻는 Form 유형임을 파악한다.

② 빈칸이 포함된 문장에서 At the beginning of the next season은 미래 시점이므로 미래진행 시제와 함께 써야 한다.

③ 미래진행 시제인 (a) will be airing을 고른다.

어휘 feature ~을 특징으로 하다 plot 줄거리 twist 반전 unexpected 예기치 않은 development 발달, 성장 eagerly 간절히 anticipate 기대하다 speculate about ~에 대해 추측하다 what the future holds 어떤 미래가 펼쳐질지

2. 정부는 내년부터 플라스틱 폐기물 관리에 대한 새로운 규정을 시행할 계획이다. 이 새로운 규칙이 시행되면, 기업들은 환경에 미치는 영향을 줄이기 위해 대체 포장 솔루션을 모색하게 될 것이다.

풀이 방법

① 선택지를 보고 시제를 묻는 Form 유형임을 파악한다.

② 빈칸이 포함된 문장에서 if절이 현재 시제이면 주절은 미래진행 시제를 쓴다는 것을 기억한다.

③ 미래진행 시제인 (d) will be exploring을 고른다.

어휘 implement 시행하다 regulation 규정, 규제 management 관리 take effect 시행되다 explore 탐구하다, 모색하다 alternative 대체의 packaging 포장

3. 연례 음악 축제는 다양한 장르의 유명한 아티스트와 밴드들의 공연을 선보일 것이다. 곧 전 세계의 수천 명의 음악 팬이 인근 공원으로 몰려들 것이다.

풀이 방법

① 선택지를 보고 시제를 묻는 Form 유형임을 파악한다.

② 앞 문장에서 미래 시제(will)를 바탕으로, 빈칸이 포함된 문장에서 soon은 미래진행 시제와 자주 사용되는 부사임을

기억한다.

③ 미래진행 시제인 (b) will be flocking을 고른다.

어휘 annual 연례의 showcase 선보이다 thousands of 수천의 flock to ~로 몰려들다 nearby 인근의

4. 이번 달 말까지 도시 중심에 새로운 스포츠 복합 단지 건설이 완료될 것이다. 곧 올림픽 규모의 수영장, 체육관 및 여러 야외 경기장을 포함한 최첨단 시설을 갖추게 될 것이다.

풀이 방법

① 선택지를 보고 시제를 묻는 Form 유형임을 파악한다.

② 앞 문장의 'by + 미래 시점(the end of this month)'을 바탕으로 빈칸이 포함된 문장에서 shortly는 미래진행 시제와 자주 사용되는 부사임을 기억한다.

③ 미래진행 시제인 (a) will be featuring을 고른다.

어휘 construction 건설 sports complex 스포츠 복합 단지 complete 완성하다, 끝마치다 state-of-the-art 최첨단의 facilities 시설 gymnasium 체육관

5. 우주국은 내년 기후 변화와 자연 재해를 모니터링하기 위해 새로운 위성을 궤도에 쏘아 올릴 것이라고 발표했다. 이 첨단 위성은 극한 기상 상황의 예측을 돕기 위해 더 정확한 데이터를 제공할 것이다.

풀이 방법

① 선택지를 보고 시제를 묻는 Form 유형임을 파악한다.

② 빈칸이 포함된 문장에서 'in + 미래 시점(the next year)'은 미래진행 시제와 자주 사용되는 표현임을 기억한다.

③ 미래진행 시제인 (b) will be launching을 고른다.

어휘 space agency 우주국 announce 발표하다 launch 발사하다 satellite 위성 orbit 궤도 natural disaster 자연 재해 advanced 첨단의 accurate 정확한 predict 예측하다 extreme 극한의 weather events 기상 상황

6. 기상 예보에 따르면 뒤늦게 폭설이 예상되며, 이로 인해 지역에 정전이 발생할 수 있다. 눈이 쌓이고 도로가 미끄러워질 동안 지방 당국은 원활한 교통을 보장하기 위해 대체 노선을 제공할 것이다.

풀이 방법

① 선택지를 보고 시제를 묻는 Form 유형임을 파악한다.

② 문장 전체적으로 미래 시점의 일에 대해 이야기하고 있으며, 'while + 현재 시제(piles up, become)'는 미래진행 시제와 자주 사용되는 표현임을 기억한다.

③ 미래진행 시제인 (c) will be providing을 고른다.

어휘 weather forecast 기상 예보 heavy snowstorm 폭설 power outage 정전 pile up 쌓이다 slippery 미끄러운 local authorities 지방 당국 alternative route 대체 노선 ensure 보장하다 smooth transportation 원활한 교통

---

1 현재완료진행

Exercise

1. have been playing
2. have been cheering
3. have been asking
4. have been showing
5. has been working
6. has been saving up
7. has been increasing
8. have been selling
9. have been using
10. has been learning

1. 5살 때부터 나는 피아노를 연주해 오고 있다.

근거 'since + 과거 시점(the age of five)'은 현재완료진행 시제와 사용하는 부사구이다.

2. 열광적인 팬들이 지금까지 두 시간이 넘는 동안 끊임없이 응원해 오고 있다.

근거 'for + 기간(over two hours)'과 now는 현재완료진행 시제와 사용하는 부사구이다.

3. 그녀의 획기적인 논문이 출판된 이래로 사람들은 스미스 박사에게 기후 변화에 대한 그녀의 연구에 대해 물어 오고 있다.

근거 '(ever) since + 과거 시점(was published)'는 현재완료진행 시제와 사용하는 부사절이다.

4. 새로운 약이 이 질병을 치료하기 위해 개발되었고, 그 결과는 지금까지 유망한 진전을 보여주고 있다.

근거 up to now는 현재완료진행 시제와 사용하는 부사구이다.

5. 지난 몇 주 내내 리사는 재택근무를 해 오고 있고, 그녀는 사무실로 돌아갈 계획이 없다.

근거 'during + past/last 기간(few weeks)'은 현재완료진행 시제와 사용하는 부사구이다.

6. 지난 몇 달 동안 줄리아는 내년에 세계 일주 여행을 떠나기 위해 저축을 해 오고 있다.

근거 'over + the last/past 기간(months)'은 현재완료진행 시제와 사용하는 부사구이다.

7. 회사의 수익은 지난 몇 년 동안 꾸준히 증가해 왔지만, 이익률은 여전히 개선이 필요하다.

근거 'in the past/last 기간(years)'은 현재완료진행 시제와 함께 사용하는 표현이다

8. 유럽의 축구 경기 티켓은 시즌 내내 팔렸고, 그것들은 이번 주 말까지 매진될 것으로 예상된다.

근거 'throughout + 기간(the season)'은 현재완료진행 시제와 사용하는 부사구이다.

9. 오늘 아침 사무실에 도착한 이후 사용해 오고 있는 모든 소프트웨어 애플리케이션의 목록을 작성해 주세요.

근거 'since + 과거 시제(arrived)'는 현재완료진행 시제와 사용하는 부사절이다.

10. 최근 릴리는 사무실에서 생산성을 높이기 위해 새로운 소프트웨어 프로그램 사용법을 배워 오고 있다.

근거 recently는 최근에 일어난 상황을 나타내므로, 현재완료진행 시제와 쓰는 것이 자연스럽다.

Practice

1. (a) **2.** (b) **3.** (d) **4.** (b) **5.** (c) **6.** (d)

1. 첨단 시설과 전문 트레이너들이 있는 지역 체육관은 회원 수가 증가하고 있다. 올해 초부터 신규 회원들이 꾸준히 가입해 오고 있다.

풀이 방법

① 선택지를 보고 시제를 묻는 Form 유형임을 파악한다.

② 빈칸이 포함된 문장에서 'since + 과거 시점(the beginning of the year)'은 현재완료진행 시제와 어울리는 부사구임을 기억한다.

③ 현재완료진행 시제인 (a) have been joining을 고른다.

어휘 gym 체육관 cutting-edge 첨단의 membership 회원 join 가입하다 steadily 꾸준히

2. 최근 경제 침체에도 불구하고, 일부 회사들은 번창할 수 있었다. 특히, 기술 기업들은 지난 몇 개월 동안 주가 상승을 경험해 오고 있다.

풀이 방법

① 선택지를 보고 시제를 묻는 Form 유형임을 파악한다.

② 빈칸이 포함된 문장에서 'over the past + 기간(few months)'은 현재완료진행 시제와 어울리는 표현임을 기억한다.

③ 현재완료진행 시제인 (b) have been experiencing을 고른다.

어휘 economic recession 경제 침체 manage to-V (어려움에도) 해내다 thrive 번창하다, 잘되다 tech company 기술 기업 stock price 주가

3. 도시의 인구가 증가함에 따라 교통 체증이 심각한 문제가 되었다. 지금까지 통근자들은 출퇴근 시간에 더 긴 이동 시간에 직면해 오고 있다.

풀이 방법

① 선택지를 보고 시제를 묻는 Form 유형임을 파악한다.

② 빈칸이 포함된 문장에서 till now는 현재완료진행 시제와 어울리는 표현임을 기억한다.

③ 현재완료진행 시제인 (d) have been facing을 고른다.

어휘 traffic congestion 교통 체증 commuter 통근자 face 직면하다 travel time 오고가는 시간

4. 패션계에서는 유행이 빠르게 변한다. 최근에는 지속 가능하고 윤리적인 패션이 소비자들 사이에서 인기를 얻어 가고 있다.

풀이 방법

① 선택지를 보고 시제를 묻는 Form 유형임을 파악한다.

② 빈칸이 포함된 문장에서 recently는 현재완료(진행) 시제와 어울리는 표현이다.

③ 현재완료진행 시제인 (b) has been gaining을 고른다.

어휘 sustainable 지속 가능한 ethical 윤리적인 gain 얻다, 획득하다 popularity 인기

5. 소셜 미디어의 성장에 따라, 많은 기업들이 마케팅 전략을 바꾸고 있다. 지난 몇 년 동안 그들은 목표를 달성하기 위해 온라인 광고에 더 많이 집중해 오고 있다.

풀이 방법

① 선택지를 보고 시제를 묻는 Form 유형임을 파악한다.

② 빈칸이 포함된 문장에서 'for the past + 기간(few years)'은 현재완료진행 시제와 어울리는 표현임을 기억한다.

③ 현재완료진행 시제인 (c) have been focusing을 고른다.

어휘 shift 바꾸다 strategy 전략 focus on ~에 집중하다 advertising 광고 reach a goal 목표를 달성하다

6. 계속되는 전 세계적 유행병으로 인해 많은 직원들이 재택근무를 시작했다. 이 트렌드가 시작된 이후, 회사들은 생산성 증가를 보고하고 있다.

풀이 방법

① 선택지를 보고 시제를 묻는 Form 유형임을 파악한다.

② 빈칸이 포함된 문장에서 'since + 과거 동사(started)'는 현재완료진행 시제와 어울리는 부사절임을 기억한다.

③ 현재완료진행 시제인 (d) have been reporting을 고른다.

어휘 ongoing 계속되는 pandemic 전 세계적 유행병 employee 직원 work from home 재택근무를 하다 increase in productivity 생산성 증가

2 과거완료진행

1. had been sitting
2. had been waiting
3. had been writing
4. had been camping
5. had been hiding
6. had been watching
7. had been trying
8. had been battling
9. had been working
10. had been achieving

1. 직원이 트레이시의 잃어버린 지갑을 <u>찾기 전에</u>, 그녀는 <u>3시간 동안</u> 분실물 보관소에서 앉아 있었다.

`근거` 'before + 과거 시제 (was found)'는 과거완료진행 시제와 사용되는 표현이다. 지갑을 찾은 시점보다 그녀가 앉아 있었던 시점이 더 앞선 상황이기 때문에 과거완료진행이 나와야 한다.

2. 기차가 플랫폼에 <u>도착하기 전에</u> 승객들은 <u>20분 동안</u> 기다리고 있었다.

`근거` 'before + 과거 시제(arrived)'는 과거완료진행 시제와 사용되는 표현이다. 기차가 도착한 시점보다 승객들이 기다린 시점이 더 앞선 상황이기 때문에 과거완료진행이 나와야 한다.

3. 샐리는 상사가 쉬라고 <u>말할 때까지</u> 분기 보고서를 작성하고 있었다.

`근거` 'until + 과거 시제(told)'는 과거완료진행 시제와 사용되는 표현이다. 상사가 쉬라고 말한 시점보다 샐리가 보고서를 작성하던 것이 더 앞선 상황이기 때문에 과거완료진행이 나와야 한다.

4. 수백 명의 팬들이 유명 가수 방문에 앞서 일주일 동안 콘서트장 밖에서 캠핑하고 있었다.

`근거` 'prior to + 과거 시점(visit of a renowned singer)'은 '가수가 방문하기 전'이라는 시점이고 팬들이 캠핑한 시점이 더 앞선 상황이기 때문에 과거완료진행이 나와야 한다. 참고로 'prior to + 시점'은 시점에 따라 시제가 달라질 수 있기 때문에 문맥을 보고 파악해야 한다.

5. 당국은 그 도망자가 잡힐 때까지 약 세 달 동안 숨어 있었다고 말했다.

`근거` 'by the time + 과거 시제(was captured)'는 과거완료진행 시제와 사용되는 표현이다. 도망자가 잡힌 시점보다 숨어 있었던 시점이 더 앞선 상황이기 때문에 과거완료진행이 나와야 한다.

6. 그녀는 동네에서 정전이 <u>일어났을 때</u> 영화를 보고 있었다.

`근거` 'when + 과거 시제(occurred)'는 과거완료진행 시제와 사용되는 표현이다. 정전이 발생한 시점보다 그녀가 영화를 보고 있었던 시점이 더 앞선 상황이기 때문에 과거완료진행이 나와야 한다.

7. 니콜은 <u>오전 내내</u> 그에게 연락하려고 했지만, <u>저녁 늦게까지</u> 할 수 없었다.

`근거` all morning이라는 기간 표현은 완료진행 시제와 잘 어울린다. 또한, 저녁 늦게까지 연락을 못 한 시점보다 그녀가 연락을 시도한 시점이 더 앞선 상황이기 때문에 과거완료진행이 나와야 한다.

8. 사라는 <u>1985년까지</u> 오랫동안 지병과 싸우고 있었고, <u>다음 해에</u> 기적적으로 회복했다.

`근거` 'by + 시점(1985)'은 과거이고, 1985년에 사라가 회복한 시점보다 그녀가 질병과 싸우고 있었던 시점이 더 앞선 상황이기 때문에 과거완료진행이 나와야 한다.

9. 샤론은 <u>7년 동안</u> 고등학교 영어 교사로 <u>일한 후에</u> 자신의 학원을 시작했다.

`근거` after는 다양한 시제와 함께 사용될 수 있는 표현으로 함께 나오는 시제에 주의해야 한다. 주절이 과거이고 after절에 기간이 나온 경우, after절에는 과거완료진행 시제가 어울린다. 또한 그녀가 학원을 시작한 시점보다 교사로 일하고 있었던 시점이 더 앞선 상황이기 때문에 after절에는 과거완료진행이 나와야 한다.

10. 이 회사는 주로 혁신 기술에 투자해 수익에서 성장을 달성해 왔으나 <u>이후</u> 어려움에 직면하기 시작했다.

`근거` but then later는 문맥상 과거의 상황을 나타낸다. 이 회사가 어려움에 직면한 시점보다 수익을 증가시키고 있었던 시점이 더 앞선 상황이기 때문에 과거완료진행이 나와야 한다.

1. (d)　**2.** (a)　**3.** (b)　**4.** (b)　**5.** (a)　**6.** (c)

1. 그 유명한 여배우는 인터뷰 장으로 향하면서 마음의 준비를 했다. 그녀가 <u>도착하기 전</u>, 그녀는 스태프로부터 남자 주연 배우가 면접을 위해 하루 종일 준비하고 리허설을 해왔다고 들었다.

`풀이 방법`

① 선택지를 보고 시제를 묻는 Form 유형임을 파악한다.

② 빈칸이 포함된 문장에서 'before + 과거 시점(arrival)'은 과거완료진행 시제와 어울리는 표현임을 기억한다.

③ 과거완료진행 시제인 (d) had been preparing을 고른다.

`어휘` renowned 유명한 brace oneself 마음의 준비를 하다 costar 공동 주연 배우 rehearse 리허설하다

2. 우리가 이 도시에서 예상치 못한 지진을 경험한 것은 1년 전 오늘이다. 우리가 경험에 대해 인터뷰했던 한 사람은 "저는 그것을 잘 기억해요. 집 전체가 흔들리기 <u>시작했을 때</u> 저는 샤워를 하고 있었어요. 저는 너무 두려워서 무엇을 해야 할지 몰랐어요."라고 말했다.

풀이 방법

① 선택지를 보고 시제를 묻는 Form 유형임을 파악한다.

② 빈칸이 포함된 문장에서 'when + 과거 시제(began)'는 과거완료진행 시제와 어울리는 표현임을 기억한다.

③ 과거완료진행 시제인 (a) had been taking을 고른다.

어휘 unexpected 예상치 못한 earthquake 지진 state 진술하다 terrified 공포에 질린, 두려움에 떠는

3. 박 교수는 시간을 지키지 않는 것으로 악명이 높다. 그가 오늘 강의를 위해 <u>도착했을 때</u>, 관중의 절반은 강당에서 <u>1시간 넘게</u> 초조하며 기다리고 있었다.

풀이 방법

① 선택지를 보고 시제를 묻는 Form 유형임을 파악한다.

② 빈칸이 포함된 문장에서 'by the time + 과거 시제(arrived)'는 과거완료진행 시제와 어울리는 표현임을 기억한다.

③ 과거완료진행 시제인 (b) had been waiting을 고른다.

어휘 notorious 악명 높은 lack 부족함 punctuality 시간 엄수 audience 관중 impatiently 조급해하며, 초조하게 auditorium 강당

4. 지난겨울 눈이 내리는 밤에 끔찍한 범죄가 발생했다. 첫 번째 목격자가 피해자를 <u>발견할 때까지</u> 피해자는 <u>거의 두 시간 동안</u> 의식을 잃은 채 쓰러져 있었다.

풀이 방법

① 선택지를 보고 시제를 묻는 Form 유형임을 파악한다.

② 빈칸이 포함된 문장에서 'until + 과거 시제(found)'는 과거완료진행 시제와 어울리는 표현임을 기억한다.

③ 과거완료진행 시제인 (b) had been lying을 고른다.

어휘 violent 끔찍한, 폭력적인 crime 범죄 commit (범죄를) 일으키다, 저지르다 witness 목격자 victim 피해자 unconscious 의식이 없는

5. 기대와 설렘으로 가득 찬 하루였다. 내가 교통 체증과 폭풍우를 뚫고 제시간에 병원에 도착한 후 아내는 우리의 소중한 딸을 출산했다.

풀이 방법

① 선택지를 보고 시제를 묻는 Form 유형임을 파악한다.

② 빈칸이 포함된 문장에서 after절의 내용은 주절에 나타난 과거보다 더 일찍 일어난 것을 뜻하므로 after가 있는 문장은 과거완료진행 시제를 쓴다는 것을 기억한다.

③ 과거완료진행 시제인 (a) had been fighting을 고른다.

어휘 anticipation 기대 excitement 흥분, 설렘 heavy traffic 교통 체증 storm 폭풍우 give birth to ~를 출산하다 precious 귀중한

6. 10시간에 걸친 고된 산행 후, 친구들과 나는 마침내 정상에

도달했다. 놀랍게도 우리는 <u>우리보다 먼저 출발한</u> 다른 그룹이 경치를 즐기고 있었다는 사실을 알게 되었다.

풀이 방법

① 선택지를 보고 시제를 묻는 Form 유형임을 파악한다.

② 문맥상 우리보다 늦게 출발한 다른 그룹이 우리가 정상에 도달한 시점보다 더 이전에 도착했으므로 과거완료진행 시제가 정답이다.

③ 과거완료진행 시제인 (c) had been enjoying을 고른다.

어휘 grueling 고되는 hike 산행 summit 정상 to one's surprise 놀랍게도 find out ~을 알아내다 view 풍경, 경치

3 미래완료진행

Exercise

1. will have been conducting
2. will have been mastering
3. will have been running
4. will have been studying
5. will have been accumulating
6. will have been contributing
7. will have been traveling
8. will have been teaching
9. will have been operating
10. will have been waiting

1. <u>11월이면</u> 사라는 생의학 연구를 <u>6개월 동안</u> 수행해 오고 있을 것이다.

근거 'in + 미래 시점(November)'과 'for + 기간(six months)'은 미래완료진행 시제와 함께 사용하는 표현이다.

2. 제니는 다음 주 수요일쯤이면 파이썬 프로그래밍 언어를 <u>12주 동안</u> 마스터해 오고 있을 것이다.

근거 'by + 미래 시점(next Wednesday)'과 'for + 기간(twelve weeks)'은 미래완료진행 시제와 함께 사용하는 표현이다.

3. 이번 시즌의 대회에 <u>신청하면</u>, 나는 <u>15년 동안</u> 마라톤을 뛰고 있게 될 것이다.

근거 'when + 현재 시제(apply)'와 'for + 기간(fifteen years)'은 미래완료진행 시제와 함께 사용하는 표현이다.

4. 내년에 교수직을 받게 <u>된다면</u>, 나는 양자물리학을 <u>12년 동안</u> 연구하고 있게 될 것이다.

근거 'if + 현재 동사(receive)'와 'for + 기간(twelve years)'은 미래완료진행 시제와 함께 사용하는 표현이다.

5. 티파니는 <u>2030년까지</u> <u>10년 동안</u> 농업 스타트업을 위한 자금을 모으고 있을 것이다.

근거 'for + 기간(a decade)'과 'by + 미래 시점(2030)'은

미래완료진행 시제와 함께 사용하는 표현이다.

6. 이 기술 회사는 다음 달쯤이면 약 11년 동안 AI 분야에 기여하게 될 것이다.

<근거> 'by + 미래 시점(next month)'과 'for + 기간 (approximately eleven years)'은 미래완료진행 시제와 함께 사용하는 표현이다.

7. 그레이스가 국제우주정거장에 도착할 때쯤이면, 그녀는 24시간 넘게 우주를 여행하고 있게 될 것이다.

<근거> 'by the time + 현재 시제(reaches)'와 'for + 기간 (over 24 hours)'은 미래완료진행 시제와 함께 사용하는 표현이다.

8. 내가 도착했을 때쯤에는 교수님이 20분 동안 수업을 하고 계실 것이기 때문에 걸어서 수업에 가기로 결정한 것은 실수였다.

<근거> 'for + 기간(twenty minutes)'과 'by the time + 현재 동사(arrive)'는 미래완료진행 시제와 함께 사용하는 표현이다.

9. 내년이면, 샤넬은 서울에 첫 지점을 열었던 이래로 17년 동안 한국에서 운영하고 있게 될 것이다.

<근거> 미래 시점(next year)과 'for + 기간(seventeen years)'은 미래완료진행 시제와 함께 사용되는 표현이다.

10. 나는 보통 5시까지 코딩을 끝내지만, 다음 주 금요일에는 몇 가지 문제의 오류를 수정해야 할 수도 있다. 그렇다면 그날 내가 로그아웃할 때쯤이면, 남편은 몇 시간 동안 기다리고 있을 것이다.

<근거> 미래 시점(next year)과 'for + 기간(several hours)'은 미래완료진행 시제와 함께 사용하는 표현이다.

Practice

1. (c) **2.** (a) **3.** (d) **4.** (a) **5.** (b) **6.** (b)

1. 우리는 다음 주에 그랜드 캐년으로 장거리 자동차 여행을 계획하고 있다. 우리가 관광지에 도착할 때쯤, 우리는 14시간 이상 연속으로 운전하고 있을 것이다.

<풀이 방법>
① 선택지를 보고 시제를 묻는 Form 유형임을 파악한다.
② 빈칸이 포함된 문장에서 'by the time + 현재 시제(reach)'와 'for + 기간(more than 14 hours)'은 미래완료진행 시제와 어울리는 표현임을 기억한다.
③ 미래완료진행 시제인 (c) will have been driving을 고른다.

<어휘> road trip 자동차 여행 destination 목적지 straight 연속으로

2. 건축가로서, 내가 진행 중인 프로젝트들을 계속해서 추적해야 한다. 내 계산이 맞다면, 올해 말까지 이 건설 프로젝트를 거의 2년 동안 관리하고 있게 될 것이다.

<풀이 방법>
① 선택지를 보고 시제를 묻는 Form 유형임을 파악한다.
② 빈칸이 포함된 문장에서 'by + 미래 시점(the end of this year)'와 'for + 기간(almost two years)'은 미래완료진행 시제와 어울리는 표현임을 기억한다.
③ 미래완료진행 시제인 (a) will have been managing을 고른다.

<어휘> architect 건축가 keep track of ~을 추적하다 ongoing 진행 중인 calculation 계산 construction 건설

3. 내 사촌은 현재 대형 회계 법인에서 인턴으로 일하고 있다. 그녀의 인턴 기간이 다음 주 금요일에 끝나면 그녀는 그 회사에서 5개월 동안 일해 왔을 것이다.

<풀이 방법>
① 선택지를 보고 시제를 묻는 Form 유형임을 파악한다.
② 빈칸이 포함된 문장에서 'when + 현재 시제(ends)'와 'for + 기간(five months)'은 미래완료진행 시제와 어울리는 표현임을 기억한다.
③ 미래완료진행 시제인 (d) will have been working을 고른다.

<어휘> cousin 사촌 intern 인턴으로 근무하다 accounting company 회계 법인 period 기간

4. 성공적으로 소프트웨어 회사를 설립하려면 많은 작업을 해야 한다. 관련 학위를 취득한 후에는 기술 산업에서 상당한 경력을 쌓아야만 한다. 당신의 회사가 수익을 낼 때까지 10년 이상 동안 이 분야에서 노력하고 있게 될 것이다.

<풀이 방법>
① 선택지를 보고 시제를 묻는 Form 유형임을 파악한다.
② 빈칸이 포함된 문장에서 'until + 현재 시제(becomes)'와 'for + 기간(a decade or more)'은 미래완료진행 시제와 어울리는 표현임을 기억한다.
③ 미래완료진행 시제인 (a) will have been striving을 고른다.

<어휘> establish 설립하다 obtain 얻다 relevant 관련된 degree 학위 gain 쌓다 significant 상당한 profitable 수익을 내는 strive 노력하다, 애쓰다

5. 1980년대 어느 날, 그레이엄 맥코믹은 미국 독립 혁명 당시의 장면과 전투를 재현하는 재연 극단에 합류했다. 앞으로 몇 년 동안 계속 활동한다면 그는 거의 50년 동안 재연에 참여하게 될 것이다.

<풀이 방법>
① 선택지를 보고 시제를 묻는 Form 유형임을 파악한다.

② 빈칸이 포함된 문장에서 'In the coming years'와 'for + 기간(almost five decades)'은 미래완료진행 시제와 어울리는 표현임을 기억한다.

③ 미래완료진행 시제인 (b) will have been participating을 고른다.

어휘 reenactment troupe 재연 극단 recreate 재현하다 battle 전투 American Revolution 미국 독립 혁명

6. 톰슨 씨는 크리켓의 열렬한 팬이며, 그는 이른 아침부터 중요한 경기를 보고 있었다. 그는 정오에는 그만 볼 계획인데, 그 때까지면 5시간 넘게 경기를 보고 있게 될 것이기 때문이다.

풀이 방법

① 선택지를 보고 시제를 묻는 Form 유형임을 파악한다.

② 빈칸이 포함된 문장에서 'by + 미래 시점(then)'과 'for + 기간(over five hours)'은 미래완료진행 시제와 어울리는 표현임을 기억한다. 문맥상 'by then'은 정오까지를 의미한다.

③ 미래완료진행 시제인 (b) will have been watching을 고른다.

어휘 big fan 열혈 팬 crucial 중요한 match 경기 noon 정오

---

1 가정법 과거

Exercise

1. would discuss	6. could complete
2. could launch	7. could get
3. might afford	8. would attend
4. could join	9. failed
5. would send	10. were

1. 내가 네 입장이라면, 나는 그 상황을 매니저와 논의할 것이다.

근거 'if + 과거 시제(were)'는 가정법 과거에 사용되는 표현이다. 따라서 가정법 과거의 주절에는 'would/could/might + 동사원형'이 와야 한다. would는 '~할 것이다'라는 뜻이다.

2. 학교가 더 많은 자원을 갖추고 있다면, 더 많은 방과 후 프로그램을 개설할 수 있을 것이다.

근거 'if + 과거 시제(were)'는 가정법 과거에 사용되는 표현이다. 따라서 가정법 과거의 주절에는 'would/could/might + 동사원형'이 와야 한다. could는 '~할 수 있을 것이다'라는 뜻이다.

3. 제니가 추가 근무를 한다면, 그녀는 내년 여름에 휴가를 여유롭게 즐길지도 모른다.

근거 'if + were + to부정사'는 가정법 과거에 사용되는 표현이다. 따라서 가정법 과거의 주절에는 'would/could/might + 동사원형'이 와야 한다. might는 '~할지도 모른다'라는 뜻이다.

4. 존이 문학에 더 관심이 있다면, 스포츠 팀이 아닌 독서 클럽에 가입할 수 있을 것이다.

근거 'if + 과거 시제(were)'는 가정법 과거에 사용되는 표현이다. 따라서 가정법 과거의 주절에는 'would/could/might + 동사원형'이 와야 한다. could는 '~할 수 있을 것이다'라는 뜻이다.

5. 내가 사무실 주소를 안다면 교수님께 서류를 보낼 것이다.

근거 'if + 과거 시제(knew)'는 가정법 과거에 사용되는 표현이다. 따라서 가정법 과거의 주절에는 'would/could/might + 동사원형'이 와야 한다.

6. 마크가 마감일까지 연구 프로젝트를 완료할 수 있다면, 그는 연례 회의에 발표할 수 있을 것이다.

근거 주절에 가정법 과거형에 쓰이는 could present가 왔으므로, if절에는 가정법 과거 시제인 could complete가 와야 한다.

7. 콘서트 티켓이 덜 비싸다면, 나는 오늘 그것들을 살 수 있을 것이다.

근거 'if + 과거 시제(were)'는 가정법 과거에 사용되는 표현이며, 여기서 if가 생략되면 주어(the concert tickets)와 동사(were)의 도치가 일어난다. 빈칸에는 가정법 과거의 주절에 쓰이는 'would/could/might + 동사원형'이 와야 한다.

8. 마이클은 이번 주말에 수업을 가르치지 않는다면 컨퍼런스에 참석할 것이다.

근거 'if + 과거 시제(were)'는 가정법 과거에 사용되는 표현이며, 여기서 if가 생략되면 주어(Michael)와 동사(were)의 도치가 일어난다. 빈칸에는 가정법 과거의 주절에 쓰이는 'would/could/might + 동사원형'이 와야 한다.

9. 병원은 공급업체가 품질 기준을 충족하지 못하면 공급업체와의 계약을 재고할지도 모른다.

근거 가정법 과거의 주절에 쓰이는 'would/could/might + 동사원형(might reconsider)'이 왔으므로 종속절에는 'if + 과거 시제(failed)'가 나와야 한다.

10. 메리가 스티브에게 관심이 있다면, 그녀는 그를 졸업 파티에 초대할 것이다.

근거 가정법 과거의 주절에 쓰이는 'would/could/might + 동사원형(invite)'이 왔으므로 종속절에는 과거 시제(were)가 나와야 한다. 참고로 if가 생략되어 주어(she)와 동사(were)의 도치가 일어났다.

Practice

1. (b)　**2.** (a)　**3.** (c)　**4.** (d)　**5.** (b)　**6.** (c)

1. 폴은 아이스크림을 매우 좋아하지만, 그는 유당 불내증이 있다. 그는 항상 아이스크림 가게를 동경하는 눈빛으로 바라본다. 만약 그가 유제품에 알레르기가 없다면, 그는 매번 다양한 맛을 즐기며 매일 한 숟갈씩 먹을 것이다.

풀이 방법

① 선택지를 보고 가정법을 묻는 Form 유형임을 파악한다.

② 빈칸이 포함된 문장에서 'if + 과거 시제(weren't)'는 가정법 과거에 사용되는 표현임을 기억한다.

③ 주절에는 'would/could/might + 동사원형'인 (b) would eat을 고른다.

어휘 lactose intolerant 유당 불내증　parlor 가게　longing 동경, 갈망　allergic to ~에 알레르기가 있는　scoop 한 숟갈　each time 매번

2. 그 신약은 부작용 때문에 FDA 승인을 받지 못했다. 만약 연구원들이 불안정성의 원인과 개선할 방법을 발견한다면, 그것은 내년에 승인을 받을 수 있을 것이다.

풀이 방법

① 선택지를 보고 가정법을 묻는 Form 유형임을 파악한다.

② 빈칸이 포함된 문장에서 'if + 과거 시제(found)'는 가정법 과거에 사용되는 표현임을 기억한다.

③ 주절에는 'would/could/might + 동사원형'인 (a) could get을 고른다.

어휘 FDA(Food and Drug Administration) 미국 식품의약국　side effect 부작용　researcher 연구원　cause 원인　instability 불안정성　approval 승인

3. 제이크는 항상 음악에 매료되어 있다. 그는 다양한 종류의 음악을 듣는 데 시간을 보내지만, 어떠한 악기 연주도 배우지 않은 것을 후회한다. 만약 그가 기타 치는 법을 배울 기회가 있다면, 그가 가장 좋아하는 노래를 언젠가는 실제 무대에서 연주할 것이다.

풀이 방법

① 선택지를 보고 가정법을 묻는 Form 유형임을 파악한다.

② 빈칸이 포함된 문장에서 'if + 과거 시제(were to)'는 가정법 과거에 사용되는 표현임을 기억한다.

③ 주절에는 'would/could/might + 동사원형'인 (c) would perform을 고른다.

어휘 be fascinated by ~에 매료되다　regret 후회하다　instrument 악기　perform 연주하다　actual 실제의

4. 신규 소프트웨어의 판매량은 충분히 사용자 친화적이지 않았기 때문에 회사가 예상했던 만큼 성공적이지 않았다. 만약 소프트웨어의 인터페이스가 사용하기 쉽다면, 큰 인기를 끌었을지도 모른다.

풀이 방법

① 선택지를 보고 가정법을 묻는 Form 유형임을 파악한다.

② 빈칸이 포함된 문장에서 'were ~'는 'if ~ were'에서 if가 생략되어 주어와 동사가 도치된 형태로 가정법 과거에 사용되는 표현임을 기억한다.

③ 주절에는 'would/could/might + 동사원형'인 (d) might become을 고른다.

어휘 sales 판매량　user-friendly 사용자 친화적인　big hit 대성공, 큰 인기

5. 첨단 의료 기술의 출현은 의료 분야의 판도를 바꾸어 놓았다. 이러한 발전이 없다면 오늘날 많은 질병의 생존율이 훨씬 낮아져 수많은 사망자가 더 발생할 것이다.

풀이 방법

① 선택지를 보고 가정법을 묻는 Form 유형임을 파악한다.

② 빈칸이 포함된 문장에서 주절의 'would/could/might + 동사 원형(become)'은 가정법 과거 표현임을 기억한다. 따라서 종속절 'if + 과거 동사(were)'가 나와야 한다.

③ 주절에는 'would/could/might + 동사원형'인 (b) were를

고른다.

어휘 advent 출현 advanced 첨단의 healthcare 의료 (서비스), 건강 관리 game changer 혁신 요소, 판도를 바꾸는 것 advancement 발전 survival rate 생존율 disease 질병 countless 셀 수 없는, 수많은 fatality 사망자

6. 최근의 연구에서는 올해 우리나라의 대기 오염률이 심각한 수준에 이르렀다는 것을 보여준다. 만약 정부가 우리나라의 이산화탄소 배출에 관한 엄격한 규제를 내세운다면, 앞으로 공기는 더 깨끗해질 것이다.

풀이 방법

① 선택지를 보고 가정법을 묻는 Form 유형임을 파악한다.

② 빈칸이 포함된 문장에서 주절의 'would/could/might + 동사원형(be)'이 가정법 과거 표현임을 기억한다.

③ 종속절에는 'if + 과거 시제'가 나와야 하므로 (c) put을 고른다.

어휘 indicate 보여주다, 나타내다 air pollution rate 대기 오염률 put forth ~을 내세우다, 제안하다 regulation 규제 regarding ~에 대한 carbon dioxide 이산화탄소 emission 배출

2 가정법 과거완료

Exercise

1. wouldn't have skipped	6. would have bought
2. could have hit	7. could exist
3. would have ordered	8. had followed
4. might have won	9. had not missed
5. could not have submitted	10. Had I started

1. 제인이 늦잠을 자지 않았다면, 오늘 아침에 운동을 거르지 않았을 것이다.

근거 'if + 과거완료(hadn't slept in)'는 가정법 과거완료에 사용되는 표현이다. 가정법 과거완료의 주절에는 'would/could/might + have p.p.'가 와야 한다. 'would have p.p.'는 '~했을 텐데'라는 뜻이다.

2. 그 가수가 미리 콘서트 리허설을 했다면, 고음을 모두 낼 수 있었을 것이다.

근거 'if + 과거완료(had rehearsed)'는 가정법 과거완료에 사용되는 표현이다. 가정법 과거완료의 주절에는 'would/could/might + have p.p.'가 와야 한다. 'could have p.p.'는 '~할 수 있었을 텐데'라는 뜻이다.

3. 마리아가 그 베스트셀러 소설이 그렇게 빨리 품절될 것을 알았다면, 그것을 주문했을 것이다.

근거 'if + 과거완료(had known)'는 가정법 과거완료에 사용되는 표현이다. 가정법 과거완료의 주절에는 'would/could/

might + have p.p.'가 와야 한다.

4. 그 도전자가 마지막 퀴즈에서 한 문제만 더 맞혔다면, 대상을 받았을지도 모른다.

근거 'if + 과거완료(had answered)'는 가정법 과거완료에 사용되는 표현이다. 가정법 과거완료의 주절에는 'would/could/might + have p.p.'가 와야 한다. 'might have p.p.'는 '~했을지도 모른다'라는 뜻이다.

5. 너의 도움이 없었다면, 나는 오늘 오후에 과제를 제출하지 못했을 것이다.

근거 'if + 과거완료(hadn't been)'는 가정법 과거완료에 사용되는 표현이다. 가정법 과거완료의 주절에는 'would/could/might + have p.p.'가 와야 한다.

6. 제니가 어제가 반려견의 5번째 생일이었다는 것을 기억했다면, 그 개에게 새 장난감을 사줬을 것이다.

근거 'if + 과거완료(had remembered)'는 가정법 과거완료에 사용되는 표현이다. 가정법 과거완료의 주절에는 'would/could/might + have p.p.'가 와야 한다.

7. 삼림 벌채가 그렇게 만연하지 않았다면, 그 희귀종들은 지금 존재할 수 있을 것이다.

근거 'if + 과거완료(had not been)'는 가정법 과거완료에 사용되는 표현이다. 하지만 주절에는 now(지금)라는 현재를 나타내는 표현이 있으므로 혼합 가정법으로 판단하여 'would/could/might + 동사원형'이 와야 한다.

8. 엔지니어들이 모든 설계 사양을 따랐다면, 그 다리는 붕괴하지 않았을 것이다.

근거 주절의 would not have collapsed를 보고 가정법 과거완료임을 판단한다. 따라서 if절에는 가정법 과거완료인 had followed가 와야 한다.

9. 아침에 택시를 놓치지 않았다면, 나는 지금쯤 공항에 도착했을 것이다.

근거 주절의 would reach를 보고 가정법 과거 또는 혼합 가정법임을 판단한다. if절에서 과거 시점(in the morning)에 일어난 일을 말하고 있으므로 가정법 과거완료인 had not missed가 와야 한다.

10. 내가 기타를 더 일찍 배우기 시작했다면, 나는 지난 학교 축제에서 연주했을지도 모른다.

근거 주절에 'would/could/might + have p.p.'를 보고 가정법 과거완료임을 판단한다. 따라서 종속절에서는 'if + 과거완료(had started)'가 나와야 하며, if가 생략되면 주어(I)와 조동사(had)의 위치를 바꿔야 한다.

1. (b) **2.** (c) **3.** (d) **4.** (a) **5.** (a) **6.** (b)

1. 도시 인구가 급격히 증가하기 시작하자 공무원들은 재활용의 필요성을 절실히 깨달았다. 만약 시에서 엄격한 재활용 정책을 시행하지 않았다면, 매립지의 폐기물 양은 오염 문제를 더욱 악화시켰을 것이다.

풀이 방법

① 선택지를 보고 가정법을 묻는 Form 유형임을 파악한다.

② 빈칸이 포함된 문장에서 'if + 과거완료 시제(had not implemented)'는 가정법 과거완료에 사용되는 표현임을 기억한다.

③ 주절에는 'would/could/might + have p.p.'인 (b) would have exacerbated를 고른다.

어휘 population 인구 rapidly 빠르게 official 공무원 pressing 긴급한, 절박한 implement 시행하다 strict 엄격한 policy 정책 landfill 쓰레기 매립지 exacerbate 악화시키다 pollution 오염

2. 우리는 적절한 문서화가 부족하여 발명품에 대한 특허를 받지 못했다. 만약 미리 절차를 알았다면, 우리는 특허를 확보할 수 있었을 것이다.

풀이 방법

① 선택지를 보고 가정법을 묻는 Form 유형임을 파악한다.

② 빈칸이 포함된 문장에서 'if + 과거완료 시제(had known)'의 형태는 가정법 과거완료를 사용하는 표현임을 알 수 있다.

③ 주절에는 'would/could/might + have + p.p.'인 (c) could have secured를 고른다.

어휘 patent 특허를 획득하다; 특허 invention 발명품 due to ~로 인해 proper 적절한 documentation 서류, 문서화 in advance 미리 secure 확보하다

3. 수는 자신의 실력을 향상시키기 위해 열심히 노력해 왔다. 하지만 대학 시절에 유명 기업에서 인턴십을 지원했다면 취업 시장에서 더 높은 위치에 오를 수 있었을지도 모른다.

풀이 방법

① 선택지를 보고 가정법을 묻는 Form 유형임을 파악한다.

② 빈칸이 포함된 문장에서 'if + 과거완료 시제(had applied)'의 형태는 가정법 과거완료를 사용하는 표현임을 알 수 있다.

③ 주절에는 'would/could/might + have + p.p.'인 (d) might have put을 고른다.

어휘 apply for ~에 지원하다 renowned 유명한 position 위치 job market 취업 시장

4. 릴리는 어제 수업을 결석한 것을 후회하고 있다. 그녀는 게으름 때문에 중요한 강의를 놓쳤고, 지금 수업 내용을 이해하는 데 애를 먹고 있다. 그 수업에 참석했다면, 그녀는 지금 이렇게 많이 힘들어하지 않을 것이다.

풀이 방법

① 선택지를 보고 가정법을 묻는 Form 유형임을 파악한다.

② 빈칸이 포함된 문장에서 'if + 과거완료 시제(had attended)'의 형태는 가정법 과거완료를 사용하는 표현임을 기억한다. 하지만 주절에는 now(지금)라는 현재를 나타내는 표현이 있으므로 혼합 가정법으로 판단하여 'would/could/might + 동사원형'이 와야 한다.

③ 주절에는 'would/could/might + 동사원형'인 (a) wouldn't struggle을 고른다.

어휘 regret 후회하다 miss 놓치다 laziness 게으름 struggle 애쓰다, 힘들어하다

5. 많은 종의 상어가 인간의 활동과 과도한 사냥 때문에 멸종 직전에 있었다. 환경 보호론자들과 활동가들의 적극적인 노력이 없었다면, 오늘날 상어의 수는 훨씬 더 적을 것이다.

풀이 방법

① 선택지를 보고 가정법을 묻는 Form 유형임을 파악한다.

② 빈칸이 포함된 문장에서 'Had it not been for ~'는 'if it had not been for ~'에서 if가 생략되면서 주어(it)와 조동사(had)의 도치가 일어난 형태로, 가정법 과거완료임을 알 수 있다. 그러나 주절에는 today라는 현재 표현이 있으므로 혼합가정법으로 판단하여 'would/could/might + 동사원형'이 와야 한다.

③ 주절에는 'would/could/might + 동사원형'인 (a) would be를 고른다.

어휘 on the brink of ~의 직전에 extinction 멸종 excessive 과도한 vigorous 활발한, 적극적인 conservationist 환경 보호론자 activist 활동가 substantially 상당히

6. 수잔은 휴가가 정말 기대되었지만, 여권을 잊어버렸기 때문에 비행기를 타지 못했다. 만약 그녀가 여권을 가져오는 것을 기억했다면, 비행기를 탔을 것이고, 지금쯤 해변에서 일광욕을 즐기고 있었을 것이다.

풀이 방법

① 선택지를 보고 가정법을 묻는 Form 유형임을 파악한다.

② 빈칸이 포함된 문장에서 주절의 would have caught는 가정법 과거완료 표현임을 알 수 있다. 따라서 종속절에는 if she had remembered가 오면 되는데, 현재 문장은 if가 생략되었으므로 주어와 조동사가 도치된 형태(had she remembered)가 나와야 한다.

③ 빈칸에는 (b) had를 고른다.

어휘 catch a flight 비행기를 타다 sunbathe 일광욕하다

DAY 04 동명사

1. violating	21. visiting
2. playing	22. conducting
3. practicing	23. increasing
4. adopting	24. going
5. using	25. borrowing
6. having	26. renovating
7. helping	27. speaking
8. eating	28. gaining
9. talking	29. touching
10. taking	30. competing
11. designating	31. seeing
12. entering	32. spotting
13. producing	33. having
14. going	34. being excluded
15. splurging	35. buying
16. growing	36. playing
17. learning	37. consuming
18. watching	38. reading
19. searching	39. reaching
20. walking	40. accepting

1. 그 회사는 엄격한 환경 규정을 위반한 것을 공개적으로 인정했다.
근거 ▶ admit은 동명사를 목적어로 취하는 동사이다.

2. 그는 방과 후 친구들과 농구하는 것을 아주 좋아한다.
근거 ▶ adore는 동명사를 목적어로 취하는 동사이다.

3. 재정 고문은 투자할 때 인내심을 키우라고 조언했다.
근거 ▶ advise는 동명사를 목적어로 취하는 동사이다.

4. 사장은 새로운 회사 정책을 도입할 것을 주장했다.
근거 ▶ advocate는 동명사를 목적어로 취하는 동사이다.

5. 학교 정책은 수업 시간 중에는 휴대폰 사용을 허용하지 않는다.
근거 ▶ allow는 동명사를 목적어로 취하는 동사이다.

6. 우리는 콘서트에서 활기찬 분위기를 즐기며 즐거운 시간을 보낼 수 있기를 기대한다.
근거 ▶ anticipate는 동명사를 목적어로 취하는 동사이다.

7. 이 프로젝트를 도와주셔서 진심으로 감사합니다.
근거 ▶ appreciate는 동명사를 목적어로 취하는 동사이다.

8. 사이먼은 건강한 식단을 유지하기 위해 설탕이 든 간식 먹는 것을 피한다.
근거 ▶ avoid는 동명사를 목적어로 취하는 동사이다.

9. 위원회는 회의실에서 말하는 것을 금지하기로 결정했다.
근거 ▶ ban은 동명사를 목적어로 취하는 동사이다.

10. 켄은 휴식을 취하고 재충전하기 위해 다음 달에 휴가를 낼 것을 고려하고 있다.
근거 ▶ consider는 동명사를 목적어로 취하는 동사이다.

11. 상당 기간 동안 시의회는 레드 밸리를 국립보호지구로 지정하는 것을 연기했다.
근거 ▶ delay는 동명사를 목적어로 취하는 동사이다.

12. 그들은 정식 허가 없이 출입 금지 구역에 들어간 것을 부인했다.
근거 ▶ deny는 동명사를 목적어로 취하는 동사이다.

13. 이 회사는 해당 스마트폰의 특정 모델 생산을 중단했다.
근거 ▶ discontinue는 동명사를 목적어로 취하는 동사이다.

14. 잭은 비행에 대한 두려움 때문에 장거리 비행을 두려워한다.
근거 ▶ dread는 동명사를 목적어로 취하는 동사이다.

15. 그는 돈을 절약하는 것을 목표로 했지만, 결국 새로운 장치에 돈을 낭비하게 되었다.
근거 ▶ end up은 동명사를 목적어로 취하는 동사구이다.

16. 부모님은 직접 채소를 재배하는 것을 좋아하신다.
근거 ▶ enjoy는 동명사를 목적어로 취하는 동사이다.

17. 나는 처음으로 서핑을 배워보는 경험을 했다.
근거 ▶ experience는 동명사를 목적어로 취하는 동사이다.

18. 시드니는 하루 만에 시리즈 전체 보는 것을 끝냈다.
근거 ▶ finish는 동명사를 목적어로 취하는 동사이다.

19. 그들은 잃어버린 개를 찾는 것을 포기하지 않기로 결심했다.
근거 ▶ give up은 동명사를 목적어로 취하는 동사구이다.

20. 토니는 눈을 감고 맨발로 모래사장을 걷는 것을 상상했다.
근거 ▶ imagine은 동명사를 목적어로 취하는 동사이다.

21. 그 여행 패키지에는 역사적인 명소를 방문하고 현지 시장을 탐방하는 것이 포함되어 있다.
근거 ▶ include는 동명사를 목적어로 취하는 동사이다.

22. 이 프로젝트에는 광범위한 연구와 데이터 분석이 포함된다.

근거 involve는 동명사를 목적어로 취하는 동사이다.

23. 이 회사는 생산 비용 상승을 이유로 들면서 가격 인상을 정당화했다.

근거 justify는 동명사를 목적어로 취하는 동사이다.

24. 아이를 갖기 전 콘서트를 보러다니던 것이 그립다.

근거 miss는 동명사를 목적어로 취하는 동사이다.

25. 도서관은 한 번에 최대 10권까지 빌리는 것을 허용한다.

근거 permit은 동명사를 목적어로 취하는 동사이다.

26. 그들은 집 개조하는 것을 다음 해까지 연기하기로 결정했다.

근거 postpone은 동명사를 목적어로 취하는 동사이다.

27. 그는 대중 연설에 대한 두려움을 극복하기 위해 거울 앞에서 말하기를 연습한다.

근거 practice는 동명사를 목적어로 취하는 동사이다.

28. 규칙적인 운동과 건강한 식단은 과체중을 예방하는 데 도움이 될 수 있다.

근거 prevent는 동명사를 목적어로 취하는 동사이다.

29. 박물관은 전시품의 무결성을 보존하기 위해 전시품을 만지는 것을 엄격히 금지한다.

근거 prohibit은 동명사를 목적어로 취하는 동사이다.

30. 그 선수는 심각한 부상을 입어서 프로 선수로 경기하는 것을 그만두어야 했다.

근거 quit은 동명사를 목적어로 취하는 동사다.

31. 그 목격자는 범죄 현장 근처에서 용의자를 본 것을 기억했다.

근거 recall은 동명사를 목적어로 취하는 동사다.

32. 그 등산객은 숲에서 희귀종의 새를 발견했다고 신고했다.

근거 report는 동명사를 목적어로 취하는 동사다.

33. 이 직책은 뛰어난 소통 능력이 필요하다.

근거 require는 동명사를 목적어로 취하는 동사다.

34. 낸시는 자격이 있음에도 불구하고 팀에서 제외된 것에 분개했다.

근거 resent는 동명사를 목적어로 취하는 동사다.

35. 그는 최신 기기가 꼭 필요하지는 않았지만 사는 것을 참을 수 없었다.

근거 resist는 동명사를 목적어로 취하는 동사다.

36. 잠시 중단된 후, 그 영화는 중단되었던 곳에서 다시 상영을 시작했다.

근거 resume은 동명사를 목적어로 취하는 동사다.

37. 어떤 사람들은 음식 알레르기가 있어서 특정 성분 섭취를 견뎌내지 못한다.

근거 tolerate는 동명사를 목적어로 취하는 동사다.

38. 이 책은 극찬을 받았으며 처음부터 끝까지 읽을 만한 가치가 있는 것으로 판명되었다.

근거 be worth(~할 만한 가치가 있다) 뒤에 동명사를 사용하는 관용적인 표현이다.

39. 정상에 도착하자마자 그들은 성취감을 느꼈다.

근거 on ~ing(~하자마자)는 동명사를 사용하는 관용적인 표현이다.

40. 그 정치인은 뇌물을 받았다가 적발되어 세간의 추문에 직면했다.

근거 be caught ~ing(~하다가 잡히다)는 동명사를 사용하는 관용적인 표현이다.

Practice

1. (b) **2.** (b) **3.** (d) **4.** (a) **5.** (c) **6.** (d)

1. 건강한 몸을 유지하기 위해서는 꾸준히 운동하고 균형 잡힌 식사를 해야 한다. 그러나 종종 간과되는 부분은 수분 보충이다. 특히 운동할 때 많은 양의 물을 마시는 것을 강력히 추천한다.

풀이 방법

① 선택지가 모두 준동사로 이루어진 Form 유형임을 파악한다.

② 빈칸이 포함된 문장에서 suggest는 동명사를 목적어로 취하는 동사임을 기억한다. 참고로 준동사의 완료형인 (c) having drunk와 (d) to have drunk는 정답으로 출제되지 않으므로 먼저 제거한다.

③ 동명사인 (b) drinking을 고른다.

어휘 maintain 유지하다 regularly 규칙적으로 balanced 균형 잡힌 neglect 무시하다 aspect 측면, 면모 hydration 수분 공급 strongly 강력하게 suggest 권하다, 추천하다 plenty of 많은 especially 특히 work out 운동하다

2. 파리를 방문할 때, 그저 박물관과 갤러리에서 모든 시간을 보내지 마세요. 자전거를 빌려 도시의 매력적인 거리와 공원을 탐험하는 것을 추천합니다.

하는 동사임을 기억한다. 참고로 완료형인 (a) having mentioned와 (d) to have mentioned는 정답으로 출제 되지 않으므로 먼저 제거한다.

③ 동명사인 (c) mentioning을 고른다.

어휘 ▶ mention 언급하다 performance 성과 quarter 분기 focus on ~에 초점을 맞추다 strategy 전략 improve 개선하다

6. 매혹적인 세계를 배경으로 한 소설을 읽을 때마다, 그곳에 서 살면 얼마나 좋을지에 대해 꿈꾸지 않을 수 없다. 환경과 문 화에 대한 묘사가 매우 풍부하고 생동감 넘쳐서 마치 내가 실 제로 그곳에 있는 것처럼 느껴진다.

풀이 방법

① 선택지가 모두 준동사로 이루어진 Form 유형임을 파악한 다.

② 빈칸이 포함된 문장에서 'cannot help -ing'는 동명사를 사 용하는 관용적인 표현임을 기억한다. 참고로 완료형인 (a) to have dreamed와 (b) having dreamed는 정답으로 출제되지 않으므로 먼저 제거한다.

③ 동명사인 (d) dreaming을 고른다.

어휘 ▶ every time S+V ~할 때마다 fascinating 매혹적인 description 묘사 environment 환경 rich 풍부한 vibrant 생생한 as if S+V 마치 ~인 것처럼 actually 실제로

풀이 방법

① 선택지가 모두 준동사로 이루어진 Form 유형임을 파악한 다.

② 빈칸이 포함된 문장에서 recommend는 동명사를 목적어 로 취하는 동사임을 기억한다. 참고로 준동사의 완료형인 (c) having rented와 (d) to have rented는 정답으로 출 제되지 않으므로 먼저 제거한다.

③ 동명사인 (b) renting을 고른다.

어휘 ▶ spend 보내다 rent 빌리다 explore 탐험하다 charming 매력적인

3. 번화한 도시에서 살면서, 주민들은 소음 공해를 겪는 것을 견뎌야 한다. 교통과 공사 소음은 압도적일 수 있지만, 그들은 적응하는 것을 배워왔다.

풀이 방법

① 선택지가 모두 준동사로 이루어진 Form 유형임을 파악한 다.

② 빈칸이 포함된 문장에서 endure는 동명사를 목적어로 취 하는 동사임을 기억한다. 참고로 완료형인 (b) to have experienced와 (c) having experienced는 정답으로 출 제되지 않으므로 먼저 제거한다.

③ 동명사인 (d) experiencing을 고른다.

어휘 ▶ bustling 북적거리는, 번화한 inhabitant 주민 noise pollution 소음 공해 construction 공사 overwhelming 압도 적인 adapt 적응하다

4. 시골의 평화와 고요함을 즐기는 사람으로서, 제이크는 사 람들이 붐비는 곳에 있는 것을 매우 싫어한다. 그는 끊임없는 번잡함과 소란스러움을 참을 수 없다.

풀이 방법

① 선택지가 모두 준동사로 이루어진 Form 유형임을 파악한 다.

② 빈칸이 포함된 문장에서 despise는 동명사를 목적어로 취하는 동사임을 기억한다. 참고로 완료형인 (b) having been과 (d) to have been은 정답으로 출제되지 않으므 로 먼저 제거한다.

③ 동명사인 (a) being을 고른다.

어휘 ▶ tranquility 고요함 countryside 시골 despise 혐오하 다 crowded 붐비는 bustle 번잡함, 북적거림 clamor 떠들썩함, 아우성 unbearable 참을 수 없는

5. 회의 중에, 매니저는 지난 분기의 팀 실적 부진에 대해 언 급하는 것을 피했다. 대신 다음 분기에 개선하기 위한 전략에 초점을 맞추었다.

풀이 방법

① 선택지가 모두 준동사로 이루어진 Form 유형임을 파악한 다.

② 빈칸이 포함된 문장에서 avoid는 동명사를 목적어로 취

DAY 05 to부정사

1 to부정사: 목적어

Exercise

1. to try	16. to express
2. to consolidate	17. to earn
3. to accompany	18. to retire
4. to learn	19. to perform
5. to surge	20. to solve
6. to invite	21. to provide
7. to access	22. to start
8. to resign	23. to display
9. to adopt	24. to remember
10. to present	25. to arrive
11. to explain	26. to serve
12. to pursue	27. to improve
13. to write	28. to accept
14. to catch	29. to meditate
15. to elude	30. to develop

1. 나는 우리 동네에 문을 연 디저트 가게에 빨리 가보고 싶다.
근거 wait는 to부정사를 목적어로 취하는 동사이다.

2. 감독은 다양한 팀을 하나로 통합하려고 시도했다.
근거 attempt는 to부정사를 목적어로 취하는 동사이다.

3. 나의 친구 알렉스는 콘서트에 나와 동행하기로 했다.
근거 agree는 to부정사를 목적어로 취하는 동사이다.

4. 나는 올해 새로운 언어를 배우는 것을 목표로 하고 있다.
근거 aim은 to부정사를 목적어로 취하는 동사이다.

5. 새로운 전자책 리더기의 출시 이후 전자책 판매량이 급증한 것으로 보였다.
근거 appear는 to부정사를 목적어로 취하는 동사이다.

6. 행사 주최측은 유명인 게스트를 행사에 초대하기로 했다.
근거 arrange는 to부정사를 목적어로 취하는 동사이다.

7. 연구자는 자신의 연구를 위해 새롭게 발표된 데이터에 접근할 수 있게 해 달라고 요청했다.
근거 ask는 to부정사를 목적어로 취하는 동사이다.

8. 위원회에서 사퇴하기로 결정하면, 위원장에게 먼저 통보하세요.
근거 choose는 to부정사를 목적어로 취하는 동사이다.

9. 수잔은 보호소에서 강아지를 입양하기로 결정했다.
근거 decide는 to부정사를 목적어로 취하는 동사이다.

10. 마크는 다른 약속 때문에 회의에서 발표하기를 거절했다.
근거 decline는 to부정사를 목적어로 취하는 동사이다.

11. 시험관이 답변을 자세히 설명해 줄 것을 요구했다.
근거 demand는 to부정사를 목적어로 취하는 동사이다.

12. 내 팀원 중 한 명은 해외에서 석사 학위를 계속하기로 선택했다.
근거 determine는 to부정사를 목적어로 취하는 동사이다.

13. 그녀는 영감을 주는 책을 읽은 후 자신만의 소설을 쓰기로 결심했다.
근거 elect는 to부정사를 목적어로 취하는 동사이다.

14. 우리는 이른 아침 비행기를 탈 예정이다.
근거 expect는 to부정사를 목적어로 취하는 동사이다.

15. 그 도둑은 은행의 정교한 보안 시스템을 피하지 못했다.
근거 fail은 to부정사를 목적어로 취하는 동사이다.

16. 내 딸은 학교에 대한 걱정을 표현하는 것을 망설인다.
근거 hesitate는 to부정사를 목적어로 취하는 동사이다.

17. 올해 피터는 태권도에서 검은 띠를 따기를 바란다.
근거 hope는 to부정사를 목적어로 취하는 동사이다.

18. 나의 부모님은 은퇴해서 조용한 시골에 사실 계획이다.
근거 intend는 to부정사를 목적어로 취하는 동사이다.

19. 모든 사람은 응급 상황에 대비하여 심폐소생술을 하는 방법을 배워야 한다.
근거 learn은 to부정사를 목적어로 취하는 동사이다.

20. 아이들은 어떠한 도움 없이 복잡한 퍼즐을 풀어냈다.
근거 manage는 to부정사를 목적어로 취하는 동사이다.

21. 그 자선 단체는 노숙자들에게 무료 식사를 제공하겠다고 제안했다.
근거 offer는 to부정사를 목적어로 취하는 동사이다.

22. 형은 내년에 자신의 사업을 시작하려고 계획하고 있다.
근거 plan은 to부정사를 목적어로 취하는 동사이다.

23. 가게 주인은 새 상품을 진열할 준비를 하고 있을 것이다.
근거 prepare는 to부정사를 목적어로 취하는 동사이다.

24. 제니는 동창회에서 예전 동창들을 기억하지 못하는 척

했다.

근거 pretend는 to부정사를 목적어로 취하는 동사이다.

25. 내 친구는 영화의 밤에 늦지 않겠다고 약속했다.

근거 promise는 to부정사를 목적어로 취하는 동사이다.

26. 이 레스토랑은 마스크를 착용하지 않은 고객에게 음식을 제공하는 것을 거부한다.

근거 refuse는 to부정사를 목적어로 취하는 동사이다.

27. 그들의 코치는 새로운 훈련 기술을 도입하여 팀의 전략을 개선하려고 했다.

근거 seek은 to부정사를 목적어로 취하는 동사이다. 참고로 sought는 seek의 과거형이다.

28. 아무도 먼 거리의 사무실에서 제안한 직책을 받아들이려고 하지 않는 것 같았다.

근거 seem은 to부정사를 목적어로 취하는 동사이다.

29. 아침 일찍 명상하는 것은 마음을 차분하게 한다.

근거 가주어 it 뒤에는 to부정사가 진주어로 나온다. 참고로 가주어 it 뒤에 동명사가 올 수도 있지만, 지텔프 시험에서 가주어가 나올 경우 to부정사를 정답으로 취하는 것에 유의하자.

30. 많은 사람들은 학생들이 조기에 좋은 학습 습관을 형성하는 것이 중요하다고 생각한다.

근거 가목적어 it 뒤에는 to부정사가 진목적어로 나온다. 참고로 for students는 to부정사의 의미상 주어이다.

Practice

1. (a) **2.** (c) **3.** (c) **4.** (a) **5.** (d) **6.** (b)

1. 부모들은 장거리 자동차 여행 중에 아이들을 즐겁게 해주는 것이 어렵다는 것을 종종 알게 된다. 그들은 아이들이 계속 열중할 수 있도록 창의적인 게임과 활동을 생각해 내야 한다.

풀이 방법

① 선택지가 모두 준동사로 이루어진 Form 유형임을 파악한다.

② 빈칸이 포함된 문장에서 it는 가목적어로서 to부정사가 진목적어로 와야 한다. 참고로 준동사의 완료형인 (b) to have kept와 (c) having kept는 정답으로 출제되지 않으므로 먼저 제거한다.

③ to부정사인 (a) to keep을 고른다.

어휘 entertained 즐거워하는 journey 여행 come up with 생각해내다 occupied 열중한

2. 성공한 기업가들은 사업 성장을 유지하려고 노력한다. 그들은 항상 새로운 시장과 사업 범위를 확장할 기회를 찾고 있다.

풀이 방법

① 선택지가 모두 준동사로 이루어진 Form 유형임을 파악한다.

② 빈칸이 포함된 문장에서 strive는 to부정사를 목적어로 취하는 동사임을 기억한다. 참고로 (a) having maintained 와 (b) to have maintained는 정답으로 출제되지 않으므로 먼저 제거한다.

③ to부정사인 (c) to maintain을 선택한다.

어휘 maintain 유지하다 growth 성장 search for 찾다, 탐구하다 expand 확장하다 reach (세력) 범위

3. 빠르게 변화하는 기술 분야에서, 전문가들은 업계의 최신 개발과 트렌드를 따라잡기 위해 지속적인 교육을 추구하는 경향이 있다.

풀이 방법

① 선택지가 모두 준동사로 이루어진 Form 유형임을 파악한다.

② 빈칸이 포함된 문장에서 tend는 to부정사를 목적어로 취하는 동사임을 기억한다. 참고로 (b) having pursued와 (d) to have pursued는 정답으로 출제되지 않으므로 먼저 제거한다.

③ to부정사인 (c) to pursue를 선택한다.

어휘 rapidly 빠르게 pursue 추구하다 ongoing 지속적인 keep up with 따라잡다 latest 최신의

4. 많은 책 애호가들은 자신들만의 독서 모임을 만들고 싶어 한다. 이렇게 하면 그들은 다른 사람들과 문학에 대한 애정을 공유하고, 생각이 비슷한 사람들과 커뮤니티를 만들 수 있다.

풀이 방법

① 선택지가 모두 준동사로 이루어진 Form 유형임을 파악한다.

② 빈칸이 포함된 문장에서 wish는 to부정사를 목적어로 취하는 동사임을 기억한다. 참고로 (c) having started와 (d) to have started는 정답으로 출제되지 않으므로 먼저 제거한다.

③ to부정사인 (a) to start를 선택한다.

어휘 lover 애호가 share 공유하다 literature 문학 like-minded 비슷한 생각을 가진

5. 지구 온난화에 대응하기 위해 많은 환경운동가들이 지구를 보호하겠다고 다짐한다. 이들은 다양한 환경 보호 활동에 참여하고, 지속 가능한 실천을 지지한다.

풀이 방법

① 선택지가 모두 준동사로 이루어진 Form 유형임을 파악한다.

② 빈칸이 포함된 문장에서 vow는 to부정사를 목적어로 가질 수 있는 동사임을 기억한다. 참고로 (b) having protected 와 (c) to have protected는 정답으로 출제되지 않으므로

먼저 제거한다.

③ to부정사인 (d) to protect를 선택한다.

어휘 in response to ~에 대응하여 protect 보호하다 engage in ~에 참여하다 conservation 보존 advocate (for) 지지하다, 옹호하다 sustainable 지속 가능한

6. 긴장감 넘치는 영화에서, 줄거리 반전은 종종 극장 안의 모든 사람들을 놀라게 하는 것으로 드러난다. 이로 인해 관객들은 헉 소리를 내며 수군거리게 된다.

풀이 방법

① 선택지가 모두 준동사로 이루어진 Form 유형임을 파악한다.

② 빈칸이 포함된 문장에서 turn out은 to부정사를 목적어로 가질 수 있는 동사구임을 기억한다. 참고로 (a) to have surprised와 (d) having surprised는 정답으로 출제되지 않으므로 먼저 제거한다.

③ to부정사인 (b) to surprise를 선택한다.

어휘 suspenseful 긴장감 넘치는 plot twist 줄거리 반전 lead to ~으로 이어지다 gasp 헉 소리, 숨막힘 murmur 수군거림, 중얼거림

2 to부정사: 목적격보어

Exercise

1. to review	9. to pick up
2. to prepare	10. to complete
3. to join	11. to attend
4. to take	12. to use
5. to be canceled	13. to submit
6. to double	14. to bring
7. to share	15. to pay
8. to adopt	

1. 트리샤는 라라에게 계약 조건을 완전히 이해하는지 확인하기 위해 계약서를 검토하라고 조언했다.

근거 advise는 to부정사를 목적격보어로 취하는 동사이다.

2. 나는 네가 연구 프로젝트를 위해 너만의 데이터와 콘텐츠를 준비할 것을 권장한다.

근거 encourage는 to부정사를 목적격보어로 취하는 동사이다.

3. 평일 저녁마다 에반은 벤을 초대해 공원에서 여유로운 산책을 함께 했다.

근거 invite는 to부정사를 목적격보어로 취하는 동사이다.

4. 관람객들은 전시장 안에서 플래시를 켜지 않고 사진을 찍는 것이 허용된다.

근거 permit은 to부정사를 목적격보어로 취하는 동사이다. 참고로 be permitted는 수동태이므로 목적어 없이 바로 to부정사가 온다.

5. 갑작스러운 폭우로 야외 행사가 취소되었다.

근거 cause는 to부정사를 목적격보어로 취하는 동사이다.

6. 이 회사는 올해 상반기에 이윤이 두 배로 늘어날 것으로 예상하고 있다.

근거 expect는 to부정사를 목적격보어로 취하는 동사이다.

7. 온라인 플랫폼은 사람들이 아이디어와 정보를 손쉽게 공유할 수 있게 해주었다.

근거 enable은 to부정사를 목적격보어로 취하는 동사이다.

8. 시의회는 주택 소유주들이 태양광 패널 설치를 채택하도록 설득하기 위해 인센티브를 도입했다.

근거 persuade는 to부정사를 목적격보어로 취하는 동사이다.

9. 나는 샐리에게 집에 가는 길에 식료품을 사 오라고 다시 한 번 상기시켰다.

근거 remind는 to부정사를 목적격보어로 취하는 동사이다.

10. 프로젝트 관리자는 팀에게 이번 주 말까지 작업을 완료하라고 말해야 했다.

근거 tell은 to부정사를 목적격보어로 취하는 동사이다.

11. 참가자들은 컨퍼런스 기간 동안 최소 두 개의 분과 회의에 참석해야 한다.

근거 require는 to부정사를 목적격보어로 취하는 동사이다. 참고로 be required는 수동태이므로 목적어 없이 바로 to부정사가 온다.

12. 이 사무실에서는 모든 사람들이 개인 문서용으로 프린터를 사용할 수 있다.

근거 allow는 to부정사를 목적격보어로 취하는 동사이다. 참고로 be allowed는 수동태이므로 목적어 없이 바로 to부정사가 온다.

13. 신입 사원은 매주 금요일마다 주간 보고서를 제출하도록 지시받았다.

근거 instruct는 to부정사를 목적격보어로 취하는 동사이다. 참고로 be instructed는 수동태이므로 뒤에 목적어 없이 바로 to부정사가 온다.

14. 행사 참석자들은 친구나 배우자를 데리고 오도록 요청받는다.

근거 invite는 to부정사를 목적격보어로 취하는 동사이다. 참고로 be invited는 수동태이므로 뒤에 목적어 없이 바로 to부

정사가 온다.

15. 스코틀랜드의 공공장소에서는 흡연이 금지되어 있으며, 위반자들은 적발 시 벌금을 지불해야 한다.

근거 'have + to부정사(~해야 한다)'는 to부정사를 취하는 관용적 표현이다.

Practice

1. (b) **2.** (a) **3.** (c) **4.** (d) **5.** (b) **6.** (c)

1. 존슨 선생님은 교실에서 항상 뒷자리에 앉아 있는 조용한 학생이 눈에 띄었다. 그녀는 그의 잠재력을 보고 그가 수업 토론에 더 많이 참여하기를 원했다.

풀이 방법

① 선택지가 모두 준동사로 이루어진 Form 유형임을 파악한다.

② 빈칸이 포함된 문장에서 want는 목적어 뒤에 to부정사를 취하는 동사임을 기억한다. 참고로 (c) to have become, (d) having become은 정답으로 출제되지 않으므로 먼저 제거한다.

③ to부정사인 (b) to become을 고른다.

어휘 notice 알아차리다. 눈에 띠다 potential 잠재력 involved in ~에 관여하는

2. 힘들었지만 성공적인 시즌 후에 그 팀은 국내 선수권 우승으로 내년 국제 대회에 출전할 자격을 얻게 될 것이다. 이 대회는 세계 최고의 팀들을 선보이는 권위 있는 행사이다.

풀이 방법

① 선택지가 모두 준동사로 이루어진 Form 유형임을 파악한다.

② 빈칸이 포함된 문장에서 entitle은 목적어 뒤에 to부정사를 취하는 동사이며 be entitled는 수동태로 뒤에 목적어 없이 바로 to부정사가 온다. 참고로 (c) to have competed, (d) having competed는 정답으로 출제되지 않으므로 먼저 제거한다.

③ to부정사인 (a) to compete를 고른다.

어휘 challenging 힘든 championship 선수권 compete 경쟁하다 tournament 대회 prestigious 명성이 있는. 유명한 showcase 선보이다

3. 산에서 갑작스러운 악천후로 인해 산악인들은 원정을 중도에 포기해야 했다. 이러한 결정은 종종 고산 등반에 내재된 위험을 강조한다.

풀이 방법

① 선택지가 모두 준동사로 이루어진 Form 유형임을 파악한다.

② 빈칸이 포함된 문장에서 force는 목적어 뒤에 to부정

사를 취하는 동사임을 기억한다. 참고로 (a) to have abandoned, (b) having abandoned는 정답으로 출제되지 않으므로 먼저 제거한다.

③ to부정사인 (c) to abandon을 고른다.

어휘 sudden 갑작스러운 turn 전환 extreme 극단적인 mountaineer 산악인 abandon 포기하다 expedition 탐험. 원정 halfway 중도에 inherent 내재하는 underscore 강조하다 altitude 고도

4. 혼란스러운 청소년기와 성인 초기에, 부모님은 항상 내 곁에 계셨고, 내가 복잡한 삶 속을 헤쳐나갈 수 있도록 도와줄 준비가 되어 있었다. 부모님의 조언은 어려운 시기에 길잡이가 되어 주었다.

풀이 방법

① 선택지가 모두 준동사로 이루어진 Form 유형임을 파악한다.

② 빈칸이 포함된 문장에서 help는 목적어 뒤에 to부정사를 취하는 동사임을 기억한다. 참고로 (b) having navigated, (c) to have navigated는 정답으로 출제되지 않으므로 먼저 제거한다.

③ to부정사인 (d) to navigate를 고른다.

어휘 confusing 혼란스러운 adolescence 청소년기 navigate (어려움 등)을 헤쳐 나가다 complexity 복잡성 counsel 조언 guiding light 지표. 길잡이

5. 그의 폭넓은 업계 경험과 리더십 자질을 고려할 때, 그는 다양한 전문 기술을 요구하는 이 새로운 프로젝트를 이끌 자격이 충분하다. 그의 전문성은 팀의 성공을 이끌 것으로 예상된다.

풀이 방법

① 선택지가 모두 준동사로 이루어진 Form 유형임을 파악한다.

② 빈칸이 포함된 문장에서 qualify는 목적어 뒤에 to부정사를 취하는 동사이며 be qualified는 수동태로 뒤에 목적어 없이 바로 to부정사가 온다. 참고로 (a) to have led, (d) having lead는 정답으로 출제되지 않으므로 먼저 제거한다.

③ to부정사인 (b) to lead를 고른다.

어휘 extensive 폭넓은 industry 산업. 업계 demand 요구하다 a wide range of 광범위한 expertise 전문성 drive 이끌다

6. 주제를 더 깊이 탐구하기 위해, 학생들은 종종 선생님들로부터 독립적인 연구 프로젝트를 수행하도록 권유받는다. 연구를 계획, 수행, 보고하는 경험은 추후 교육에 귀중한 기술을 제공한다.

풀이 방법

① 선택지가 모두 준동사로 이루어진 Form 유형임을 파악한다.

② 빈칸이 포함된 문장에서 encourage는 목적어 뒤에 to부정사를 취하는 동사이며, be encouraged는 수동태로 뒤에 바로 to부정사가 나온다. 참고로 (b) having undertaken, (d) to have undertaken은 정답으로 출제되지 않으므로 먼저 제거한다.

③ to부정사인 (c) to undertake를 고른다.

어휘 delve into (정보를) 파고들다, 탐구하다 independent 독립적인 conduct 수행하다 invaluable 귀중한, 소중한 further 그 이상의, 더 나은

3 to부정사: 형용사 용법

> **Exercise**

1. to assign	**6.** to be considered
2. to vote	**7.** to know
3. to provide	**8.** to defer
4. to waste	**9.** to expand
5. to diversify	**10.** to concentrate

1. 이반은 각 팀원에게 최종 발표 주제를 할당할 권한이 있다.
근거 to부정사는 앞에 있는 명사인 authority를 꾸며주는 형용사 역할을 한다.

2. 18세가 넘는 시민들은 총선에서 투표할 권리를 갖는다.
근거 to부정사는 앞에 있는 명사인 right을 꾸며주는 형용사 역할을 한다.

3. 그 도시는 푸드 트럭 운영자들에게 영업장소를 제공하기 위한 노력의 일환으로 특화 거리 프로젝트를 확대해 왔다.
근거 to부정사는 앞에 있는 명사인 effort를 꾸며주는 형용사 역할을 한다.

4. 우리는 기후 변화 위기에 대처하는 것에 관한 한 낭비할 시간이 없다.
근거 to부정사는 앞에 있는 명사인 time를 꾸며주는 형용사 역할을 한다.

5. 새로운 시장을 개척하고 제품 제공을 확대하는 것은 회사 수익원을 다각화하는 몇 가지 방법이다.
근거 to부정사는 앞에 있는 명사인 ways를 꾸며주는 형용사 역할을 한다.

6. 지원자들은 장학금 프로그램에 검토되어야 할 필요한 서류를 제출해야 한다.
근거 to부정사는 앞에 있는 명사인 documents를 꾸며주는 형용사 역할을 한다.

7. 미술 전시회에 참석하면서 나는 현대 미술에 대해 더 많이 알 수 있는 기회가 되었다.
근거 to부정사는 앞에 있는 명사인 opportunity를 꾸며주는 형용사 역할을 한다.

8. 그 가수는 12개월 동안 입대를 연기할 수 있는 허가를 받았다.
근거 to부정사는 앞에 있는 명사인 permission을 꾸며주는 형용사 역할을 한다.

9. 유럽 연합은 유럽의 주요 도로에 수소차 충전소를 확대하기로 결정했다.
근거 to부정사는 앞에 있는 명사인 decision을 꾸며주는 형용사 역할을 한다.

10. 제니는 글쓰기 과제에 집중할 조용한 장소가 필요했다.
근거 to부정사는 앞에 있는 명사인 place를 꾸며주는 형용사 역할을 한다.

4 to부정사: 부사 용법

> **Exercise**

1. to secure	**6.** to support
2. to address	**7.** to accommodate
3. to apply	**8.** to provide
4. to cater	**9.** to accept
5. to inform	**10.** to explain

1. 대회에 참가할 수 있는 자격을 확보하기 위해 이번 주 말까지 신청서를 제출하세요.
근거 빈칸 앞에 완벽한 문장이 나왔고, '확보하기 위해'라는 목적의 의미가 가장 자연스럽기 때문에 빈칸에는 부사적 용법(목적)으로 사용된 to secure가 들어가야 한다.

2. 우리 기술팀은 제품의 어떠한 결함에도 대처하기 위해 무료 수리 서비스를 제공한다.
근거 빈칸 앞에 완벽한 문장이 나왔고, '대처하기 위해'라는 목적의 의미가 가장 자연스럽기 때문에 빈칸에는 부사적 용법(목적)으로 사용된 to address가 들어가야 한다.

3. 저희 마케팅 부서에 지원하기 위해서는 최소 3년의 경력이 있어야 합니다.
근거 빈칸 앞에 완벽한 문장이 나왔고, '지원하기 위해서는'이라는 목적의 의미가 가장 자연스럽기 때문에 빈칸에는 부사적 용법(목적)으로 사용된 to apply가 들어가야 한다.

4. 우리의 피트니스 센터는 모든 연령대와 체력 수준에 맞추기 위해 다양한 프로그램을 제공한다.
근거 빈칸 앞에 완벽한 문장이 나왔고, '모든 연령대와 체력 수준에 맞추기 위해'라는 목적의 의미로 해석하는 것이 자연스럽기 때문에 빈칸에는 부사적 용법(목적)으로 사용된 to cater

가 들어가야 한다.

5. 서버 오류로 인해 당신이 예약한 기차가 취소되었다는 사실을 알리게 되어 유감입니다.

근거 ▶ 빈칸 앞에 완벽한 문장이 나왔고, '알려드리게 되어'라는 이유의 의미가 가장 자연스럽기 때문에 빈칸에는 부사적 용법(이유)으로 사용된 to inform이 들어가야 한다.

6. 우리의 자선 행사에서 모은 수익금은 빈곤한 어린이들을 지원하기 위해 직접 사용될 것입니다.

근거 ▶ 빈칸 앞에 완벽한 문장이 나왔고, '지원하기 위해'라는 목적의 의미가 가장 자연스럽기 때문에 빈칸에는 부사적 용법(목적)으로 사용된 to support가 들어가야 한다.

7. 우리는 다양한 시간대의 참가자들을 수용하기 위해 여러 세션을 준비했다.

근거 ▶ 빈칸 앞에 완벽한 문장이 나왔고, '수용하기 위해'라는 목적의 의미가 가장 자연스럽기 때문에 빈칸에는 부사적 용법(목적)으로 사용된 to accommodate가 들어가야 한다.

8. 그 건축가는 직원들에게 편안한 공간을 제공하기 위해 라운지 공간을 설계했다.

근거 ▶ 빈칸 앞에 완벽한 문장이 나왔고, '제공하기 위해'라는 목적의 의미로 해석하는 것이 가장 자연스럽기 때문에 빈칸에는 부사적 용법(목적)으로 사용된 to provide가 들어가야 한다.

9. 내가 사업 파트너에게 속았다는 사실을 들었을 때 나는 그 소식을 받아들이기 힘들었다.

근거 ▶ 빈칸 앞에 완벽한 문장이 나왔고, '소식을 받아들이기에'라는 정도의 의미로 해석하는 것이 가장 자연스럽기 때문에 빈칸에는 부사적 용법(정도)으로 사용된 to accept가 들어가야 한다.

10. 그 사건은 짧은 시간에 설명하기에는 매우 복잡하다.

근거 ▶ 빈칸 앞에 완벽한 문장이 나왔고, '설명하기에'라는 정도의 의미가 가장 자연스럽기 때문에 빈칸에는 부사적 용법(정도)으로 사용된 to explain이 들어가야 한다.

Practice

1. (d) **2.** (a) **3.** (b) **4.** (c) **5.** (b) **6.** (b)

1. 모든 요인들을 철저하게 토론하고 고려한 후, 이사회는 새로운 제품 라인의 개발에 자금을 배정하는 결정을 내렸다. 이런 중요한 움직임은 신제품의 잠재적 성공 가능성에 대한 믿음을 보여준다.

풀이 방법

① 선택지가 모두 준동사로 이루어진 Form 유형임을 파악한다.

② 빈칸이 포함된 문장에서 빈칸은 앞에 있는 명사인 decision을 꾸며주는 형용사 역할임을 확인한다. 참고로 준동사의 완료형인 (a) having allocated와 (c) to have allocated는 정답으로 출제되지 않으므로 먼저 제거한다.

③ to부정사인 (d) to allocate를 고른다.

어휘 ▶ rigorous 철저한, 엄격한 debate 토론 consideration 고려 come to a decision 결정을 내리다 allocate 배정하다 significant 중요한 demonstrate 보여주다

2. 창업자들은 몇 달 동안 스타트업을 위한 종합적인 전략을 수립하는 데 여러 달을 보냈다. 그들은 이제 시장에 진입할 수 있는 좋은 계획을 세웠다고 믿는다.

풀이 방법

① 선택지가 모두 준동사로 이루어진 Form 유형임을 파악한다.

② 빈칸이 포함된 문장에서 빈칸은 앞에 있는 명사인 plans를 꾸며주는 형용사 역할임을 확인한다. 참고로 준동사의 완료형인 (c) to have entered, (d) having entered는 정답으로 출제되지 않으므로 먼저 제거한다.

③ to부정사인 (a) to enter를 고른다.

어휘 ▶ founder 창업자 devise 고안하다, 수립하다 comprehensive 포괄적인, 종합적인 strategy 전략 enter the market 시장에 진입하다

3. 새로운 언어를 완전히 익히려는 사람들에게는, 몰입 학습이 자주 권장된다. 그것은 언어의 미묘한 차이를 익히는 가장 좋은 방법으로 여겨진다.

풀이 방법

① 선택지가 모두 준동사로 이루어진 Form 유형임을 파악한다.

② 빈칸이 포함된 문장에서 빈칸은 앞에 있는 명사인 way를 꾸며주는 형용사 역할임을 확인한다. 참고로 준동사의 완료형인 (c) to have picked up, (d) having picked up은 정답으로 출제되지 않으므로 먼저 제거한다.

③ to부정사인 (b) to pick up을 고른다.

어휘 ▶ individual 개인 seek 추구하다 master 완전히 익히다 immersion 몰입 recommend 권장하다 pick up 익히다 nuance 미묘한 차이

4. 소프트웨어 엔지니어들은 팀을 위한 새로운 도구를 개발하기 위해 열심히 노력했다. 일단 구현되면 이 도구는 더 효율적으로 작업을 완료하는 데 사용될 것이다.

풀이 방법

① 선택지가 모두 준동사로 이루어진 Form 유형임을 파악한다.

② 빈칸이 포함된 문장에서 빈칸 앞 문장은 완벽하고, '~하기 위해'라는 목적의 의미로 해석하는 것이 가장 자연스럽기 때문에 빈칸에는 부사적 용법(목적)으로 사용된 to부정사

가 들어가야 한다. 참고로 준동사의 완료형인 (b) to have completed, (d) having completed는 정답으로 출제되지 않으므로 먼저 제거한다.

③ to부정사인 (c) to complete를 고른다.

어휘 work on ~에 애쓰다 diligently 열심히 once 일단 ~하면 implement 구현하다, 실행하다 efficiently 효율적으로

5. 마크 러팔로는 지칠 줄 모르며 노력했고, 셀 수 없이 많은 오디션에 참가하여 수많은 거절을 당하면서도 결코 기죽지 않았다. 그의 꿈은 헐크 영화에서 브루스 배너 역을 맡으면서 구체화되기 시작했다. 그는 자신이 영화의 주연으로 발탁되었다는 것을 알게 되어 흥분했다.

풀이 방법

① 선택지가 모두 준동사로 이루어진 Form 유형임을 파악한다.

② 빈칸이 포함된 문장에서 빈칸 앞에 문장은 완벽하고, 감정을 나타내는 형용사 excited가 있고 '~해서'라는 이유의 의미로 해석하는 것이 가장 자연스럽기 때문에 빈칸에는 부사적 용법으로 사용된 to부정사가 들어가야 한다. 참고로 준동사의 완료형인 (c) to have founded, (d) having found는 정답으로 출제되지 않으므로 먼저 제거한다.

③ to부정사인 (b) to find를 고른다.

어휘 tirelessly 지치는 줄 모르고 countless 수많은, 셀 수 없는 spirits 기분, 기백 numerous 많은 rejection 거절 take shape 구체화되다 lead role 주연

6. 그 학생은 자신의 노트를 수정하고 연습 문제를 풀며, 밤늦게까지 공부했다. 그녀는 다가오는 시험에서 A를 받기로 단단히 결심했다.

풀이 방법

① 선택지가 모두 준동사로 이루어진 Form 유형임을 파악한다.

② 빈칸이 포함된 문장에서 in order 다음에 to부정사가 오는 것이 관용 표현임을 기억한다.

③ to부정사인 (b) to ace를 고른다.

어휘 revise 수정하다 solve 풀다 practice problem 연습 문제 be determined 단단히 결심하다 upcoming 다가오는 ace (시험에서) A를 받다

DAY 06 조동사

Exercise

1. must	**11.** must
2. could	**12.** couldn't
3. would	**13.** must
4. must	**14.** can
5. should	**15.** should
6. will	**16.** might
7. may	**17.** can
8. would	**18.** could
9. can	**19.** would
10. should	**20.** should

1. 기업가는 성공적인 스타트업을 만들기 위해 예측된 위험을 받아들일 준비가 되어 있어야 한다.

근거 문맥상 예측된 위험을 감수해야만 하는 것이므로, must(강한 의무/필수: ~해야 한다)가 더 적절하다.

2. 우리가 지금 행동하지 않으면, 되돌릴 수 없는 기후 변화가 향후 십 년 내에 일어날 수 있다.

근거 문맥상 되돌릴 수 없는 기후 변화가 일어날 가능성을 나타내는 것이므로 could(미래의 낮은 가능성: ~일 수 있다) 더 적절하다.

3. 어제 아버지는 내게 자동차 운전하는 법을 가르쳐 주시겠다고 약속했다.

근거 자동차 운전하는 법을 가르쳐 줄 것이라는 과거 시점에 미래의 일을 언급한 것을 나타내기 위해서는 would(과거 시점에서의 미래: ~할 것이다)가 더 적절하다.

4. 유키는 탄탄한 자격 요건과 배경 때문에 대기업에 합격하였음이 틀림없다.

근거 문맥상 유키가 대기업에 합격했을 것이라는 강한 추측을 나타내는 것이므로 must(강한 추측: ~임에 틀림없다)가 더 적절하다. must have p.p.(~했음이 틀림없다)는 과거에 대한 강한 추측을 나타낸다.

5. 우리는 탄소 발자국을 적극적으로 줄여야 한다. 그렇지 않으면 기후 변화는 지구와 미래 세대에 해로운 영향을 미칠 것이다.

근거 문맥상 이산화탄소의 배출량을 줄이라는 의무를 나타내는 것이므로 should(의무: ~해야 한다)가 더 적절하다.

6. 바이러스로부터 컴퓨터를 보호하기 위해, 컴퓨터는 자주 바이러스 백신 소프트웨어를 자동으로 설치한다.

근거 문맥상 바이러스 백신 소프트웨어를 자동으로 설치하는 반복적인 동작을 나타내는 것이므로 will(습관적/규칙적 동작:

자주 ~하다)이 더 적절하다.

7. 최근 업계 상황을 고려할 때 그 회사는 이번 사건에 대해 공개적으로 성명을 발표할지도 모른다.

근거 문맥상 회사가 공개 성명을 발표할지도 모른다는 불확실한 가능성을 나타내는 것이므로 may(가능성: ~할지도 모른다)가 적절하다.

8. 메리는 퇴근 후 몇 시간 동안 밖에 나가서 조깅하곤 했다.

근거 문맥상 그녀가 퇴근 후 나가서 조깅을 하곤 했다는 과거의 습관을 나타내는 것이므로 would(과거의 불규칙적인 습관: ~하곤 했다)가 더 적절하다.

9. 운동 부족은 심장 질환이나 비만과 같은 여러 건강 문제를 초래할 수 있다.

근거 문맥상 운동 부족이 건강 문제를 일으킬 수 있는 있다는 가능성을 나타내는 것이므로 can(가능성: ~할 수 있다)이 더 적절하다. 참고로 can과 might 모두 가능성을 나타내지만 can은 객관적인 상황에서 쓰이고, might는 주관적인 의견을 전달할 때 쓰인다.

10. 최근 우리 먹이 사슬에서 미세 플라스틱의 발견은 인류에게 경각심을 일으키는 역할을 하게 될 것이다.

근거 문맥상 미세 플라스틱 발견이 인류에게 경각심을 불러일으킬 것을 나타내고 있으므로 should(당연: ~일 것이다)가 더 적절하다.

11. 모든 반품 또는 교환품은 구매 후 21일 이내에 영수증 원본과 함께 손상되지 않은 상태로 보내주셔야 합니다.

근거 문맥상 반품과 교환 정책에 관해 지켜야 할 의무 사항이므로 must(강한 의무/필수: ~해야 한다)가 더 적절하다.

12. 교장은 급한 집안 사정 때문에 연례 학교 행사에 참석하지 못했던 것을 후회했다.

근거 문맥상 교장이 학교 행사에 참석하지 못했던 것을 나타내고 있으므로 couldn't(불가능성: ~할 수 없었다)가 더 적절하다.

13. 그의 계급장을 볼 때, 그는 군대에서 고위 장교임이 틀림없다.

근거 문맥상 그의 계급장을 바탕으로, 그가 고위 장교일 것이라는 추측을 나타내는 것이므로 must(강한 추측: ~임에 틀림없다)가 더 적절하다.

14. 먹는 것을 좋아하면 요리법을 배워 자신만의 맛있는 요리를 만들 수 있다.

근거 문맥상 자신만의 맛있는 요리를 만들 수 있다는 능력을 나타내고 있으므로 can(능력: ~할 수 있다)이 더 적절하다.

15. 유능한 교사는 효과적으로 학생들을 참여시키고 그들의

학습을 촉진할 수 있어야 한다.

근거 문맥상 유능한 교사는 참여시키고 촉진할 수 있어야 한다는 의무를 나타내므로 should(의무: ~해야 한다)가 더 적절하다.

16. 최근 연구에 따르면, 과학자들은 조심스럽게 화성의 표면 아래에 물이 있을 수도 있다고 생각한다.

근거 문맥상 화성의 표면 아래에 물이 있을 수 있다는 가능성을 나타내는 것이므로 might(현재나 미래의 낮은 가능성: ~할지도 모른다)가 더 적절하다.

17. 태양 에너지를 활용함으로써, 인류는 화석 연료에 대한 의존도를 상당히 줄일 수 있다.

근거 문맥상 화석 연료에 대한 의존성을 줄일 수 있는 객관적인 가능성을 나타내는 것이므로 can(가능성: ~일 수 있다)이 더 적절하다.

18. 역사학자들은 고대 문명이 항해에 별들을 사용했을 수도 있다고 주장한다.

근거 문맥상 고대 문명이 별들을 항해에 사용했을 수 있다는 가능성을 나타내는 것이므로 could(과거의 가능성: ~일 수 있다)가 더 적절하다.

19. 그녀는 오늘 밤 콘서트에 제시간에 도착할 것이라고 나에게 장담했다.

근거 문맥상 그녀가 제시간에 콘서트에 도착할 것이라는 예정을 나타내는 것이므로 would(과거 시점에서 미래: ~할 것이다)가 더 적절하다.

20. 빠르게 변화하는 디지털 세상이지만 사람들은 잠시 멈추고 여유를 가지는 것이 좋겠다.

근거 문맥상 사람들이 잠시 여유를 가져야 한다는 조언을 나타내므로 should(제안/충고: ~하는 것이 좋겠다)가 더 적절하다.

Practice

1. (d)　**2.** (a)　**3.** (c)　**4.** (c)　**5.** (d)　**6.** (a)

1. 격렬한 운동 직후에 바로 식사하는 것이 근육 회복에 도움이 된다는 것은 상식이다. 따라서, 운동 직후 몸을 충분한 물과 고단백 식품으로 보충하는 것이 좋겠다.

풀이 방법
① 선택지를 보고 알맞은 조동사를 고르는 Meaning 유형임을 파악한다.
② 빈칸 앞뒤의 문장을 해석하고 내용의 흐름에 알맞은 의미의 조동사를 골라야 한다. 문맥상 '운동 직후에 바로 먹는 것이 근육 회복에 도움이 된다'는 상식에 알맞은 조언을 하는 것이 자연스럽다. 그러므로 '물과 고단백질 음식을 먹는

것이 좋겠다'는 뜻에 맞는 should(제안/충고: ~하는 것이 좋겠다)가 가장 적절하다.

③ 정답 (d) should를 고른다.

어휘 common knowledge 상식 strenuous 몹시 힘든, 격렬한 workout 운동 replenish A with B A를 B로 다시 채우다, 보충하다 plenty of 많은 high-protein food 고단백질 식품 immediately 즉시 exercise routine (규칙적인) 운동 방법

2. 이야기꾼이셨던 할머니는 어린 시절 시골에서 보름달이 뜰 때 귀신이 들판을 돌아다니는 것을 봤다고 주장하셨다. 어린 시절 우리는 항상 두려움과 매혹 사이에 갇혀 할머니의 말을 믿어야 할지 말지 확신할 수 없었다.

풀이 방법

① 선택지를 보고 알맞은 조동사를 고르는 Meaning 유형임을 파악한다.

② 빈칸 앞뒤의 문장을 해석하고 내용의 흐름에 알맞은 의미의 조동사를 골라야 한다. 문맥상 '그녀가 어린 시절 보름달이 떠 있을 때 유령을 보곤 했다'는 뜻에 맞는 would(과거의 불규칙적인 상황: ~하곤 했다)가 가장 적절하다.

③ 정답 (a) would를 선택한다.

어휘 tale 이야기 claim 주장하다 countryside 교외, 시골 roam 돌아다니다 full moon 보름달 be caught ~에 갇히다 fascination 매혹 unsure 확신하지 못하는

3. 초보자로서, 피아노와 같은 악기를 숙달하는 것은 막막해 보일지도 모른다. 그러나 꾸준히 연습하고 전념하면 1, 2년 안에 피아노를 능숙하게 연주할 수 있을 것이다.

풀이 방법

① 선택지를 보고 알맞은 조동사를 고르는 Meaning 유형임을 파악한다.

② 빈칸 앞뒤의 문장을 해석하고 내용의 흐름에 알맞은 의미의 조동사를 골라야 한다. 문맥상 '꾸준한 연습과 전념으로 피아노를 능숙하게 연주할 수 있을 것이다'라는 뜻에 맞는 will(단순 미래: ~일 것이다)이 가장 적절하다.

③ 정답 (c) will을 고른다.

어휘 beginner 초보자 instrument 악기 daunting 벅찬, 막막한 consistent 일관된, 꾸준한 dedication 전념, 헌신 proficient 능숙한

4. 해양 동물들은 그들의 환경에서 잘 살기 위한 다양한 적응력을 가지고 있다. 예를 들어, 특정 물고기들은 아가미를 통해 물에서 직접 산소를 걸러낼 수 있다. 이러한 적응력은 그들이 깊은 바다부터 얕은 개울까지 다양한 수생 서식지에서 살 수 있게 해 준다.

풀이 방법

① 선택지를 보고 알맞은 조동사를 고르는 Meaning 유형임을 파악한다.

② 빈칸 앞뒤의 문장을 해석하고 내용의 흐름에 알맞은 의미

의 조동사를 골라야 한다. 문맥상 '아가미를 통해 산소를 걸러낼 수 있다'라는 뜻에 맞는 can(능력: ~할 수 있다)이 가장 적절하다.

③ 정답 (c) can을 고른다.

어휘 marine animal 해양 생물 possess 소유하다 a range of 다양한 adaptation 적응력 thrive 번영하다, 잘 자라다 filter 걸러내다 oxygen 산소 gill 아가미 a variety of 다양한 aquatic 수생의 habitat 서식지 shallow 얕은 streams 개울

5. 지역 자선 단체가 다가오는 행사를 위해 자원봉사자를 모집하고 있습니다. 지역사회에 환원하는 것을 즐기는 사람이라면 이번 주말에 시간이 된다면 신청하시면 됩니다. 여러분의 참여가 큰 변화를 가져올 것입니다.

풀이 방법

① 선택지를 보고 알맞은 조동사를 고르는 Meaning 유형임을 파악한다.

② 빈칸 앞뒤의 문장을 해석하고 내용의 흐름에 알맞은 의미의 조동사를 골라야 한다. 문맥상 '이 행사에 신청하시면 됩니다'라는 뜻에 맞는 may(부탁: ~해도 좋다)가 가장 적절하다.

③ 정답 (d) may를 고른다.

어휘 charity 자선 organization 단체 give back to 돌려주다, 환원하다 sign up for 신청하다 participation 참여 make a significant difference 큰(중대한) 변화를 가져오다

6. 내가 토마스를 처음 만났을 때, 그는 형편없는 제빵사였다. 그의 쿠키와 케이크는 종종 타버리곤 했다. 하지만, 요즘 그의 기술이 엄청나게 향상된 것을 볼 때, 그는 제빵 수업을 들었음에 틀림없다.

풀이 방법

① 선택지를 보고 알맞은 조동사를 고르는 Meaning 유형임을 파악한다.

② 빈칸 앞뒤의 문장을 해석하고 내용의 흐름에 알맞은 의미의 조동사를 골라야 한다. 문맥상 형편없던 토마스의 실력이 향상되었으므로 '제빵 수업을 들었음에 틀림없다'라는 뜻에 맞는 must(강한 추측: ~임에 틀림없다)가 가장 적절하다.

③ 정답 (a) must를 고른다.

어휘 terrible 형편없는 considering ~을 고려하면 immensely 엄청나게

DAY 07 should 생략

1 should 생략을 이끄는 동사

Exercise

1. place	**11.** implement
2. offer	**12.** be adopted
3. reduce	**13.** subscribe
4. introduce	**14.** delay
5. be disclosed	**15.** encompass
6. participate	**16.** be resolved
7. avoid	**17.** attend
8. inherit	**18.** be launched
9. be clarified	**19.** wear
10. complete	**20.** have

1. 지역 조례는 모든 반려동물 소유자는 자신의 반려동물에 이름표를 달아야 한다고 제안한다.

근거 move는 that절과 함께 should 생략을 이끄는 당위성 동사이다.

2. 불만을 품은 직원들은 회사가 초과 근무에 대해 공정한 보상을 제공해야 한다고 주장했다.

근거 insist는 that절과 함께 should 생략을 이끄는 당위성 동사이다.

3. 건강 전문가들은 개인들이 패스트푸드 소비를 줄이고 균형 잡힌 식단을 채택해야 한다고 주장한다.

근거 argue는 that절과 함께 should 생략을 이끄는 당위성 동사이다.

4. 교육부는 모든 공립학교에 포괄적인 인종차별 금지 프로그램을 도입할 것을 명령했다.

근거 order는 that절과 함께 should 생략을 이끄는 당위성 동사이다.

5. 기밀 유지 협약은 어떤 당사자도 기밀 정보를 공개해서는 안 된다고 규정하고 있다.

근거 stipulate는 that절과 함께 should 생략을 이끄는 당위성 동사이다.

6. 총동문회는 모든 회원들이 연례 동창회 파티에 참여할 것을 요청합니다.

근거 request는 that절과 함께 should 생략을 이끄는 당위성 동사이다.

7. 회사의 윤리 지침에는 모든 상호 작용에서 무례함이나 괴롭힘을 피하도록 규정되어 있다.

근거 impose는 that절과 함께 should 생략을 이끄는 당위

성 동사이다.

8. 그 CEO는 은퇴할 때 신뢰할 수 있는 동료가 자신의 자리를 물려받게 해달라고 간청했다.

근거 beg는 that절과 함께 should 생략을 이끄는 당위성 동사이다.

9. 협상팀은 계약의 조항들을 명확히 할 것을 제안했다.

근거 suggest는 that절과 함께 should 생략을 이끄는 당위성 동사이다.

10. 회사의 방침은 직원들이 매년 의무 교육 프로그램을 이수하도록 규정하고 있다.

근거 prescribe는 that절과 함께 should 생략을 이끄는 당위성 동사이다.

11. 우려하는 학부모들이 학교 측에 추가 안전 조치를 시행할 것을 요구했다.

근거 demand는 that절과 함께 사용되어 should 생략을 이끄는 당위성 동사이다.

12. 간디는 불의에 항의하는 수단으로 비폭력이 채택되어야 한다고 강력히 주장했다.

근거 advocate는 that절과 함께 사용되어 should 생략을 이끄는 당위성 동사이다.

13. 최신 기술을 계속 업데이트하고 싶다면, 이 기술 잡지를 구독할 것을 권합니다.

근거 advise는 that절과 함께 사용되어 should 생략을 이끄는 당위성 동사이다.

14. 위원회에서는 모든 회원이 참석할 때까지 위원장이 투표를 연기해야 한다고 주장했다.

근거 claim은 that절과 함께 사용되어 should 생략을 이끄는 당위성 동사이다.

15. 퀴즈 지침은 문제가 이전 수업에서 복습한 챕터만 포함한다는 점을 강조한다.

근거 stress는 that절과 함께 사용되어 should 생략을 이끄는 당위성 동사이다.

16. 감독은 촬영이 시작되기 전에 대본의 모순되는 부분이 모두 해결되어야 한다고 촉구했다.

근거 urge는 that절과 함께 사용되어 should 생략을 이끄는 당위성 동사이다

17. 경영진은 금요일에 열리는 예산 계획 회의에 모든 부서장이 참석하라고 지시했다.

근거 directed는 that절과 함께 사용되어 should 생략을 이끄는 당위성 동사이다.

18. CEO는 신흥 시장 기회를 공략하기 위해 새로운 제품 라인을 출시할 것을 제안했다.

<근거> propose는 that절과 함께 사용되어 should 생략을 이끄는 당위성 동사이다.

19. 코치는 각 선수가 연습하는 동안 적절한 보호 장비를 착용하도록 지시했다.

<근거> instruct는 that절과 함께 사용되어 should 생략을 이끄는 당위성 동사이다.

20. 해당 직위는 지원자가 적어도 3년의 관련 업무 경력을 가지고 있어야 한다는 요건을 포함한다.

<근거> requirement는 that절과 함께 사용되어 should 생략을 이끄는 명사이다. 참고로 당위성 동사의 명사형도 should 생략을 이끌 수 있다.

<hr>

Practice

1. (c) **2.** (a) **3.** (a) **4.** (b) **5.** (a) **6.** (d)

1. 건강과 건강 의식을 개선하기 위해 노력하는 보건위원회는 학교에서의 정크 푸드 섭취를 제한할 것을 요청하고 있다. 이는 반드시 아이들이 건강한 식습관을 기르고 비만 및 관련 건강 문제의 위험을 줄이게 하기 위함이다.

<풀이 방법>
① 선택지를 보고 Form 유형임을 파악한다. 참고로 보기에 동사원형이 있으면 should 생략 유형일 가능성이 있다.
② 빈칸이 포함된 문장에서 빈칸 앞에 ask는 that절과 함께 사용하여 should 생략을 이끄는 당위성 동사임을 기억한다.
③ 동사원형인 (c) be를 고른다.

<어휘> committee 위원회 well-being 건강, 복지 committed to ~에 헌신하는 consciousness 의식 consumption 섭취, 소비 limit 제한하다 develop (습관을) 키우다 ensure 반드시 ~하게 하다 obesity 비만 related 관련된

2. 항공사의 규정은 승객의 안전과 항공 규정 준수에 대한 회사의 의무를 강조한다. 예를 들어, 모든 승객이 이륙, 착륙 및 안전벨트 표시가 켜져 있을 때 안전벨트를 착용하도록 규정하고 있다.

<풀이 방법>
① 선택지를 보고 Form 유형임을 파악한다. 참고로 보기에 동사원형이 있으면 should 생략 유형일 가능성이 있다.
② 빈칸이 포함된 문장에서 빈칸 앞에 mandate는 that절과 함께 사용하여 should 생략을 이끄는 당위성 동사임을 기억한다.
③ 동사원형인 (a) fasten을 고른다.

<어휘> airline company 항공사 underscore 강조하다 commitment 의무, 책임 passenger safety 승객의 안전 compliance 준수 aviation regulation 항공 규정 fasten 매다 takeoff 이륙 landing 착륙

3. 지역 보건부는 그 도시에서 최근 발생한 식중독에 대해 우려하고 있다. 부서는 비위생적인 노점상의 어떤 종류의 음식도 즉시 피하라고 경고하고 있다. 이 예방 조치는 식품 매개 질병의 추가 확산을 막는 데 목적이 있다.

<풀이 방법>
① 선택지를 보고 Form 유형임을 파악한다. 참고로 보기에 동사원형이 있으면 should 생략 유형일 가능성이 있다.
② 빈칸이 포함된 문장에서 빈칸 앞에 warn은 that절과 함께 사용하여 should 생략을 이끄는 당위성 동사임을 기억한다.
③ 동사원형인 (a) be avoided를 고른다.

<어휘> health department 보건부 outbreak 발생 food poisoning 식중독 unhygienic 비위생적인 street vendor 노점상 immediately 즉시 preventative action 예방 조치 further 추가의 spread 확산 foodborne illnesses 식품 매개 질병

4. 도서관은 공부와 연구에 도움이 되는 조용하고 평화로운 환경을 유지하기 위해 노력한다. 따라서 도서관 안에 있는 동안 방문객들이 휴대폰을 무음 모드로 두거나 끄는 것을 선호한다.

<풀이 방법>
① 선택지를 보고 Form 유형임을 파악한다. 참고로 보기에 동사원형이 있으면 should 생략 유형일 가능성이 있다.
② 빈칸이 포함된 문장에서 빈칸 앞에 prefer는 that절과 함께 사용하여 should 생략을 이끄는 당위성 동사임을 기억한다.
③ 동사원형인 (b) keep을 고른다.

<어휘> strive to-V ~하려고 노력하다 maintain 유지하다 calm 평온한 conducive to ~에 도움이 되는, 좋은 silent mode 무음 모드 switch off 끄다

5. 환경 발자국을 개선하고 지속 가능한 미래를 장려하기 위한 회사 계획의 일부로, CEO는 모든 직원이 탄소 배출을 줄이도록 할 작정이다. 이는 직원들에게 승용차 함께 타기, 자전거 타기 또는 출퇴근 시 대중교통을 이용하도록 장려함으로써 달성될 수 있다.

<풀이 방법>
① 선택지를 보고 Form 유형임을 파악한다. 참고로 보기에 동사원형이 있으면 should 생략 유형일 가능성이 있다.
② 빈칸이 포함된 문장에서 빈칸 앞에 intend는 that절과 함께 사용하여 should 생략을 이끄는 당위성 동사임을 기억한다.
③ 동사원형인 (a) reduce를 고른다.

<어휘> as part of ~의 일부로 environmental footprint 환경

발자국(인간이 지구에 남기는 환경 영향력 지표) **encourage** 장려하다 **sustainable future** 지속 가능한 미래 **carbon emission** 탄소 배출 **achieve** 달성하다 **carpool** 자동차를 함께 이용하다 **public transportation** 대중교통 **commute** 통근

6. 학생회 회의에서 만장일치로 다가오는 축제 장소를 교내 운동장으로 정하는 데 동의했다. 그들은 이렇게 하면 계획된 모든 활동에 충분한 공간을 제공하고 모든 학생들이 쉽게 접근할 수 있다고 생각했다.

〔풀이 방법〕

① 선택지를 보고 Form 유형임을 파악한다. 참고로 보기에 동사원형이 있으면 should 생략 유형일 가능성이 있다.

② 빈칸이 포함된 문장에서 빈칸 앞에 agreed는 that절과 함께 사용하여 should 생략을 이끄는 당위성 동사임을 기억한다.

③ 동사원형인 (d) situate를 고른다.

〔어휘〕 **student council** 학생회 **unanimously** 만장일치로 **situate A at B** A를 B에 위치시키다 **venue** 장소 **sufficient** 충분한 **accessibility** 접근성

2 should 생략을 이끄는 형용사

〔 **E x e r c i s e** 〕

1. review	**6.** fix
2. turn off	**7.** assign
3. devise	**8.** complete
4. showcase	**9.** be built
5. have	**10.** maintain

1. 기말 시험 전에 학생들은 자신이 배운 것을 철저하게 복습하는 것이 최선이다.
〔근거〕 best는 that절과 함께 사용하여 should 생략을 이끄는 이성적 판단 형용사이다.

2. 작업자들은 기계 사용 후 반드시 모든 기계를 끄는 것이 필수적이다.
〔근거〕 essential은 that절과 함께 사용하여 should 생략을 이끄는 이성적 판단 형용사이다.

3. 임대차 계약 사기를 방지하기 위한 정부의 대책 마련이 시급하다.
〔근거〕 urgent는 that절과 함께 사용하여 should 생략을 이끄는 이성적 판단 형용사이다.

4. 많은 사진 동호회에서는 신입 회원들이 첫 모임에서 자신이 가장 잘 찍은 작품들 중 선별해서 전시하는 것이 관례이다.
〔근거〕 customary는 that절과 함께 사용하여 should 생략을 이끄는 이성적 판단 형용사이다.

5. 스쿠버 다이빙을 할 때 모든 다이버는 장비를 미리 점검하는 것이 중요하다.
〔근거〕 critical은 that절과 함께 사용하여 should 생략을 이끄는 이성적 판단 형용사이다.

6. 소프트웨어 팀이 제품 출시 전에 버그를 수정하는 것은 필수적이다.
〔근거〕 imperative는 that절과 함께 사용하여 should 생략을 이끄는 이성적 판단 형용사이다.

7. 주말에 선생님들이 과도한 숙제를 내는 것은 바람직하지 않다.
〔근거〕 desirable은 that절과 함께 사용하여 should 생략을 이끄는 이성적 판단 형용사이다.

8. 대학생들에게는 졸업 전에 논문을 완성하는 것이 의무이다.
〔근거〕 mandatory는 that절과 함께 사용하여 should 생략을 이끄는 이성적 판단 형용사이다.

9. 증가하는 교통량을 고려해 보면, 혼잡을 줄이기 위해 새로운 도로가 건설되는 것이 필요하다.
〔근거〕 necessary는 that절과 함께 사용하여 should 생략을 이끄는 이성적 판단 형용사이다.

10. 항공사들이 승객의 안녕을 보장하기 위해 엄격한 안전 규약을 유지하는 것이 필수적이다.
〔근거〕 vital은 that절과 함께 사용하여 should 생략을 이끄는 이성적 판단 형용사이다.

〔 **P r a c t i c e** 〕

1. (a) **2.** (c) **3.** (a) **4.** (b) **5.** (d) **6.** (d)

1. 많은 회사에서는 시간 엄수를 매우 중요하게 생각한다. 동료들과 좋은 관계를 구축하고 전문적인 이미지를 유지하기 위해 회의와 약속에 시간에 맞추어 도착하는 것이 의무적이다.

〔풀이 방법〕

① 선택지를 보고 Form 유형임을 파악한다. 보기에 동사원형이 있으면 should 생략 유형일 가능성이 있다.

② 빈칸이 포함된 문장에서 빈칸 앞에 obligatory는 that절과 함께 사용하여 should 생략을 이끄는 이성적 판단 형용사임을 기억한다.

③ 동사원형인 (a) arrive를 고른다.

〔어휘〕 **punctuality** 시간 엄수 **value** 중요하게 생각하다 **appointment** 약속

2. 요즘 편의점은 일회용 플라스틱 사용을 줄이기 위해 고객에게 무료로 봉투를 제공하지 않는다. 쇼핑을 하러 갈 때는 재

사용 가능한 봉투를 지참하는 것이 중요하다.

풀이 방법

① 선택지를 보고 Form 유형임을 파악한다. 보기에 동사원형이 있으면 should 생략 유형일 가능성이 있다.

② 빈칸이 포함된 문장에서 빈칸 앞에 crucial은 that절과 함께 사용하여 should 생략을 이끄는 이성적 판단 형용사임을 기억한다.

③ 동사원형인 (c) find를 고른다.

어휘 convenience store 편의점 supply A with B A에게 B를 제공하다 discourage 막다, 말리다 disposable 일회용의 reusable 재사용이 가능한

3. 우리 일상생활에서 디지털 기술에 대한 의존도가 증가함에 따라, 디지털 건강을 챙기는 것이 신체 건강을 챙기는 것만큼 중요하다. 따라서, 여러분의 휴대폰이 사이버 공격에 취약할 수 있으므로 바이러스 백신 소프트웨어를 다운로드하는 것이 바람직하다.

풀이 방법

① 선택지를 보고 Form 유형임을 파악한다. 보기에 동사원형이 있으면 should 생략 유형일 가능성이 있다.

② 빈칸이 포함된 문장에서 빈칸 앞에 advisable은 that절과 함께 사용하여 should 생략을 이끄는 이성적 판단 형용사임을 기억한다.

③ 동사원형인 (a) download를 고른다.

어휘 dependence on ~에 대한 의존 take care of 관리하다, 처리하다 advisable 바람직한 vulnerable to ~에 취약한

4. 20세기 초 사회 규범은 오늘날과 크게 달랐다. 여성이 공공장소에서 겸손함과 존경의 표시로 모자를 쓰는 것은 의무였다. 모자는 그들을 햇빛의 피해로부터 보호하고 세련됨과 우아함을 전달했다.

풀이 방법

① 선택지를 보고 Form 유형임을 파악한다. 보기에 동사원형이 있으면 should 생략 유형일 가능성이 있다.

② 빈칸이 포함된 문장에서 빈칸 앞에 compulsory는 that절과 함께 사용하여 should 생략을 이끄는 이성적 판단 형용사임을 기억한다.

③ 동사원형인 (b) wear를 고른다.

어휘 societal norm 사회 표준 differ 다르다 significantly 상당히 modesty 겸손 respectability 존경 protect 보호하다 convey 전달하다

5. 모든 사람의 목소리가 중요한 민주주의 국가에 살면서, 시민이 두려움 없이 자유롭게 의견을 행사하는 것은 당연하다. 이 권리는 개인이 자신의 의견을 공유하고 의미 있는 논의에 참여할 수 있게 한다.

풀이 방법

① 선택지를 보고 Form 유형임을 파악한다. 보기에 동사원형

이 있으면 should 생략 유형일 가능성이 있다.

② 빈칸이 포함된 문장에서 빈칸 앞에 fair는 that절과 함께 사용하여 should 생략을 이끄는 이성적 판단 형용사임을 기억한다.

③ 동사원형인 (d) exercise를 고른다.

어휘 democratic 민주적인 matter 중요하다 citizen 시민 exercise (권리, 역량 등을) 행사하다 fear 두려움 engage in ~에 참여하다, 관여하다 meaningful 의미 있는

6. 멸종 위기에 처한 종과 그들의 서식지에 대한 위협은 매년 증가하고 있다. 따라서 야생동물 보호 단체들이 이러한 생물을 보호하기 위한 노력을 강화하는 것이 중요하다. 여기에는 더 많은 보호 구역을 설정하고 생물 다양성에 대한 인식을 증진하는 것이 포함된다.

풀이 방법

① 선택지를 보고 Form 유형임을 파악한다. 보기에 동사원형이 있으면 should 생략 유형일 가능성이 있다.

② 빈칸이 포함된 문장에서 빈칸 앞에 important는 that절과 함께 사용하여 should 생략을 이끄는 이성적 판단 형용사임을 기억한다.

③ 동사원형인 (d) intensify를 고른다.

어휘 threat 위협 endangered 멸종 위기에 처한 species 종 habitat 서식지 escalate 증가하다 wildlife conservation 야생동물 보호 intensify 강화하다 creature 생물 establish 설정하다 promote 촉진하다 awareness 인식 biodiversity 생물 다양성

DAY 08 연결어

1 전치사

1. in spite of	9. Unlike
2. because of	10. Instead of
3. Including	11. during
4. Considering	12. rather than
5. as a result of	13. such as
6. except for	14. along with
7. in case of	15. depending on
8. Speaking of	

1. 그녀는 직면한 많은 어려움에도 불구하고 그 프로젝트를 완료할 수 있었다.

근거 ▶ 문맥상 '많은 어려움에도 불구하고(in spite of)'가 적절하다. due to(~때문에)는 원인이 나와야 한다.

2. 우리는 내일 비 예보 때문에 소풍을 연기해야 할 것 같다.

근거 ▶ 문맥상 '비 예보 때문에(because of)'가 적절하다. excluding(~을 제외하고)은 예외 상황이 나와야 한다.

3. 잭을 포함하여 팀 구성원 모두가 회의에 시간 맞춰 도착했다.

근거 ▶ 문맥상 '잭을 포함하여(Including)'가 적절하다. In place of(~ 대신에)는 대체 내용이 나와야 한다.

4. 그녀의 풍부한 경험을 고려하여 그녀가 새로운 프로젝트를 이끌 사람으로 선정되었다.

근거 ▶ 문맥상 '그녀의 풍부한 경험을 고려하여(Considering)'가 적절하다. Rather than(차라리 ~보다)은 비교 대상이 나와야 한다.

5. 험난한 지형의 결과로 하이킹은 더욱 힘들었지만 보람 있었다.

근거 ▶ 문맥상 '험난한 지형의 결과로(as a result of)'가 적절하다. other than(~을 제외하고, 이외에도)은 예외 상황이 나와야 한다.

6 연장을 받은 학생들을 제외하고 모든 학생들은 과제를 제출해야 한다.

근거 ▶ 문맥상 '연장을 받은 학생들을 제외하고(except for)'가 적절하다. regardless of(~와 상관없이)는 제외하는 조건이 나와야 한다.

7. 예상치 못한 문제에 대비하여 우리는 대안이 있어야 한다.

근거 ▶ 문맥상 '예상치 못한 문제에 대비하여(in case of)'가 적절하다. like(~와 같이)는 유사한 예시가 나와야 한다.

8. 이탈리아 요리에 대해 말하자면, 티라미수는 커피와 크림의 풍부한 조화를 이루는 클래식한 디저트이다.

근거 ▶ 문맥상 '이탈리아 요리에 대해 말하자면(Speaking of)'이 적절하다. Such as(~와 같이)는 예시가 나와야 한다.

9. 커피를 즐기는 내 여동생과는 달리, 나는 차를 선호한다.

근거 ▶ 문맥상 '내 여동생과는 달리(Unlike)'가 적절하다. Other than(~을 제외하고, 이외에도)은 예외 상황이 나와야 한다.

10. 겁쟁이처럼 머뭇거리는 대신 너는 그들에게 직접 말해야 한다.

근거 ▶ 문맥상 '머뭇거리는 대신(Instead of)'이 적절하다. Despite(~에도 불구하고)는 양보의 내용이 나와야 한다.

11. 소방 훈련 중에 건물을 비워야만 했다.

근거 ▶ 문맥상 '소방 훈련 중에(during)'가 적절하다. just as (~와 같이)는 예시가 나와야 한다.

12. 그는 돈을 절약하기 위해 자신의 차를 운전하기보다는 대중 교통을 이용하기로 결정했다.

근거 ▶ 문맥상 '자신의 차를 운전하는 것보다(rather than)'가 적절하다. like(~와 같이)는 유사한 예시가 나와야 한다.

13. 야생동물 공원은 호랑이, 코끼리, 기린과 같은 다양한 동물들의 서식지이다.

근거 ▶ 문맥상 '호랑이, 코끼리, 기린과 같은(such as)'이 적절하다. but for(~을 제외하고)는 예외 사항이 나와야 한다.

14. 그는 날씨 예보와 관계없이 항상 열쇠와 지갑과 함께 우산을 가지고 다닌다.

근거 ▶ 문맥상 '열쇠와 지갑과 함께(along with)'가 적절하다. as for(~에 관하여, 관한)는 주제가 나와야 한다.

15. 나는 내 작업 일정에 따라 여행 날짜를 결정할 것이다.

근거 ▶ 문맥상 '내 작업 일정에 따라(depending on)'가 적절하다. in the event of(~인 경우에)는 예상치 못한 상황이 나와야 한다.

1. (a) **2.** (c) **3.** (a) **4.** (b) **5.** (d) **6.** (c)

1. 문학 동호회는 일 년 내내 여러 행사를 개최하며, 범위가 시 읽기부터 독서 토론에 이르기까지 다양하다. 이러한 전통적인 문학 활동에 더하여, 동호회는 최근 디지털 문학을 촉진하는 사업에 착수했다. 또한 인기 있는 블로그에 대한 웨비나를 개최하고 디지털 도서 플랫폼도 검토할 예정이다.

풀이 방법

① 선택지를 보고 연결어-전치사로 구성된 Meaning 유형임을 파악한다.

② 빈칸 앞뒤의 문장을 해석하고 두 문장을 논리적으로 가장 적절하게 연결하는 연결어를 골라야 한다. 문맥상 '문학 활동에 더하여(In addition to)'가 가장 적절하다.

③ 정답 (a) In addition to를 고른다.

어휘 literary 문학의 host 주최하다 throughout the year 일 년 내내 range from A to B (범위가) A에서 B에 이르다 recently 최근 embark on ~에 착수하다 venture (위험을 수반하는) 사업 review 검토하다 as well 또한

2. 사만사는 항상 식물을 사랑해 왔다. 그녀는 씨앗에서 다 자란 싱싱한 녹색 나뭇잎까지 식물을 키우는 과정을 즐긴다. 자신의 취미의 결과로 그녀는 가장 좋아하는 식물과 그것들이 필요로 하는 독특한 관리에 대해 자주 이야기한다.

풀이 방법

① 선택지를 보고 연결어–전치사로 구성된 Meaning 유형임을 파악한다.

② 빈칸 앞뒤의 문장을 해석하고 두 문장을 논리적으로 가장 적절하게 연결하는 연결어를 골라야 한다. 문맥상 '취미의 결과로(as a result of)'가 가장 적절하다.

③ 정답 (c) As a result of를 고른다.

어휘 nurture 키우다, 보살피다 seed 씨앗 full-grown 다 자란 lush 푸른, 싱싱한 greenery 녹색 나뭇잎[화초] unique 독특한 care 돌봄, 관리 require 필요로 하다

3. 시의회는 공공장소에서 쓰레기를 버리는 문제를 해결하려고 노력해 오고 있다. 많은 지역 주민들이 계속되는 지저분한 상황에 불만을 품고, 더 엄격한 법률을 요구해 오고 있다. 거세지는 대중의 압박 때문에, 시의회는 쓰레기 투기에 대한 벌금을 인상하기로 결정했다.

풀이 방법

① 선택지를 보고 연결어–전치사로 구성된 Meaning 유형임을 파악한다.

② 빈칸 앞뒤의 문장을 해석하고 두 문장을 논리적으로 가장 적절하게 연결하는 연결어를 선택한다. 문맥상 '거세지는 대중의 압박 때문에(On account of)'가 가장 적절하다.

③ 정답 (a) On account of를 선택한다.

어휘 grapple with ~을 해결하려고 노력하다 litter 버리다 local 지역 주민 frustrated with ~에 대해 불만스러운 constant (끊임없이) 계속되는 call for ~을 요구하다 pressure 압박 fine 벌금

4. 제니퍼의 그림 스타일은 독특하다. 강렬한 색상과 복잡한 패턴의 사용으로 그녀는 예술계에서 인정받고 있다. 그러나 그녀는 판에 박히지 않은 주제로 비판에 직면해 있다. 일부 혹독한 비판과는 상관없이, 그녀는 계속해서 자신의 스타일에 충실하며 자신이 믿는 예술을 창조한다.

풀이 방법

① 선택지를 보고 연결어–전치사로 구성된 Meaning 유형임을 파악한다.

② 빈칸 앞뒤의 문장을 해석하고, 두 문장을 논리적으로 가장 적절하게 연결하는 연결어를 선택한다. 문맥상 '일부 혹독한 비판과는 상관없이(Regardless of)'가 가장 적절하다.

③ 정답 (b) Regardless of를 선택한다.

어휘 distinctive 독특한 vibrant 강렬한, 선명한 intricate 복잡한 recognition 인정 face 직면하다 unconventional 판에 박히지 않은, 참신한 harsh 가혹한, 냉혹한 true to ~에 충실한

5. 톰은 열렬한 여행가이고, 다양한 나라를 방문해 왔고, 다른 문화에 몰입하는 것을 매우 좋아한다. 여행에 대한 열정과 함께 톰은 자신의 여행 블로그를 통해 경험을 공유하는 재능 있는 작가이기도 하다.

풀이 방법

① 선택지를 보고 연결어–전치사로 구성된 Meaning 유형임을 파악한다.

② 빈칸 앞뒤의 문장을 해석하고 두 문장을 논리적으로 가장 적절하게 연결하는 연결어를 선택한다. 문맥상 '여행에 대한 열정과 함께(Along with)'가 가장 적절하다.

③ 정답 (d) Along with를 선택한다.

어휘 avid 열렬한 immerse oneself in ~에 몰입하다 passion 열정 gifted 재능 있는

6. 수년간의 노력 끝에 그 과학팀은 마침내 돌파구를 찾아낼 뻔했다. 그러나 예상치 못한 정전은 중요한 데이터의 손실을 초래하였다. 이러한 차질에도 불구하고, 그들은 포기하지 않기로 결심하고 성공을 바라며 작업을 재개했다.

풀이 방법

① 선택지를 보고 연결어–전치사로 구성된 Meaning 유형임을 파악한다.

② 빈칸 앞뒤의 문장을 해석하고 두 문장을 논리적으로 가장 적절하게 연결하는 연결어를 선택한다. 문맥상 '이러한 차질에도 불구하고(Despite)'가 가장 적절하다.

③ 정답 (c) Despite를 선택한다.

어휘 on the verge of ~의 직전에 breakthrough 돌파구 unexpected 예기치 못한 power outage 정전 crucial 중요한, 결정적인 setback 차질 be determined to-V ~하기로 결심하다 resume 재개하다 hopeful 기대하는

2 접속사

1. While
2. until
3. after
4. as soon as
5. wherever
6. Unless
7. as long as
8. in the event
9. since
10. Though
11. even if
12. so that
13. as if
14. whether
15. Whenever
16. However
17. Before
18. insofar as
19. Now that
20. Since
21. once
22. If
23. except that
24. while
25. Because
26. when
27. although
28. in case
29. Whereas
30. Given that

1. 엠마는 시험공부를 하는 동안에도 서점에서 아르바이트를 하며 생계를 유지해 나갔다.

근거 ▶ 문맥상 '공부를 하는 동안에(While)'가 더 적절하다. If(~라면)는 조건이 나와야 한다.

2. 전기 기사가 배선을 수리할 때까지 당신은 손전등을 준비해 두어야 한다.

근거 ▶ 문맥상 '배선을 수리할 때까지(until)'가 더 적절하다. after(~한 후에)는 특정 사건이 일어난 후의 일이 나와야 한다.

3. 존은 야간 근무를 마친 후에 가볍게 식사를 했다.

근거 ▶ 문맥상 '야간 근무를 마친 후에(after)'가 더 적절하다. since(~한 이후로)는 과거 시점이 나오고 주절에는 완료 시제가 나와야 한다.

4. 기차는 모든 승객이 탑승하자마자 출발할 것이다.

근거 ▶ 문맥상 '모든 승객이 탑승하자마자(as soon as)'가 더 적절하다. in order that(~할 수 있도록)은 목적이 나와야 한다.

5. 당신이 도움이나 지원이 필요한 경우 어디에서든지 저에게 전화하시면 언제든지 절차를 안내해 줄 수 있습니다.

근거 ▶ 문맥상 '어디에서든지(wherever) 연락할 수 있다'는 것이 더 적절하다. if(~라면)는 조건이 나와야 한다.

6. 인턴십을 완료하지 않으면 정규직으로 지원할 수 없다.

근거 ▶ 문맥상 '인턴십을 완료하지 않으면(Unless)'이 더 적절하다. Once(일단 ~하면)는 내용면에서 자연스럽지 않다.

7. 반납하기 전에 연료 탱크를 다시 채우기만 하면 내 차를 사

용할 수 있다.

근거 ▶ 문맥상 '다시 채우기만 하면(as long as)'이 더 적절하다. in case(~인 경우에 대비하여)는 예비 상황이 나와야 한다.

8. 첫 번째 제안이 승인되지 않는 경우에 대안을 준비해야 한다.

근거 ▶ 문맥상 '승인되지 않는 경우에(in the event)'가 더 적절하다. in order that(~할 수 있도록)은 목적이 나와야 한다.

9. 그는 사회에 변화를 가져온다고 믿고 있었기 때문에 자신의 삶을 자선 사업에 헌신하였다.

근거 ▶ 문맥상 '믿고 있었기 때문에(since)'가 더 적절하다. whereas(~인 반면에)는 대조되는 사실이 나와야 한다.

10. 그녀가 석사 학위를 가지고 있음에도 불구하고, 학업을 계속하기로 결정했다.

근거 ▶ 문맥상 '석사 학위를 가지고 있음에도 불구하고(Though)'가 더 적절하다. As if(마치 ~인 것처럼)는 사실과 반대되는 내용이 나와야 한다.

11. 나 없이도 팀이 잘하고 있더라도 그들을 돕겠다고 제안할 것이다.

근거 ▶ 문맥상 '잘하고 있더라도(even if)'가 더 적절하다. whereas(~인 반면에, ~지만)는 대조되는 사실이 나와야 한다.

12. 그 쉼터는 노숙자들이 쉴 곳을 찾을 수 있도록 지어졌다.

근거 ▶ 문맥상 '찾을 수 있도록(so that)'이 더 적절하다. except that(~을 제외하고는)는 예외 상황이 나와야 한다.

13. 그 아이는 마치 어른인 것처럼 말했다.

근거 ▶ 문맥상 '마치 어른인 것처럼(as if)'이 더 적절하다. insofar as(~하는 한)는 범위가 나와야 한다.

14. 그가 파티에 참석할 수 있을지 확실하지 않다.

근거 ▶ 문맥상 '파티에 참석할 수 있을지(whether)'가 더 적절하다. whenever(언제든지)는 내용상 자연스럽지 않다.

15. 그날 일을 생각할 때마다 너무 창피해서 결국 자책하게 된다.

근거 ▶ 문맥상 언제든지(Whenever)가 더 적절하다. Wherever(어디서든지)는 장소가 나와야 한다.

16. 당국이 아무리 사건을 숨기려 해도 철저한 수사와 편견 없는 분석이 이뤄져야 한다.

근거 ▶ 문맥상 '어떻게 ~하든(However)'이 더 적절하다. As soon as(~하자마자)는 시점이 나와야 한다.

17. 마이크는 숙제를 끝내기 전에 비디오 게임을 할 수 없다.

근거 문맥상 '숙제를 끝내기 전에(Before)'가 더 적절하다. As long as(~하기만 한다면)는 조건이 나와야 한다.

18. 너는 유해한 것을 다운로드하지 않겠다고 약속하는 한 내 노트북을 빌릴 수 있다

근거 문맥상 '약속을 하는 한(insofar as)'이 더 적절하다. though(~에도 불구하고)는 양보의 내용이 나와야 한다.

19. 릴리가 훈련을 마쳤으므로 이제 새로운 일을 시작할 수 있다.

근거 문맥상 '훈련을 마쳤으므로(Now thatl)'가 더 적절하다. Until(~까지)은 특정 시점이나 조건까지 기다리는 경우에 사용한다.

20. 잭은 규칙적으로 운동을 시작한 이래로 더 활력이 넘치고 있다.

근거 문맥상 '규칙적으로 운동을 시작한 이래로(Since)'가 더 적절하다. As soon as(~하자마자)는 직후의 상황에 대한 내용이 나오고 현재완료처럼 지속되는 행위에 대해 쓰지 않는다.

21. 사라는 교대 근무를 끝내면 파티에 참석할 것이다.

근거 문맥상 '근무를 끝내면(once)'이 더 적절하다. by the time(~할 때쯤)은 시점이 나와야 한다.

22. 네가 지금 은퇴를 위해 투자를 시작하지 않는다면, 나중에는 너무 늦을 수 있다.

근거 문맥상 '투자를 시작하지 않는다면(If)'이 더 적절하다. Once(일단 ~하면)는 시점이 나와야 한다.

23. 우리는 일정 조건이 충족되지 않은 것을 제외하고는 프로젝트를 진행했을 것이다. 그래서 프로젝트는 현재 보류 중이다.

근거 문맥상 '일정 조건이 충족되지 않은 것을 제외하고(except that)'가 더 적절하다. providing that(~라는 조건으로)은 내용면에서 자연스럽지 않다.

24. 그녀는 수영을 좋아해서 대부분의 여가 시간을 수영장에서 보내는 반면 그녀의 오빠는 공원에서 자전거를 타는 것을 선호한다.

근거 문맥상 '반면 ~ 공원에서 자전거 타는 것을 선호한다(while)'가 더 적절하다. because(~때문에)는 이유가 나와야 한다.

25. 메건은 수학 실력이 뛰어나 수학 올림피아드에 학교 대표로 선발되었다.

근거 문맥상 '수학 실력이 뛰어나기 때문에(Because)'가 더 적절하다. Even if(~일지라도)는 대조되는 사실이 나와야 한다.

26. 그녀는 보통 해가 질 때 산책을 나가서 저녁의 평화와 평온함을 즐긴다.

근거 문맥상 '해가 질 때(when) 산책을 나간다'는 것이 더 적절하다. whereas(~인 반면)는 대조되는 사실이 나와야 한다.

27. 팀은 즐거운 시간을 보내고 있음에도 불구하고, 파티를 일찍 떠나기로 결정했다.

근거 문맥상 '즐거운 시간을 보내고 있음에도 불구하고(although)'가 더 적절하다. in case that(~인 경우를 대비해서)는 예비 상황이 나와야 한다.

28. 일기 예보에 따르면 늦은 오후에 소나기가 내릴 가능성이 있다고 하니 비가 올 경우를 대비해 우산을 가지고 다니세요.

근거 문맥상 '비가 올 경우를 대비해(in case) 우산을 가지고 다니라'는 것이 더 적절하다. until(~할 때까지)은 특정 시점이나 조건까지 기다리는 경우에 사용한다.

29. 조는 비디오 게임을 하는 것을 매우 좋아하는 반면에, 그의 남동생은 책을 읽는 것을 선호한다.

근거 문맥상 '비디오 게임을 하는 것을 좋아하는 반면에(Whereas)'가 더 적절하다. Insofar as(~하는 한)는 범위가 나와야 한다.

30. 그녀가 이미 세 가지 언어를 유창하게 구사하는 것을 고려하면, 특히 자신의 언어적 재능으로 네 번째 언어를 배우는 것은 어렵지 않을 것이다

근거 문맥상 '그녀가 이미 세 가지 언어를 유창하게 구사하는 것을 고려하면(Given that)'이 더 적절하다. Unless(~가 아니라면)는 조건이 나와야 한다.

Practice

1. (a) **2.** (b) **3.** (c) **4.** (d) **5.** (d) **6.** (c)

1. 저희 회사의 최신 스포츠 렌터카를 스크래치나 찌그러진 곳 없이 현재와 동일한 상태로 반납하신다면 국토 횡단 도로 여행에 사용하실 수 있습니다. 저희가 이것을 유지하는 데 많은 시간과 노력을 들였으므로, 최대한 신경써 주시면 감사하겠습니다.

풀이 방법

① 선택지를 보고 연결어–접속사로 구성된 Meaning 유형임을 파악한다.

② 빈칸 앞뒤의 문장을 해석하고 두 문장을 논리적으로 가장 적절하게 연결하는 연결어를 골라야 한다. 문맥상 '~라는 조건으로(provided that)'가 가장 적절하다.

③ 정답 (a) provided that를 고른다.

어휘 be welcome to-V ~해도 좋다 brand-new 아주 새로운 rental car 렌터카 cross-country 국토 횡단의 scratch 긁힘, 스크래치 dent 움푹 파인 곳 effort 노력 maintain (점검, 보수해 가며) 유지하다 appreciate 감사하다 utmost 최대한의 care 신경씀, 주의

2. 군사 신병 훈련소는 너무 강도가 높았기 때문에, 몇몇 참가자들은 최상의 신체 컨디션이었음에도 불구하고 숨을 돌리기 위해 휴식을 취해야 했다. 트레이너들은 무자비하게 모두를 그들의 한계까지 밀어붙였다.

풀이 방법

① 선택지를 보고 연결어–접속사로 구성된 Meaning 유형임을 파악한다.

② 빈칸 앞뒤의 문장을 해석하고 두 문장을 논리적으로 가장 적절하게 연결하는 연결어를 골라야 한다. 문맥상 '너무 강도가 높았기 때문에 ~했다(so 형용사/부사 that)'가 가장 적절하다.

③ 정답 (b) that를 고른다.

어휘 boot camp 신병 훈련소 intense 강한, 격렬한 participant 참가자 take one's breath 숨을 고르다, 숨을 돌리다 relentless 무자비한, 혹독한 push ~ to one's limit ~를 한계까지 밀어붙이다

3. 그 농구 팀은 위험한 전략 때문에 강하게 비판받았지만, 자신들만의 독특한 경기 플랜을 계속 추진했다. 비록 그들은 점수에서 크게 뒤처졌지만, 자신들의 전략이 결국에는 전세를 유리하게 바꿀 것이라는 확신을 가지고 있었다.

풀이 방법

① 선택지를 보고 연결어–접속사로 구성된 Meaning 유형임을 파악한다.

② 빈칸 앞뒤의 문장을 해석하고 두 문장을 논리적으로 가장 적절하게 연결하는 연결어를 골라야 한다. 문맥상 '비록 점수에서 크게 뒤쳐졌지만(Even though)'이 가장 적절하다.

③ 정답 (c) Even though를 고른다.

어휘 be severely criticized for ~때문에 강하게 비판받다 risky 위험한 strategy 전략 behind 뒤처진 confidence 자신감, 확신 ultimately 결국 turn the tide 흐름을 바꾸다 in one's favor ~에 유리하게

4. 미루기로 악명 높은 샘은 부모님이 휴가에서 돌아오실 때까지 모든 과제를 끝내고 교수님에게 이메일로 보내야 한다. 그렇지 않으면, 그는 미루는 습관으로 인한 결과를 감당해야 할 것이다.

풀이 방법

① 선택지를 보고 연결어–접속사로 구성된 Meaning 유형임을 파악한다.

② 빈칸 앞뒤의 문장을 해석하고 두 문장을 논리적으로 가장 적절하게 연결하는 연결어를 골라야 한다. 문맥상 '~할 때까지(by the time)'가 가장 적절하다.

③ 정답 (d) by the time을 고른다.

어휘 notorious 악명 높은 procrastinator 미루는 사람 consequence 결과 procrastination 미루는 버릇, 행동

5. 저희가 당신의 비자 신청 절차를 제시간에 시작하기 위해 반드시 여권용 사진, 출생증명서, 주소 증명서를 포함한 모든 문서를 준비해서 스캔해 주세요. 대사관은 제출 마감 시간에 대해 엄격합니다.

풀이 방법

① 선택지를 보고 연결어–접속사로 구성된 Meaning 유형임을 파악한다.

② 빈칸 앞뒤의 문장을 해석하고 두 문장을 논리적으로 가장 적절하게 연결하는 연결어를 골라야 한다. 문맥상 '~하기 위해서(in order that)'가 가장 적절하다.

③ 정답 (d) in order that을 고른다.

어휘 birth certificate 출생증명서 proof 증명서 application 신청, 지원 embassy 대사관 strict 엄격한 submission 제출

6. 우리의 오랜 우정에서, 나는 항상 네 결정을 지지해 왔다. 그 결정들이 네 행복에 도움이 되고 행복을 높이는 한, 너는 항상 내 변함없는 지지를 믿어도 된다. 너의 행복이 여전히 내게 우선순위이다.

풀이 방법

① 선택지를 보고 연결어–접속사로 구성된 Meaning 유형임을 파악한다.

② 빈칸 앞뒤의 문장을 해석하고 두 문장을 논리적으로 가장 적절하게 연결하는 연결어를 골라야 한다. 문맥상 '~하는 한(As long as)'이 가장 적절하다.

③ 정답 (c) As long as를 고른다.

어휘 enduring 오래 지속되는 serve 도움이 되다 well-being 행복 enhance 높이다, 향상시키다 count on 믿다 unwavering 변함없는 priority 우선순위

3 접속부사

Exercise

1. Consequently	**17.** Unfortunately
2. Otherwise	**18.** Naturally
3. Furthermore	**19.** On the contrary
4. On the other hand	**20.** Accordingly
5. In contrast	**21.** In short
6. Nevertheless	**22.** Indeed
7. Nonetheless	**23.** In fact
8. Regardless	**24.** particularly
9. Even so	**25.** Previously
10. Thus	**26.** Contrarily
11. However	**27.** At length
12. In addition	**28.** As a result
13. Hence	**29.** Namely
14. eventually	**30.** Thereafter
15. Moreover	**31.** Also
16. In other words	**32.** In the meantime

33. Additionally
34. Then
35. Actually
36. Afterward
37. If so
38. Meanwhile
39. After all
40. still
41. For example
42. That is to say
43. Presently
44. In the first place
45. At the same time
46. Instead

47. Rather
48. Afterwards
49. In brief
50. Besides
51. In particular
52. Likewise
53. As requested
54. Therefore
55. Alternatively
56. Similarly
57. Finally
58. for instance
59. Until then
60. In summary

1. 반복된 실패 이후에도, 리사는 포기하지 않았다. 그 결과, 그녀는 끈기와 노력을 통해 결국 목표를 달성하는데 성공했다.

근거 ▶ 문맥상 Consequently(그 결과)가 더 적절하다. Still(그렇기는 해도)은 반전 상황이 나와야 한다.

2. 이번 주 말까지 과제를 완료해야 한다. 그렇지 않으면, 네 성적에 영향을 줄지도 모른다.

근거 ▶ 문맥상 Otherwise(그렇지 않으면)가 더 적절하다. Moreover(게다가, 더욱이)는 추가 정보가 나와야 한다.

3. 이 도시는 아름다운 건축물로 유명하다. 더욱이, 그곳은 풍부한 역사적 유산도 있다.

근거 ▶ 문맥상 Furthermore(게다가, 더욱이)가 더 적절하다. On the contrary(그와는 반대로, 대조적으로)는 반전 상황이 나와야 한다.

4. 우리 남자 농구 팀은 오늘 결승전에서 패했다. 반면, 여자 농구팀은 작년의 챔피언 팀을 이겼다.

근거 ▶ 문맥상 On the other hand(반면에)가 더 적절하다. In fact(사실)는 앞 문장을 부연 설명할 내용이 나와야 한다.

5. 설문조사 결과는 희망적이었다. 그에 반해, 실제 고객들로부터 피드백은 그리 긍정적이지 않았다.

근거 ▶ 문맥상 In contrast(그에 반해서)가 더 적절하다. As a result(결과적으로, 그 결과)는 결과가 나와야 한다.

6. 스티브는 시험공부를 많이 하지 않았다. 그럼에도 불구하고, 그는 그럭저럭 좋은 점수를 받았다.

근거 ▶ 문맥상 Nevertheless(그럼에도 불구하고)가 더 적절하다. Finally(마침내, 결국)는 결론이 나와야 한다.

7. 그 프로젝트는 도전적이었고 많은 노력을 필요로 했다. 그럼에도 불구하고, 팀은 그 일을 제시간에 완료할 수 있었다.

근거 ▶ 문맥상 Nonetheless(그럼에도 불구하고)가 더 적절하

다. Previously(이전에)는 이전 상황이 나와야 한다.

8. 날씨는 소풍 가기에 끔찍했다. 그럼에도 우리는 개의치 않고 계획을 진행하기로 결정했다.

근거 ▶ 문맥상 Regardless(개의치 않고)가 더 적절하다. 'Altogether(전체적으로 보아, 요컨대)'는 요약된 결과가 나와야 한다.

9. 심포지엄은 꽤 길고 지루했다. 그렇다 하더라도, 우리는 상당한 진전을 이룰 수 있었다.

근거 ▶ 문맥상 Even so(그렇다 하더라도)가 더 적절하다. In particular(특히)는 강조할 내용이 나와야 한다.

10. 올해 SAT는 너무 쉬웠다. 그래서 변별력이 부족하다는 비판을 받았다.

근거 ▶ 문맥상 Thus(그래서)가 더 적절하다. In the meantime(그동안)은 동시에 일어나는 사건이 나와야 한다.

11. 건물의 외관은 매우 현대적이다. 그러나, 내부 디자인은 현대와 전통 스타일의 혼합이다.

근거 ▶ 문맥상 외관과 내부 디자인 사이의 대조를 보여주는 However(그러나)가 더 적절하다. Therefore(그러므로)는 결과가 나와야 한다.

12. 그 영화는 처음 개봉했을 때 매우 인기가 있었다. 게다가, 그것은 여러 상을 수상했다.

근거 ▶ 문맥상 앞 문장의 정보에 더하여 뒤 문장에 정보를 추가하는 In addition(게다가)이 더 적절하다. On the contrary(그와는 반대로, 대조적으로)는 대조되는 상황이 나와야 한다.

13. 마크는 제시간에 역에 도착하지 못했다. 그래서 그는 기차를 놓쳤다.

근거 ▶ 문맥상 Hence(그러므로)가 더 적절하다. Instead(대신에)는 대신하는 상황이 나와야 한다.

14. 멤버들 간의 화해할 수 없는 차이로 인해, 밴드는 결국 2022년 말에 해체되었다.

근거 ▶ 문맥상 일련의 사건들이 어떻게 끝났는지 설명하는 eventually(결국)가 더 적절하다. particularly(특히)는 특별히 상황을 강조할 때 사용한다.

15. 그 프로젝트는 제시간에 예산 범위 내에서 완료되었다. 게다가, 고객은 결과에 대해 큰 만족감을 표시했다.

근거 ▶ 문맥상 앞 문장의 정보에 더하여 추가 정보를 제공하는 Moreover(게다가)가 더 적절하다. Rather(오히려)는 앞 문장과 반대의 내용이 나와야 한다.

16. 그는 그림 뒤에 숨은 의미를 분석하는 데 몇 시간을 보냈다. 다시 말해, 그는 그림의 상징성을 해석하고 있었다.

근거 ▶ 문맥상 이전 문장의 의미를 다른 방식으로 설명하는 In

other words(즉, 다시 말해)가 더 적절하다. Nevertheless(그럼에도 불구하고)는 반대의 내용이 나와야 한다.

17. 안타깝게도 저는 다음 달 출장 때문에 회의에 참석할 수 없습니다.

근거 문맥상 유감을 의미하는 Unfortunately(유감스럽게도, 안타깝게도)가 더 적절하다. Formerly(이전에)는 이전 상황이 나와야 한다.

18. 그 회사는 최근 실적이 좋아지고 있다. 당연히, 회사의 주가는 크게 상승했다.

근거 문맥상 당연한 결과나 예상되는 결과를 보여주는 Naturally(당연히, 물론)가 더 적절하다. Contrarily(그에 반해서)는 반대되는 상황이 나와야 한다.

19. 수잔나는 예고편을 보고 영화가 지루할 것이라고 생각했다. 그와 반대로, 영화는 보는 내내 그녀를 짜릿하게 했던 것으로 밝혀졌다.

근거 문맥상 기대와 다른 결과를 보여주는 On the contrary(그와는 반대로, 대조적으로)가 더 적절하다. Therefore(그러므로)는 결과가 나와야 한다.

20. 그 배우의 이전 영화는 평단의 호평을 받았고, 상업적인 성공을 거두었다. 그래서 그는 개봉 예정인 영화들에서 주연 제안을 여러 번 받았다.

근거 문맥상 이전의 사건이나 정보에 기반한 결과를 나타내는 Accordingly(그에 따라서)가 더 적절하다. However(그러나)는 반대 내용이 나와야 한다.

21. 지팡이벌레 또는 대벌레는 가지를 닮은 길고 섬세한 외형을 가지고 있다. 간단히 말해, 그들은 나무의 일부처럼 보인다.

근거 문맥상 긴 설명을 간단하게 요약해 주는 In short(요컨대, 간단히 말하면)가 더 적절하다. However(그러나)는 반대 내용이 나와야 한다.

22. 미샤는 항상 작가가 되기를 열망해 왔다. 정말로, 그녀는 이제 자신의 첫 번째 책을 출간했다.

근거 문맥상 앞서 제시된 정보를 강조하며 확정적으로 말할 때 사용하는 Indeed(정말로, 확실히)가 더 적절하다. Formerly(이전에)는 이전이나 과거에 일어난 사건이 나와야 한다.

23. 그 의상은 그저 아름답기만 한 것이 아니었다. 사실, 그것은 매우 편안하기도 했다.

근거 문맥상 앞선 정보를 강조하고 보충하는 In fact(사실상)가 더 적절하다. Alternatively(그 대신에)는 대체 상황이 나와야 한다.

24. 오늘 본회의는 일상적인 회의가 아니라 특히 중요한 결정이 내려질 것이다.

근거 문맥상 특정 사항을 강조하거나 구체적으로 지적할 때 사용하는 particularly(특히)가 알맞다. however(하지만)는 반전 정보가 나와야 한다.

25. 진 씨는 경영 부서의 팀원이다. 이전에 그녀는 벤처 회사의 CEO였다.

근거 문맥상 앞 문장의 이전 상황을 말할 때 사용하는 Previously(이전에)가 더 적절하다. Indeed(정말로, 확실히)는 사실 또는 강조 상황이 나와야 한다.

26. 마빈은 자주 채식주의를 지지한다고 주장했다. 반대로 나는 그가 여러 차례 고기를 먹는 것을 봤다.

근거 문맥상 두 상황 사이의 대조를 보여주는 Contrarily(그에 반해서)가 더 적절하다. Additionally(추가로)는 추가 정보가 나와야 한다.

27. 케샤는 오랫동안 자신의 계획에 대해 상세히 설명했다. 마침내, 모두가 그녀의 말을 관심 있게 듣기 시작했다.

근거 문맥상 긴 시간 동안 계속되었던 상황 이후 마침내 나타난 결과를 말할 때 사용하는 At length(마침내, 결국)가 더 적절하다. Nonetheless(그럼에도 불구하고)는 반전 상황이 나와야 한다.

28. 그 팀은 예상을 뛰어넘는 성과로 프로젝트를 마무리했다. 그 결과, 그들은 급여 외에 보너스를 받게 되었다.

근거 문맥상 이전 사실이나 상황에 따른 결과를 말할 때 사용하는 As a result(결과적으로, 그 결과)가 더 적절하다. Regardless(개의치 않고)는 반전 상황이 나와야 한다.

29. 그 기사는 단순히 그 책에 대해 논하는 것이 아니었다. 즉, 그것은 그 책의 근본적인 주제를 분석하고 있었다.

근거 문맥상 구체적으로 어떤 것을 표현할 때 사용하는 Namely(즉, 다시 말해서)가 더 적절하다. In contrast(그에 반해서)는 대조되는 상황이 나와야 한다.

30. 회의는 오후에 끝났다. 그 후에, 모두 그들의 업무로 돌아갔다.

근거 문맥상 어떤 일이 다른 일 뒤에 이어지는 경우에 Thereafter(그 후에)가 더 적절하다. On the other hand(반면에)는 반대되는 상황이 나와야 한다.

31. 에밀리는 이 작업만 끝낸 것이 아니었다. 그녀는 또한 존의 작업도 도왔다.

근거 문맥상 추가 정보를 제공하는 Also(또한)가 더 적절하다. Otherwise(그렇지 않으면)는 결과가 나와야 한다.

32. 클라라는 청중에게 그 프로젝트를 설명하고 있었다. 그동안 밖에는 폭우가 쏟아지기 시작했다.

근거 문맥상 동시에 발생하는 두 가지 활동을 설명하는 In the meantime(그동안)이 더 적절하다. On the other hand(반면에)는 반대되는 상황이 나와야 한다.

33. 그 셰프는 그 과정에서 어려움에 직면하면서 다양한 맛을 실험했다. 게다가 그는 창의력과 열정으로 요리의 걸작을 만들었다.

근거 문맥상 추가 정보를 제공하는 Additionally(게다가)가 더 적절하다. Contrarily(그에 반해서)는 반대되는 상황이 나와야 한다.

34. 강연자는 재생 에너지의 중요성에 대해 발표했다. 그러고 나서, Q&A 세션이 있었다.

근거 문맥상 시간 순서를 나타내어 발표 이후에 Q&A 세션이 있었다는 정보를 제공하는 Then(그러고 나서)이 더 적절하다. If so(만약 그렇다면)는 제안한 가능성에 대한 결과가 나와야 한다.

35. 이 소설은 전통적이지 않았다. 실제로, 그것은 숨겨진 메시지를 많이 포함하고 있었다.

근거 문맥상 첫 번째 문장의 내용을 보충하는 Actually(실제로)가 더 적절하다. Therefore(그러므로)는 결과가 나와야 한다.

36. 그 예식은 한 시간 안에 끝났다. 그 후에는 모두 저녁 식사를 위해 머물렀다.

근거 문맥상 시간 순서를 보여주는 Afterward(그 후에)가 더 적절하다. Rather(오히려)는 앞 문장과 반대의 내용이 나와야 한다.

37. 교통 체증으로 인해 지각할 수 있습니다. 만약 그렇다면 상사에게 알리세요.

근거 문맥상 앞 문장에서 제안된 가능성에 대한 결과를 나타내는 If so(만약 그렇다면)가 더 적절하다. On the contrary(그와는 반대로, 대조적으로)는 대조되는 상황이 나와야 한다.

38. 큰 냄비에 물을 넣고 끓을 때까지 기다립니다. 그동안 채소를 썰기 시작합니다.

근거 문맥상 여러 사건이 동시에 발생하고 있는 상황을 나타내는 Meanwhile(그동안)이 알맞다. Instead(대신에)는 대신하는 다른 일이 나와야 한다.

39. 여러 차례의 수정을 거친 후 보고서는 호평을 받았다. 결국 팀은 최종 결과물에 자부심을 느꼈다.

근거 문맥상 여러 일련의 사건 후에 결과를 나타내는 After all(결국)이 더 적절하다. Additionally(추가로)는 추가 정보가 나와야 한다.

40. 날씨가 좋지 않았지만, 그럼에도 그녀는 마라톤을 완주하며 굳은 의지를 보여주었다.

근거 문맥상 이전의 상황에도 여전하다는 의미인 still(그럼에도)이 더 적절하다. unfortunately(유감스럽게도, 안타깝게도)는 이전 문장에서 언급한 사항에 대한 유감을 나타내는 내용이 나와야 한다.

41. 조지는 예술가일 뿐만 아니라 다른 직업들도 가지고 있다. 예를 들면, 그는 재능 있는 음악가이다.

근거 문맥상 앞 문장에서 주장한 사실을 구체화하거나 설명하는 데 사용하는 For example(예를 들어)이 더 적절하다. Contrarily(그에 반해서)는 대조되는 상황이 나와야 한다.

42. 그 코미디 쇼는 큰 기대를 받았지만 재미가 없었던 것으로 드러났다. 즉, 아무도 웃지 않았다.

근거 문맥상 앞 문장의 내용을 더 명확하게 설명하거나 재정의하는 데 사용하는 That is to say(즉, 다시 말해서)가 더 적절하다. Nevertheless(그럼에도 불구하고)는 반대의 내용이 나와야 한다.

43. 그 팀은 몇 개월 동안 시제품에 대해 작업을 해 오고 있었다. 현재 그들은 제품 출시를 준비하고 있다.

근거 문맥상 현재 진행 상황을 말할 때 사용하는 Presently(현재)가 더 적절하다. In contrast(그에 반해서)는 대조되는 상황이 나와야 한다.

44. 마크는 마감 기한을 지킬 수 없었다. 애초에 자료와 시간이 부족했고, 도움도 충분하지 않았다.

근거 문맥상 '일의 맨 처음'이라는 것을 강조할 때 사용하는 In the first place(우선, 애초에)가 더 적절하다. Consequently(그 결과)는 결과가 나와야 한다.

45. 연예 산업에서 감독은 제작 일정을 계획한다. 동시에, 나머지 팀은 촬영 장소를 찾아 돌아다닌다.

근거 문맥상 여러 사건이 동시에 일어나는 상황을 나타내는 At the same time(동시에)이 더 적절하다. Otherwise(그렇지 않으면)는 결과가 나와야 한다.

46. 저희 회사는 정기적으로 전화를 받지 않습니다. 대신에, 용무가 있으시면 이메일을 보내 주세요.

근거 문맥상 다른 방법을 선택하는 상황을 나타내는 Instead(대신에)가 더 적절하다. On the contrary(그와는 반대로, 대조적으로)는 대조되는 상황이 나와야 한다.

47. 소냐는 해외에서 공부할 선택권이 있었다. 오히려, 그녀는 본국에서 공부하기로 선택했다.

근거 문맥상 해외 대신 자국에서 공부하기를 선택한 것을 보여주므로, 두 개 중 한 가지를 선택하는 상황을 나타날 때 사용하는 Rather(오히려)가 더 적절하다. Furthermore(게다가, 더욱이)는 추가적인 정보를 제공하는 상황이 나와야 한다.

48. 루시안은 이전에 이 기관의 학생이었다. 나중에, 그는 이곳 교수직에 지원했다.

근거 문맥상 나중 시간을 의미하는 Afterwards(나중에)가 더 적절하다. On the other hand(반면에)는 반대되는 상황이 나와야 한다.

49. 감독이 준결승 게임에서 전략을 자세히 설명했다. 간단히 말해서, 그것은 효과적이었다.

근거 문맥상 긴 설명 후의 결론을 간략히 나타내는 In brief(간단히 말해서)가 더 적절하다. Similarly(마찬가지로)는 앞 문장과 유사한 상황이 나와야 한다.

50. 회사는 이번 분기에 놀라운 성장을 보였다. 게다가, 그들은 몇몇 직원 복지 프로그램도 도입했다

근거 문맥상 첫 번째 문장에 더하여 두 번째 문장의 정보를 추가할 때 사용하는 Besides(게다가, 더욱이)가 더 알맞다. Therefore(그러므로)는 결과가 나와야 한다.

51. 그 요리는 상당히 만족스러웠다. 특히, 전채 요리의 독특한 풍미가 의외로 맛있었다.

근거 문맥상 특정한 사항을 강조하거나 구체적으로 지적할 때 사용하는 In particular(특히)가 더 적절하다. Nonetheless(그럼에도 불구하고)는 대조적인 내용이 나와야 한다.

52. 리더십은 팀 역학에 중요한 역할을 한다. 마찬가지로, 효과적인 의사소통은 조화롭고 생산적인 환경을 유지하는 비결이다.

근거 문맥상 비슷하거나 동등한 상황을 나타내는 Likewise(마찬가지로)가 더 적절하다. Formerly(이전에)는 이전이나 과거에 일어난 사건이 나와야 한다.

53. 직원들은 연례 회의에서 낮은 보너스 지급률에 대한 우려를 표명했다. 요청한 대로 경영진은 그들의 보너스를 인상하기로 결정했다.

근거 문맥상 직원들의 우려를 표현한 뒤 경영진이 보너스 인상을 결정하였기 때문에 As requested(요청한 대로)가 더 적절하다. Nonetheless(그럼에도 불구하고)는 대조적인 내용이 나와야 한다.

54. 대통령은 정상 회담에 참석할 수 없을 것이다. 따라서, 그는 대리인을 보낼 것이다.

근거 문맥상 첫 번째 문장의 결과를 두 번째 문장에서 설명하는 Therefore(그러므로)가 더 적절하다. Presently(곧)는 현재 진행 상황이 나와야 한다.

55. 우리는 이번 주말에 하이킹을 갈 수 있다. 그 대신, 날씨가 좋으면 해변에서 하루를 보낼 수도 있다.

근거 문맥상 다른 방법을 선택하는 상황을 나타내는 Alternatively(그 대신에)가 더 적절하다. After all(결국에는)은 결과가 나와야 한다.

56. 전자 상거래 플랫폼의 증가는 소매업계를 크게 변화시켜 왔다. 마찬가지로, 디지털 결제 방법의 등장은 금융 부문에 대

변혁을 일으키고 있다.

근거 문맥상 두 가지 상황이 비슷하거나 동등한 방식으로 진행되고 있음을 나타내는 Similarly(마찬가지로)가 더 적절하다. On the contrary(그와는 반대로)는 대조되는 상황이 나와야 한다.

57. 한동안의 등락 후에 시장은 마침내 안정되었다. 결국, 투자자들은 낙관적인 태도를 유지했고 이제는 유망한 수익을 기대하고 있다.

근거 문맥상 시간의 흐름에 따른 결과를 나타내는 Finally(결국)가 더 적절하다. However(그러나)는 반대의 내용이 나와야 한다.

58. 많은 문화적 서사는 명예와 희생의 개념을 강조한다. 예를 들어, 고대 그리스 문학에는 영웅적인 순교에 대한 수많은 이야기가 담겨 있다.

근거 문맥상 특정 사례를 들어 설명할 때 사용하는 for instance(예를 들어)가 더 알맞다. therefore(그러므로)는 결과가 나와야 한다.

59. 한국 양궁팀은 혹독한 훈련을 해오고 있었다. 그때까지, 그들은 수많은 도전에 직면했지만, 그들의 투지는 결코 흔들리지 않았다.

근거 문맥상 이전 상황과 이후 상황을 연결하는 Until then(그때까지)이 더 알맞다. At last(마침내)는 결과가 나와야 한다.

60. 매혹적인 멜로디와 에너지 넘치는 연주로 가득 찬 콘서트는 환상적이었다. 요약하자면, 그것은 놀라운 경험이었다.

근거 문맥상 긴 설명이나 설명 후의 결론을 간략히 나타내는 In summary(요약하면)가 더 적절하다. On the other hand(반면에)는 반대되는 상황이 나와야 한다.

Practice

1. (c) **2.** (d) **3.** (d) **4.** (c) **5.** (a) **6.** (b)

1. 로렌은 교사로서 경력을 시작해서, 학생들에게 큰 영향을 미쳤다. 전반적으로 지금 그녀는 자신의 학교를 열고 교육에 대한 헌신을 계속하며 영향력을 넓혀가고 있다.

풀이 방법

① 선택지를 보고 연결어-접속부사로 구성된 Meaning 유형임을 파악한다.

② 빈칸 앞뒤의 문장을 해석하고 두 문장을 논리적으로 가장 적절하게 연결하는 연결어를 골라야 한다. 교사로 경력을 시작했고, 지금은 영향력을 확장했다는 정보가 나오므로, 문맥상 Overall(전반적으로)이 가장 적절하다. 참고로 다른 접속부사는 문맥상 어울리지 않는다.

③ 정답 (c) Overall을 고른다.

make an impact on ~에 영향을 미치다 expand 확장하다 dedication 헌신

2. 전통 프랑스 요리는 음식의 풍부함과 맛을 높이기 위해 버터에 크게 의존한다. 페스트리나 소스에서 버터는 중심적인 역할을 한다. 그러나, 이러한 광범위한 버터 사용은 많은 음식에 포화 지방이 많이 함유되게 만드는데, 이것은 건강을 의식하는 식사하는 사람들 사이에서 우려를 불러 일으켰다.

풀이 방법

① 선택지를 보고 연결어–접속부사로 구성된 Meaning 유형임을 파악한다.

② 빈칸 앞뒤의 문장을 해석하고 두 문장을 논리적으로 가장 적절하게 연결하는 연결어를 골라야 한다. 앞 문장에서 버터의 중심적 역할을 말하고 뒤 문장에서 그로 인한 건강 문제를 지적하고 있으므로, 문맥상 However(그러나)가 가장 적절하다.

③ 정답 (d) However를 고른다.

rely on 의존하다 heavily 과하게, 크게 enhance 높이다 richness 풍부함 extensive 광범위한 saturated fat 포화 지방 concern 우려 health-conscious 건강을 의식하는 diner 식사하는 사람

3. 오늘날 고급 패션에 대한 인식은 구찌나 샤넬과 같은 유명 디자이너의 컬렉션에 의해 형성되지 않는다. 오히려, 오프화이트나 베트멍과 같은 신진 디자이너의 최신 작품으로 정의된다.

풀이 방법

① 선택지를 보고 연결어–접속부사로 구성된 Meaning 유형임을 파악한다.

② 빈칸 앞뒤의 문장을 해석하고 두 문장을 논리적으로 가장 적절하게 연결하는 연결어를 골라야 한다. 앞 문장에서는 고급 패션에 대한 인식이 유명 디자이너의 컬렉션에 의해 형성되는 것이 아니라고 이야기하고, 뒤 문장에서는 신진 디자이너에 의해 형성되고 있다고 말하고 있으므로, 문맥상 Rather(오히려)가 가장 적절하다.

③ 정답 (d) Rather를 고른다.

perception 지각, 인식 high-end 고급의 shape 형성하다 collection 신상품들, 컬렉션 renowned 유명한, 명성 있는 define 정의하다 latest 최신의 emerging 신흥의, 신진의

4. 양자 컴퓨팅은 데이터 처리를 혁신하고 문제를 해결할 잠재력을 가지고 있다. 실제로, 연구자들은 엄청나게 빠른 속도로 복잡한 계산을 처리하는 능력을 사용해서 재료 과학, 암호학, 심지어 새로운 약물 개발에서도 그 응용을 시험하고 있다.

풀이 방법

① 선택지를 보고 연결어–접속부사로 구성된 Meaning 유형임을 파악한다.

② 빈칸 앞뒤의 문장을 해석하고 두 문장을 논리적으로 가장 적절하게 연결하는 연결어를 골라야 한다. 앞 문장에서는 양자 컴퓨팅의 잠재력을 이야기하고, 뒤 문장에서는 실제 응용 사례를 나열하고 있으므로, 문맥상 In fact(실제로)가 가장 적절하다.

③ 정답 (c) In fact를 고른다.

revolutionize 혁신하다 handle 다루다 calculation 계산 at a pace ~한 속도로 incredibly 믿을 수 없을 정도로, 엄청나게 application 응용 material science 재료 과학 cryptography 암호학

5. 그 팀은 최신 스마트 워치의 디자인을 결정하기 위해 오랜 토론을 했다. 마침내 그들은 결정에 이르렀는데, 이는 이사회가 원하는 것이 아니었지만 고객의 요구에 부합했다.

풀이 방법

① 선택지를 보고 연결어–접속부사로 구성된 Meaning 유형임을 파악한다.

② 빈칸 앞뒤의 문장을 해석하고 두 문장을 논리적으로 가장 적절하게 연결하는 연결어를 골라야 한다. 앞 문장에서는 오랜 토론을 이야기하고, 뒤 문장에서는 그 결과를 이야기하고 있으므로, 문맥상 Finally(마침내)가 가장 적절하다.

③ 정답 (a) Finally를 고른다.

decide on ~을 결정하다 up-to-date 최신의 reach a decision 결정에 이르다 board 이사회 be in line with ~와 부합하다 requirement 요구

6. 일본의 종이접기 예술은 풀이나 가위를 사용하지 않고 종이를 복잡한 디자인과 모양으로 접는 것을 포함한다. 그에 반해서, 한국의 종이접기 예술도 종이 접기를 포함하지만, 오리고 붙이는 것이 자주 포함한다.

풀이 방법

① 선택지를 보고 연결어–접속부사로 구성된 Meaning 유형임을 파악한다.

② 빈칸 앞뒤의 문장을 해석하고 두 문장을 논리적으로 가장 적절하게 연결하는 연결어를 골라야 한다. 앞 문장에서는 일본의 종이접기 예술을 이야기하고, 뒤 문장에서는 한국의 종이접기 예술을 비교하며 차이점을 설명하고 있으므로, 문맥상 In contrast(그에 반해서)가 가장 적절하다. 참고로 (c) while도 '반면에'라는 뜻을 갖고 있지만, 접속사이기 때문에 문장 앞에 쉼표와 함께 올 수 없다.

③ 정답 (b) In contrast를 고른다.

origami 종이접기 involve 포함하다 fold 접다 intricate 복잡한 shape 모양 incorporate 포함하다 paste 붙이다

Exercise

1. who is from Brazil
2. which sells delicious pastries
3. whom I admire most
4. which I bought
5. which you asked for
6. that was supposed to visit today
7. that I designed
8. who will be organizing the event
9. which assists in housekeeping tasks
10. of which the blueprint showcases innovative design
11. whom the host should greet
12. when the team meeting starts
13. where my father grew up
14. why Lucy and Antony chose to end their relationship
15. whose last performance captivated the audience
16. which she moved from France on
17. which you can enjoy the opera most closely from
18. which my uncle relocated to another city for
19. how they cater to customers' needs
20. what the students should do

1. 브라질 출신 선수가 올해 마라톤에서 우승했다.
근거 선행사가 사람(The athlete)이므로 관계대명사 who절이 정답이다.

2. 맛있는 빵을 파는 빵집은 항상 붐빈다.
근거 선행사가 사물(the bakery)이므로 관계대명사 which절이 정답이다.

3. 내가 가장 존경하는 작가가 사인회를 위해 서점에 온다.
근거 선행사가 사람(the author)이므로 관계대명사 whom절이 정답이다. 목적격 관계대명사인 whom 대신에 who가 쓰이기도 한다.

4. 내가 산 헤드폰은 지금 품절이다.
근거 선행사가 사물(The headphone)이므로 관계대명사 which절이 정답이다. 참고로 which는 목적격 관계대명사이다.

5. 당신은 워크숍에서 요청한 프로젝터를 수령할 수 있습니다.
근거 선행사가 사물(the projector)이므로 관계대명사 which

절이 정답이다. 참고로 which는 목적격 관계대명사이다.

6. 오늘 방문하기로 예정된 식품 평론가는 나타나지 않았다.
근거 선행사가 사람(The food critic)이므로 관계대명사 that절이 정답이다. 참고로 that은 선행사가 사람, 사물일 때 모두 가능하지만, 계속적 용법에서는 쓰이지 않는다.

7. 내가 디자인한 책 표지는 추가 수정이 필요하다.
근거 선행사가 사물(The book cover)이므로 관계대명사 that절이 정답이다.

8. 모든 자원봉사자들은 행사를 주관할 제시카에게 보고할 것이다.
근거 선행사가 사람(Jessica)이므로 관계대명사 who/that이 모두 올 수 있지만, 쉼표 뒤에는 관계대명사 that을 사용할 수 없다. 따라서 정답은 'who will be organizing the event'이다.

9. 한 공학자 그룹이 집안일을 도와주는 새로운 로봇을 설계했다.
근거 선행사가 사물(a new robot)이므로 관계대명사 which/that이 모두 올 수 있지만, 쉼표 뒤에는 관계대명사 that을 사용할 수 없다. 따라서 정답은 'which assists in housekeeping tasks'이다.

10. 그 건축 회사는 최신 프로젝트를 발표했으며, 그 설계도는 혁신적인 디자인을 보여준다.
근거 선행사가 사물(its latest project)이므로 뒤가 불완전한 문장인 which절이나 명사로 시작하는 완전한 문장인 of which/whose절이 정답이다. the blueprint showcases innovative design은 명사(the blueprint)로 시작하는 완전한 문장이므로 정답은 관계대명사 소유격 of which절이다.

11. 주인이 인사해야 할 참석자들이 입구 홀에 모여 있다.
근거 선행사가 사람(The attendees)이므로 관계대명사 that/whom이 모두 올 수 있지만, 쉼표 뒤에는 관계대명사 that을 사용할 수 없다. 따라서 정답은 'whom the host should greet'이다.

12. 위원회는 팀 회의가 시작되는 정확한 시간을 모두에게 알릴 것이다.
근거 선행사가 사물-시간(the precise time)이고 뒤가 완벽한 문장이 나오는 관계부사 when절이 정답이다.

13. 이 마을은 우리 아버지가 어린 시절에 자란 곳이다.
근거 선행사가 사물-장소(the village)이고 뒤가 완벽한 문장이 나오는 관계부사 where절이 정답이다.

14. 루시와 앤서니가 관계를 끝내기로 한 이유를 아무도 모른다.

근거 선행사가 사물-이유(the reason)이고 뒤가 완벽한 문장이 나오는 관계부사 why절이 정답이다.

15. 마지막 공연으로 관객을 매료시킨 바이올리니스트가 곧 다른 독주회를 계획하고 있다.

근거 선행사가 사람(The violinist)이므로 뒤가 불완전한 문장인 관계대명사 who절이나 whose절이 정답이다. 'last performance captivated the audience'는 명사(last performance)로 시작하는 완전한 문장이므로 관계대명사 소유격 whose절이 정답이다.

16. 올리비아는 프랑스에서 이사한 지난 생일 이후 캐나다에서 살고 있다.

근거 선행사가 사물-시간(her last birthday)이므로 무조건 시간 관계부사 when절이 정답이 아니라 관계절의 문장 상태에 따라 정해야 한다. 'she moved from France on'은 전치사의 목적어가 없는 불완전한 문장이므로 관계대명사 which절이 정답이다.

17. 오페라를 가장 가까이서 즐길 수 있는 앞줄 좌석은 상당히 비싸다.

근거 선행사가 사물-장소(The front-row seats)이므로 무조건 장소 관계부사 where절이 정답이 아니라 관계절의 문장 상태를 봐야 한다. 'you can enjoy the opera closely from'은 전치사의 목적어가 없는 불완전한 문장이므로 정답은 관계대명사 which절이다.

18. 삼촌이 다른 도시로 이사한 이유는 미스터리로 남아 있다.

근거 선행사가 사물-이유(The cause)이므로 무조건 관계부사 why절이 정답이 되는 것은 아니다. 'my uncle relocated to another city for'는 전치사의 목적어가 없는 불완전한 문장이므로 정답은 관계대명사 which절이다.

19. 그들의 서비스를 독특하게 만드는 것은 고객의 요구에 어떻게 대응하는지이다.

근거 선행사 방법(the way)이 없으므로 관계부사 how절이 정답이다. 참고로 선행사 the way와 관계부사 how는 둘 중 하나만 사용하는 것을 원칙으로 하며, 관계부사 how는 자주 출제되지는 않는 유형이다.

20. 안내서는 화재 발생 시 학생들이 해야 하는 것을 보여준다.

근거 앞에 선행사가 없으므로 뒤에 불완전한 문장이 나오는 관계대명사 what[the things(s) which]절이 정답이다. 참고로 관계사 what은 선택지에만 나오고 정답으로 자주 출제되지 않는 유형이다.

Practice

1. (b) **2.** (c) **3.** (c) **4.** (b) **5.** (a) **6.** (d)

1. 천체물리학 박사 학위를 취득한 그녀는 블랙홀을 전문으로 연구하는 천체물리학자이다. 그녀의 획기적인 연구는 국제적인 인정을 받았으며, 우주에 대한 이해를 넓히기 위해 끊임없이 노력하고 있다.

풀이 방법

① 선택지가 관계사를 포함한 문장으로 구성된 Form 유형임을 파악한다.

② 빈칸 앞에 선행사가 사람(astrophysicist)이 나왔으므로 관계대명사 who과 whom 중에서 고른다. 관계대명사 who 뒤에는 주어 또는 목적어가 없는 불완전한 문장이, whom 뒤에는 목적어가 없는 불완전한 문장이 와야 한다. (c)는 주어가 없는 문장이므로 오답이다.

③ 정답 (b) who specializes in black holes를 고른다.

어휘 astrophysics 천체물리학 specialize in ~을 전문으로 하다 groundbreaking 획기적인 gain recognition 인정을 받다 persist in 끈질기게 ~하다

2. 관상어의 사육자들은 선택적 번식을 통해 몸이 짧은 품종을 개발해 왔다. 이 물고기들은, 다양한 속에 속하며, 구부러진 등뼈의 척추 수가 적고, 변형되지 않은 품종에 비해 수명이 짧다.

풀이 방법

① 선택지가 관계사를 포함한 문장으로 구성된 Form 유형임을 파악한다.

② 빈칸 앞에 동물(These fish)이 나왔으므로 관계대명사 that과 which 중에서 고른다. 쉼표 뒤에는 that이 나올 수 없으므로 (a)는 오답이다.

③ 정답 (c) which come from many different genera를 고른다.

어휘 breeder 사육자, 육종가 ornamental 관상용의 varieties 품종 selective 선택적인 breeding 번식 genera 속 (genus의 복수형) vertebrae 척추뼈 (vertebra의 복수형) curved 구부러진 spine 등뼈 lifespan 수명 unaltered 변형되지 않은

3. 대학에 장학금을 신청할 때, 많은 사람들이 지원 평가 절차에 집중하는 경향이 있다. 다만 서류 평가는 주관적일 수 있어 상담하는 입학사정관에 따라 결과가 달라질 수 있다.

풀이 방법

① 선택지가 관계사를 포함한 문장으로 구성된 Form 유형임을 파악한다.

② 빈칸 앞에 선행사가 사람(the admission officer)이 나왔으므로 관계대명사 whose와 whom 중에서 고른다. 관계대명사 소유격 whose 뒤에는 명사로 시작하는 완전한 문장

이 나오고, whom 뒤에는 목적어가 없는 불완전한 문장이 온다. 참고로 관계대명사 소유격 뒤에는 대명사가 나올 수 없고 (a)는 목적어가 없는 문장이므로 오답이다.

③ 정답 (c) whom you consult를 고른다.

어휘 apply for a scholarship 장학금을 신청하다 tend to-V ~하는 경향이 있다. ~하기 쉽다 application 지원, 신청 assessment process 평가 과정 result 결과 differ 차이가 있다 admission officer 입학 담당자 consult ~와 상담하다 subjective 주관적인

4. 사라는 메인(Maine) 주 해안 지역에서 태어나 자랐으며, 거기서 바다를 탐험했다. 그녀는 또한 가족과 함께 작은 요트로 넓은 바다와 항구를 항해했다.

풀이 방법

① 선택지가 관계사를 포함한 문장으로 구성된 Form 유형임을 파악한다.

② 빈칸 앞에 선행사가 사물-장소(Maine)가 나왔으므로 관계사 that, where, which 모두 가능하다. 쉼표 뒤에는 that이 나올 수 없고, 관계대명사 which 뒤에는 주어나 목적어가 없는 불완전한 문장이 나오므로 (a)와 (c)는 오답이다. 참고로 관계부사 where 뒤에는 완전한 문장이 온다.

③ 정답 (b) where she explored the sea를 고른다.

어휘 born and raised 태어나고 자란 coastal region 해안 지역 navigate 항해하다 open waters 공해 harbor 항구

5. 올해 프랑스에서는 전 세계 수천 명의 사이클리스트들이 전국 자전거의 날을 기념할 것이다. 그들은 자신이 즐길 수 있는 코스를 라이딩할 예정이다.

풀이 방법

① 선택지가 관계사를 포함한 문장으로 구성된 Form 유형임을 파악한다.

② 빈칸 앞에 선행사가 사물-장소(routes)가 나왔으므로 which나 where 중에서 선택해야 한다. 관계사 뒤에 전치사 on의 목적어가 필요한 불완전한 문장이므로 관계대명사 which가 답이다.

③ 정답 (a) which they can have fun on을 고른다.

어휘 celebrate 기념하다 National Cycling Day 전국 자전거의 날 be expected to-V ~할 것으로 예상되다

6. 최근 연구에 따르면, 장르가 서스펜스 중심으로 전개되는 미스터리 영화는 밀레니얼 세대 사이에서 인기를 끌고 있는 것으로 나타났다. 그것은 2000년대 초반, 메멘토, 멀홀랜드 드라이브, 디 아더스와 같은 영화로 주목을 받기 시작했다.

풀이 방법

① 선택지가 관계사를 포함한 문장으로 구성된 Form 유형임을 파악한다.

② 빈칸 앞에 선행사로 사물(the mystery film)이 나왔으므로 관계대명사 which, whose 모두 가능하다. 하지만 관계대

명사 which 뒤에는 주어나 목적어가 없는 불완전한 문장이 나와야 하므로 (b)는 오답이다. 참고로 관계대명사 소유격 whose는 선행사가 사람과 사물 둘 다 가능하며, 명사로 시작하는 완전한 문장이 나온다.

③ 정답 (d) whose genre revolves around suspense를 고른다.

어휘 revolve around ~을 중심으로 전개되다 suspense 긴장감, 서스펜스 gain traction 지지를[호응을] 얻다

DAY 10 PART 1 인물 일대기

Practice 1

	SUSAN AHN CUDDY	수잔 안 커디
1	Susan Ahn Cuddy was an American naval officer recognized for her service in World War II. (1)She is best known as the first Asian American woman to join the U.S. Navy and later became the first female gunnery officer. Her accomplishments are widely considered remarkable and unparalleled in U.S. Military History.	수잔 안 커디는 제2차 세계대전에서 활약한 공로를 인정받은 미국 해군 장교이다. (1)그녀는 미 해군에 입대한 최초의 아시아계 미국인 여성으로 가장 잘 알려져 있으며, 이후 최초의 여성 포병 장교가 되었다. 그녀의 업적은 미군 역사상 타의 추종을 불허하는 놀라운 것으로 널리 알려져 있다.
2	Susan Cuddy was born Susan Soon Keum Ahn on January 16, 1915, in Los Angeles, California. Her parents, Dosan Ahn Chang Ho and Helen Ahn were leaders in the Korean independence movement. (2)Raised in a family of activists, she was instilled with a sense of duty and patriotism from a young age. This led her to break traditional (6)boundaries, dreaming of serving her country.	수잔 커디는 1915년 1월 16일 캘리포니아 주 로스앤젤레스에서 수잔 순금 안으로 태어났다. 그녀의 부모인 도산 안창호와 헬렌 안은 한국 독립운동의 지도자였다. (2)운동가 집안에서 자란 그녀는 어려서부터 사명감과 애국심이 길러졌다. 이것은 그녀가 나라를 위해 봉사하는 것을 꿈꾸며 전통적인 (6)경계선을 허물도록 이끌었다.
3	In 1942, as World War II raged, Cuddy decided to join the U.S. Navy. (3)Her first attempt was not successful, but she was accepted on her second attempt. In time, she rose through the ranks, eventually becoming a lieutenant. While serving, Cuddy faced many challenges, not only from the war but also from the biases of her time. However, her resilience led her to be appointed as the first female gunnery officer. In her biography, she mentioned, "A lot of people thought that women didn't belong in the service. That made us try harder."	1942년, 제2차 세계대전이 격렬히 진행되자, 커디는 미국 해군에 입대하기로 결정했다. (3)그녀의 첫 번째 시도는 성공하지 못했지만 두 번째 시도에서 그녀는 합격했다. 시간이 지나면서 그녀는 승진을 계속해서 결국 중위가 되었다. 복무하는 동안 커디는 전쟁뿐만 아니라 그 시절의 편견들로부터 많은 어려움에 직면했다. 그러나 그녀의 회복력은 그녀가 최초의 여성 포병 장교로 임명되도록 이끌었다. 그녀의 전기에서 그녀는 "많은 사람들이 여성들이 군대에 어울리지 않는다고 생각했습니다. 그것이 우리를 더 열심히 노력하게 만들었습니다."라고 언급했다.
4	Cuddy's intellect and work ethic made her a vital asset, leading her to roles in Naval Intelligence. (4b)She was in charge of a think tank of over 300 agents during the Cold War and (4c)worked on many top-secret projects for the United States government.	커디의 지능과 직업 윤리는 그녀를 중요한 자산으로 만들었고, 해군 정보국의 요직으로 이끌었다. (4b)그녀는 냉전 기간에 300명이 넘는 요원으로 구성된 싱크탱크를 책임지고 (4c)미국 정부를 위한 많은 극비 프로젝트를 수행했다.

	(4a)Her responsibilities also included training Navy pilots, a task she undertook with commitment and excellence.	(4a)그녀의 책임에는 해군 조종사들의 훈련도 포함되어 있었고 그녀는 이 업무를 헌신적이고 탁월하게 수행했다.
5	After the war, she went on to work with the National Security Agency and was a vocal advocate for the Korean-American community. She took up numerous roles to bridge the (7)gap between her two cherished communities: America and Korea. Her efforts were instrumental in reinforcing the rights and position of Asian Americans within the U.S.	전쟁이 끝난 후 그녀는 국가안보국에서 일하게 되었고 한국계 미국인들을 위한 공공연한 대변자가 되었다. 그녀는 미국과 한국이라는 그녀가 소중히 여기는 두 공동체 사이의 (7)격차를 줄이기 위해 여러 가지 역할을 맡았다. 그녀의 노력은 미국 내 아시아계 미국인의 권리와 위치를 강화하는 데 중요한 역할을 했다.
6	Susan Ahn Cuddy passed away in 2015, leaving behind a legacy of service, resilience, and advocacy. Her remarkable life has been celebrated through numerous awards, community recognitions, and a documentary detailing her extraordinary journey. (5)She remains an inspiration for many who want to overcome discrimination and inequity and break barriers.	수잔 안 커디는 2015년에 세상을 떠나면서 봉사, 회복력 및 옹호의 유산을 남겼다. 그녀의 놀라운 삶은 수많은 상, 지역 공동체의 표창 및 그녀의 특별한 여정을 상세하게 다루는 다큐멘터리를 통해 기념되었다. (5)그녀는 차별과 불평등을 극복하고 장벽을 허물고자 하는 많은 사람들에게 여전히 영감을 주고 있다.

어휘 naval officer 해군 장교 recognized for ~로 인정받은 service 군 복무 join ~에 입대하다 gunnery officer 포병 장교 accomplishment 업적 remarkable 놀라운, 주목할 만한 unparalleled 타의 추종을 불허하는, 유례없는 independence movement 독립운동 raised in ~에서 자란 activist 운동가 be instilled with ~이 심어지다 sense of duty 사명감 patriotism 애국심 lead *sb* to-V ~가 ~하도록 이끌다 boundary 경계 rage 격렬하게 계속되다 attempt 시도 be accepted 합격되다 be enlisted 입대하다, 복무하다 rise through the ranks 승진을 계속하다 eventually 결국 lieutenant 중위 bias 편견 resilience 회복력 be appointed as ~로 임명되다 biography 전기 intellect 지성, 지력 work ethic 직업 윤리 vital 중요한 asset 자산 naval intelligence 해군 정보국 be in charge of ~의 책임자이다, ~을 담당하다 think tank (특히 정부의) 싱크 탱크, 두뇌 집단 agent 요원 top-secret 극비의 responsibility 책임 undertake (임무를) 맡다 commitment 헌신 go on to-V (다음으로) ~하다 National Security Agency 국가안보국 vocal 공공연한, 의견을 강경하게 밝히는 advocate 옹호자, 대변자 bridge the gap between A and B A와 B사이의 격차를 줄이다 cherished 소중히 여기는 be instrumental in ~에 중요한 역할을 하다 reinforce 강화하다 pass away 세상을 떠나다 advocacy 옹호, 지지 celebrate 기념하다 recognition 표창, 인정 detail 상세하게 알리다 extraordinary 특별한 inspiration 영감 overcome 극복하다 discrimination 차별 inequity 불평등 barrier 장벽

🔑 What / is / S. A. C / best known for (무엇으로 / S. A. C / 가장 잘 알려진) **세부사항**

1. What is Susan Ahn Cuddy best known for?

   (a) **becoming the first female Asian American officer in the U.S. Navy**
   (b) advocating for the Korean-American community
   (c) working with the National Security Agency
   (d) leading a Korean independence movement

수잔 안 커디는 무엇으로 가장 잘 알려져 있는가?
(a) 미국 해군에서 최초의 아시아계 여성 장교가 된 것
(b) 한국계 미국인 사회를 대변한 것
(c) 국가안보국과 함께 일한 것
(d) 한국 독립운동을 주도한 것

정답 시그널 best known

해설 본문 1단락의 "She is best known as the first Asian American woman to join the U.S. Navy and later became the first female gunnery officer."(그녀는 미 해군에 입대한 최초의 아시아계 미국인 여성으로 가장 잘 알려져 있으며, 이후 최초의 여성 포병 장교가 되었다.)를 근거로 정답은 (a)이다.

어휘 officer 장교 advocate 옹호하다, 변호하다

🔑 **what / most likely / inspired / C / dream / serving / country**
(무엇 / 추론 / 영감을 주다 / C / 꿈꾸다 / 봉사하는 것 / 나라)   추론

2. Based on the article, what, most likely, inspired Cuddy to dream of serving her country?

  (a) experiencing the Korean independence movement
  (b) the outbreak of World War II
  (c) the challenges and biases of her time
  (d) growing up under patriotic parents

기사에 따르면, 무엇이 커디가 자신의 나라에 봉사하는 꿈을 꾸도록 영감을 주었을 것 같은가?

(a) 한국 독립운동을 경험한 것
(b) 제2차 세계대전의 발발
(c) 그녀가 살았던 시대의 어려움과 편견
(d) 애국적인 부모 밑에서 자란 것

정답 시그널 dreaming of serving her country

해설 본문 2단락의 "Raised in a family of activists, she was instilled with a sense of duty and patriotism from a young age. This led her to break traditional boundaries, dreaming of serving her country."(운동가 집안에서 자란 그녀는 어려서부터 사명감과 애국심이 길러졌다. 이것은 그녀가 나라를 위해 봉사하는 것을 꿈꾸며 전통적인 경계선을 허물도록 이끌었다.)를 근거로 가장 적절한 정답은 (d)이다.

어휘 inspire 영감을 주다 outbreak 발발, 발생 challenge 어려움, 도전 patriotic 애국적인

🔑 **What / happened / C / attempted / to enlist / Navy**
(무엇 / 발생했다 / C / 시도했다 / 입대하는 것 / 해군)   세부사항

3. What happened when Cuddy attempted to enlist in the Navy?

  (a) She started her rank from lieutenant.
  (b) She wrote a biography of herself.
  (c) She failed to join on her first try.
  (d) She became the first female gunnery officer easily.

커디가 해군에 입대하려고 시도했을 때 무엇이 발생했는가?

(a) 중위에서 계급을 시작했다.
(b) 자신의 자서전을 썼다.
(c) 첫 시도에 입대하지 못했다.
(d) 쉽게 최초의 여성 포병 장교가 되었다.

정답 시그널 decided to join the U.S. Navy

해설 본문 3단락의 "Her first attempt was not successful, but she was accepted on her second attempt."(그녀의 첫 번째 시도는 성공하지 못했지만 두 번째 시도에서 그녀는 합격했다.)를 근거로 정답은 (c)이다.

패러프레이징 first attempt was not successful ➡ failed to join on her first try
• not successful ➡ failed ≒ unsuccessful(성공적이지 못한), come to nothing(아무것도 못하다)
• attempt ➡ try ≒ effort(노력, 시도), shot(시도), move(움직임, 시도), experiment(실험, 시도)

어휘 enlist in ~에 입대하다 rank 계급 try 시도

Which / was not one / C-responsibilities / Naval Intelligence
(어느 것 / 하나가 아니다 / C- 책임 / 해군 정보국)

4. Which was NOT one of Cuddy's responsibilities in Naval Intelligence?

   (a) instructing Navy pilots
   (b) leading a group of over 300 agents
   (c) working on confidential missions
   (d) reinforcing the rights of Korean-Americans

해군 정보국에서 커디의 책임 중 하나가 아니었던 것은 무엇인가?

(a) 해군 조종사 지도하기
(b) 300명이 넘는 요원 그룹을 이끄는 것
(c) 기밀 임무 수행하기
(d) 한국계 미국인들의 권리 강화하기

정답 시그널 Naval Intelligence ※ NOT true 문제는 보기를 먼저 읽고 본문의 키워드와 비교하면서 맞는 보기를 하나씩 제거한다.

해설 본문 4단락에서 (a)는 "Her responsibilities also included training Navy pilots"(그녀의 책임에는 해군 조종사들의 훈련도 포함되어 있었고), (b)는 "She was in charge of a think tank of over 300 agents ~"(그녀는 냉전 기간에 300명이 넘는 요원으로 구성된 싱크탱크를 책임지고), (c)는 "worked on many top-secret projects."(미국 정부를 위한 많은 극비 프로젝트를 수행했다)와 내용이 일치한다. (d)는 본문 5단락에 전쟁이 끝나고 국가 안보국에서 일할 때의 내용이므로 정답이다.

패러프레이징 (a) training Navy pilots ➡ instructing Navy pilots
   • training ➡ instructing ≒ teaching(가르치기), educating(교육하기), tutoring(지도하기), discipline(훈육, 훈련)
   (b) in charge of a think tank of over 300 agents ➡ leading a group of over 300 agents
   • in charge of ➡ lead ≒ take responsibility (책임을 지다), care for (돌보다)
   (c) worked on many top-secret projects ➡ working on confidential missions
   • secret ➡ confidential ≒ hidden(숨겨진), unrevealed(미공개의), classified(기밀의)

어휘 instruct 지도하다 pilot 조종사 work on ~을 수행하다 confidential 기밀의 mission 임무 right 권리

---

 what / break barriers / probably / refer to (무엇 / 장벽을 허물다 / 추론 / 의미하다)

5. According to the last paragraph, what does "break barriers" probably refer to?

   (a) continue her service in the U.S. Navy
   (b) advocate for the rights of gender equality
   (c) return to Korea to lead the independence movement
   (d) produce documentaries about her life

마지막 단락에 따르면, "장벽을 허물다"는 무엇을 의미하는 것 같은가?

(a) 미국 해군에서 복무를 계속하다
(b) 성 평등의 권리를 옹호하다
(c) 한국으로 돌아와 독립운동을 주도하다
(d) 자신의 생애에 대한 다큐멘터리를 제작하다

정답 시그널 break barriers

해설 본문 6단락의 "break barriers"의 의미로 본문 3단락의 내용을 근거로 할 때 가장 적절한 정답은 (b)이다.

어휘 refer to ~을 의미하다 gender equality 성 평등

6. In the context of the passage, <u>boundaries</u> means _____.

(a) predecessors   (b) properties
(c) limitations   (d) cultures

어휘

본문의 맥락에서, <u>boundaries</u>는 _____을 의미한다.

(a) 선례   (b) 재산
(c) 제한   (d) 문화

해설 ▶ 본문 2단락 "This led her to break traditional <u>boundaries</u>, dreaming of serving her country."(이것은 그녀가 나라를 위해 봉사하는 것을 꿈꾸며 전통적인 <u>경계선</u>을 허물도록 이끌었다.)에서 boundaries는 '경계, 한계, 제한'의 의미로 사용되었으므로 문맥상 가장 어울리는 뜻인 (c)가 정답이다.

7. In the context of the passage, <u>gap</u> means _____.

(a) difference   (b) physique
(c) difficulty   (d) adaption

어휘

본문의 맥락에서, <u>gap</u>은 _____을 의미한다.

(a) 차이   (b) 체격
(c) 어려움   (d) 적응

해설 ▶ 본문 5단락 "She took up numerous roles to bridge the <u>gap</u> between her two cherished communities: America and Korea."(그녀는 미국과 한국이라는 그녀가 소중히 여기는 두 공동체 사이의 <u>격차</u>를 줄이기 위해 여러 가지 역할을 맡았다.)에서 gap은 '격차'의 의미로 사용되었으므로 문맥상 가장 어울리는 뜻인 (a)가 정답이다.

Practice 2

	MIYAZAKI HAYAO	미야자키 하야오
1	Miyazaki Hayao is a Japanese film director, producer, and animator. (1)He is renowned for his work in animation and has directed and produced some of the most acclaimed and highest-grossing anime films worldwide. He is widely regarded as one of the most accomplished filmmakers in the history of animation.	미야자키 하야오는 일본의 영화 감독이자 제작자이고 애니메이터이다. (1)그는 애니메이션 작품으로 유명하며 전 세계에서 가장 호평을 받고 가장 높은 수익을 올린 애니메이션 영화를 감독하고 제작했다. 그는 애니메이션 역사에서 가장 뛰어난 영화 제작자 중 한 명으로 꼽힌다.
2	Hayao was born on January 5, 1941, in Tokyo, Japan. (2)His father was the director of a family-owned airplane parts manufacturer, which had a profound influence on Miyazaki's fascination with flight, frequently (6)portrayed in his films. After the devastating Second World War, young Miyazaki sought solace in the world of art and	하야오는 1941년 1월 5일 일본 도쿄에서 태어났다. (2)그의 아버지는 가족 소유의 항공기 부품 제조업체의 이사였으며, 이는 미야자키가 비행에 매료되어 그의 영화에 자주 (6)묘사되는 데 지대한 영향을 미쳤다. 참혹한 제2차 세계대전 이후 어린 미야자키는 예술과 애니메이션 세계에서 위안을 찾았다.

	animation. By the age of 17, Miyazaki was deeply engrossed in Japanese manga and comics, drawing his creations and dreaming of a career in the animation industry.	17살이 되면서 미야자키는 일본 망가와 만화에 깊이 몰입하게 되었으며, 그의 창작물을 그리며 애니메이션 업계에서 경력을 쌓는 꿈을 키웠다.
3	(3)Isao Takahata, a seasoned director and animator, noticed Miyazaki's innate talents and took him under his wing. Under Takahata's guidance, Miyazaki learned the intricate details of animation. He collaborated with Takahata on various projects, such as *The Little Norse Prince*, solidifying their professional bond. After years of experience, Miyazaki moved to establish himself independently in the industry. Here, he drew inspiration from various sources, including European literature and Japanese folklore, creating masterpieces like *Nausicaä of the Valley of the Wind* and *Laputa: Castle in the Sky*.	(3)경험이 풍부한 감독이자 애니메이터인 이사오 다카하타는 미야자키의 타고난 재능을 알아보고 그를 제자로 삼았다. 다카하타의 지도 하에 미야자키는 애니메이션의 복잡한 세부사항을 배웠다. 그는 다카하타와 "태양의 왕자 호루스의 대모험"과 같은 여러 프로젝트에서 협력하며 그들의 전문가적 유대감을 확고히 했다. 수년의 경험을 쌓은 후, 미야자키는 업계에서 독립적으로 자리 잡기 위해 자리를 옮겼다. 여기서 그는 유럽 문학과 일본의 민속을 비롯한 다양한 출처에서 영감을 얻어 "바람 계곡의 나우시카"와 "천공의 성 라퓨타"와 같은 걸작을 만들었다.
4	(4c)In 1985, together with Takahata, Miyazaki co-founded Studio Ghibli, a (7)pivotal moment in animation history. (4a)At Ghibli, he directed several acclaimed films, including *Spirited Away*, which won the Academy Award for Best Animated Feature. His innovative ideas, coupled with his detailed animations, set him apart in the industry. In each of his early films, Miyazaki employed traditional animation methods, drawing each frame by hand; computer-generated imagery was used for several of his later films. (4d)Aside from his directorial successes, Miyazaki penned scripts, designed storyboards, and even sketched for various Ghibli projects, showcasing his versatility in the world of animation.	(4c)1985년, 미야자키는 다카하타와 함께 스튜디오 지브리를 공동 창립했는데, 이는 애니메이션 역사에서 (7)중요한 순간이었다. (4a)지브리에서 그는 아카데미 장편 애니메이션상을 수상한 '센과 치히로의 행방불명'을 비롯한 찬사를 받은 여러 작품을 감독했다. 세밀한 에니메이션과 결합한 혁신적인 아이디어는 그를 업계에서 차별화했다. 그의 초기 모든 영화에서 미야자키는 전통적인 애니메이션 방법을 사용하여 각 프레임을 손으로 그렸고 컴퓨터로 생성된 이미지는 그의 이후 몇몇의 영화에 사용되었다. (4d)미야자키는 감독으로서의 성공 외에도 대본을 작성하고, 스토리보드를 디자인하며, 다양한 지브리 프로젝트의 스케치도 그리며, 애니메이션 분야에서의 다재다능함을 과시했다.
5	(5)While Miyazaki is still very much alive and active, he has announced his retirement multiple times since the release of *The Wind Rises* in 2012. However, he later returned to write and direct his twelfth feature film, *The Boy and the Heron* (2023). Over his illustrious career, he has received numerous awards and has influenced a generation of animators worldwide. His commitment to his craft ensures his legacy will continue to inspire for generations to come.	(5)미야자키는 아직도 아주 활발하게 활동하고 있지만, 2021년 '바람이 분다'의 개봉 이후 몇 번이나 은퇴를 발표했다. 그러나 나중에 그는 자신의 12번째 장편 영화인 '그대들은 어떻게 살 것인가'(2023)를 쓰고 감독을 하며 복귀했다. 그는 화려한 경력을 쌓으면서 수많은 상을 받았 으며, 전 세계의 애니메이터 세대에 영향을 미쳤다. 그의 기술에 대한 헌신은 그의 유산이 계속해서 다음 세대에 영감을 줄 것이라는 것을 보장한다.

어휘 produce 제작하다 acclaimed 호평받은 high-grossing 높은 수익을 올리는 be regarded as ~로 여겨지다, 손꼽히다 accomplished 뛰어난, 숙련된 manufacturer 제조업자 profound 심오한, 지대한 fascination with ~에 매료됨 frequently 자주 portray 묘사하다 devastating 참혹한 solace 위안 engrossed in ~에 몰입하는 manga 일본 만화, 망가 seasoned 경험이 풍부한 notice 알아보다 innate 타고난 take ~ under one's wing ~를 보살피다, 제자로 삼다 guidance 지도 intricate 복잡한 collaborate with ~와 협력하다 solidify 확고히 하다 bond 유대감 establish oneself 자리 잡다 independently 독립적으로 inspiration 영감 folklore 민속 co-found 공동 창립하다 pivotal 중추적인, 중요한 spirit ~ away 몰래 데려가다 Best Animated Feature 최우수 장편 애니메이션 innovative 혁신적인 coupled with ~와 결합된 set ~ apart 구별되게 하다, 차별화하다 aside from ~ 외에 directorial 감독의 pen 쓰다 script 대본 showcase 선보이다 versatility 다재다능함 announce 발표하다 retirement 은퇴 release 개봉, 출시 illustrious 걸출한, 뛰어난 commitment 헌신 craft 기술 ensure 보장하다

 What / M. H. / is famous for (무엇으로 / M. H / 유명한가) 　　　　　　　　**세부사항**

1. **What is Miyazaki Hayao most famous for?**

　(a) originating Japanese manga and animation
　(b) writing best-selling Japanese literature
　(c) establishing a film manufacturing company
　(d) producing universally acclaimed anime movies

미야자키 하야오는 무엇으로 가장 유명한가?

(a) 일본 만화와 애니메이션 창시
(b) 베스트셀러 일본 문학 집필
(c) 영화 제작 회사 설립
(d) 보편적으로 호평받은 애니메이션 제작

정답 시그널 renowned for

해설 본문 1단락의 "He is renowned for his work in animation and has directed and produced some of the most acclaimed and highest-grossing anime films worldwide."(그는 애니메이션 작품으로 유명하며 전 세계에서 가장 호평을 받고 가장 높은 수익을 올린 영화를 감독하고 제작했다.)"를 근거로 정답은 (d)이다.

어휘 originate 창시하다 establish 설립하다 manufacturing 제작 universally 보편적으로

 Why / M / was fascinated / flight (왜 / M / 매료되었다 / 비행) 　　　　　　　　**세부사항**

2. **Why was Miyazaki fascinated with flight?**

　(a) because of the Second World War
　(b) because of his father's career
　(c) because of his passion for European literature
　(d) because of the influence of Isao Takahata

미야자키는 왜 비행에 매료되었는가?

(a) 제2차 세계대전 때문에
(b) 그의 아버지의 직업 때문에
(c) 유럽 문학에 대한 열정 때문에
(d) 이사오 다카하타의 영향 때문에

정답 시그널 fascination with flight

해설 본문 2단락의 "His father was the director of a family-owned airplane parts manufacturer, which had a profound influence on Miyazaki's fascination with flight, frequently portrayed in his films."(그의 아버지는 가족 소유의 항공기 부품 제조 업체의 이사였으며, 이는 미야자키가 비행에 매료되어 그의 영화에 자주 묘사되는 데 지대한 영향을 미쳤다.)"를 근거로 정답은 (b)이다.

패러프레이징 His father was the director of a family-owned airplane parts manufacturer ➡ his father's career

어휘 Second World War 2차 세계대전 career 직업 passion 열정 literature 문학

third paragraph / how / M / begin / career / animator
(세 번째 단락 / 어떻게 / M / 시작하다 / 직업 / 애니메이터)

3. Based on the <u>third paragraph</u>, <u>how</u> did Miyazaki <u>begin</u> his <u>career</u> as an <u>animator</u>?

(a) by establishing an independent company
(b) by creating his own comics as a teenager
(c) by studying under a renowned director
(d) by succeeding in his family business

세 번째 단락에 따르면 미야자키는 어떻게 애니메이터로서의 경력을 시작했는가?

(a) 독립 회사 설립을 통해
(b) 10대 시절에 자신의 만화를 만들면서
(c) 유명한 감독 아래에서 공부하면서
(d) 가족 사업을 이어받아

정답 시그널 ▶ learned, animation

해설 ▶ 본문 3단락의 "Isao Takahata, a seasoned director and animator, noticed Miyazaki's innate talents and took him under his wing. Under Takahata's guidance, Miyazaki learned the intricate details of animation."(경험이 풍부한 감독이자 애니메이터인 이사오 다카하타는 미야자키의 타고난 재능을 알아보고 그를 제자로 삼았다. 다카하타의 지도 하에 미야자키는 애니메이션의 복잡한 세부 사항을 배웠다.)을 근거로 정답은 (c)이다.

어휘 ▶ independent 독립의 succeed in ~을 이어받다

What / M / NOT do / he / worked / S. G
(무엇 / M / 하지 않았다 / 그 / 일했다 / S. G)

4. <u>What</u> did Miyazaki <u>NOT</u> do while he <u>worked</u> at Studio Ghibli?

(a) He won an Academy Award for his film.
(b) He persevered in using traditional methods only.
(c) He co-founded Studio Ghibli with his colleague.
(d) He participated in his projects in many directions.

스튜디오 지브리에서 일하면서 미야자키가 하지 않은 것은 무엇인가?

(a) 그의 영화로 아카데미 상을 수상했다.
(b) 전통적인 방법만을 고집했다.
(c) 동료와 함께 스튜디오 지브리를 공동 설립했다.
(d) 프로젝트에 다양한 방면으로 참여했다.

정답 시그널 ▶ Studio Ghibli ※ NOT true 문제는 보기를 먼저 읽고 본문의 키워드와 비교하면서 맞는 보기를 하나씩 제거한다.

해설 ▶ 본문 4단락에서 (a)는 "At Ghibli, he directed several acclaimed films, including *Spirited Away*, which won the Academy Award for Best Animated Feature."(지브리에서 그는 아카데미 장편 애니메이션상을 수상한 '센과 치히로의 행방불명'을 비롯한 찬사를 받은 여러 작품을 감독했다), (c)는 "In 1985, together with Takahata, Miyazaki co-founded Studio Ghibli"(1985년, 미야자키는 다카하타와 함께 스튜디오 지브리를 공동 창립했는데), (d)는 "Aside from his directorial successes, Miyazaki penned scripts, designed storyboards, and even sketched for various Ghibli projects, showcasing his versatility in the world of animation."(미야자키는 감독으로서의 성공 외에도 대본을 작성하고, 스토리보드를 디자인하며, 다양한 지브리 프로젝트의 스케치도 그리며, 애니메이션 분야에서의 다재다능함을 과시했다.)와 내용이 일치한다. (b)는 "~ computer-generated imagery was used for several of his later films."(컴퓨터로 생성된 이미지는 그의 이후 몇몇의 영화에 사용되었다.)를 근거로 각 프레임을 손으로 그리는 전통 방법에만 중점을 둔 것은 아니기 때문에 정답이다.

어휘 ▶ take a step 방법을 취하다 persevere in ~을 고집하다 colleague 동료 participate in ~에 참여하다 in many direction 다양한 방면으로

🔑 What / can be inferred / M−twelfth feature film / The boy and the Heron
(무엇 / 추론될 수 있다 / M−12번째 장편 영화 / The boy and the Heron)

추론

5. What can be inferred about Miyazaki's twelfth feature film, *The Boy and the Heron*?

(a) It could signify a new direction in his filmmaking style.

(b) It may feature different genres from his past works.

(c) It was created after he decided to step down from the movie industry.

(d) It shifted his focus to producing films rather than directing them.

미야자키 하야오의 12번째 장편 영화 '그들은 어떻게 살 것인가'에 대해 무엇을 추론할 수 있는가?

(a) 영화 제작 스타일에서 새로운 방향을 나타낼 수 있었다.

(b) 이전 작품들과 다른 장르를 특징으로 할 수도 있다.

(c) 영화 산업에서 은퇴하기로 결정한 후에 제작되었다.

(d) 그의 초점을 감독에서 제작으로 옮겼다.

정답 시그널 twelfth feature film, *The Boy and the Heron*

해설 본문 5단락의 "While Miyazaki is still very much alive and active, he has announced his retirement multiple times since the release of *The Wind Rises* in 2012. However, he later returned to write and direct his twelfth feature film, *The Boy and the Heron* (2023)."(미야자키는 아직도 아주 활발하게 활동하고 있지만, 2021년 '바람이 분다'의 개봉 이후 몇 번이나 은퇴를 발표했다. 그러나 나중에 그는 자신의 12번째 장편 영화인 '그대들은 어떻게 살 것인가'(2023)를 쓰고 감독을 하며 복귀했다.)를 근거로 가장 적절한 정답은 (c)이다.

어휘 signify 나타내다 direction 방향 feature 특징으로 하다 step down 퇴임하다 shift *sth* (from A) to B ~을 (A에서) B로 옮기다

어휘

6. In the context of the passage, <u>portrayed</u> means _____.

(a) prepared   **(b) represented**
(c) archived   (d) written

본문의 맥락에서, <u>portrayed</u>는 _____을 의미한다.

(a) 준비된   **(b) 나타낸**
(c) 보관된   (d) 쓰여진

해설 본문 2단락 "His father was the director of a family-owned airplane parts manufacturer, which had a profound influence on Miyazaki's fascination with flight, frequently <u>portrayed</u> in his films."(그의 아버지는 가족 소유의 항공기 부품 제조 업체의 이사였으며, 이는 미야자키가 비행에 매료되어 그의 영화에 자주 <u>묘사되는</u> 데 지대한 영향을 미쳤다.)에서 portrayed는 '나타낸, 묘사된'의 의미로 사용되었으므로 문맥상 가장 어울리는 뜻인 (b)가 정답이다.

어휘

7. In the context of the passage, <u>pivotal</u> means _____.

(a) fundamental   (b) trivial
(c) secondary   (d) optional

본문의 맥락에서, <u>pivotal</u>은 _____을 의미한다.

(a) 핵심적인   (b) 사소한
(c) 차선적인   (d) 선택적인

해설 본문 4단락 "a <u>pivotal</u> moment in animation history"(애니메이션 역사에서 <u>중요한</u> 순간)에서 pivotal은 '중요한'의 의미로 사용되었으므로 문맥상 가장 어울리는 뜻인 (a)가 정답이다.

Practice 1

	PHILIPPINES STRUGGLES WITH DEVASTATING TYPHOONS	필리핀, 파괴적인 태풍에 맞서 싸우다
1	(1)In 2013, the Philippines was devastated by one of the most potent typhoons on record. Super Typhoon Haiyan, locally known as Yolanda, led to losses totaling billions in both infrastructure and agriculture.	(1)2013년, 필리핀은 기록상 가장 강력한 태풍 중 하나로 인해 완전히 파괴되었다. 현지에서 욜란다로 알려진 슈퍼 태풍 하이엔으로 인해 기반 시설과 농업 분야 둘 다에서 총 수십억 달러의 손실이 발생했다.
2	With over 7,000 islands, the Philippines boasts pristine beaches, crystal-clear waters, and a rich cultural history. Tourists flock to the nation to bask under the sun, dive in world-renowned coral gardens, or hike in its lush mountain ranges. Besides its natural beauty, the country is famed for its warm hospitality, with locals going the extra mile to make visitors feel at home. (2)Tourism is a crucial part of the country's economy, contributing significantly to its gross domestic product.	7,000개가 넘는 섬으로 이루어진 필리핀은 자연 그대로의 해변과 수정처럼 맑은 바닷물, 풍부한 문화 역사를 자랑한다. 관광객들은 태양 아래에서 일광욕을 즐기고, 세계적으로 유명한 산호 정원에서 다이빙을 하거나, 울창한 산맥을 하이킹하기 위해 필리핀으로 몰려든다. 자연의 아름다움 외에도, 필리핀은 방문객들이 편안하게 지내도록 특별히 노력하는 현지인들의 따뜻한 환대로도 유명하다. (2)관광은 국가 경제의 중요한 부분으로, 국내총생산(GDP)에 크게 기여하고 있다.
3	Super Typhoon Haiyan first made landfall in the central region of the country. With wind speeds surpassing 195 mph, it ranked as one of the most powerful typhoons to make landfall. (3)Cities like Tacloban were brought to their knees, with coastal regions wiped out, infrastructures demolished, and countless lives lost. Conservative estimates placed the death toll at over 6,000 with many more missing.	슈퍼 태풍 하이엔은 처음 필리핀 중부 지역에 상륙했다. 풍속이 시속 195마일을 넘어서며 상륙한 태풍 중 가장 강력한 태풍 중 하나로 기록되었다. (3)타클로반과 같은 도시들은 완전히 무력화되어 해안 지역이 초토화되고, 기반 시설이 파괴되었으며 수많은 인명이 목숨을 잃었다. 적게 잡아도 사망자 수는 6,000명이 넘었으며 많은 사람들이 실종되었다.
4	(4b)Within weeks, the Philippines faced another storm, though not as strong as Haiyan, further compounding the nation's (6)woes. (4a)(4c)The subsequent storm led to floods, landslides, and further disruptions to already paralyzed communities. (4d)The aftermath of these events caused significant impact on tourism, with various international advisories discouraging travel to the affected areas.	(4b)몇 주 만에, 필리핀은 하이엔만큼 강력하지는 않지만 또다른 폭풍에 직면했고, 이는 국가의 (6)고통을 악화시켰다. (4a)(4c)이어진 폭풍으로 인해 홍수, 산사태가 발생했고, 이미 마비가 된 지역 사회는 더욱 혼란에 빠졌다. (4d)이러한 사건들의 여파는 관광 산업에 상당한 영향을 미쳤고, 피해 지역으로의 여행을 자제하라는 많은 국제적 주의보가 내려졌다.

5	Though only a portion of the Philippines was directly hit by Super Typhoon Haiyan, its ripple effect impacted the nation's overall tourism industry, with reports showing a noticeable dip in tourism rates. Tourist destinations, like Palawan and Boracay, despite being spared from the typhoon's direct impact, saw dwindling tourist numbers in the following months. The magnitude of the disaster was so significant that it shook global perceptions about the country's safety for travelers, leading to a decrease in visitor numbers compared to the previous year.	필리핀의 일부 지역만이 슈퍼 태풍 하이옌의 직접적인 피해를 입었지만, 그 파급 효과는 전체 관광 산업에 영향을 미쳤고, 관광율이 눈에 띄게 감소했다는 보고가 있었다. 태풍의 직접적인 영향을 받지 않았지만 팔라완과 보라카이 같은 관광지는 이후 몇 달 동안 관광객 수가 하락했다. 이 재난의 규모는 매우 커서 전 세계적으로 필리핀의 여행 안전성에 대한 인식이 흔들렸고, 이는 전년 대비 방문객 수 감소로 이어졌다.
6	Recovering from such large-scale devastation can be a difficult task for any nation. Yet, the (7)resilient Filipino spirit shone through. (5)Communities united, and with international aid and local determination, the Philippines set its sights on rebuilding, hoping to restore and even elevate its tourism appeal in the years to come.	이러한 대규모 파괴로부터 복구하는 것은 어느 나라든 어려운 일이 될 수 있다. 하지만 (7)회복이 빠른 필리핀 정신이 빛을 발했다. (5)지역 사회가 단결했고, 국제적인 지원과 현지의 결의로, 필리핀은 재건을 목표로 삼았으며, 향후 몇 년 안에 관광의 매력을 회복하고 더 나아가 향상시킬 수 있기를 희망하고 있다.

어휘 struggle with ~와 맞서 싸우다 devastate 완전히 파괴하다 potent 강력한 on record 기록상 locally 현지에서 total 총 ~이다 billions 수십억 infrastructure 기반 시설 boast 자랑하다 pristine 자연 그대로의 flock to ~로 몰려들다 bask 일광욕하다 coral 산호 lush 울창한, 우거진 mountain range 산맥 besides ~ 외에 famed for ~로 아주 유명한 hospitality 환대 go the extra mile 한층 더 노력하다 feel at home 편안하게 느끼다 tourism 관광 crucial 매우 중요한 contribute to ~에 기여하다 significantly 상당히 gross domestic product 국내총생산(GDP) make landfall 상륙하다 surpass 넘어서다 rank as ~로 꼽히다 bring ~ to its knees ~을 무력화시키다 coastal 해변의 wipe out 완전히 없애버리다, 파괴하다 demolish 파괴하다 countless 셀 수 없는, 수많은 conservative 보수적인, (실제보다) 적게 잡은 estimate 추산 place A at B A를 B로 평가하다 death toll 사망자수 missing 실종된 compound 악화시키다 woe 고통 subsequent 이후의 landslide 산사태 disruption 혼란 paralyzed 마비된 aftermath 여파 advisory 경보, 주의보 discourage 막다, 말리다 affected area 피해 지역 portion 일부 ripple effect 파급 효과 overall 전반의 noticeable 눈에 띄는 dip (일시적) 감소, 하락 rate 비율 tourist destination 관광지 despite ~에도 불구하고 be spared from ~에서 피하다, 면하다 dwindling 점점 줄어드는 magnitude 규모, 정도 perception 인식 decrease 감소 compared to ~에 비해 previous 예전의 recover 회복하다 devastation 파괴, 황폐화 resilient 회복이 빠른 shine through 빛을 발하다 unite 단결하다 determination 결의 set one's sights on ~을 목표로 삼다 rebuild 재건하다 restore 회복하다 elevate 향상시키다 appeal 매력

what event / 2013 / caused / damage / Philippines
(어떤 사건 / 2013 / 일으켰다 / 피해 / 필리핀)

세부사항

1. According to the article, what event in 2013 caused massive damage to the Philippines?

(a) a hurricane
(b) a tsunami
(c) an earthquake
(d) a drought

기사에 따르면, 2013년 어떤 사건이 필리핀에 대규모 피해를 일으켰는가?

(a) 허리케인
(b) 쓰나미
(c) 지진
(d) 가뭄

In 2013, the Philippines ※ 첫 번째 문제는 글의 초반에 있다.

본문 1단락의 "In 2013, the Philippines was devastated by one of the most potent typhoons on record."(2013년, 필리핀은 기록상 가장 강력한 태풍 중 하나로 인해 완전히 파괴되었다.)와 제목을 근거로 정답은 (a)이다.

devastate ➡ damage ≒ break(붕괴시키다, 파괴하다), harm(손상시키다), impair(손상시키다), destroy(파괴하다), ravage(황폐화시키다)
- typhoon ➡ hurricane ≒ storm(폭풍), cyclone(사이클론, 열대성 저기압 폭풍), tempest(폭풍)

massive 큰, 대량의 damage 피해, 손상

🔑 Why / tourism / is crucial / Philippines (왜 / 관광 / 중요하다 / 필리핀)   **세부사항**

2. Why is tourism crucial to the Philippines?

(a) because the Philippines has unique coral gardens
(b) because it is the only source of income for the country
(c) because most Filipinos work in the tourism industry
(d) because it plays a vital role in the nation's economy

왜 관광이 필리핀에 중요한가?
(a) 필리핀에 독특한 산호 정원이 있기 때문에
(b) 필리핀의 유일한 수입원이기 때문에
(c) 대부분의 필리핀 사람들이 관광업에 종사하기 때문에
(d) 필리핀의 경제에 중요한 역할을 하기 때문에

Tourism is a crucial part

본문 2단락의 "Tourism is a crucial part of the country's economy, contributing significantly to its gross domestic product."(관광은 국가 경제의 중요한 부분으로, 국내총생산(GDP)에 크게 기여하고 있다.)를 근거로 정답은 (d)이다.

contributing significantly to its gross domestic product ➡ it plays a vital role in the nation's economy
- contribute ➡ play a vital role ≒ devote(헌신하다), commit(전념하다)

unique 독특한 source 원천 income 소득 Filipino 필리핀 사람의 play a role in ~에 역할을 하다 vital 중요한

🔑 How / most likely / H / impact / cities / T (어떻게 / 추론 / H / 영향을 주다 / 도시 / T)   **추론**

3. How most likely did Super Typhoon Haiyan impact cities like Tacloban?

(a) It enhanced their tourism appeal.
(b) It left them completely untouched.
(c) It brought significant infrastructural improvements.
(d) It caused enormous destruction and casualties.

어떻게 슈퍼 태풍 하이옌이 타클로반과 같은 도시에 영향을 주었을 것 같은가?
(a) 관광 매력을 높였다.
(b) 완전히 손상시키지 않은 채 남겨 두었다.
(c) 상당한 기반 시설의 개선을 가져왔다.
(d) 막대한 파괴와 사상자를 초래했다.

Cities like Tacloban

본문 3단락의 "Cities like Tacloban were brought to their knees, with coastal regions wiped out, infrastructures demolished, and countless lives lost."(타클로반과 같은 도시들은 완전히 무력화되어 해안 지역이 초토화되고 기반 시설이 파괴되었으며 수많은 인명이 목숨을 잃었다.)를 근거로 가장 적절한 정답은 (d)이다.

enhance 높이다, 향상시키다 untouched 손대지 않은 improvement 개선 enormous 막대한 destruction 파괴 casualty 사상자

4. Based on the fourth paragraph, what is NOT true about the subsequent storm after Haiyan?

(a) It brought other natural disasters.

(b) It was as strong as Haiyan.

(c) It damaged the local communities.

(d) It kept international tourists from traveling.

네 번째 단락에 따르면, 하이옌 이후에 온 폭풍에 대해 사실이 아닌 것은 무엇인가?

(a) 다른 자연 재해를 가져왔다.

(b) 하이옌만큼 강했다.

(c) 지역 사회에 피해를 주었다.

(d) 외국인 관광객들의 여행을 막았다.

정답 시그널 another storm, subsequent storm ※ NOT true 문제는 보기를 먼저 읽고 본문의 키워드와 비교하면서 맞는 보기를 하나씩 제거한다.

해설 본문 4단락에서 (a)와 (c)는 "The subsequent storm led to floods, landslides, and further disruptions to already paralyzed communities."(이어진 폭풍으로 인해 홍수, 산사태가 발생했고, 이미 마비가 된 지역 사회는 더욱 혼란에 빠졌다.), (d)는 "The aftermath of these events caused significant impact on tourism, with various international advisories discouraging travel to the affected areas."(이러한 사건들의 여파는 관광 산업에 상당한 영향을 미쳤고, 피해 지역으로의 여행을 자제하라는 많은 국제적 주의보가 내려졌다.), (b)는 "Within weeks, the Philippines faced another storm, though not as strong as Haiyan"(몇 주 만에 필리핀은 하이옌만큼 강력하지는 않지만 또다른 폭풍에 직면했고)을 근거로 내용과 일치하지 않기 때문에 정답이다.

패러프레이징 (a) led to floods, landslides ➡ brought other natural disasters

(c) paralyzed communities ➡ damaged the local communities

(d) with various international advisories discouraging travel ➡ kept international tourists from traveling

어휘 natural disaster 자연 재해 damage 피해를 주다 keep *sb* from ~ing ~가 ~하는 것을 막다

5. What can be suggested about the Philippines' response to the devastation?

(a) They waited for another country to rebuild them.

(b) They immediately gave up on tourism.

(c) They united and aimed to rebuild with positive mind.

(d) They left the affected areas as they were.

황폐화에 대한 필리핀의 대응에 대해 무엇을 추론할 수 있는가?

(a) 다른 나라가 재건해 주기를 기다렸다.

(b) 즉시 관광업을 포기했다.

(c) 단결하여 긍정적인 마음으로 재건을 목표로 삼았다.

(d) 피해 지역을 그대로 두었다.

정답 시그널 devastation

해설 본문 6단락의 "Communities united, and with international aid and local determination, the Philippines set its sights on rebuilding, hoping to restore and even elevate its tourism appeal in the years to come."(지역 사회가 단결했고, 국제적인 지원과 현지의 결의로, 필리핀은 재건을 목표로 삼았으며, 향후 몇 년 안에 관광의 매력을 회복하고 더 나아가 향상시키기를 희망하고 있다.)"를 근거로 가장 적절한 정답은 (c)이다.

어휘 response 반응 immediately 즉시 give up on ~을 포기하다, 단념하다 positive 긍정적인 as one is 있는 그대로

6. In the context of the passage, <u>woes</u> means _____.

(a) celebrations (b) prosperity
(c) misfortunes (d) advancements

본문의 맥락에서, <u>woe</u>는 _____을 의미한다.

(a) 축하 (b) 번영
(c) 불행 (d) 발전

해설 ▶ 본문 4단락 "Within weeks, the Philippines grappled with another storm, though not as strong as Haiyan, further compounding the nation's <u>woes</u>."(몇 주 만에 필리핀은 하이옌만큼 강력하지는 않지만 또다른 폭풍으로 고군분투했고, 이는 국가의 <u>고통</u>을 악화시켰다.)에서 woes는 '고통'의 의미로 사용되었고, 문맥상 가장 어울리는 (c)가 정답이다.

7. In the context of the passage, <u>resilient</u> means _____.

(a) elastic (b) defeated
(c) fragile (d) yielding

본문의 맥락에서 <u>resilient</u>는 _____을 의미한다.

(a) 융통성 있는 (b) 패배한
(c) 허약한 (d) 고분고분한

해설 ▶ 본문 6단락 "Yet, the <u>resilient</u> Filipino spirit shone through."(하지만 회복이 빠른 필리핀 정신이 빛을 발했다.)에서 resilient는 '회복력 있는'의 의미로 사용되었고, 문맥상 가장 어울리는 (a)가 정답이다.

Practice 2

RESEARCH DISPROVES MUTUALISTIC THEORY BETWEEN CROCODILE BIRDS AND CROCODILES	악어새와 악어의 상생 이론을 반증하는 연구 결과
1	People have often believed that crocodile birds and crocodiles share a beneficial, mutualistic relationship. This widely held view was that birds would pick food remnants from the crocodile's teeth, providing dental hygiene for the crocodile and nourishment for the bird. (1)However, subsequent studies have brought this widely held belief into question, challenging the authenticity of the supposed mutualism.	사람들은 종종 악어새와 악어가 유익한 상생 관계를 맺고 있다고 믿어 왔다. 이 널리 퍼진 견해는 새가 악어의 이빨에서 음식물 찌꺼기를 골라내어 악어에게는 이빨 위생을, 새에게는 영양을 제공한다는 것이었다. (1)그러나 이후의 연구에서 이렇게 널리 퍼진 믿음에 의문이 제기되었고, 추정된 상생 관계의 진위 여부를 의심하게 되었다.
2	Drawing from a 2010 study, researchers from the University of Pretoria in South Africa monitored interactions between 40 crocodiles and a set of	2010년의 연구를 바탕으로, 남아프리카 공화국의 프리토리아 대학의 연구자들은 악어 40마리와 악어새 한 쌍의 상호작용을 2년에

	crocodile birds across two years. (2)The primary goal was to decipher the actual nature of their relationship. During the observation, scientists rigorously documented birds approaching the crocodiles, the time they spent on or near the reptiles, and the crocodiles' reactions. They also assessed the crocodiles' dental state and maintained detailed (6)logs of the birds' diet and feeding behaviors.	걸쳐 관찰했다. (2)주요 목표는 그들 관계의 실제 본질을 해독하는 것이었다. 관찰 기간 동안, 과학자들은 악어에게 접근하는 새, 새가 파충류 위나 근처에서 보낸 시간, 악어의 반응을 엄격하게 기록했다. 그들은 또한 악어의 이빨 상태를 평가하고 새의 식습관과 먹이 행동에 대한 자세한 (6)기록을 지속했다.
3	Ten years after the initial research, the same group revisited their findings to clarify the nature of this alleged mutualism. The reevaluation found birds rarely interacted with crocodile mouths. (3)When they did, it was not for teeth-trapped food but for small aquatic creatures. No notable dental benefits were identified in crocodiles, and birds primarily sought food from other sources, not from crocodiles.	초기 연구가 있은 지 10년 후, 같은 연구팀은 이 상생 관계라고 주장하는 것의 본질을 명확히 밝히기 위해 연구 결과를 재검토했다. 재평가 결과 새들이 악어 입과 상호 작용하는 경우는 거의 없는 것으로 나타났다. (3)상호 작용을 할 때에는 이빨에 걸린 먹이가 아니라 작은 수생 동물을 먹기 위한 것이었다. 악어에게서 주목할 만한 이빨의 혜택은 확인되지 않았고, 새들은 주로 악어가 아닌 다른 곳에서 먹이를 구했다.
4	The initial research hadn't emphasized this mutual relationship, ensuring (7)unbiased results. This neutrality led to revelations contradicting the long-held beliefs. While the data debunked the mutualism theory, it didn't provide a comprehensive explanation for the occasional interactions. Researchers speculate it might be opportunistic feeding for the birds, not a long-standing co-evolved relationship.	초기 연구에서는 이 상호 관계를 강조하지 않았기 때문에, (7)공정한 결과를 얻을 수 있었다. 이러한 중립성은 오랫동안 유지해 온 믿음과 모순되는 발견으로 이어졌다. 이 데이터는 상호주의 이론을 반박했지만, 간혹 발생하는 상호 작용에 대한 포괄적인 설명은 제공하지 못했다. 연구자들은 새들이 오랫동안 같이 진화해 온 관계가 아니라 기회주의적인 먹이 활동일 수 있다고 추측한다.
5	So, where did the widespread belief in this mutualistic relationship between crocodile birds and crocodiles come from? (4d)The theory's origin is rooted in ancient observations. (4c)On a trip to Egypt in 459 BC, the Greek historian Herodotus reported witnessing a small bird, likely an Egyptian plover, extracting food from a crocodile's mouth. (4a)Assumed to be a mutualistic act, this interpretation had its credibility. However, this story was widely contested later. (4b)In truth, there is no concrete evidence to validate a symbiotic cleaning relationship between any bird species and crocodiles.	그렇다면, 어디서 악어새와 악어 사이의 상생 관계에 대한 통념이 비롯된 것일까? (4d)이 이론의 기원은 고대의 관찰에 뿌리를 두고 있다. (4c)기원전 459년 이집트를 여행하던, 그리스 역사가 헤로도토스는 이집트 물떼새로 추정되는 작은 새가 악어의 입에서 먹이를 빼내는 것을 목격했다고 보고했다. (4a)상호주의적 행위로 추정되는 이 해석은 신빙성이 있었다. 그러나 이 이야기는 후에 크게 논란이 되었다. (4b)사실상, 어떤 조류와 악어 사이의 공생 청소 관계를 입증할 구체적인 증거는 없다.
6	(5)In conclusion, myths and ancient tales often shape our understanding, but it is the rigorous scientific research that brings us closer to the truth.	(5)결론적으로, 신화와 고대의 이야기들은 종종 우리의 이해를 형성하지만, 우리를 진실에 더 가깝게 만드는 것은 엄격한 과학적 연구이다.

What / is / main idea (무엇 / 이다 / 주제) | 주제

1. What is the <u>main idea</u> of the article?

   (a) why many ancient tales about crocodiles were authentic

   (b) how a specific bird cleans crocodile teeth

   (c) why mutualism between birds and crocodiles is false

   (d) how birds feed only on aquatic creatures

이 기사의 주제는 무엇인가?

(a) 악어에 관한 많은 고대 이야기가 진짜인 이유
(b) 특정 새가 악어 이빨을 청소하는 방법
(c) 새와 악어 사이의 상생 관계가 거짓인 이유
(d) 새가 수생 동물만 먹는 방법

정답 시그널 ※ 첫 번째 문제는 글의 초반에 있다.

해설 본문 1단락의 "However, subsequent studies have brought this widely held belief into question, challenging the authenticity of the supposed mutualism."(그러나 이후의 연구에서 이렇게 널리 퍼진 믿음에 의문이 제기되었고, 추정된 상생 관계의 진위 여부를 의심하게 되었다.)과 전체적인 내용을 근거로 정답은 (c)이다.

어휘 authentic 진실의, 진정성의 specific 특정한 false 거짓의, 사실이 아닌

 What / most likely / goal / University of Pretoria (무엇 / 추론 / 목표 / P 대학) | 추론

2. What was <u>most likely</u> the study's main <u>goal</u> by the University of Pretoria?

   (a) to train crocodiles for a zoo exhibition

   (b) to prove that crocodiles feed only on crocodile birds

   (c) to discover tales about ancient crocodile birds

   (d) to analyze the nature of the relationship between two animals

프리토리아 대학의 연구의 주요 목표는 무엇이었을 것 같은가?

(a) 동물원 전시를 위해 악어를 훈련시키기
(b) 악어가 악어새만 먹는다는 것을 증명하기
(c) 고대 악어새에 관한 이야기를 발견하기
(d) 두 동물 사이 관계의 본질을 분석하기

해설 ▶ 본문 2단락의 "The primary goal was to decipher the actual nature of their relationship."(주요 목표는 그들 관계의 실제 본질을 해독하는 것이었다.)를 근거로 정답은 (d)이다.

패러프레이징 ▶ decipher the actual nature of their relationship ➡ analyze the nature of the relationship between two animals
- decipher ➡ analyze ≒ study(연구하다), research(연구하다, 조사하다), figure out(알아내다), examine(검토하다), inspect(조사하다), scrutinize(조사하다, 검토하다), decode(분석하다, 해독하다)

어휘 ▶ exhibition 전시회 prove 증명하다 feed on ~을 먹고 살다 discover 발견하다 analyze 분석하다

🗝 why / crocodile birds / interact / crocodile (왜 / 악어새 / 상호 작용하다 / 악어) **세부사항**

3. According to the article, <u>why</u> do <u>crocodile birds</u> occasionally <u>interact</u> with <u>crocodiles</u>?

(a) for dental service
(b) for hunting prey
(c) for training purposes
(d) for long-standing relationship

기사에 따르면, 왜 악어새들이 가끔 악어와 상호 작용을 하는가?
(a) 이빨 서비스
(b) 먹이 사냥
(c) 훈련 목적
(d) 오래된 관계

정답 시그널 ▶ birds rarely interacted with crocodile mouths

해설 ▶ 본문 3단락의 "When they did, it was not for teeth-trapped food but for small aquatic creatures."(상호 작용을 할 때에는 이빨에 걸린 먹이가 아니라 작은 수생 동물을 먹기 위한 것이었다.)를 근거로 정답은 (b)이다.

패러프레이징 ▶ rarely interacted ➡ occasionally interact

어휘 ▶ occasionally 가끔 interact 상호작용하다 prey 사냥감, 먹이 purpose 목적

🗝 What / NOT true / origin / crocodile birds & crocodile's mutualistic relationship
(무엇 / 사실 X / 기원 / 악어새와 악어의 상생 관계) **사실 관계**

4. <u>What</u> is <u>NOT true</u> about the <u>origin</u> of <u>crocodile birds</u> and crocodiles' mutualistic relationship?

(a) The public didn't believe Herodotus's observations at first.
(b) The symbiotic relationship had no concrete proof.
(c) A historian reported witnessing a mutualistic act during his travel.
(d) The theory came from ancient records.

악어새와 악어의 상생 관계의 기원에 대해 사실이 아닌 것은 무엇인가?
(a) 대중들은 처음에 헤로도토스의 관찰을 믿지 않았다.
(b) 공생 관계에는 구체적인 증거가 없었다.
(c) 한 역사가가 여행 중에 상생 행위를 목격했다고 보고했다.
(d) 이론은 고대 기록에서 유래했다.

정답 시그널 ▶ theory's origin ※ NOT true 문제는 보기를 먼저 읽고 본문의 키워드와 비교하며 맞는 보기를 하나씩 제거한다

해설 ▶ 본문 5단락에서 (b)는 "In truth, there is no concrete evidence to validate a symbiotic cleaning relationship between any bird species and crocodiles."(사실상, 어떤 조류와 악어 사이의 공생 청소 관계를 입증할 구체적인 증거는 없다.), (c)는 "On a trip to Egypt in 459 BC, the Greek historian Herodotus reported witnessing a small bird, likely an Egyptian Plover, extracting food from a crocodile's mouth."(기원전 459년 이집트를 여행하던 그리스 역사가 헤로도토스는 이집트 물떼새로 추정되는 작은 새가 악어의 입에서 먹이를 빼내는 것을 목격했다고 보고했다.), (d)는 "The theory's origin is rooted in ancient observations."(이 이론의 기원은 고대의 관찰에 뿌리를 두고 있다.)와 내용이 일치한다. (a)는 "Assumed to be a mutualistic act, this interpretation had its credibility."(상호주의적 행위로 추정되는 이 해석은 신빙성이 있었다.)를 근거로 내용과 일치하지 않기 때문에 정답이다.

➡ The symbiotic relationship had no concrete proof.
- evidence ➡ proof ≒ clue(단서, 증거), testimony(증언, 증명)

(c) On a trip to Egypt in 459 BC, Greek historian Herodotus reported witnessing a small bird
➡ A historian reported witnessing a mutualistic act during his travel.
- trip ➡ travel ≒ journey(여행, 여정), tour(관광, 여행), outing(소풍, 견학), jaunt(소풍, 짧은 여행), excursion(단체 여행, 소풍), expedition(탐험, 여행, 원정), trek(오지 여행)

(d) origin is rooted in ancient observations ➡ came from ancient records
- observations ➡ records ≒ report(보고서, 기록), document(문서, 기록물), text(문서), information(정보), data(정보), knowledge(정보, 지식), archives(기록, 기록 보관소)

어휘 at first 처음에는 proof 증거

☞ What / can be inferred / conclusion (무엇 / 추론될 수 있나 / 결론) **추론**

5. Based on the article, <u>what</u> <u>can be inferred</u> from the <u>conclusion</u>?

(a) Strict scientific research is vital in validating widely held beliefs.
(b) Ancient tales and myths are usually accurate.
(c) Mutualistic theories can be trusted from now.
(d) Crocodiles always benefit from the presence of crocodile birds.

기사에 따르면 결론에서 무엇을 추론할 수 있는가?

(a) 엄격한 과학 연구는 널리 퍼진 믿음을 입증하는데 중요하다.
(b) 고대의 이야기와 신화는 보통 정확하다.
(c) 상생 이론은 이제부터 신뢰할 수 있다.
(d) 악어는 항상 악어새의 존재로 이익을 본다.

정답 시그널 In conclusion

해설 본문 6단락의 "In conclusion, myths and ancient tales often shape our understanding, but it is the rigorous scientific research that brings us closer to the truth."(결론적으로, 신화와 고대의 이야기들은 종종 우리의 이해를 형성하지만, 우리를 진실에 더 가깝게 만드는 것은 엄격한 과학적 연구이다.)를 근거로 가장 적절한 정답은 (a)이다.

어휘 infer 추론하다 trust 신뢰하다 from now 이제부터 benefit from ~에서 이익을 얻다 presence 존재

어휘

6. In the context of passage, <u>logs</u> means _____.

(a) carvings
(b) lumber
(c) notations
(d) experiments

본문의 맥락에서, <u>logs</u>는 _____을 의미한다.

(a) 조각물
(b) 목재
(c) 표기, 기록
(d) 실험

해설 본문 2단락 "They ~ maintained detailed <u>logs</u> of the birds' diet and feeding behaviors."(그들은 ~ 새의 식습관과 먹이 행동에 대한 자세한 <u>기록</u>을 지속했다.)에서 logs는 '기록'의 의미로 사용되었으므로 문맥상 가장 어울리는 정답은 (c)이다.

7. In the context of passage, <u>unbiased</u> means
_____.

(a) misinformed   **(b) impartial**
(c) prejudiced   (d) inclined

본문의 맥락에서, <u>unbiased</u>는 _____을 의미한다.

(a) 잘못 알고 있는   **(b) 공정한**
(c) 편견 있는   (d) 기울어진

해설 본문 4단락 "The initial research hadn't emphasized this mutual relationship, ensuring <u>unbiased</u> results."(초기 연구에서는 이 상호 관계를 강조하지 않았기 때문에 공정한 결과를 얻을 수 있었다.)에서 unbiased는 '편견 없는, 공정한'의 의미로 사용되었으므로 문맥상 가장 어울리는 정답은 (b)이다.

DAY 12 PART 3 지식 백과

Practice 1

RIPLEY'S SYNDROME	리플리 증후군
1 (1)Ripley's Syndrome, named after the character from Patricia Highsmith's novel *The Talented Mr. Ripley*, describes a psychological disorder characterized by an individual's habitual (6)fabrication of reality. This condition involves living in a fictional world created by one's imagination and believing in its reality while often engaging in deceptive behavior.	(1)리플리 증후군은 패트리샤 하이스미스의 소설 "재능 있는 리플리 씨"의 주인공에서 이름을 딴 것으로, 개인의 습관적인 현실의 (6)왜곡이 특징인 심리 장애를 묘사한다. 이 질환은 자신의 상상력이 만들어낸 허구의 세계에 살면서 그 현실을 믿으며 종종 기만적인 행동을 하는 것을 포함한다.
2 The term "Ripley's Syndrome" was inspired by the novel's protagonist, Tom Ripley, who assumes the identity of a deceased acquaintance and weaves a complex web of lies and deceit. (2)The character's ability to convincingly adopt another person's life and deceive those around him while believing in the facade he created, exemplifies the core characteristics of Ripley's Syndrome.	'리플리 증후군'이라는 용어는 소설 속 주인공인 톰 리플리에서 영감을 받았는데 톰은 사망한 지인의 신분을 가장해 거짓과 기만의 복잡한 그물망을 짰다. (2)다른 사람의 삶을 손쉽게 받아들이고 자신이 만든 외관을 믿으며 주변 사람들을 속이는 주인공의 능력은 리플리 증후군의 핵심 특징을 잘 보여준다.
3 Ripley's Syndrome indicates a severe form of escapism where individuals deny their reality, often due to feelings of inferiority or unfulfilled desires. They create elaborate fictional lives, sometimes even assuming alternate identities, and become so immersed in their fabrications that they start to accept them as true.	리플리 증후군은 개인이 열등감이나 충족되지 않은 욕망으로 인해 자신의 현실을 부정하는 심각한 형태의 도피 증상을 나타낸다. 이들은 정교한 허구의 삶을 만들어내고 때로는 다른 신분을 가장하기도 하며, 조작된 삶에 너무 몰입하여 이를 사실로 받아들이기 시작한다.

4	(3)In contemporary society, Ripley's Syndrome can manifest in various forms, from benign daydreaming to more harmful behaviors like identity theft and fraud. In the digital age, this syndrome is further exacerbated by the ease of creating false personas on social media platforms, where individuals can present idealized versions of themselves or entirely fictional lives.	(3)현대 사회에서 리플리 증후군은 가벼운 망상부터 신원 도용이나 사기와 같은 더 해로운 행동에 이르기까지 다양한 형태로 나타날 수 있다. 디지털 시대에는 소셜 미디어 플랫폼에서 개인이 자신의 이상적인 모습이나 완전히 허구인 삶을 보여줄 수 있는 허위 페르소나를 쉽게 만들 수 있기 때문에 이 증후군이 더욱 악화되고 있다.
5	(4d)Psychologists view Ripley's Syndrome as a coping mechanism for underlying issues such as low self-esteem, anxiety, or trauma. (4c)It is a complex condition that (7)blurs the boundaries between reality and fantasy within the individual's mind, leading to a distorted perception of their actual life. (4b)This syndrome highlights the human tendency to escape reality and the potential dangers when such escapism becomes a chronic, pathological condition.	(4d)심리학자들은 리플리 증후군을 낮은 자존감, 불안 또는 트라우마와 같은 근원적인 문제에 대한 대처 메커니즘으로 본다. (4c)그것은 개인의 마음속에서 현실과 환상의 경계를 (7)모호하게 하여 실제 삶에 대한 왜곡된 인식을 초래하는 복잡한 상태이다. (4b)이 증후군은 현실을 도피하려는 인간의 경향과 그러한 도피가 만성적이고 병적인 상태가 될 때의 잠재적 위험을 강조한다.
6	In conclusion, Ripley's Syndrome serves as a stark reminder of the complexities of the human psyche and its capacity for self-deception. (5)It highlights the importance of addressing underlying psychological challenges and stresses the role of mental health professionals in identifying and treating such conditions. As we navigate an increasingly digital and interconnected world, where the lines between reality and fiction can fade, Ripley's Syndrome reminds us of the crucial need for authenticity and self-awareness in our personal and online interactions.	결론적으로, 리플리 증후군은 인간 심리의 복잡성과 자기기만 능력을 극명하게 보여주는 사례이다. (5)그것은 근원적인 심리적 문제를 해결하는 것의 중요성을 강조하고 이러한 상태를 식별하고 치료할 때 정신 건강 전문가의 역할을 강조한다. 현실과 허구의 경계가 희미해지는 점점 더 디지털화되고 상호 연결된 세상을 살아가면서, 리플리 증후군은 개인 및 온라인 상호 작용에서 진정성과 자기 인식의 필요성을 일깨워준다.

어휘 syndrome 신드롬, 증후군 named after ~의 이름을 딴 describe 묘사하다 disorder 장애 characterized by ~이 특징인 habitual 습관적인 fabrication 조작, 허위 condition 질환 fictional 허구의 engage in behavior 행동을 하다 deceptive 기만적인 term 용어 protagonist 주인공 assume 가장하다 deceased 사망한 acquaintance 지인 weave (직물을) 짜다 web 거미줄 deceit 기만 convincingly 손쉽게, 설득력 있게 adopt 받아들이다 deceive 속이다 facade 외관, 겉모습 exemplify (~의 전형적인 예를) 보여주다 core characteristic 핵심 특징 indicate 나타내다 severe 심각한 escapism 현실 도피 deny 부정하다 due to ~ 때문에 inferiority 열등감 unfulfilled 충족되지 않은 elaborate 정교한 alternate 대신의, 다른 immersed in ~에 몰입된 contemporary 현대의 manifest 나타나다 benign 가벼운, 온화한 daydreaming 망상, 몽상 identity theft 신원 도용 fraud 사기 exacerbate 악화시키다 ease of ~의 용이함, 쉬움 persona 페르소나(개인이 특정 상황에서 연출하는 성격) idealized 이상화된 present 보여주다 entirely 완전히 coping mechanism 대처 매커니즘[기제] underlying 근원적인 self-esteem 자존감 anxiety 불안 blur 모호하게 하다 distorted 왜곡된 perception 인식 highlight 강조하다 tendency 경향 chronic 만성적인 pathological 병적인 stark 극명한 serve as a reminder of ~을 일깨우다, 보여주다 psyche 정신, 심리 capacity 능력 self-deception 자기기만 address ~에 대처하다, 해결하다 stress 강조하다 navigate 돌아다니다 increasingly 점점 더 interconnected 상호 연결된 fade 희미해지다 remind A of B A에게 B를 일깨우다 crucial 중요한 authenticity 진실성 self-awareness 자각

What / is / R. S. (무엇 / 이다 / R. S.)

1. <u>What is Ripley's Syndrome?</u>

   (a) a disorder that makes people believe they are in a fictional world
   (b) a condition characterized by extreme truthfulness
   (c) a syndrome related to physical health issues
   (d) a psychological condition causing people to avoid reality

리플리 증후군은 무엇인가?

(a) 사람들이 자신이 가상의 세계에 있다고 믿게 하는 장애
(b) 극도의 진실성이 특징인 상태
(c) 신체 건강 문제와 관련된 증후군
(d) 사람들이 현실을 회피하게 하는 심리적 상태

정답 시그널 ※ 첫 번째 문제는 주로 글의 초반에 있으나, 전체적인 글의 맥락으로 답을 골라야 하는 경우도 있다.

해설 본문 1단락의 "Ripley's Syndrome, named after the character from Patricia Highsmith's novel *The Talented Mr. Ripley*, describes a psychological disorder characterized by an individual's habitual fabrication of reality. This condition involves living in a fictional world created by one's imagination and believing in its reality while often engaging in deceptive behavior."(리플리 증후군은 패트리샤 하이스미스의 소설 "재능 있는 리플리 씨"의 주인공에서 이름을 딴 것으로, 개인의 습관적인 현실의 왜곡이 특징인 심리적 장애를 묘사한다. 이 질환은 자신의 상상력이 만들어낸 가상의 세계에서 살면서 그 현실을 믿으며 종종 기만적인 행동을 하는 것을 포함한다.)와 전체적인 내용을 근거로 정답은 (d)이다.

어휘 extreme 극도의 truthfulness 진실 related to ~와 관련된 physical 신체의

 How / most likely / term / R. S. / originate from / novel's protagonist
(어떻게 / 추론 / 용어 / R. S. / 유래되다 / 소설 주인공)

2. <u>How, most likely, did the term "Ripley's Syndrome" originate from the novel's protagonist?</u>

   (a) by his ability to portray psychological disorders
   (b) by his adherence to moral and ethical standards
   (c) by his skill in choosing to live like another person
   (d) by his actions being based on historical events

'리플리 증후군'이라는 용어는 소설의 주인공에게서 어떻게 유래되었을 것 같은가?

(a) 심리적 장애를 묘사하는 능력으로
(b) 도덕적, 윤리적 기준을 준수함으로써
(c) 다른 사람처럼 살기로 한 기술로서
(d) 역사적 사건에 기반을 둔 행동으로

정답 시그널 The term ~ the novel's protagonist

해설 본문 2단락의 "The character's ability to convincingly adopt another person's life and deceive those around him while believing in the facade he created, exemplifies the core characteristics of Ripley's Syndrome."(다른 사람의 삶을 손쉽게 받아들이고 자신이 만든 외관을 믿으며 주변 사람들을 속이는 주인공의 능력은 리플리 증후군의 핵심 특징을 잘 보여준다.)을 근거로 가장 적절한 정답은 (c)이다.

패러프레이징 ability to convincingly adopt another person's life ➡ skill in choosing to live like another person
• ability ➡ skill ≒ power(능력), artistry(기교), competence(능력), technique(기술), finesse(기교, 수완)

어휘 originate from ~에서 유래되다 portray 묘사하다 adherence to ~에 대한 준수 moral 도덕적인 ethical 윤리적인 choose to-V ~하기로 하다 based on ~에 기반을 둔

세부사항

3. How does Ripley's Syndrome manifest in individuals in contemporary society?

(a) by having a preference for solitude
(b) by stealing someone's identity on social media
(c) by heightening awareness of their actual life
(d) by showcasing extraordinary honesty

리플리 증후군은 현대 사회에서 개인에게 어떻게 나타나는가?

(a) 고독을 선호함으로써
(b) 소셜 미디어에 있는 누군가의 신분을 훔침으로써
(c) 실제 생활에 대한 인식을 높임으로써
(d) 특별한 정직함을 보여줌으로써

정답 시그널 contemporary society, manifest

해설 본문 4단락의 "In contemporary society, Ripley's Syndrome can manifest in various forms, from benign daydreaming to more harmful behaviors like identity theft and fraud. In the digital age, this syndrome is further exacerbated by the ease of creating false personas on social media platforms"(현대 사회에서 리플리 증후군은 가벼운 망상부터 신원 도용이나 사기와 같은 더 해로운 행동에 이르기까지 다양한 형태로 나타날 수 있다. 디지털 시대에는 소셜 미디어 플랫폼에서 ~ 허위 페르소나를 쉽게 만들 수 있기 때문에 이 증후군이 더욱 악화되고 있다.)를 근거로 정답은 (b)이다.

패러프레이징 identity theft ➡ stealing someone's identity
• theft ➡ stealing ≒ burglary(도둑, 절도), thieving(도둑질), larceny(절도죄), pilferage(좀도둑질)

어휘 have a preference for ~을 선호하다 solitude 고독 steal 훔치다 heighten 높이다 actual life 실제 생활 showcase 보여주다 extraordinary 특별한 honesty 정직함

사실 관계

4. Based on the fifth paragraph, what is NOT true about psychologists' view of Ripley's Syndrome?

(a) It is considered a simple condition with clear-cut symptoms.
(b) They think it may be dangerous when it becomes chronic.
(c) They believe it blurs reality and fantasy in the mind.
(d) It is seen as a coping mechanism for underlying psychological issues.

다섯 번째 단락에 따르면, 리플리 증후군에 대한 심리학자들의 견해 중 사실이 아닌 것은?

(a) 분명한 증상이 있는 단순 질환으로 여겨진다.
(b) 만성화되면 위험할 수 있다고 생각한다.
(c) 마음에서 현실과 환상을 흐리게 한다고 믿는다.
(d) 근원적인 심리 문제에 대한 대처 메커니즘으로 여겨진다.

정답 시그널 fifth paragraph, Psychologists view ※ NOT true 문제는 보기를 먼저 읽고 본문의 키워드와 비교하면서 맞는 보기를 하나씩 제거한다.

해설 본문 5단락에서 (b)는 "This syndrome highlights the human tendency to escape reality and the potential dangers when such escapism becomes a chronic, pathological condition."(이 증후군은 현실을 도피하려는 인간의 경향과 그러한 도피가 만성적이고 병적인 상태가 될 때의 잠재적 위험을 강조한다.), (c)는 "It is a complex condition that blurs the boundaries between reality and fantasy within the individual's mind."(그것은 개인의 마음속에서 현실과 환상의 경계를 모호하게 하는 복잡한 상태이다.), (d)는 "Psychologists view Ripley's Syndrome as a coping mechanism for underlying issues such as low self-esteem, anxiety, or trauma."(심리학자들은 리플리 증후군을 낮은 자존감, 불안 또는 트라우마와 같은 근원적인 문제에 대한 대처 메커니즘으로 본다.)와 내용이 일치한다. (a)는 본문과는 다른(a complex condition) 내용이기 때문에 정답이다.

어휘 psychologist 심리학자 view 견해 clear-cut 명확한 psychological 심리적인

what / can be inferred / treatment / R. S. (무엇 / 추론될 수 있다 / 치료 / R. S.)

5. According to the article, <u>what can be inferred</u> about the <u>treatment</u> of Ripley's Syndrome?

(a) It is easily treatable with medication.
(b) It is crucial to address its underlying issues.
(c) It is a permanent condition with no known treatment.
(d) It is best managed through social media.

기사에 따르면 리플리 증후군의 치료에 대해 무엇을 추론할 수 있는가?

(a) 약물로 쉽게 치료할 수 있다.
(b) 근원적인 문제를 다루는 것이 중요하다.
(c) 알려진 치료법이 없는 영구적인 상태이다.
(d) 소셜 미디어를 통해 가장 잘 관리된다.

정답 시그널 ▶ treating such conditions

해설 ▶ 본문 6단락의 "It highlights the importance of addressing underlying psychological challenges and stresses the role of mental health professionals in identifying and treating such conditions."(그것은 근원적인 심리 문제를 해결하는 것의 중요성을 강조하고 이러한 상태를 식별하고 치료할 때 정신 건강 전문가의 역할을 강조한다.)를 근거로 가장 적절한 정답은 (b)이다.

어휘 ▶ infer 추론하다 treatment 치료 treatable 치료할 수 있는 medication 약물 permanent 영구적인

6. In the context of the passage, <u>fabrication</u> means _____.

(a) faking
(b) illusion
(c) destruction
(d) truth

본문의 맥락에서 <u>fabrication</u>은 _____을 의미한다.

(a) 가장
(b) 허상
(c) 파괴
(d) 진실

해설 ▶ 본문 1단락 "Ripley's Syndrome, named after the character from Patricia Highsmith's novel *The Talented Mr. Ripley*, describes a psychological disorder characterized by an individual's habitual fabrication of reality."(리플리 증후군은 패트리샤 하이스미스의 소설 "재능 있는 리플리 씨"의 주인공에서 이름을 딴 것으로, 개인의 습관적인 현실의 왜곡이 특징인 심리 장애를 묘사한다.)에서 fabrication은 '조작, 왜곡'의 의미로 사용되었으므로 문맥상 가장 어울리는 정답은 (a)이다.

7. In the context of the passage, <u>blurs</u> means _____.

(a) sharpens
(b) distinguishes
(c) confuses
(d) emphasizes

본문의 맥락에서 <u>blurs</u>는 _____을 의미한다.

(a) 선명하게 하다
(b) 구분하다
(c) 혼란스럽게 하다
(d) 강조하다

해설 ▶ 본문 5단락 "It is ~ that blurs the boundaries between reality and fantasy within the individual's mind"(그것은 개인의 마음속에서 현실과 환상의 경계를 모호하게 하여)에서 blurs는 '흐리게 하다, 모호하게 하다'의 의미로 사용되었으므로 문맥상 가장 어울리는 정답은 (c)이다.

SUPERCONDUCTORS	초전도체
(1)Superconductors are materials that exhibit zero electrical resistance below a characteristic critical temperature. This phenomenon allows the unimpeded flow of electric current, hence offering transformative potential for energy transmission and storage. The term combines "super," indicating surpassing, and "conductor," a material that permits the flow of electric charge. The discovery of superconductivity was first observed in mercury by Heike Kamerlingh Onnes in 1911.	(1)초전도체는 특정한 임계 온도 아래에서 전기 저항 0을 나타내는 물질이다. 이 현상은 전류가 방해받지 않고 흐르게 함으로 에너지 전송 및 저장에 변형 가능성을 제공한다. 이 용어는 초월을 뜻하는 '초전'과 전하의 흐름을 허용하는 물질인 '도체'를 결합한 것이다. 초전도의 발견은 1911년 하이케 카메를링 오네스가 수은에서 처음 관찰했다.
(2)Unlike conventional conductors, superconductors expel magnetic fields, a property known as the Meissner effect, which enables applications such as magnetic levitation used in high-speed maglev trains. When cooled below their critical temperature, superconductors transition into a state that can dramatically enhance the performance of various electronic devices. This transition is (6)facilitated by what physicists term "Cooper pairs," where electrons pair up and move through a lattice without resistance.	(2)기존의 도체와 달리, 초전도체는 마이스너 효과라고 알려져 있는 특성으로 자기장을 밀어내는데, 이 효과는 고속 자기 부상열차에서 사용되는 자기 부상과 같은 응용 분야를 가능하게 한다. 초전도체는 임계 온도 아래로 냉각되면 다양한 전자 기기의 성능을 극적으로 향상시킬 수 있는 상태로 전환된다. 이러한 전환은 물리학자들이 부르는 "쿠퍼 쌍"에 의해 (6)촉진되며, 여기서 전자는 쌍을 이루어 격자 사이를 저항 없이 이동한다.
This phenomenon enables them to support applications that seemed like science fiction not too long ago. (3a)For instance, the magnetic levitation technology used in maglev trains relies on this effect to reduce friction drastically, resulting in increased speeds and efficiency. (3b)Moreover, superconductors are at the heart of magnetic resonance imaging (MRI) technologies, (3d)providing the strong and stable magnetic fields necessary for high-resolution imaging that aids in medical diagnostics, surpassing what conventional conductors can achieve in terms of both efficiency and functionality.	이 현상은 얼마 전까지만 해도 공상 과학 소설처럼 보였던 응용 분야를 지원할 수 있게 해준다. (3a)예를 들어, 자기 부상 열차에 사용되는 자기 부상 기술은 마찰을 크게 줄이는데 이 효과에 의존하며, 결과적으로 속도와 효율성이 증가한다. (3b)또한 초전도체는 자기공명영상(MRI) 기술의 핵심으로, (3d)의료 진단에 도움이 되는 고해상도 영상에 필요한 강력하고 안정적인 자기장을 제공하여 효율성과 기능 면에서 기존 도체의 성능을 뛰어넘을 수 있다.
(4)Privacy concerns regarding superconductors primarily involve their use in surveillance and sensitive data storage. Superconducting devices are crucial in quantum computing and communications systems. Thus, this could result in unparalleled data interception and decryption capabilities. Furthermore, the unique properties of superconductors may introduce new	(4)초전도체와 관련된 개인정보 보호에 대한 우려는 주로 감시와 민감한 데이터 저장에 사용되는 것과 관련이 있다. 초전도체 장치는 양자 컴퓨팅 및 통신 시스템에 중요하다. 따라서 이것은 유례없는 데이터 가로채기와 암호 해독 기능을 제공할 수 있다. 또한, 초전도체의 고유한 특성으로 인해 사이버 보안에

paradigms in cybersecurity, necessitating novel security measures.	새로운 패러다임이 도입되어 새로운 보안 조치가 필요할 수 있다.
5 The impact of superconductors extends beyond mere academic interest or industrial applications; they are paving the way for a revolution in how we handle and perceive energy and information. As we stand on the brink of significant breakthroughs in high-temperature superconductivity, the (7)anticipation in the scientific community is very high. (5)Research labs, along with tech giants like IBM and Google, are vying to unlock the full potential of superconductors, particularly in the realm of quantum computing. Such advancements could transform the computational landscape, bringing about new discoveries and innovations that could rival the societal transformations expected from emerging technologies like the AI (Artificial Intelligence).	초전도체의 영향은 단순히 학문적 관심이나 산업적 응용을 넘어 우리가 에너지와 정보를 다루고 인식하는 방식에 혁명을 일으킬 수 있는 길을 열어 주고 있다. 고온 초전도의 중대한 돌파구를 눈앞에 두고 있는 지금, 과학계의 (7)기대감은 매우 높다. (5)IBM, Google과 같은 거대 기술 기업과 함께 연구소들은 특히 양자 컴퓨팅 영역에서 초전도의 잠재력을 최대한 활용하기 위해 경쟁하고 있다. 이러한 발전은 컴퓨팅 환경을 변화시켜 AI(인공지능)과 같은 신흥 기술에서 기대되는 사회적 변화에 필적할 수 있는 새로운 발견과 혁신을 일으킬 수 있다.

어휘 superconductor 초전도체 exhibit (특성을) 나타내다 electrical resistance 전기 저항 critical temperature 임계 온도 phenomenon 현상 unimpeded 방해받지 않는 electric current 전류 transformative 변형의 transmission 전송 indicate 나타내다 surpass 뛰어넘다, 초월하다 conductor 전도체 permit 허용하다 charge 전하 discovery 발견 superconductivity 초전도 observe 관찰하다 mercury 수은 conventional 기존의, 종래의 expel 쫓아내다, 밀어내다 magnetic field 자기장 property 특성 application 응용 magnetic levitation 자기 부상 maglev 자기 부상(철도) cool 냉각하다 transition 전환되다; 전환 facilitate 원활하게 하다, 촉진하다 physicist 물리학자 term A B A를 B로 부르다 electron 전자 pair up 짝을 짓다 lattice 격자 friction 마찰 rely on ~에 의존하다 drastically 대폭적으로, 크게 result in 결과적으로 ~하다 efficiency 효율성 stable 안정적인 be at the heart of ~의 핵심에 있다 magnetic resonance imaging 자기공명영상(MRI) high-resolution 고해상도 diagnostics 진단(법) in terms of ~의 면에서 functionality 기능성 regarding ~에 관한 surveillance 감시 quantum 양자 unparalleled 유례없는 interception 가로채기 decryption 암호 해독 furthermore 더욱이, 또한 cybersecurity 사이버 보안 necessitate 필요로 하다 extend beyond ~을 넘어 이르다 pave the way for ~에 길을 열다 stand on the brink of ~을 눈앞에 두고 있다 breakthrough 돌파구 anticipation 기대감 vie to-V ~하려고 경쟁하다 unlock (잠재력)을 끌어내다 realm 영역 advancement 발전 transform 변화시키다 landscape 환경, 상황 bring about 초래하다 innovation 혁신 emerging 신흥의

 What / describes / superconductors (무엇 / 설명하다 / 초전도체)   **세부사항**

1.   What best <u>describes</u> superconductors?

(a) They have high electrical resistance at low temperatures.
(b) They show zero electrical resistance below a critical temperature.
(c) They are most effective at room temperature.
(d) They are primarily used in conventional trains.

무엇이 초전도체를 가장 잘 설명하는가?

(a) 낮은 온도에서 전기 저항이 높다.
(b) 임계 온도 아래에서 전기 저항이 0이다.
(c) 실온에서 가장 효과적이다.
(d) 주로 일반 열차에 사용된다.

정답 시그널 ※ 첫 번째 문제는 글의 초반에 있다.

해설 본문 1단락의 "Superconductors are materials that exhibit zero electrical resistance below a characteristic critical temperature."(초전도체는 특정한 임계 온도 아래에서 전기 저항 0을 나타내는 물질이다.)와 전체적인 내용을 근거로 정답은 (b)이다.

어휘 ▶ electrical 전기의 effective 효과적인 room temperature 실온 primarily 주로

🔑 **second paragraph / how / superconductors / differ / regular conductors
(두 번째 단락 / 어떻게 / 초전도체 / 다르다 / 일반 전도체)** 　　　　　　　　　　　**세부사항**

2. Based on the <u>second paragraph</u>, <u>how</u> do <u>superconductors</u> <u>differ</u> from <u>regular conductors</u>?

(a) They are less efficient in transmitting electricity.
(b) They permit magnetic fields within them.
(c) They have a special effect of ejecting magnetic fields.
(d) They require higher temperatures to function.

> 두 번째 단락에 따르면, 초전도체는 일반 전도체와 어떻게 다른가?
>
> (a) 전기 전송 효율이 떨어진다.
> (b) 내부에 자기장을 허용한다.
> **(c) 자기장을 내쫓는 특별한 효과가 있다.**
> (d) 작동하려면 더 높은 온도가 필요하다.

정답 시그널 ▶ Unlike conventional conductors

해설 ▶ 본문 2단락의 "Unlike conventional conductors, superconductors expel magnetic fields, a property known as the Meissner effect"(기존의 도체와 달리, 초전도체는 마이스너 효과로 알려져 있는 특성으로 자기장을 밀어내는데)를 근거로 정답은 (c)이다.

패러프레이징 ▶ Unlike conventional conductors ➡ differ from regular conductors
• unlike ➡ differ ≒ different(다른), contrary(반대의), dissimilar(비슷하지 않는), clashing(충돌하는), incompatible(호환되지 않는), distinct(구별되는)
• conventional ➡ regular ≒ common(일반적인), normal(보통의), current(현재의, 통용되는), ordinary(평범한, 일반적인), general(일반적인), traditional(전통적인), typical(전형적인)
• expel ➡ eject(내쫓다) ≒ drive away(쫓아내다), deter(억제하다), resist(저항하다), ward off(막다, 피하다)

어휘 ▶ differ from ~와 다르다 efficient 효율적인 transmit 전송하다 electricity 전기 eject 내쫓다 function 작동하다

🔑 **What / is NOT true / applications / superconductors (무엇 / 사실 X / 응용 / 초전도체)** 　　　**사실 관계**

3. What <u>is NOT true</u> about the <u>applications</u> of <u>superconductors</u>?

(a) They enable maglev trains to operate at high speeds.
(b) They are used in medical diagnostics through MRI technology.
(c) They increase the need for electricity in electronic devices.
(d) They are central to developing high-resolution imaging techniques.

> 초전도체의 응용에 대해 사실이 아닌 것은 무엇인가?
>
> (a) 자기 부상 열차가 높은 속도로 작동되게 한다.
> (b) MRI 기술을 통해 의료 진단에 사용된다.
> **(c) 전자 기기의 전기 사용의 필요성을 증가시킨다.**
> (d) 고해상도 영상 기술 개발에 핵심이다.

정답 시그널 ▶ applications ※ NOT true 문제는 보기를 먼저 읽고 본문의 키워드와 비교하면서 맞는 보기를 하나씩 제거한다.

해설 ▶ 본문 3단락에서 (a)는 "For instance, the magnetic levitation technology used in maglev trains relies on this effect to reduce friction drastically, resulting in increased speeds and efficiency."(예를 들어, 자기 부상열차에 사용되는 자기 부상 기술은 마찰을 크게 줄이는데 이 효과에 의존하며, 결과적으로 속도와 효율성이 증가한다.), (b)는 "Moreover, superconductors are at the heart of magnetic resonance imaging(MRI) technologies"(또한 초전도체는 자기공명영상(MRI) 기술의 핵심으로), (d)는 "providing the strong and stable magnetic fields necessary for high-resolution imaging that aids in medical diagnostics"(의료 진단에 도움이 되는 고해상도 영상에 필요한 강력하고 안정적인 자기장을 제공하여)와 내용이 일치한다. (c)는 본문에 없는 내용이기 때문에 정답이다.

어휘 ▶ enable 가능하게 하다 operate 작동되다 electronic device 전자 기기 central 핵심인 imaging technique 영상 기술

4. Why, most likely, are there privacy concerns regarding superconductors?

- (a) because they can't be used in quantum computing
- **(b) because they may be vulnerable to cyberattacks**
- (c) because they disrupt existing communication systems
- (d) because they cause inefficient data storage

왜 초전도체와 관련해서 개인정보 보호에 대한 우려가 있는 것 같은가?

- (a) 양자 컴퓨팅에 사용할 수 없기 때문에
- **(b) 사이버 공격에 취약할 수 있기 때문에**
- (c) 기존 통신 시스템을 방해하기 때문에
- (d) 비효율적인 데이터 저장을 초래하기 때문에

정답 시그널 Privacy concerns

해설 본문 4단락에서 "Privacy concerns regarding superconductors primarily involve their use in surveillance and sensitive data storage. Superconducting devices are crucial in quantum computing and communications systems. Thus, this could result in unparalleled data interception and decryption capabilities. Furthermore, the unique properties of superconductors may introduce new paradigms in cybersecurity, necessitating novel security measures."(초전도체와 관련된 개인정보 보호 우려는 주로 감시와 민감한 데이터 저장에 사용되는 것과 관련이 있다. 초전도체 장치는 양자 컴퓨팅 및 통신 시스템에 중요하다. 따라서 이것은 유례없는 데이터 가로채기와 암호 해독 기능을 제공할 수 있다. 또한, 초전도체의 고유한 특성으로 인해 사이버 보안에 새로운 패러다임이 도입되어 새로운 보안 조치가 필요할 수 있다.)를 근거로 가장 적절한 정답은 (b)이다.

어휘 vulnerable 취약한 cyberattack 사이버 공격 disrupt 방해하다 existing 기존의 inefficient 비효율적인 storage 저장

---

5. According to the article, what can be inferred about the future of superconductors?

- **(a) They hold great potential in the quantum computing.**
- (b) They are not expected to have much impact on society.
- (c) They will be replaced by AI technologies soon.
- (d) They will primarily be used in the transportation industry.

기사에 따르면, 초전도체의 미래에 대해 무엇을 추론할 수 있는가?

- **(a) 양자 컴퓨팅에서 큰 잠재력을 가지고 있다.**
- (b) 사회에 크게 영향을 미치지는 않을 것으로 예상된다.
- (c) 곧 인공지능 기술로 대체될 것이다.
- (d) 주로 운송 업계에서 사용될 것이다.

정답 시그널 ※ 마지막 문제는 글의 후반에 있다.

해설 본문 5단락의 "Research labs, along with tech giants like IBM and Google, are vying to unlock the full potential of superconductors, particularly in the realm of quantum computing."(IBM, Google과 같은 거대 기술 기업과 함께 연구소들은 특히 양자 컴퓨팅 영역에서 초전도의 잠재력을 최대한 활용하기 위해 경쟁하고 있다.)을 근거로 가장 적절한 정답은 (a)이다.

어휘 infer 추론하다 expect 예상하다 have impact on ~에 영향을 미치다 replace 대체하다 transportation 운송

6. In the context of the passage, <u>facilitated</u> means

_____.

(a) **expedited**　　　　(b) impeded

(c) categorized　　　　(d) isolated

본문의 맥락에서 <u>facilitated</u>는 _____을 의미한다.

(a) 촉진된　　　(b) 방해받는
(c) 분류된　　　　(d) 고립된

해설 본문 2단락 "This transition is facilitated by what physicists term "Cooper pairs,""(이러한 전환은 물리학자들이 부르는 "쿠퍼 쌍"에 의해 촉진되며)에서 facilitated는 '촉진되며'의 의미로 사용되었으므로 문맥상 가장 어울리는 정답은 (a)이다.

---

7. In the context of the passage, <u>anticipation</u> means

_____.

(a) concern　　　　(b) indifference

(c) confusion　　　　**(d) excitement**

본문의 맥락에서 <u>anticipation</u>은 _____을 의미한다.

(a) 걱정　　　(b) 무관심
(c) 혼란　　　**(d) 흥분**

해설 본문 5단락 "As we stand on the brink of significant breakthroughs in high-temperature superconductivity, the <u>anticipation</u> in the scientific community is very high."(고온 초전도의 중대한 돌파구를 눈앞에 두고 있는 지금, 과학계의 기대감은 매우 높다.)에서 anticipation은 '기대감'의 의미로 사용되었으므로 문맥상 가장 어울리는 정답은 (d)이다.

DAY 13 PART 4 비즈니스 레터

Practice 1

받는 사람	Brenda Collins Principal Greenwood High School Salem, Oregon 97301	브렌다 콜린스 교장 그린우드 고등학교 세일럼, 오레곤 97301
1	Dear Ms. Collins: I am writing to propose an innovative approach to modernize our educational tools. (1)The concept, sparked during our recent faculty meeting, involves transitioning from traditional bulky textbooks to tablet PCs in the classroom.	콜린스 교장 선생님께: 저는 우리 교육 도구를 현대화하기 위한 혁신적인 접근 방식을 제안하기 위해 이 글을 씁니다. (1)최근 교수진 회의에서 촉발된 이 개념은 교실에 기존의 부피가 큰 교과서를 태블릿 PC로 전환하는 것입니다.

2	Upon reviewing our current teaching methods and materials, I believe we can greatly enhance the learning experience for our students. (2)Our school has been at the forefront of adopting new educational technologies, and by shifting to tablet PCs, we can make learning more interactive and accessible.	현재의 교수 방법과 자료를 검토한 결과, 학생들의 학습 경험을 크게 향상시킬 수 있다고 믿습니다. (2)우리 학교는 새로운 교육 기술을 채택하는 데 앞장서 왔으며, 태블릿 PC로 전환함으로써 학습을 더 쌍방향적으로 접근성 있게 만들 수 있습니다.
3	(3c)This shift is crucial for keeping pace with technological advancements in education. (3a)By supplying a handful of tablets to each classroom, (3d)our school can show its dedication to fostering a cutting-edge learning environment. (3b)Our teachers have shown great interest in this digital transition. They are eager to contribute to this initiative's successful (6)implementation and educate the school community about the benefits of using technology in education.	(3c)이러한 변화는 교육 분야의 기술 발전과 발맞추기 위해 매우 중요합니다. (3a)각 교실에 소량의 태블릿 PC를 공급함으로써, (3d)우리 학교는 최첨단 학습 환경 조성에 대한 헌신을 보여줄 수 있습니다. (3b)우리 교사들은 이러한 디지털 전환에 큰 관심을 보이고 있습니다. 이들은 이 계획의 성공적인 (6)실행에 기여하고 교육에서 기술을 사용하는 이점에 대해 학교 공동체를 교육하기를 열망합니다.
4	I am certain that by reevaluating our current educational resources and considering digital alternatives, we can achieve remarkable improvements. (4)Therefore, I request a meeting with the school board to discuss the (7)feasibility and funding of this initiative. I am available for a meeting at your earliest convenience this week.	저는 현재의 교육 자원을 재평가하고 디지털 대안을 고려함으로써 놀라운 개선을 이룰 수 있다고 확신합니다. (4)그러므로, 이 계획의 (7)실현 가능성 및 자금 조달을 논의하기 위해 학교 이사회와의 회의를 요청합니다. 이번 주에 가장 빠른 시간에 회의에 참석할 수 있습니다.
5	To further this discussion, I have prepared a detailed presentation highlighting the advantages and practical aspects of integrating tablet PCs into our curriculum. This presentation includes feedback from other educational institutions that have successfully made this transition, along with a cost-benefit analysis. (5)With the board's support, I believe we can significantly modernize our educational approach. I look forward to sharing these insights with you and the board. Thank you for considering this forward-thinking proposal.	이 논의를 추진하기 위해, 태블릿 PC를 우리 교육 과정에 통합하는 장점과 실용적인 측면을 강조하는 자세한 프레젠테이션을 준비했습니다. 이 프레젠테이션에는 비용 편익 분석과 함께 이러한 전환을 성공적으로 수행한 다른 교육 기관의 피드백이 포함되어 있습니다. (5)이사회의 지원으로 우리의 교육 접근 방식을 크게 현대화할 수 있다고 믿습니다. 이러한 통찰력을 교장 선생님 및 이사회와 공유할 수 있기를 기대합니다. 이 미래 지향적인 제안을 고려해 주셔서 감사합니다.
보내는 사람	Warm regards, Jordan Michaels Technology Integration Specialist	온정을 담아, 조던 마이클스 기술 통합 전문가

어휘 innovative 혁신적인 spark 촉발하다 faculty 교수진, 교직원 bulky 부피가 큰 upon ~ing ~한 결과, ~하자마자 at the forefront of ~의 선두에 선 adopt 채택하다 shift ~로 전환하다; 변화, 전환 accessible 쉽게 접근할 수 있는 keep pace with (변화와) 보조를 맞추다 advancement 발전 a handful of 소량의 dedication 헌신 cutting-edge 최첨단의 be eager to-V ~하기를 열망하다 initiative

계획 implementation 실행 educate 교육하다 certain 확신하는 reevaluate 재평가하다 alternative 대안 remarkable 놀라운 improvement 개선 school board 교육 위원회 feasibility 실현 가능성 funding 자금 available for ~에 시간이 있는 at your earliest convenience 가급적 빠른 시간 내에 further 추진하다 integrate A into B A를 B로 통합하다 institution 기관 cost-benefit analysis 비용 편익 분석 insight 통찰력 forward-thinking 미래 지향적인 integration 통합 specialist 전문가

 Why / J. M. / write / C (왜 / J. M. / 쓰다 / C) | 주제/목적 |

1. Why is Jordan Michaels writing to Ms. Collins?

  (a) to request a budget increase for the digital tools

  (b) to advocate for an upgrade of the students' tablets

  (c) to criticize the inadequacies of current teaching methods

  (d) to suggest changing textbooks to tablet PCs

왜 조던 마이클스가 콜린스 씨에게 편지를 쓰고 있는가?

  (a) 디지털 도구에 대한 예산 증액을 요청하기 위해

  (b) 학생들의 태블릿 업그레이드를 지지하기 위해

  (c) 현재 교육 방법의 부적절함을 비판하기 위해

  (d) 교과서를 태블릿 PC로 바꾸자고 제안하기 위해

정답 시그널 I am writing to propose ※ 첫 번째 문제는 글의 초반에 있다.

해설 본문 1단락의 "The concept, sparked during our recent faculty meeting, involves transitioning from traditional bulky textbooks to tablet PCs in the classroom."(최근 교수진 회의에서 촉발된 이 개념은 교실에 기존의 부피가 큰 교과서를 태블릿 PC로 전환하는 것입니다.)을 근거로 정답은 (d)이다.

패러프레이징 transitioning from traditional bulky textbooks to tablet PCs ➡ changing textbooks to tablet PCs
• transitioning ➡ changing ≒ shift(전환, 변화), variation(변화, 변수), transformation(변화), conversion(전환), alteration(변경)

어휘 request 요청하다 budget 예산 advocate 옹호하다 reform 개혁 criticize 비판하다 inadequacy 불충분함

 What / is true / G. High School (무엇 / 사실이다 / G. 고등학교) | 사실 관계 |

2. What is true about Greenwood High School?

  (a) It heavily relies on outdated textbooks.

  (b) It has been a leader in adopting new educational technologies.

  (c) It focuses more on traditional learning methods.

  (d) It lacks interactive and modern educational resources.

그린우드 고등학교에 대해 사실인 것은 무엇인가?

  (a) 오래된 교과서에 크게 의존하고 있다.

  (b) 새로운 교육 기술을 채택하는 데 앞장서 왔다.

  (c) 전통적인 학습 방법에 더 집중한다.

  (d) 쌍방향적이고 현대적인 교육 자원이 부족하다.

정답 시그널 Our school

해설 본문 2단락의 "Our school has been at the forefront of adopting new educational technologies, and by shifting to tablet PCs, we can make learning more interactive and accessible."(우리 학교는 새로운 교육 기술을 채택하는 데 앞장서 왔으며, 태블릿 PC로 전환함으로써 학습을 더 쌍방향적으로 접근성 있게 만들 수 있습니다.)을 근거로 정답은 (b)이다.

어휘 heavily 크게 rely on ~에 의존하다 outdated 구식의 lack ~이 부족하다

3. According to the third paragraph, what is NOT true about adopting tablet PCs?

(a) **It will provide tablet PCs to every student.**
(b) It will satisfy the faculty's needs.
(c) It will aim to correspond with technological advancements.
(d) It will boost the school's learning environment

세 번째 단락에 따르면, 태블릿 PC를 도입하는 것에 대해 사실이 아닌 것은 무엇인가?

(a) 모든 학생에게 태블릿 PC를 제공할 것이다.
(b) 교직원의 요구를 충족시킬 것이다.
(c) 기술 발전에 부응하는 것을 목표로 할 것이다.
(d) 학교의 학습 환경을 향상시킬 것이다.

정답 시그널 ※ NOT true 문제는 보기를 먼저 읽고 본문의 키워드와 비교하면서 맞는 보기를 하나씩 제거한다.

해설 본문 3단락에서 (b)는 "Our teachers have shown great interest in this digital transition."(우리 교사들은 이러한 디지털 전환에 큰 관심을 보이고 있습니다.), (c)는 "This shift is crucial for keeping pace with technological advancements in education."(이러한 변화는 교육 분야의 기술 발전과 발맞추기 위해 매우 중요합니다.), (d)는 "our school can show its dedication to fostering a cutting-edge learning environment."(우리 학교는 최첨단 학습 환경 조성에 대한 헌신을 보여줄 수 있습니다.)와 내용이 일치한다. (a)는 "By supplying a handful of tablets to each classroom"(각 교실에 소량의 태블릿 PC를 공급함으로써)의 내용과 맞지 않으므로 정답이다.

패러프레이징 (b) Our teachers ➡ the faculty
(c) keeping pace with technological advancement ➡ correspond with technological advancements
(d) fostering a cutting-edge learning environment ➡ boost the school's learning environment

어휘 satisfy 만족시키다 correspond with ~에 부응하다 boost 향상시키다

4. Why does Jordan Michaels propose a meeting with the school board?

(a) **to discuss the financing for the plan**
(b) to seek approval for the initiative
(c) to give a presentation for the upcoming event
(d) to explore partnerships with technology providers

왜 조던 마이클스는 학교 이사회와의 미팅을 제안하는가?

(a) 계획에 대한 자금 조달을 논의하기 위해
(b) 계획에 대한 승인을 구하기 위해
(c) 다가오는 행사에 대해 발표하기 위해
(d) 기술 제공업체와의 파트너십을 모색하기 위해

정답 시그널 request a meeting with the school board

해설 본문 4단락에서 "Therefore, I request a meeting with the school board to discuss the feasibility and funding of this initiative."(그러므로, 이 계획의 실현 가능성 및 자금 조달을 논의하기 위해 학교 이사회와의 회의를 요청합니다.)를 근거로 정답은 (a)이다.

패러프레이징 discuss the feasibility and funding of this initiative ➡ discuss the financing for the plan
• funding ➡ financing ≒ money(돈), cash(현금), budget(예산), backing(후원), monetary support(금융 지원), capitalization(자본 편입)

어휘 financing 자금 조달 seek 찾다 approval 승인 explore 모색하다 provider 제공업체

final paragraph / what / is suggested / presentation
(마지막 단락 / 무엇 / 추론되다 / 발표)

5. Based on the <u>final paragraph</u>, <u>what</u> is suggested about Jordan Michaels' prepared <u>presentation</u>?

(a) It could overlook the practical aspects of using tablet PCs.

(b) It might persuade the school board to support the initiative.

(c) It will focus solely on the financial implications of the transition.

(d) It may exclude feedback from other educational institutions.

마지막 단락에 따르면, 조던 마이클스가 준비한 발표에 대해 무엇이 추론되는가?

(a) 태블릿 PC 사용의 실용적인 측면을 간과할 수 있다.

(b) 학교 이사회가 이 계획을 지지하도록 설득할 수 있다.

(c) 전환의 재정적 영향에만 집중할 수 있다.

(d) 다른 교육 기관의 피드백은 제외될 수 있다.

정답 시그널 ▶ prepared a detailed presentation

해설 ▶ 본문 5단락의 "With the board's support, I believe we can significantly modernize our educational approach. I look forward to sharing these insights with you and the board."(이사회의 지원으로 우리의 교육 접근 방식을 크게 현대화할 수 있다고 믿습니다. 이러한 통찰력을 교장 선생님 및 이사회와 공유할 수 있기를 기대합니다.)를 근거로 가장 적절한 정답은 (b)이다.

어휘 ▶ overlook 간과하다 persuade 설득하다 solely 오로지 implications 영향 exclude 배제하다

---

6. In the context of the passage, <u>implementation</u> means _____.

(a) planning   (b) hesitation

(c) execution   (d) rejection

본문의 맥락에서, <u>implementation</u>은 _____을 의미한다.

(a) 계획   (b) 망설임

(c) 실행   (d) 거절

해설 ▶ 본문 3단락 "They are eager to contribute to this initiative's successful implementation and educate the school community about the benefits of using technology in education."(이들은 이 계획의 성공적인 실행에 기여하고 교육에서 기술을 사용하는 이점에 대해 학교 공동체를 교육하기를 열망합니다.)에서 implementation은 '실행'의 의미로 사용되었으므로 문맥상 가장 어울리는 정답은 (c)이다.

---

7. In the context of the passage, <u>feasibility</u> means _____.

(a) practice   (b) necessity

(c) possibility   (d) cost

본문의 맥락에서, <u>feasibility</u>는 _____을 의미한다.

(a) 연습   (b) 필요성

(c) 가능성   (d) 비용

해설 ▶ 본문 4단락 "Therefore, I request a meeting with the school board to discuss the feasibility and funding of this initiative."(그러므로, 이 계획의 실행 가능성 및 자금 조달을 논의하기 위해 학교 이사회와의 회의를 요청합니다.)에서 feasibility는 '실행 가능성'의 의미로 사용되었으므로 문맥상 가장 어울리는 정답은 (c)이다.

받는 사람	9 January Ms. Deborah Nichols Level 2, N2, 4 Hobson Street Auckland, New Zealand	1월 9일 데보라 니콜 Level 2, N2, 4 홉슨가 오클랜드, 뉴질랜드
1	Dear Ms. Nichols, Thank you for your interest in the managerial position at Bright Future Tech Solutions and for the time you invested in the interview process. We appreciate your enthusiasm and the impressive skills you showcased. (1)After careful consideration, we regret to inform you that we have decided to move forward with another candidate for this specific role.	니콜스 씨께, 브라이트 퓨처 테크 솔루션즈의 매니저 직책에 관심을 가지고 면접 과정에 시간을 투자해 주셔서 감사합니다. 귀하의 열정과 보여주신 인상적인 기술에 감사드립니다. (1)신중한 고려 끝에, 이 특정 직책에 다른 지원자와 함께 나아가기로 결정했음을 알려드리게 되어 유감스럽게 생각합니다.
2	(2)However, your experience and expertise, particularly in project management, left a strong impression on our team. We believe your talents could be a valuable asset to our company in a different capacity. Specifically, we have openings in our Operations and Marketing departments that could benefit greatly from your skill set.	(2)하지만, 귀하의 경험과 전문성, 특히 프로젝트 관리 분야에서는, 저희 팀에 강한 인상을 남겼습니다. 귀하의 재능이 당사에서 다른 역량으로 소중한 자산이 될 수 있다고 믿습니다. 특히, 운영 및 마케팅 부서에서 귀하의 다양한 기술로부터 큰 도움이 될 수 있는 자리가 있습니다.
3	(3a)We would like to invite you to consider these roles – particularly the Operations Analyst and Marketing Coordinator positions – (3c)which we believe align well with your experience and aspirations. If either of these roles (6)piques your interest, please do not hesitate to reach out. (3d)Our recruitment team would be more than happy to discuss these opportunities with you in detail and provide any additional information you might need.	(3a)이러한 역할, 특히 운영 분석가 및 마케팅 코디네이터 직책을 고려해 보시기를 권하고 싶습니다. (3c)이러한 역할은 귀하의 경험과 포부에 잘 부합한다고 믿습니다. 이 중 어느 직무이든 관심을 (6)불러일으킨다면, 주저하지 마시고 연락 주시기 바랍니다. (3d)저희 채용팀에서 이러한 기회에 대해 자세히 논의하고 귀하가 필요로 하는 추가 정보를 기꺼이 제공해 드릴 것입니다.
4	(4)We understand that this may not be the outcome you were hoping for, but we genuinely believe that your skills could significantly contribute to our team in one of these roles. We sincerely hope you consider staying in touch for potential future opportunities.	(4)귀하가 원하던 결과가 아닐 수도 있다는 점을 이해하지만, 귀하의 역량이 이러한 직무 중 하나에서 저희 팀에 크게 기여할 수 있다고 진심으로 믿습니다. 향후 잠재적인 기회를 위해 계속 연락 주시기를 진심으로 바랍니다.
5	Once again, thank you for considering a career with Bright Future Tech Solutions. We wish you the best in your job search and professional (7)endeavors. (5)Please feel free to contact us if you wish to discuss these alternative positions or if you have any other inquiries.	다시 한 번, 브라이트 퓨처 테크 솔루션즈에서의 경력을 고려해 주셔서 감사합니다. 구직 활동 및 전문적인 (7)노력에 최선을 다하시길 바랍니다. (5)이 대체 직책에 대해 논의하고 싶거나 기타 문의 사항이 있는 경우 언제든지 문의해 주시기 바랍니다.

보내는 사람	Best regards, Jason Miller (5)Recruitment Manager Bright Future Tech Solutions San Francisco, CA	진심으로, 제이슨 밀러 (5)채용 관리자 브라이트 퓨처 테크 솔루션즈 샌프란시스코, 캘리포니아

어휘 enthusiasm 열정 consideration 고려 regret to inform ~을 알리게 되어 유감이다 move forward 나아가다 candidate 지원자 specific 특정한 expertise 전문성 particularly 특히 valuable 소중한 asset 자산 capacity 능력, 역량 specifically 특히 opening 빈자리 skill set 다양한 능력 invite *sb* to-V ~가 ~할 것을 권하다 operation 운영 analyst 분석가 coordinator 조정자, 책임자 align with ~와 부합하다, 맞다 aspiration 포부, 열망 pique *sb*'s interest ~의 관심을 불러일으키다 recruitment 채용 reach out 소통하다, 연락하다 outcome 결과 genuinely 진심으로 significantly 크게 sincerely 진심으로 stay in touch ~와 연락하며 지내다 job search 구직 endeavor 노력 alternative 대체의, 대안의 inquiry 문의, 질문

 Why / J. M. / write / N (왜 / J. M. / 쓰다 / N)　　　**주제/목적**

1. Why did Jason Miller <u>write</u> to Ms. Nichols?

   (a) to notify her that she failed to get the job
   (b) to inform her about the project manager position being vacated
   (c) to schedule a second interview for the same position
   (d) to provide feedback on her interview performance

왜 제이슨 밀러가 니콜스 씨에게 편지를 보냈는가?

   (a) 그 직책을 얻지 못했음을 통보하기 위해
   (b) 프로젝트 관리자 직책이 공석임을 알리기 위해
   (c) 같은 직책에 대한 두 번째 면접 일정을 잡기 위해
   (d) 면접 성과에 대한 피드백을 제공하기 위해

정답 시그널 ※ 첫 번째 문제는 글의 초반에 있다.

해설 본문 1단락의 "After careful consideration, we regret to inform you that we have decided to move forward with another candidate for this specific role."(신중한 고려 끝에, 이 특정 직책에 다른 지원자와 함께 나아가기로 결정했음을 알려드리게 되어 유감스럽게 생각합니다.)을 근거로 정답은 (a)이다.

패러프레이징 inform you that we have decided to move forward with another candidate for this specific role
  ➡ notify her that she failed to get the job
  • inform ➡ notify ≒ let ~ know(알리다), tell(말하다), report(보고하다), announce(공표하다), give ~ notice(사전 통지하다)

어휘 notify 통보하다, 알리다 fail to-V ~하지 못하다 vacate 비우다 schedule ~의 일정을 잡다 performance 성과, 실적

which department / N / apply for (어느 부서 / N / 지원하다)　　　**세부사항**

2. Based on the letter, <u>which department</u> did Ms. Nichols <u>apply for</u>?

   (a) personnel department
   (b) project management department
   (c) operations department
   (d) marketing department

편지에 따르면, 니콜스 씨는 어느 부서에 지원했는가?

   (a) 인사 부서
   (b) 프로젝트 관리 부서
   (c) 운영 부서
   (d) 마케팅 부서

정답 시그널 project management

본문 2단락의 "However, your experience and expertise, particularly in project management, left a strong impression on our team."(하지만, 귀하의 경험과 전문성, 특히 프로젝트 관리 분야에서는, 저희 팀에 강한 인상을 남겼습니다.)을 근거로 정답은 (b)이다.

어휘 department 부서 apply for 지원하다 personnel 인사

🔑 third paragraph / what / is NOT true / alternative roles
(세 번째 단락 / 무엇 / 사실 X / 다른 역할들)

사실 관계

3. According to the third paragraph, what is NOT true about the alternative roles offered to Ms. Nichols?

(a) The roles are in the Operations and Marketing departments.
(b) The positions are less challenging than the project manager role.
(c) The roles relate to her experience and ambition.
(d) The recruitment team is willing to provide more information about them.

세 번째 단락에 따르면, 니콜스 씨에게 제안된 대안 직무에 대해 사실이 아닌 것은 무엇인가?

(a) 해당 직무는 운영 및 마케팅 부서에 속한다.
(b) 해당 직무는 프로젝트 관리자 직무보다 덜 도전적이다.
(c) 해당 직무는 그녀의 경험과 포부와 관련이 있다.
(d) 채용팀은 대체 직무에 대한 더 많은 정보를 제공할 의향이 있다.

정답 시그널 roles ※ NOT true 문제는 보기를 먼저 읽고 본문의 키워드와 비교하면서 맞는 보기를 하나씩 제거한다.

해설 본문 3단락에서 (a)는 "We would like to invite you to consider these roles – particularly the Operations Analyst and Marketing Coordinator positions"(이러한 역할, 특히 운영 분석가 및 마케팅 코디네이터 직책을 고려해 보시기를 권하고 싶습니다.), (c)는 "which we believe align well with your experience and aspirations"(이러한 역할은 귀하의 경험과 포부에 잘 부합한다고 믿습니다.), (d)는 "Our recruitment team would be more than happy to discuss these opportunities with you in detail and provide any additional information you might need."(저희 채용팀에서 이러한 기회에 대해 자세히 논의하고 귀하가 필요로 하는 추가 정보를 기꺼이 제공해 드릴 것입니다.)와 내용이 일치한다. (b)는 본문에 없는 내용이기 때문에 정답이다.

패러프레이징 (c) align well with your experience and aspirations ➡ relate to her experience and ambition
• aspiration ➡ ambition ≒ wish(바람, 소망), hope(희망, 바람), goal(목표), dream(꿈, 목표), desire(열망), objective(목표)

어휘 relate to ~와 관련 있다 ambition 야망, 포부 be willing to-V 기꺼이 ~하다

🔑 fourth paragraph / what / happen / N / accepts / offer
(네 번째 단락 / 무엇 / 일어나다 / N / 승낙하다 / 제안)

세부사항

4. Based on the fourth paragraph, what will happen if Ms. Nichols accepts the offer?

(a) She will be required to work overseas.
(b) She will have a position she had not expected.
(c) She will work under Jason Miller.
(d) She will primarily focus on administrative tasks.

네 번째 단락에 따르면, 니콜스 씨가 제안을 수락하면 어떻게 되는가?

(a) 그녀는 해외에서 일해야 할 것이다.
(b) 그녀는 예상치 못한 직책을 맡게 될 것이다.
(c) 그녀는 제이슨 밀러 밑에서 일하게 될 것이다.
(d) 그녀는 주로 관리 업무에 집중할 것이다.

정답 시그널 fourth paragraph

해설 본문 4단락에서 "We understand that this may not be the outcome you were hoping for"(귀하가 원하던 결과가 아닐 수도 있다는 점을 이해하지만)를 근거로 정답은 (b)이다.

패러프레이징 may not be the outcome you were hoping for ➡ have a position she had not expected

어휘 be required to-V ~하라고 요구받다, 해야 한다 overseas 해외에서 administrative task 관리 업무

---

what / N / probably / do / she / is interested / alternative positions
(무엇 / N / 추론 / 하다 / 그녀 / 관심이 있다 / 대체 직책)

추론

5. What should Ms. Nichols probably do if she is interested in alternative positions?

(a) visit the Bright Future Tech Solutions on-site
(b) apply again through the company's online portal
(c) attend a job fair hosted by Bright Future Tech Solutions
(d) reach out to the recruitment team

니콜스 씨가 대체 직책에 관심이 있다면 어떻게 해야 할 것 같은가?

(a) 브라이트 퓨처 테크 솔루션스 현장 방문하기
(b) 회사의 온라인 포털을 통해 다시 지원하기
(c) 브라이트 퓨처 테크 솔루션스가 주최하는 채용 박람회에 참석하기
(d) 채용 팀에 연락하기

정답 시그널 alternative positions

해설 편지 마지막의 "Recruitment Manager"(채용 담당자) 발신인과, 본문 5단락의 "Please feel free to contact us if you wish to discuss these alternative positions or if you have any other inquiries."(이러한 대체 직책에 대해 논의하고 싶거나 기타 문의 사항이 있는 경우 언제든지 문의해 주시기 바랍니다.)를 근거로 가장 적절한 정답은 (d)이다.

어휘 on-site 현장 attend 참석하다 job fair 취업 박람회 host 주최하다

어휘

6. In the context of the passage, piques means _____.

(a) diminishes
(b) arouses
(c) discourages
(d) confuses

본문의 맥락에서, piques는 _____을 의미한다.

(a) 감소시키다
(b) 불러일으키다
(c) 단념시키다
(d) 혼동시키다

해설 본문 3단락 "If either of these roles piques your interest"(이 중 어느 직무이든 관심을 불러일으킨다면)에서 piques는 '불러일으키다'의 의미로 사용되었으므로 문맥상 가장 어울리는 정답은 (b)이다.

어휘

7. In the context of the passage, endeavors means _____.

(a) fears
(b) doubts
(c) efforts
(d) hesitations

본문의 맥락에서, endeavors는 _____을 의미한다.

(a) 두려움
(b) 의심
(c) 노력
(d) 망설임

해설 본문 5단락 "We wish you the best in your job search and professional endeavors."(구직 활동 및 전문적인 노력에 최선을 다하시길 바랍니다.)에서 endeavors는 '노력'의 의미로 사용되었으므로 문맥상 가장 어울리는 정답은 (c)이다.

DAY 14 PART 1 일상 대화 (Narration)

Practice 1

구성	국제 컨퍼런스 참여	
[인사 및 주제]	M: (1)Trisha, did you hear about the international quantum physics conference next month? I've already put my name down for it. F: Really, Jonny? I wasn't aware of it. It sounds interesting, and if my schedule permits, I'll certainly be there. But I wonder if I can get time off from work.	남: (1)트리샤, 너는 다음 달에 열리는 국제 양자 물리학 컨퍼런스에 대해 들었니? 난 이미 신청했어. 여: 정말이야, 조니? 난 몰랐어. 흥미롭게 보이는데, 일정이 허락한다면 꼭 갈 거야. 그런데 내가 휴가를 낼 수 있을지 모르겠어.
[본론 1]	M: I thought you might be interested. It's a week-long event, with experts from all corners of the world presenting their research. And the best part? It's pretty affordable. F: That's really encouraging to hear. It's absolutely crucial for physicists like us to stay in touch with the latest developments in our field. (2)An opportunity to network with other like-minded professionals and discuss our work is quite invaluable. M: I couldn't agree more. It might be a great learning experience and even look good on my CV. F: You've made a wise decision. Such events can open up new avenues for research and collaboration.	남: 네가 관심 있을 것 같아서 말이야. 전 세계 곳곳에서 온 전문가들이 자신들의 연구를 발표하는 일주일 동안의 행사야. 그리고 가장 좋은 부분은? 꽤 저렴하다는 거야. 여: 매우 고무적인 소식이네. 우리 같은 물리학자에게 우리 분야의 최신 동향을 알고 있어야 하는 것은 정말로 중요해. (2)같은 생각을 가진 다른 전문가들과 네트워크를 형성하고 우리의 작업에 대해 토론할 수 있는 기회는 아주 유용한 거야. 남: 전적으로 동의해. 좋은 학습 경험이 될 수 있고, 내 이력서에도 좋을 것 같아. 여: 네가 현명한 결정을 내렸구나. 그런 행사는 연구와 협업을 위한 새로운 길을 열 수 있어.
[본론 2]	M: Speaking of collaborations, last year's conference opened up a remarkable opportunity for me. (3)I met a group of researchers who were working on a project that complemented my own research. We collaborated on a few ideas, and it greatly influenced my work. I'm hoping something similar happens this year too.	남: 협업에 대해 말하자면, 작년 컨퍼런스에서 나에게 놀라운 기회를 열어줬어. (3)내 연구를 보완하는 프로젝트를 진행하고 있던 연구자 그룹을 만났거든. 몇 가지 아이디어에 대해 협업했고, 그것은 내 작업에 큰 영향을 끼쳤어. 올해도 비슷한 일이 일어나길 바라.

[본론 2]	F: That sounds fantastic! I had a similar experience last year. I met a physicist whose research was in line with mine, and we've been collaborating ever since. This year, I'm looking forward to exploring new opportunities. M: That's amazing to hear! These events truly hold immense potential for collaboration. (4)However, I'm a bit stressed because it could be hard juggling studies, research, and an event like this.	여: 그거 멋지네! 나도 작년에 비슷한 경험을 했어. 내 연구와 일치하는 물리학자를 만났고, 우리는 이후 계속 협업하고 있어. 올해는 새로운 기회를 탐색하는 것을 기대하고 있어. 남: 들어보니 정말 놀라워! 이런 행사는 정말로 협업에 대한 엄청난 잠재력을 가지고 있어. (4)하지만, 공부, 연구, 이런 행사를 병행하는 것이 어려울 수 있어서 내가 조금 스트레스를 받고 있어.
[본론 3]	F: I can understand your concern. But it's all about learning to manage your time well. The experience and knowledge you could gain from this conference will be worth the effort. M: You're right. It is just because I will have a lot of work to do if I want to share my research with others. F: I see what you're saying. (5)But remember, if you strategize well, you can definitely handle it. There'll be a lot of experienced professionals at the conference. You can learn so much from them. M: That's a positive way to look at it. It certainly is a great opportunity to expand my horizons, build networks, and possibly even find an interesting topic for future research. F: Exactly! Also, it's important to remember that these events aren't just about presenting our work, but also about listening to and learning from others.	여: 네 걱정을 이해할 수 있어. 하지만 이건 시간을 잘 관리하는 법을 배우는 것에 관한 거야. 이 컨퍼런스에서 얻을 수 있는 경험과 지식은 노력해 볼 만할 거야. 남: 맞아. 그냥 다른 사람들과 내 연구를 공유하려면 많은 일을 해야 하기 때문에 그런 거지. 여: 무슨 말인지 알겠어. (5)하지만 기억해, 전략을 잘 세우면, 그것을 분명히 처리할 수 있어. 컨퍼런스에 경험이 많은 전문가들이 있을 거야. 너는 그들로부터 많은 것을 배울 수 있을 거야. 남: 긍정적으로 바라보면 그렇겠네. 이는 확실히 내 시야를 넓히고, 네트워크를 구축하며, 심지어 향후 연구에 흥미로운 주제를 찾을 수 있는 좋은 기회야. 여: 맞아! 또한 이런 행사들은 단순히 우리의 작업을 발표하기 위해서뿐만 아니라, 다른 사람들로부터 이야기를 듣고 배우기 위해서 존재함을 기억하는 게 중요해.
[결론]	M: Thanks for the encouraging words, Trisha. I'll start viewing this as an exciting opportunity rather than a daunting task. F: That's the spirit! By the way, can you tell me where I find more information about the conference? M: The conference organizers have released a detailed brochure about the event. (6)I can forward you the email with the brochure. F: Excellent. After all this talk, I'm feeling a bit hungry. (7)How about we get a bite and continue our discussion?	남: 격려해줘서 고마워, 트리샤. 이제 이 일을 벅찬 일이라기보다 흥미로운 기회로 생각할게. 여: 바로 그런 정신이지! 그런데 컨퍼런스에 대해 더 많은 정보를 어디서 찾을 수 있는지 내게 말해 줄 수 있니? 남: 컨퍼런스 주최자들이 이벤트에 대한 자세한 브로셔를 공개했어. (6)내가 브로셔가 담긴 이메일을 네게 전달해 줄 수 있어. 여: 아주 좋아. 이런 얘기 나누니까 조금 배가 고프네. (7)간단히 먹고 계속 이야기하는 건 어떨까?

M: (7)That sounds great. Let me just grab my coat and we can head out. Let's continue discussing our plans for the conference and potential collaborations over lunch!	남: (7)좋아. 코트만 챙기면 나갈 수 있어. 점심 먹으면서 컨퍼런스 계획과 협업 가능성에 대해 계속 얘기해 보자!

어휘 quantum physics 양자 물리학 put *sb*'s name down (명단에) ~의 이름을 올리다 be aware of ~을 알고 있다 permit 허락하다 certainly 반드시, 꼭 get time off from work 직장에서 휴가를 내다 all corners of the world 세계 곳곳에서 affordable (가격 등이) 알맞은, 저렴한 encouraging 고무적인 absolutely 정말로 crucial 중요한 physicist 물리학자 stay in touch with 계속 접하다, 알다 latest 가장 최근의 developments 상황, 진전 like-minded 생각이 비슷한 invaluable 귀중한 couldn't agree more 전적으로 동의하다 CV(=curriculum vitae) 이력서 remarkable 놀라운 complement 보완하다 collaborate on ~에 협력하다 in line with ~에 맞추어, 일치한 hold potential 잠재력을 가지다 immense 어마어마한, 엄청난 juggle (두 개 이상을) 병행하다 be worth the effort 노력할 만한 가치가 있다 strategize 전략을 짜다 definitely 분명히 expand 넓히다 horizon 시야, 한계 exactly 맞아 view A as B A를 B로 여기다, 생각하다 daunting 벅찬, 주눅이 들게 하는 that's the spirit 그렇지, 바로 그 자세야 organizer 기획자, 주최자 release 발표하다 forward 전달하다 get a bite 한입 먹다 grab (움켜) 잡다 head out 출발하다, 나가다

 What event / J / registered for (어떤 행사 / J / 등록했다) 　　　　　**세부사항**

1. What event has Johnny registered for?

　(a) **an international quantum physics meeting**
　(b) a regional physics convention
　(c) a worldwide science fair
　(d) a national scientific research symposium

조니는 어떤 행사에 등록했는가?

(a) **국제 양자 물리학 회의**
(b) 지역 물리학 컨벤션
(c) 세계 과학 박람회
(d) 국가 과학 연구 심포지엄

정답 시그널 I've already put my name down for it.

해설 대화에서 "Trisha, did you hear about the international quantum physics conference next month? I've already put my name down for it."(트리샤, 너는 다음 달에 열리는 국제 양자 물리학 컨퍼런스에 대해 들었니? 난 이미 신청했어.)을 근거로 정답은 (a)이다.

패러프레이징 conference ➡ meeting ≒ talk(회의, 회담), discussion(토론회), seminar(세미나), forum(포럼), symposium(토론회)

어휘 register for ~에 등록하다 regional 지역의 convention 대회의, 컨벤션 fair 박람회 national 국가의 symposium 심포지엄, 토론회

　T / what / is benefit / attending / event (T / 무엇 / 이점인가 / 참석하기 / 행사) 　　**세부사항**

2. According to Trisha, what is the benefit of attending the event?

　(a) She can stay in touch with her alumni.
　(b) She can recruit other experts.
　(c) **She can mingle with other professionals.**
　(d) She can improve her resume.

트리샤에 따르면, 이 행사에 참석하는 이점은 무엇인가?

(a) 동창과 연락을 유지할 수 있다.
(b) 다른 전문가들을 고용할 수 있다.
(c) **다른 전문가들과 교류할 수 있다.**
(d) 자신의 이력서를 개선할 수 있다.

정답 시그널 crucial, opportunity, invaluable (이점과 연관된 단어)

해설 대화에서 "An opportunity to network with other like-minded professionals and discuss our work is quite invaluable."(같은 생각을 가진 전문가들과 네트워크를 형성하고 우리의 작업에 대해 토론할 기회는 아주 유용한 거야.)을 근거로 정답은 (c)이다.

패러프레이징 network with other like-minded professionals ➡ mingle with other professionals
  • network ➡ mingle ≒ meet(만나다), get along(어울리다), mix(섞이다, 어울리다), socialize(교제하다), associate(교제하다)

어휘 benefit 이점 alumni 동창 recruit 고용하다 expert 전문가 mingle with ~와 어울리다, 교제하다 resume 이력서

 Why / J / think / last year's event / was / remarkable opportunity
(왜 / J / 생각하다/ 작년 행사 / 놀라운 기회였나)　　　**세부사항**

3. Why does Jonny think that last year's event was a remarkable opportunity for him?

(a) He received a national award.
(b) He met some researchers to work with his idea.
(c) He found an interesting topic for his project.
(d) He was invited to present his work.

왜 조니는 작년 행사가 그에게 놀라운 기회였다고 생각하는가?

(a) 국가에서 주는 상을 받았다.
(b) 자신의 아이디어로 같이 연구할 연구자들을 만났다.
(c) 자신의 프로젝트에 대한 흥미로운 주제를 발견했다.
(d) 그의 작업을 발표하도록 초대를 받았다

정답 시그널 last year's conference, a remarkable opportunity for me

해설 대화에서 "I met a group of researchers who were working on a project that complemented my own research. We collaborated on a few ideas, and it greatly influenced my work."(내 연구를 보완하는 프로젝트를 진행하고 있던 연구자 그룹을 만났거든. 몇 가지 아이디어에 대해 협업했고, 그것은 내 작업에 큰 영향을 끼쳤어.)를 근거로 정답은 (b)이다.

패러프레이징 collaborated on a few ideas ➡ work with his idea
  • collaborated ➡ work with ≒ participate(참여하다), cooperate(협력하다), collude(공모하다, 결탁하다), conspire(공모하다, 모의하다)

 J / why / is stressed / attending / event (J / 왜 / 스트레스를 받다 / 참석하기 / 행사)　　　**세부사항**

4. According to Jonny, why is he stressed about attending the event?

(a) balancing his studies, research, and event
(b) paying a high fee to attend the conference
(c) not finding collaboration opportunities
(d) knowing nobody at the conference

조니에 따르면, 왜 그는 행사에 참석하는 것에 스트레스를 받는가?

(a) 공부, 연구, 행사의 균형을 맞추는 것
(b) 컨퍼런스 참석에 높은 참가비를 내는 것
(c) 협업 기회를 찾지 못하는 것
(d) 컨퍼런스에서 아는 사람이 없는 것

정답 시그널 stressed

해설 대화에서 "However, I'm a bit stressed because it could be hard juggling studies, research, and an event like this."(하지만, 공부, 연구, 이런 행사를 병행하는 것이 어려울 수 있어서 내가 조금 스트레스를 받고 있어.)를 근거로 정답은 (a)이다.

패러프레이징 juggling studies, research, and an event like this ➡ balancing his studies, research, and event
  • juggling ➡ balancing ≒ adjust(조정하다), harmonize(조화를 이루다), stabilize(안정시키다)

어휘 balance 균형을 유지하다 cost 비용 collaboration 협업

5. How does Trisha suggest Johnny manage all he needs to do?

(a) by delegating some of his tasks
(b) by giving up some projects
(c) by using some tactics
(d) by taking a break from events

트리샤는 조니에게 필요한 모든 것을 어떻게 관리하라고 제안하는가?

(a) 일부 업무를 위임함으로써
(b) 일부 프로젝트를 포기함으로써
(c) 몇 가지 전략을 사용함으로써
(d) 행사에서 휴식을 취함으로써

정답 시그널 a lot of work to do

해설 대화에서 "But remember, if you strategize well, you can definitely handle it."(하지만 기억해. 전략을 잘 세우면, 그것을 분명히 처리할 수 있어.)을 근거로 정답은 (c)이다

어휘 manage 관리하다 delegate 위임하다 task 업무 tactic 전략 take a break 휴식을 취하다

6. Based on the conversation, what will Jonny forward Trisha?

(a) a registration form
(b) an attendant list
(c) an estimate
(d) a pamphlet

대화에 따르면, 조니는 무엇을 트리샤에게 보낼 것인가?

(a) 등록 신청서
(b) 참가자 목록
(c) 견적서
(d) 전단지

정답 시그널 forward

해설 대화에서 "I can forward you the email with the brochure."(내가 브로셔가 담긴 이메일을 네게 전달해 줄 수 있어.)를 근거로 정답은 (d)이다

패러프레이징 brochure ➡ pamphlet ≒ handout(핸드아웃), flyer(전단지), information packet(전단지), leaflet(전단지)

어휘 registration 등록 attendant 참석자 estimate 견적서

7. What will Jonny and Trisha probably do after the conversation?

(a) start working on their research
(b) register for the conference
(c) meet the researchers from last year
(d) drop by a restaurant for a meal

조니와 트리샤는 대화 이후에 다음에 무엇을 할 것인가?

(a) 그들의 연구 작업을 시작하다
(b) 컨퍼런스에 등록하다
(c) 작년에 만났던 연구자들을 만나다
(d) 식당에 들러 식사하다

정답 시그널 After all this talk

해설 대화에서 "How about we get a bite and continue our discussion?"(간단히 먹고 계속 이야기하는 건 어떨까?)와 "That sounds great. ~"(좋아. ~)를 근거로 가장 적절한 정답은 (d)이다.

어휘 work on 작업하다 register for ~에 등록하다 drop by 잠깐 들르다

구성	새로운 반려동물	
[인사 및 주제]	M: Hi Alice! How's it going? (1)I heard you got a new pet. F: Hi, Tom! (1)Yes, I got a dog. It's a golden retriever puppy named Max. (2)It's been a lot of fun, but also a learning experience.	남: 안녕, 앨리스! 어떻게 지내? (1)네가 새 반려동물을 얻었다고 들었어. 여: 안녕, 톰! (1)그래, 나는 개를 입양했어. 맥스라는 이름의 골든 리트리버 강아지야. (2)정말 재미있지만 배움의 시간이기도 해.
[본론 1]	M: Golden retrievers are great pets. They're friendly and easy-going. F: You're right! Max is really friendly and loves to be around people. (2)But he's a puppy, so he's really active and needs lots of attention. We go for walks in the morning and play in the evening. It's been a busy few weeks.	남: 골든 리트리버는 훌륭한 반려동물이야. 그들은 친절하고 유순해. 여: 맞아! 맥스는 정말 친절하고 사람들 곁에 있는 것을 좋아해. (2)하지만 강아지라서 정말 활동적이고, 많은 관심을 필요로 해. 우리는 아침에 산책하러 나가고, 저녁에 놀아. 바쁜 몇 주를 보냈어.
[본론 2]	M: (2)Yep, puppies can be a lot to handle. They need to learn how to behave properly. Are you thinking about taking Max to a puppy training class? F: Actually, I've been looking into it. There's a dog training place that a lot of people recommend not too far from my house. They use positive reinforcement to train dogs, and I'm thinking of taking him there. M: That sounds like a good idea. It's important to teach good habits early on. But aside from walking and playing, what else have you been doing since you got Max? F: Well, there's a lot. I had to make sure my house was safe for him. (3)I also had to figure out the right food for him as the vet suggested. We go to the vet regularly for his shots and check-ups. And I spend a lot of time trying to housebreak him. It's a lot of work, but so worth it.	남: (2)그래, 강아지는 다루기 힘들 수 있어. 그들은 올바르게 행동하는 법을 배워야 하거든. 맥스를 강아지 훈련 수업에 데려갈 생각이니? 여: 사실, 나도 그걸 알아보고 있어. 우리 집에서 그리 멀지 않은 곳에 많은 사람들이 추천하는 개 훈련장이 있어. 그들은 긍정적 강화로 개를 훈련시키는데, 나는 거기에 보내려고 생각 중이야. 남: 좋은 생각인 것 같아. 좋은 습관을 일찍 가르치는 게 중요하거든. 그런데 산책하고 노는 것 외에도 맥스를 데려온 이후로 또 어떤 일을 해오고 있어? 여: 음, 많은 일들이 있어. 나는 그를 위해 우리 집이 안전한지 확인해야만 했어. (3)수의사가 제안한 대로 그에게 적절한 음식도 생각해 내야만 했어. 우리는 주사를 맞고 검진을 받으러 정기적으로 동물 병원에 가. 그리고 나는 그에게 대소변을 가리도록 길들이는데 많은 시간을 할애해. 할 일이 많지만, 그럴 만한 가치가 있어.
[본론 3]	M: You're really doing great. Pets are a big job, but they also bring a lot of happiness. Have there been any hard parts? F: Well, (4)the hardest part has been changing my schedule. Dogs need constant care, so I had to change a lot. It's also been hard to work from home and play with Max. But seeing Max grow	남: 너는 정말 잘하고 있어. 반려동물은 큰 일이지만, 많은 행복을 가져다주기도 해. 힘든 부분은 없었어? 여: 음, (4)가장 힘든 부분은 내 일정을 바꾸는 것이었어. 개는 지속적인 돌봄을 필요로 하니까, 내가 많이 바꿔야만 했어. 집에서 일하면서 맥스와 놀아주는 것도 힘들어. 하지만 맥스가 매일 성장하고 새로운 것들을

	and learn new things each day has been amazing!	배우는 모습을 보는 것은 놀라워!
[본론 3]	M: I totally get it. I remember when I got my first pet. It was a big change too. (5)But like you said, it's a rewarding experience because they provide comfort and unconditional love. My cat, Whiskers, was very mischievous. I had to always keep an eye on him, but now I look back on those moments and laugh. I'm sure you and Max will have a great time too. F: I hope so, Tom. Even though it's hard, it's been great having my own companion. (6)Max is more than just a pet and without him, I would be lonelier and less happy.	남: 완전히 이해해. 내가 처음 반려동물을 데려왔을 때가 기억 나. 그것 또한 큰 변화였지. (5)하지만 네가 말했듯이, 그들은 위안과 무조건적인 사랑을 주기 때문에 보람 있는 경험이야. 내 고양이 위스커스는 정말로 개구쟁이였어. 내가 항상 그를 주의 깊게 지켜봐야 했지만, 지금은 그 순간을 돌아보며 웃을 수 있어. 나는 너와 맥스도 좋은 시간을 보낼 거라고 확신해. 여: 나도 그러길 바라, 톰. 비록 힘들지만, 나만의 동반자가 있는 것은 정말 좋아. (6)맥스는 단순한 반려동물을 넘어선 어떤 것이고, 그가 없다면 나는 더 외롭고 덜 행복할 거야.
[결론]	M: A pet can truly become a part of the family. And remember, every bit of effort you put into Max's well-being will only strengthen your bond with him. F: I think so too. (7)By the way, my friend told me that there's a pet shop nearby that just opened across from the ABC mall. I heard that it has lots of dog and cat toys and other stuff. How about we go there together this weekend? Max could use a new chew toy, and it might be fun to check it out together. M: (7)That sounds like a lot of fun, Alice! I'd love to join you and Max. It's been a while since I went to a pet shop. F: Great! I will text you on Friday. See you later, Tom!	남: 반려동물은 정말로 가족의 일원이 될 수 있어. 그리고 기억해. 네가 맥스의 행복을 위해 하는 모든 노력은 그와의 유대감을 돈독하게 할 거야. 여: 나도 그렇게 생각해. (7)그나저나, 내 친구가 ABC 쇼핑몰 맞은편에 새로 문을 연 반려동물 상점이 있다고 말해 줬어. 거기에는 강아지와 고양이 장난감들과 다른 물건들이 많이 있다고 들었어. 이번 주말에 우리 같이 거기 가보는 게 어때? 맥스가 새로운 씹는 장난감을 써 볼 수 있어서 같이 살펴보는 것도 재미있을 것 같아. 남: (7)그거 정말 재미있을 것 같아, 앨리스! 나는 너랑 맥스와 함께 가는 게 좋아. 반려동물 상점에 가본 지 오래 됐거든. 여: 좋아! 그럼 금요일에 문자 보낼게. 나중에 봐, 톰!

어휘 easy-going 느긋한, 마음이 편한 attention 관심 behave 처신하다, 행동하다 properly 올바르게, 적절하게 look into 조사하다, 알아보다 reinforcement 강화 early on 초기에, 일찌감치 aside from ~외에, ~을 제외하고 make sure 확인하다 figure out 생각해 내다, 이해하다 vet 수의사 regularly 규칙적으로 shot 주사 check-up 건강 검진 housebreak ~의 대소변을 가리게 길들이다 constant 지속적인 get it 이해하다 rewarding 보람 있는 comfort 위로, 편안함 unconditional 무조건적인 mischievous 말썽꾸러기인, 개구쟁이인 keep an eye on ~을 계속 지켜보다 look back on 돌이켜보다 companion 동반자, 친구 put effort into ~에 힘쓰다, 노력을 기울이다 well-being 행복, 건강, 복지 strengthen 강화하다 bond 유대 chew 씹기 check out 살펴보다 while 한동안

What / A / do (무엇 / A / 하다)

1. What did Alice recently do?

    (a) She went to a new pet store.
    (b) She adopted a new cat.
    (c) She got herself a new puppy.
    (d) She attended a dog training class.

앨리스는 최근에 무엇을 했는가?

(a) 새로운 반려동물 상점에 갔다.
(b) 새로운 고양이를 입양했다.
(c) 새로운 강아지를 얻었다.
(d) 개 훈련 수업에 참석했다.

정답 시그널 ※ 첫 번째 문제는 대화의 초반에 있다.

해설 대화에서 "I heard you got a new pet."(네가 새 반려동물을 얻었다고 들었어.)과 "Yes, I got a dog. It's a golden retriever puppy named Max."(그래, 나는 개를 입양했어. 맥스라는 이름의 골든 리트리버 강아지야.)를 근거로 정답은 (c)이다.

어휘 adopt 입양하다 get oneself ~을 얻다, 마련하다 training class 훈련 수업

 How / most likely / A / describe / having / pet
(어떻게 / 추론 / A / 묘사하다 / 갖는 것 / 반려동물)

2. How most likely would Alice describe having her pet?

    (a) easy and relaxing
    (b) fun and challenging
    (c) boring and monotonous
    (d) stressful and overwhelming

앨리스가 반려동물을 키우는 모습을 어떻게 묘사하는 것 같은가?

(a) 쉽고 편안한
(b) 재미있지만 도전적인
(c) 지루하고 단조로운
(d) 스트레스가 많고 버거운

정답 시그널 ※ 추론 문제는 대화를 요약하거나 가장 적절한 보기를 답으로 골라야 한다.

해설 대화에서 여자의 "It's been a lot of fun, but also a learning experience."(정말 재미있지만 배움의 시간이기도 해.)와 "But he's a puppy, so he's really active and needs lots of attention."(하지만 강아지라서 정말 활동적이고, 많은 관심을 필요로 해.)과 남자의 "Yep, puppies can be a lot to handle."(그래, 강아지는 다루기 힘들 수 있어.)을 근거로 가장 적절한 정답은 (b)이다.

어휘 relaxing 편안한 challenging 도전적인, 어려운 monotonous 단조로운 overwhelming 버거운, 주체할 수 없는

What / vet / has suggested / A (무엇 / 수의사 / 제안하다 / A)

3. Based on the conversation, what has the vet suggested to Alice?

    (a) training her dog regularly
    (b) identifying the right food
    (c) playing with her dog more often
    (d) teaching her dog some tricks

대화에 따르면 수의사는 앨리스에게 무엇을 제안했는가?

(a) 강아지를 정기적으로 훈련시키기
(b) 적절한 음식을 알아내기
(c) 개와 더 자주 놀아주기
(d) 개에게 몇 가지의 트릭 가르치기

정답 시그널 the vet suggested

해설 대화에서 "I also had to figure out the right food for him as the vet suggested."(수의사가 제안한 대로 그에게 적절한 음식도 생각해 내야만 했어.)를 근거로 정답은 (b)이다.

- find out ➡ identify ≒ detect(감지하다, 알아내다), uncover(발견하다), ascertain(확인하다, 알아내다)
- food ➡ feed ≒ meal(식사, 먹이), prey(먹이, 사냥감), bait(물고기 먹이, 미끼)

어휘 **regularly** 정기적으로 **identify** 확인하다, 알아보다 **trick** 속임수, 장난

🔑 A / what / was / hardest part / getting / pet
(A / 무엇 / 이었다 / 가장 어려운 부분 / 데려오기 / 반려동물)

세부사항

4. According to Alice, <u>what</u> <u>was</u> the <u>hardest part</u> after <u>getting</u> her <u>pet</u>?

(a) She had to move to a larger house.
(b) She had to work from home.
(c) She had to change her timetable.
(d) She had to teach him to play.

앨리스에 따르면, 반려동물을 입양한 후 무엇이 가장 어려운 부분이었는가?

(a) 더 큰 집으로 이사해야만 했다.
(b) 집에서 일해야 했다.
(c) 여행 일정표를 바꿔야만 했다.
(d) 그에게 놀이를 가르쳐야 했다

정답 시그널 the hardest part

해설 대화에서 "the hardest part has been changing my schedule."(가장 힘든 부분은 내 일정을 바꾸는 것이었어.)을 근거로 정답은 (c)이다.

패러프레이징 the hardest part has been changing my schedule ➡ had to change her timetable
- schedule ➡ timetable ≒ agenda(안건, 회의 일정), calendar(달력, 일정), roster(명부, 당번 일정)

어휘 **move** 이사하다, 옮기다 **timetable** 시간표, 일정표

🔑 T / why / is / rewarding experience / to have / pet
(T / 왜 / 이다 / 보람 있는 경험 / 갖는 것 / 반려동물)

세부사항

5. According to Tom, <u>why</u> <u>is</u> it a <u>rewarding experience</u> <u>to have</u> a <u>pet</u>?

(a) Pets provide comfort and unconditional love.
(b) Pets help with house chores.
(c) Pets are a source of constant entertainment.
(d) Pets help meet new people.

톰에 따르면, 반려동물을 가지는 것이 왜 보람 있는 경험인가?

(a) 위로와 무조건적인 사랑을 제공한다.
(b) 집안일을 돕는다.
(c) 끊임없는 즐거움의 원천이다.
(d) 새로운 사람들을 만나는 데 도움을 준다.

정답 시그널 rewarding experience

해설 대화에서 "But like you said, it's a rewarding experience because they provide comfort and unconditional love."(하지만 네가 말했듯이, 그들은 위안과 무조건적인 사랑을 주기 때문에 보람 있는 경험이야.)를 근거로 정답은 (a)이다.

어휘 **chore** 일거리 **constant** 지속적인, 끊임없는 **entertainment** 오락

6. According to the conversation, how might Alice feel if she does not own Max?

(a) She would feel more relieved.
(b) She would feel more at risk.
(c) She would feel happier.
(d) She would feel lonelier.

대화에 따르면, 앨리스가 맥스를 소유하고 있지 않는다면 어떻게 느낄 것인가?

(a) 더 안도했을 것이다.
(b) 더 위험하다고 느꼈을 것이다.
(c) 더 행복했을 것이다.
(d) 더 외로움을 느꼈을 것이다.

> **정답 시그널** ▶ Max, without him

> **해설** ▶ 대화에서 "Max is more than just a pet and without him, I would be lonelier and less happy."(맥스는 단순한 반려동물을 넘어선 어떤 것이고, 그가 없다면 나는 더 외롭고 덜 행복할 거야.)를 근거로 가장 적절한 정답은 (d)이다.

> **어휘** ▶ own 소유하다　relieved 안도하는, 다행으로 생각하는　lonely 외로운

7. What are Alice and Tom planning to do over the weekend?

(a) visit a pet store
(b) take Max to the vet
(c) attend a pet training class
(d) go to the ABC mall

앨리스와 톰은 주말에 무엇을 할 계획인가?

(a) 반려동물 상점 방문하기
(b) 맥스를 수의사에게 데려가기
(c) 반려동물 훈련 수업 참석하기
(d) ABC몰에 가기

> **정답 시그널** ▶ How about we go there together this weekend

> **해설** ▶ 대화에서 "By the way, my friend told me that there's a pet shop nearby that just opened across from the ABC mall. I heard that it has lots of dog and cat toys and other stuff. How about we go there together this weekend?"(그나저나, 내 친구가 ABC 쇼핑몰 맞은편에 새로 문을 연 반려동물 상점이 있다고 말해 줬어. 거기에는 강아지와 고양이 장난감들과 다른 물건들이 많이 있다고 들었어. 이번 주말에 우리 같이 거기 가보는 게 어때?)와 "That sounds like a lot of fun, Alice! I'd love to join you and Max. It's been a while since I went to a pet shop."(그거 정말 재미있을 것 같아, 앨리스! 나는 너랑 맥스와 함께 가는 게 좋아. 반려동물 상점에 가본 지 오래됐거든.)를 근거로 정답은 (a)이다.

> **패러프레이징** ▶ pet shop ➡ pet store
> ・shop ➡ store ≒ outlet(아울렛), mall(대형 상점), chain(체인점), boutique(부티크)

> **어휘** ▶ vet 수의사　attend 참석하다

Practice 1

구성	자연의 캔버스 프로그램	
[인사 및 주제] 자연의 캔버스	Good afternoon, everyone! At Eden Gardens, we don't just make beautiful gardens, but we also create experiences that make people happy. We're excited to start a new program called Nature's Canvas this September.	여러분, 안녕하세요! 에덴 정원에서는 아름다운 정원을 만드는 것뿐만 아니라 사람들을 행복하게 만드는 경험도 만들어 냅니다. 이번 9월에 "자연의 캔버스"라는 새 프로그램을 시작하게 되어 매우 기쁩니다.
[본론 1] 프로젝트 특징	(1)Nature's Canvas is a fascinating project that focuses on bringing together nature and human creativity. Each weekend, our huge 25-acre garden becomes a giant studio for artists and photographers. They can come and get inspiration directly from nature. Our garden is full of different types of life, with over 500 types of plants, peaceful water features, and a special area just for bird watching.	(1)"자연의 캔버스"는 자연과 인간의 창의력을 결합하는데 초점을 맞춘 매력적인 프로젝트입니다. 주말마다 저희 25에이커 규모의 거대한 정원은 예술가들과 사진작가들을 위한 거대한 스튜디오가 됩니다. 그들은 와서 직접 자연에서 영감을 얻을 수 있습니다. 저희 정원은 500여 종의 식물, 평화로운 수경 시설, 조류 관찰만을 위한 특별 구역 등 다양한 종류의 생명체로 가득 차 있습니다.
[본론 2] 정원의 특징	We have planned our gardens very carefully so they can be the perfect place for your art. There are many different types of places in our garden. From thick green forests, calm waters, and bright flower beds to a quiet Zen Garden, there's something for everyone. (2)Our garden changes with the seasons, so it's like a different place each time you visit.	저희는 정원이 당신의 예술을 위한 완벽한 장소가 될 수 있도록 정원을 매우 신중하게 계획했습니다. 저희 정원에는 다양한 유형의 장소가 있습니다. 울창한 푸른 숲, 잔잔한 물, 화사한 화단에서 조용한 젠 정원까지 모든 분들을 위한 공간이 마련되어 있습니다. (2)저희 정원은 계절마다 변하기 때문에, 방문할 때마다 다른 장소처럼 느껴집니다.
[본론 3] 워크숍 소개	(3)On Saturdays and Sundays, we'll have workshops in the morning. These will be led by people who are experts in different kinds of art. They will teach you how to capture the beauty of nature in your own special way, whether it's through painting outdoors, taking photos of nature, drawing plants, or sketching landscapes. This program will be both fun and educational. People who join can work together, share ideas, and learn from each other.	(3)토요일과 일요일에는 오전에 워크숍을 열 예정입니다. 이것은 다양한 예술 분야의 전문가들이 이끌 것입니다. 그들은 당신에게 야외에서 그림을 그리거나, 자연 사진을 찍거나, 식물을 그리거나, 또는 풍경을 스케치하는 것을 통해 당신만의 특별한 방법으로 자연의 아름다움을 포착하는 방법을 가르쳐 줄 것입니다. 이 프로그램은 재미있을 뿐만 아니라 교육적이기도 합니다. 참여하는 사람들은 함께 작업하고, 아이디어를 공유하고, 서로에게서 배울 수 있습니다.
[본론 4] 전시회 소개	We're also planning to have a monthly exhibition. This will showcase all the great art and photos made during the workshops. This will not only give local artists a chance to shine but will also help the people	저희는 또한 매달 전시회를 개최할 계획입니다. 여기에서는 워크숍 동안 만든 멋진 미술 작품과 사진을 모두 선보일 예정입니다. 이것은 현지 예술가들에게 빛을 발할 수 있는 기회를 제공할 뿐만 아니라

	in the program feel more connected to each other. We can't wait to see the amazing art that will come from these sessions.	프로그램에 참여한 사람들이 서로 더 연결되어 있다고 느끼도록 도울 것입니다. 저희는 이 세션에서 나올 놀라운 미술 작품들을 빨리 보고 싶습니다.
[본론 5] 아동용 워크숍 소개	Nature's Canvas is mainly for adults, but we believe kids should learn about art and nature too. So, we're starting special workshops for them as well. These will be led by experienced teachers and artists, who will help the kids learn to love nature and develop their art skills.	"자연의 캔버스"는 주로 성인용이지만, 저희는 아이들도 예술과 자연에 대해 배워야 한다고 믿습니다. 그래서 저희는 그들을 위한 특별한 워크숍도 시작하려고 합니다. 이것은 경험이 풍부한 교사와 예술가들이 진행할 것이며, 아이들이 자연을 사랑하고 미술 실력을 키우는 법을 배우도록 도울 것입니다.
[본론 6] 이벤트 개최	(4)At the end of the program, we'll hold an art event. This will let artists show their work to their friends, family, and others. It will also be a good chance for them to meet people who might want to buy their artwork.	(4)프로그램 마지막에 저희는 예술 행사를 개최할 것입니다. 이 행사를 통해 예술가들은 그들의 작품을 친구, 가족 및 다른 사람들에게 보여줄 수 있을 것입니다. 또한 그들의 예술 작품을 구매하고 싶어하는 사람들을 만날 좋은 기회가 될 것입니다.
[본론 7] 프로그램 등록 방법	To participate, you need to register on our website where you can find the schedule and more information. (5)Please sign up early because there is limited space in each workshop. By joining Nature's Canvas, you won't just be going to workshops, but you'll also be part of a community of artists who love nature. You can come to Eden Gardens anytime you want while you're part of the program.	참여하려면 일정과 더 많은 정보를 찾을 수 있는 저희 웹사이트에서 등록해야 합니다. (5)각 워크숍마다 자리가 한정되어 있으므로 미리 등록해 주세요. "자연의 캔버스"에 참여함으로써, 당신은 단순히 워크숍에 참여하는 것이 아니라, 자연을 사랑하는 예술가 커뮤니티의 일원이 될 것입니다. 프로그램에 참여하는 동안 원하는 때는 언제든지 에덴 정원에 올 수 있습니다.
[결론]	We also know that social media is a great way to share artwork. So, we'll share the art made by participants on our website and social media accounts. In this way, more people can see it and the 30 participants whose work gets the most likes will receive a special offer! They will get a 50% coupon on art material at local stores. (6)We're excited for everyone to be part of Nature's Canvas. Remember, your first weekend is free – you can come and experience the beauty of nature and the process of making art. Thank you!	저희는 소셜 미디어가 예술 작품을 공유하는 데 좋은 방법이라는 것도 알고 있습니다. 그래서 참가자들이 만든 미술 작품을 저희 웹사이트와 소셜 미디어 계정에 공유할 것입니다. 이렇게 하면 더 많은 사람들이 작품을 볼 수 있고, 작품이 가장 많은 '좋아요'를 받은 30명의 참가자들은 특별한 제안을 받을 것입니다! 그들은 현지 매장에서 미술 재료에 대해 50% 할인 쿠폰을 받을 것입니다. (6)저희는 모두가 "자연의 캔버스"의 일원이 될 생각에 흥분됩니다. 기억하세요, 첫 주말은 무료입니다. – 오셔서 자연의 아름다움과 예술을 만드는 과정을 체험할 수 있습니다. 감사합니다!

어휘 fascinating 매력적인, 흥미진진한 focus on ~에 초점을 맞추다 bring together 묶다, 합치다 creativity 창의력, 독창성 inspiration 영감 life 생물, 생명체 water feature 수경 시설 bird watching 조류 관찰 Zen Garden 젠 정원(자연을 느끼고 명상을 돕기 위한 정원) capture 포착하다 landscape 풍경 educational 교육적인 exhibition 전시회 showcase 선보이다, 소개하다 connected to

~와 연결된 **can't wait to-V** 빨리 ~하고 싶다 **session** 기간 **mainly** 주로 **as well** 또한 **experienced** 경험이 풍부한 **artwork** 예술 작품 **register** 등록하다 **sign up** 등록하다 **participant** 참가자 **account** 계정 **in this way** 이런 식으로, 이렇게 **like** (게시물에 대한 버튼) 좋아요 **offer** (특별한) 혜택, 제안 **material** 재료

 What / is / focus / N. C program (무엇 / 이다 / 초점 / N. C 프로그램) 세부사항

1. What is the primary focus of the Nature's Canvas program?

(a) training professional artists for exhibitions
(b) introducing water features to the public
(c) offering a plant sale with over 500 types of plants
(d) merging nature and human creativity through art

"자연의 캔버스" 프로그램의 주요 초점은 무엇인가?

(a) 전시를 위한 전문 예술가 교육하기
(b) 대중에게 수경 시설 소개하기
(c) 500여 종의 식물 판매 행사 제공하기
(d) 예술을 통해 자연과 인간의 창의성을 통합하기

정답 시그널 Nature's Canvas, focuses ※ PART 2의 첫 번째 문제는 주제를 묻는 유형으로 고정되어 있지만, 담화 초반에 답이 나오지 않더라도 당황하지 않고 전체적인 내용을 듣고 답을 고르는 것이 좋다.

해설 담화에서 "Nature's Canvas is a fascinating project that focuses on bringing together nature and human creativity."("자연의 캔버스"는 자연과 인간의 창의성을 결합하는데 초점을 맞춘 매력적인 프로젝트입니다.)를 근거로 정답은 (d)이다.

패러프레이징 bringing together nature and human creativity ➡ merging nature and human creativity
• bring together ➡ merge ≒ come together(함께하다, 합치다), join(함께하다), combine(합치다), fuse(합치다, 합성하다), unite(통합하다), incorporate(통합하다), consolidate(합병하다)

어휘 primary 주된, 주요한 focus 초점 merge 합병하다, 합치다

Why / might / a & p / want / to visit / gardens / at different times of the year (왜 / 추론 / 예술가와 사진 작가 / 원하다 / 방문하기 / 정원 / 일 년 중 다른 시기에) 추론

2. Why might artists and photographers want to visit the gardens at different times of the year?

(a) They can assist in planning the new gardens.
(b) They can see more than 500 birds all year.
(c) They can observe new scenes in each season.
(d) They can relax in the quiet of the Zen Garden.

왜 예술가들과 사진작가들은 일 년 중 다른 시기에 정원을 방문하고 싶어하는 것 같은가?

(a) 새로운 정원을 계획하는 데 도움을 줄 수 있다.
(b) 일 년 내내 500마리가 넘는 새를 볼 수 있다.
(c) 계절마다 새로운 장면을 관찰할 수 있다.
(d) 고요한 젠 가든에서 휴식을 취할 수 있다.

정답 시그널 a different place each time you visit

해설 담화에서 "Our garden changes with the seasons, so it's like a different place each time you visit."(저희 정원은 계절마다 변하기 때문에, 방문할 때마다 다른 장소처럼 느껴집니다.)을 근거로 가장 적절한 정답은 (c)이다.

어휘 assist in ~하는 것을 돕다 observe 관찰하다 quiet 고요함

When / art workshops / take place (언제 / 예술 워크숍 / 열리다) — 세부사항

3. When will the art workshops mainly take place?

   (a) during weekdays in the evenings
   (b) on Saturday and Sunday mornings
   (c) once a month on a designated date
   (d) after the children's art program

언제 예술 워크숍은 주로 열릴 것인가?

(a) 평일 저녁마다
(b) 토요일과 일요일 오전마다
(c) 한 달에 한 번 지정된 날짜에
(d) 아동 예술 프로그램 후에

정답 시그널 workshops

해설 담화에서 "On Saturdays and Sundays, we'll have workshops in the morning."(토요일과 일요일에는 오전에 워크숍을 열 예정입니다.)를 근거로 정답은 (b)이다.

어휘 take place 열리다, 발생하다 designated 지정된

What opportunity / artists / have / end / workshop program (어떤 기회 / 예술가 / 갖다 / 끝 / 워크숍 프로그램) — 세부사항

4. What opportunity will artists have towards the end of their workshop program?

   (a) a chance to participate in a big art event
   (b) a trip abroad to study international gardens
   (c) an interview with the event organizers
   (d) a weekly session with renowned international artists

워크숍 프로그램의 마지막 즈음에 예술가들은 어떤 기회를 얻게 될 것인가?

(a) 큰 예술 행사에 참여할 기회
(b) 국제 정원을 연구하기 위한 해외 여행
(c) 행사 주최자와의 인터뷰
(d) 유명한 국제 예술가들과의 주간 세션

정답 시그널 end of the program

해설 담화에서 "At the end of the program, we'll hold an art event."(프로그램 마지막에 저희는 예술 행사를 개최할 것입니다.)를 근거로 정답은 (a)이다.

어휘 towards ~ 즈음에 participate in ~에 참여하다 organizer 주최자 weekly session 주간 세션(수업)

---

why / speaker / suggest / signing up / early (왜 / 화자 / 제안하다 / 등록하는 것 / 일찍) — 세부사항

5. According to the talk, why does the speaker suggest signing up early?

   (a) to get a discount on the program fee
   (b) to secure one of the limited spots
   (c) to participate in multiple workshops at once
   (d) to get early access to the garden before others

담화에 따르면, 왜 화자는 조기에 등록하라고 제안하는가?

(a) 프로그램 비용 할인을 받기 위해
(b) 한정된 자리 중 하나를 확보하기 위해
(c) 한번에 여러 워크숍에 참가하기 위해
(d) 다른 사람들보다 먼저 정원에 입장하기 위해

정답 시그널 sign up early

해설 담화에서 "Please sign up early because there is limited space in each workshop."(각 워크숍마다 자리가 한정되어 있으므로 미리 등록해 주세요.)을 근거로 정답은 (b)이다.

패러프레이징 space ➡ spot ≒ position(직책, 위치), seating/seat(좌석), opening(공석), slot(자리, 시간대)

어휘 fee 비용 secure 확보하다 spot 장소, 자리 multiple 많은, 다수의 at once 한번에, 즉시 get access to ~에 접근하다, 입장하다

6. How can a member of the public participate in Nature's Canvas for free?

(a) by visiting the local art stores
(b) by displaying their art on the website
(c) by leaving a review on their social media
(d) by applying for the program in the first weekend

어떻게 일반인이 '자연의 캔버스'에 무료로 참여할 수 있는가?

(a) 지역 예술 상점에 방문함으로써
(b) 웹사이트에 자신의 미술 작품을 전시함으로써
(c) 자신의 소셜 미디어에 리뷰를 남김으로써
(d) 첫 주말에 프로그램에 신청함으로써

정답 시그널 ▶ free ※ 마지막 문제는 담화의 마지막에 있다.

해설 ▶ 담화에서 "We're excited for everyone to be part of Nature's Canvas. Remember, your first weekend is free."(저희는 모두가 "자연의 캔버스"의 일원이 될 생각에 흥분됩니다. 기억하세요, 첫 주말은 무료입니다.)를 근거로 정답은 (d)이다.

어휘 ▶ display 전시하다 apply for 신청하다

Practice 2	
구성	"밤비노 보난자" 유아 박람회
[인사 및 주제] 베이비 페어 소개	Hi everyone! I'm thrilled to announce the annual Bambino Bonanza baby fair, returning this Summer again! Don't miss out on our beloved yearly tradition! Bambino Bonanza is more than your typical baby fair. It's a big, happy get-together for babies, families, and everyone in town. (1)It's time for well-known brands and new baby-product companies to show off their latest goods and connect with parents and caregivers!	여러분 안녕하세요! 올 여름에 다시 돌아오는 연례 "밤비노 보난자" 베이비 페어를 발표하게 되어 매우 기쁩니다! 사랑받는 매년의 전통을 놓치지 마세요! "밤비노 보난자"는 전형적인 베이비 페어 그 이상입니다. 아기와 가족, 도시의 모든 사람들을 위한 크고 행복한 모임입니다. (1)잘 알려진 브랜드와 신생 유아용품 회사들이 최신 제품을 선보이고 부모 및 돌보미들과 소통할 시간입니다!
[본론 1] 박람회 특징: 녹색 제품만을 위한 부문	(2)This year, we have included a new sector just for green products. These eco-friendly items are really important in making parenting better for our planet. We're giving these earth-loving items a special place to stand out and get noticed by parents who care about the environment. In addition, we will spotlight two of the most popular features of last year's fair, special foods for children with allergies and handmade, stuffed toy table where parents can purchase the cutest teddy bears you've ever seen!	(2)올해는 녹색 제품만을 위한 새로운 부문을 추가했습니다. 이 환경 친화적인 제품들은 지구를 위해 육아를 더 낫게 하는 데 정말 중요합니다. 환경을 생각하는 부모님들의 눈에 띄고 주목을 받을 수 있도록 지구를 사랑하는 이 제품들에 특별한 자리를 마련했습니다. 또한, 작년 박람회에서 가장 인기 있었던 두 가지 특징인 알레르기가 있는 어린이를 위한 특별 식품과 부모님들이 여태껏 보신 것 중 가장 귀여운 테디베어를 구매할 수 있는 수제 봉제 인형 테이블을 집중 조명할 예정입니다!

[본론 2] 박람회 특징: Innovation Spotlight 구역	(3)We've also got an exciting part of the fair called our "Innovation Spotlight." This is where you can take a look at cutting-edge baby products. Imagine smart cradles that rock your baby to sleep, wearable baby trackers that monitor your baby's heartbeat and body temp, automated baby formula makers, and more. This area will give you a glimpse into what parenting might look like in the future.	(3)또한 박람회에서 "Innovation Spotlight"으로 불리는 흥미로운 부분도 있습니다. 이곳에서 최첨단 유아용품을 살펴볼 수 있습니다. 아기가 잠이 들도록 흔들어 주는 스마트 아기 침대. 아기의 심박수와 체온을 추적 관찰하는 착용 가능한 유아 추적기. 자동 분유 제조기 등을 상상해 보세요. 이 구역은 여러분에게 미래에 육아가 어떤 모습일지 엿볼 수 있게 해줄 것입니다.
[본론 3] 박람회 장소적 특징	Next, let's talk about where the fair is going to be. It's not just a venue, but a fun and safe playground. Designed with your kids in mind, it's a place for your little ones to have fun and for you to shop worry-free.	다음으로 박람회가 어디에서 열릴지 이야기해 봅시다. 그곳은 단순한 장소가 아니라 재미있고 안전한 놀이터입니다. 아이들을 염두에 두고 설계되었기 때문에, 그곳은 여러분의 아이들이 재미있게 놀 수 있고 여러분은 걱정 없이 쇼핑할 수 있는 장소입니다.
[본론 4] 박람회 특징: 부모 교실과 강연	But the fair isn't just about shopping and playing. If you're new to parenting or about to become a parent, don't worry! We have a place just for expectant parents, to make sure you have everything you need to get ready for this amazing new stage of life. (4)We've got parental classes and talks planned, led by big names in the childcare field. They'll be covering all sorts of parenting topics, like healthy baby food, setting good sleep habits, making sure toys are safe, and understanding how children grow.	하지만 이 박람회는 쇼핑과 놀이에만 국한된 것이 아닙니다. 만약 육아를 처음 하시거나 곧 부모가 될 예정이라면 걱정하지 마세요! 예비 부모만을 위한 공간을 마련하여 이 놀라운 새로운 삶의 단계를 준비하기 위해 필요한 모든 것을 갖추도록 도와줍니다. (4)저희는 육아 분야에서 유명 인사들이 진행하는 부모 교실과 강연을 계획하고 있습니다. 건강한 아기 음식, 좋은 수면 습관 만들기, 장난감의 안전성 확인, 그리고 아이들의 성장 이해와 같은 여러 가지 육아 주제를 다룰 예정입니다.
[본론 5] 박람회 특징: 개막식과 폐막식 이벤트	We know everyone loves a fun event, and we've got lots of those planned! Our opening day will start with a big party with kid-friendly live entertainment. Throughout the fair, you can visit the snack area where more than a dozen venders will be selling a variety of food and drinks.	모두가 재미있는 이벤트를 좋아한다는 것을 알고 있기에 많은 이벤트를 계획하고 있습니다! 개막일은 어린이를 위한 라이브 공연과 함께하는 대형 파티로 시작됩니다. 박람회 기간 내내 12개가 넘는 판매업체가 다양한 음식과 음료를 판매하는 스낵 구역을 방문하실 수 있습니다.
[본론 6] 추가 혜택: 인근 상점들의 독점 할인과 프로모션	(5)We're also partnering with renowned photo studios located near the northern gate to elevate your experience at the fair. They're offering exclusive discounts and promotional deals for our fair attendees. If you want a photo shoot for your baby, whether for a special event or simply for the fun of it, be sure to head to the north gate and enjoy these fantastic offers!	(5)저희는 또한 북문 인근에 위치한 유명한 사진 스튜디오와 제휴하여 박람회에서의 경험을 높이고 있습니다. 그들은 박람회 참석자를 위해 독점 할인과 프로모션 혜택을 제공하고 있습니다. 특별한 이벤트든 단순히 재미를 위해서든 아기를 위한 사진 촬영을 원한다면 북문으로 가서 이 환상적인 혜택을 꼭 누려보세요!

[결론] 마무리	Bambino Bonanza is more than just a fair. I guarantee you that the memories you create here will remain timeless. It's a celebration of parenthood, a big family party, and a place to make lasting connections. Thanks for listening today, and I can't wait to see you all at the Bambino Bonanza! (6)Before you leave, don't forget to participate in the raffle! Enter for a chance to win a state-of-the-art stroller. Join in, and you might stroll away with the grand prize! Let's celebrate the joys of parenthood together.	Bambino Bonanza는 단순한 박람회 그 이상입니다. 여러분이 이곳에서 만드는 기억들은 영원할 것임을 보장드립니다. 이곳은 부모가 됨을 축하하는 행사이자 큰 가족 파티이며 지속적인 관계를 만들어 나가는 장소입니다. 오늘 들어 주셔서 감사하고, Bambino Bonanza에서 여러분 모두를 빨리 만나고 싶습니다! (6)가기 전에 추첨에 참여하는 것을 놓치지 마세요! 최신형 유모차를 받을 수 있는 기회에 응모해 보세요. 참여하시면 대상을 가지고 가실지도 모릅니다! 함께 부모가 되는 기쁨을 축하해 봅시다.

어휘 thrilled to-V ~해서 매우 기쁜, 흥분된 beloved 사랑받는 returning 돌아오는 miss out on ~을 놓치다 connect with ~와 마음이 통하다 caregiver 돌보미 sector 부문 green product 그린 상품, 저공해 상품 parenting 양육, 육아 planet 행성 stand out 눈에 띄다 notice 주목하다 care about ~에 대해 신경쓰다 spotlight 집중 조명하다 feature 특징 stuffed (속을 채운) 봉제의 innovation 혁신 cutting-edge 최첨단의 cradle 요람, 아기 침대 wearable 착용할 수 있는 tracker 추적기 monitor 추적 관찰하다 heartbeat 심장 박동 body temp 체온 automated baby formula maker 자동 분유 제조기 give a glimpse into ~을 엿보게 하다 venue 장소 with ~ in mind ~을 염두에 두고, 고려하고 worry-free 근심 없이 expectant 기대하는, 출산을 앞둔 big name 유명 인사 set a habit 습관을 만들다 cover 다루다 dozen 12개 vender 노점상, 판매인 partner with ~와 제휴하다 located ~에 위치한 northern gate 북문 elevate 높이다 exclusive 독점적인 promotional 홍보의 attendee 참석자 shoot 촬영 be sure to-V 반드시 ~하다 head to ~로 가다 guarantee 보장하다 timeless 영원한 celebration 축하 행사 parenthood 부모임 lasting 지속적인 connection 관계 raffle (기금 마련용) 복권, 추첨 enter for ~에 참가하다, 응시하다 state-of-the-art 최신의 stroller 유모차 stroll away 거닐다, 산책하다 grand prize 대상

🔑 What / is / purpose / B. B fair (무엇 / 이다 / 목적 / B. B 박람회)　　　**주제**

1. What is the main purpose of the Bambino Bonanza fair?

 (a)　to showcase a seasonal line of products
 (b)　to introduce the latest baby products
 (c)　to celebrate the company's anniversary
 (d)　to promote a children's playground

Bambino Bonanza 박람회의 주요 목적은 무엇인가?

 (a) 계절별 제품을 소개하는 것
 (b) 최신 유아 용품을 소개하는 것
 (c) 회사의 기념일을 축하하는 것
 (d) 어린이 놀이터를 홍보하는 것

정답 시그널 ※ PART 2의 첫 번째 문제는 주제를 묻는 유형으로 고정되어 있지만, 담화 초반에 답이 나오지 않더라도 당황하지 않고 전체적인 내용을 듣고 답을 고르는 것이 좋다.

해설 담화에서 "It's time for well-known brands and new baby-product companies to show off their latest goods"(잘 알려진 브랜드와 신생 유아용품 회사들이 최신 제품을 선보이고)를 근거로 정답은 (b)이다.

어휘 line 제품(군), 상품(군) latest 최신의 anniversary 기념일 promote 홍보하다

🔑 what / is / probably / new / this year's fair (무엇 / 이다 / 추론 / 새로운 / 올해의 박람회) **추론**

2. Based on the talk, <u>what is probably new</u> in <u>this year's fair</u>?

   (a) **eco-friendly diapers**
   (b) teddy bears
   (c) allergen-free foods
   (d) on-site caregivers

담화에 따르면, 올해 박람회에서 무엇이 새로울 것 같은가?

   (a) **친환경 기저귀**
   (b) 테디베어
   (c) 알레르기 유발 물질이 없는 식품
   (d) 현장 돌보미

정답 시그널 This year, new

해설 담화에서 "This year, we have included a new sector just for green products."(올해는 녹색 제품을 위한 새로운 부문을 추가했습니다.)를 근거로 가장 적절한 정답은 (a)이다.

패러프레이징 green products ➡ eco-friendly diapers
• green ➡ eco-friendly ≒ environmentally friendly(친환경적인), natural(자연의), pure(순수한), organic(유기농의)

어휘 diaper 기저귀 allergen 알레르기 유발 물질 free ~이 없는 on-site 현장의

🔑 What / attendees / find / I. S event (무엇 / 참석자들 / 찾다 / I. S 행사) **세부사항**

3. What can <u>attendees</u> <u>find</u> at the "Innovation Spotlight" <u>event</u>?

   (a) **technologically advanced baby items**
   (b) products for expectant parents
   (c) promotional deals from photo studios
   (d) a panel discussion with influencers

참석자들은 "Innovation Spotlight" 행사에서 무엇을 찾을 수 있는가?

   (a) **최신 기술의 유아용품**
   (b) 예비 부모를 위한 제품
   (c) 사진 스튜디오의 프로모션 혜택
   (d) 인플루언서와의 공개 토론회

정답 시그널 Innovation Spotlight

해설 담화에서 "We've also got an exciting part of the fair called our "Innovation Spotlight." This is where you can take a look at cutting-edge baby products."(또한 박람회에서 "Innovation Spotlight"으로 불리는 흥미로운 부분도 있습니다. 이곳에서는 최첨단 유아용품을 살펴볼 수 있습니다.)를 근거로 정답은 (a)이다.

패러프레이징 cutting-edge baby products ➡ technologically advanced baby items
• cutting-edge ➡ technologically advanced ≒ innovative(혁신적인), high-tech(첨단 기술의), latest(최신의), newest(최신의), brand-new(완전 새것인), state-of-the-art(최첨단의), up-to-date (최신의)
• product ➡ item ≒ things(물건), goods(상품, 물건), merchandise(상품), stock(재고)

어휘 promotional 홍보용의, 판촉의 deal 거래, 혜택 panel discussion 공개 토론회

🔑 How / most likely / attendees / learn / parenting (어떻게 / 추론 / 참석자들 / 배우다 / 육아) **추론**

4. How, <u>most likely</u>, can <u>attendees</u> <u>learn</u> about <u>parenting</u> during the fair?

   (a) by going on a shopping spree
   (b) **by attending sessions led by professionals**
   (c) by testing various products on display
   (d) by interacting with other parents

어떻게 참석자들은 육아에 대해 박람회 기간 동안 배울 수 있을 것 같은가?

   (a) 맘먹고 이것저것 쇼핑함으로써
   (b) **전문가가 진행하는 세션에 참석함으로써**
   (c) 전시된 다양한 제품을 시험함으로써
   (d) 다른 부모들과 교류함으로써

parenting

해설 담화에서 "We've got parental classes and talks planned, led by big names in the childcare field. They'll be covering all sorts of parenting topics"(저희는 육아 분야에서 유명 인사들이 진행하는 부모 교실과 강연을 계획하고 있습니다. 여러 가지 육아 주제를 다룰 예정입니다.)를 근거로 가장 적절한 정답은 (b)이다.

패러프레이징 classes and talks planned, led by big names in the childcare field ➡ sessions led by professionals
• talk ➡ session ≒ class(수업), seminar(세미나), lecture(강연), speech(발표, 연설), address(연설), discussion(토론), discourse(토론)

어휘 shopping spree 맘먹고 이것저것 쇼핑하기 on display 전시된 interact with ~와 상호 작용하다

Which special offer / is / available / northern gate
(어떤 특별 혜택 / 이다 / 가능한 / 북문)

세부사항

5. Which special offer is available at the northern gate of the fair?

(a) discounts from nearby restaurants and cafés
(b) special early bird entry to next year's fair
(c) promotions from partnered photo studios
(d) live entertainment for kids

어떤 특별 혜택을 박람회 북문에서 이용할 수 있는가?

(a) 인근 식당과 카페에서의 할인
(b) 내년 박람회의 얼리버드 특별 입장
(c) 제휴한 사진 스튜디오에서의 프로모션
(d) 어린이들을 위한 라이브 공연

정답 시그널 northern gate

해설 담화에서 "We're also partnering with renowned photo studios located near the northern gate to elevate your experience at the fair. They're offering exclusive discounts and promotional deals for our fair attendees."(저희는 또한 북문 인근에 위치한 유명한 사진 스튜디오와 제휴하여 박람회에서의 경험을 높이고 있습니다. 그들은 박람회 참석자를 위해 독점 할인과 프로모션 혜택을 제공하고 있습니다.)를 근거로 정답은 (c)이다.

어휘 special offer 특가품, 특가 판매 available 이용할 수 있는 gate 출입구 nearby 인근의 early bird 일찍 오는 사람

---

how / might / attendees / win / state-of-the-art stroller
(어떻게 / 추론 / 참석자 / 받다 / 유모차)

추론

6. Based on the talk, how might attendees win a state-of-the-art stroller?

(a) by designing an innovative product
(b) by attending the baby fair this summer
(c) by filling out a survey form
(d) by entering a raffle

담화에 따르면, 어떻게 참석자들은 최첨단 유모차를 받을 수 있을 것인가?

(a) 혁신적인 제품을 디자인함으로써
(b) 이번 여름에 유아 박람회에 참석함으로써
(c) 설문지를 작성함으로써
(d) 추첨에 참여함으로써

정답 시그널 win a state-of-the-art stroller ※ 마지막 문제는 담화의 마지막에 있다.

해설 담화에서 "Before you leave, don't forget to participate in the raffle! Enter for a chance to win a state-of-the-art stroller."(가기 전에 추첨에 참여하는 것을 놓치지 마세요! 최신형 유모차를 받을 수 있는 기회에 응모해 보세요.)를 근거로 가장 적절한 정답은 (d)이다.

패러프레이징 participate in the raffle ➡ entering a raffle
• participate ➡ entering ≒ join(참여하다), take part in(참여하다), engage in(참여하다), register(등록하다), sign in(등록하다), put name down(등록하다, 이름을 적다)

어휘 fill out 작성하다 survey form 설문지

구성	재사용 빨대 vs. 종이 빨대	
[인사 및 주제]	M: Hey, Clara! I noticed you brought a reusable straw with you today. Are you trying to avoid using plastic ones? F: (1)Hi Mike! Yeah, I've been reading some journals about the harm caused to marine life by single-use straws. It made me reconsider a lot of my daily habits. Do you still use disposable straws? M: I do, but I've been thinking about making a change too. I've seen many TV shows highlighting environmental issues. Even on social media, a lot of celebrities are being criticized for using plastic straws. Seeing all that, I thought it might be time for me to make a change as well. Now, I'm just torn between getting a few good reusable straws or just switching to paper straws. F: Both options have their merits. If you want, we can discuss the pros and cons of each.	M: 안녕, 클라라! 오늘 네가 재사용 가능한 빨대를 가지고 온 것을 봤어. 플라스틱 빨대를 사용하지 않으려고 노력하는 거니? F: (1)안녕, 마이크! 요즘에 일회용 빨대가 해양 생물에 미치는 해로움에 대한 논문을 좀 읽고 있었어. 그래서 나의 많은 생활 습관들을 다시 생각해보게 됐어. 넌 아직 일회용 빨대 쓰니? M: 그렇기는 한데, 나도 바꾸려고 생각 중이야. 많은 TV 프로그램이 환경 문제를 강조하는 것을 봤거든. 심지어 소셜 미디어에서도 많은 연예인들이 플라스틱 빨대를 사용하는 것 때문에 비판받고 있어. 그런 것을 다 보니, 나도 바꿀 때가 됐다고 생각했어. 지금은 좋은 재사용 빨대를 사볼까, 아니면 종이 빨대로 바꿀까 고민 중이야. F: 두 가지 다 장점이 있어. 원하면 각각의 장단점에 대해 논의해볼 수 있어.
[본론 1]	M: That would be great! Let's start with the reusable straw. Why did you decide to use it? F: One main benefit is its longevity. Plus, with the rise in eco-conscious cafés, I often get discounts or free upgrades for bringing my own straw. (2)The materials, which are made of metal or silicone, tend to be durable and can be quite stylish too! M: Sounds quite practical and economical. I have seen a few people using them, and they do look sleek and chic. But aren't there any drawbacks?	M: 좋아! 재사용 빨대부터 시작하자. 왜 넌 그것을 사용하기로 결정했어? F: 주요 장점 중 하나는 오래 사용할 수 있다는 점이야. 게다가 친환경적인 카페들이 늘어나면서, 내가 빨대를 가져가면 할인이나 무료 업그레이드를 자주 받게 돼. (2)빨대의 재료가 금속이나 실리콘으로 만들어져서 내구성이 있고 스타일리시하기도 해! M: 꽤 실용적이고 경제적이군. 여러 명이 사용하는 것을 봤는데 세련되고 멋져 보이더라고. 그런데 단점은 없어?
[본론 2]	F: (3)Absolutely. One major downside is the need to clean it regularly. If you're not diligent, it can become a breeding ground for bacteria. Also, you need to remember to carry it around. M: It makes sense. I could see myself leaving it at home every day and being forced to use whatever type of straws that are available at the coffee shop. And you're right about cleaning. Reusable	F: (3)물론 있지. 주요한 단점 하나는 정기적으로 청소해야 한다는 것이야. 부지런하지 않으면 그것은 박테리아의 번식지가 될 수 있어. 또한 기억하고 가지고 다녀야 해. M: 이해가 되네. 나도 매일 빨대를 집에 두고 다니면서 커피숍에서 이용하는 빨대는 어떤 것이든 사용할 수밖에 없었어. 그리고 청소에 대한 것도 맞아. 재사용 빨대는 철저하게 씻기가

	straws must be so hard to wash thoroughly. They are so narrow I couldn't be certain it was clean all the way through! F: Yes, I have to soak it in hot water every night.	너무 힘들어. 너무 좁아서 끝까지 깨끗하게 씻겼는지 확신할 수가 없어! F: 맞아, 매일 밤 뜨거운 물에 담가 두어야 하지.
[본론 3]	M: Now, what about paper straws? F: (4)The immediate benefit is their biodegradability which means they will decompose over time. Many restaurants and cafés have already made the switch. M: I've noticed that. Especially with the bans on plastic straws in some cities. But how do they hold up, especially acidic beverages, like orange or apple juice?	M: 그럼 종이 빨대는 어때? F: (4)즉각적인 이점은 생분해성이라 시간이 지나면 분해된다는 점이야. 이미 많은 식당과 카페가 종이 빨대로 전환했어. M: 나도 알겠더라. 특히 일부 도시에서 플라스틱 빨대를 금지하면서. 하지만 오렌지나 사과 주스 같은 산성 음료는 어떻게 견딜 수 있을까?
[본론 4]	F: Ah, they aren't the best in acidic drinks and can become soggy in any drink if left too long. M: (5)And then there's the texture! Honestly, I tried one once at a café by chance, and it felt unpleasant. F: True. Some of my friends also mentioned that, especially with colored or printed ones. M: Hmm. There's a lot to weigh here. F: So, have you made up your mind?	F: 아, 산성 음료에는 최적은 아니고 너무 오래 놔두면 어떤 음료에서든 눅눅해져. M: (5)그리고 그렇게 되면 생기는 질감이 있지! 솔직히 우연히 한 번 카페에서 시도해 봤는데, 불쾌한 느낌이었어. F: 맞아. 특히 색깔이 있거나 프린트된 종이 빨대를 사용할 때 친구 몇몇도 같은 말을 했어. M: 음, 여기에 따져봐야 할 게 많네. F: 그래서 결정했니?
[결론]	M: (6)Well, I know myself pretty well. I doubt I would remember to take a reusable straw out of my bag to be washed every day. And I would probably lose it in less than a week. F: It's great that you're thinking about the environment. Every bit helps. With so much plastic filling up the landfills and microplastics polluting our seas and harming sea life, either option is better than what we have been doing in the past. M: Agreed. It's a small step, but it's in the right direction. Maybe we can put our heads together and come up with other ways we can help the environment in our daily lives!	M: (6)글쎄, 나는 나 자신을 꽤 잘 알고 있어. 가방에서 재사용 빨대를 꺼내 매일 씻는 것을 기억할지 모르겠어. 그리고 아마 일주일도 안 되서 잃어버릴지도 몰라. F: 네가 환경에 대해 생각하고 있다는 것은 대단해. 모든 것이 도움이 되지. 너무 많은 플라스틱이 매립지를 가득 채우고 미세 플라스틱이 우리 바다를 오염시키고 해양 생물을 해치는 상황에서, 둘 중 하나는 우리가 과거에 해왔던 것보다 더 나아. M: 맞아. 작은 발걸음이지만 올바른 방향으로 가고 있지. 머리를 맞대고 일상 생활에서 환경을 도울 수 있는 다른 방법들을 생각해 낼 수 있을지 몰라!

어휘 notice 알아차리다 reusable straw 재사용 가능한 빨대 journal 학술지(의 논문) single-use 일회용의 marine life 해양 생물 reconsider 다시 생각하다, 재고하다 disposable 일회용의 highlight 강조하다 celebrity 유명 인사, 연예인 be criticized for ~로 비판받다 as well 또한 torn between ~ 사이에서 망설이는, 고민하는 switch to ~로 전환하다, 바꾸다 merit 장점 pros and cons 장단점 longevity 지속성, 장수 rise in ~의 증가, 상승 eco-conscious 환경을 의식하는, 친환경의 durable 내구성 있는 economical 경제적인

sleek 세련된 chic 멋진, 세련된 drawback 단점 absolutely 물론이지 downside 단점 regularly 정기적으로 diligent 부지런한 breeding ground 번식지 make sense 이해가 되다, 말이 되다 be forced to-V ~할 수밖에 없다 thoroughly 철저하게 all the way through 끝까지 soak 담그다 immediate 즉각적인 biodegradability 생분해성 decompose 분해되다 make the switch (to) (~로) 변경하다, 전환하다 ban 금지 hold up 견디다, 버티다 acidic beverage 산성 음료 soggy 질척한, 눅눅한 texture 질감 honestly 솔직히 by chance 우연히 unpleasant 불쾌한 mention 언급하다, 말하다 weigh (저울질해) 따져보다 make up one's mind 결정하다 landfill 매립지 in the right direction 올바른 방향으로 come up with ~을 생각해 내다

🔑 How / C / start / using / reusable straw (어떻게 / C / 시작하다 / 사용하는 것 / 재활용 빨대) **세부사항**

1. How did Clara start using a reusable straw?

   (a) by watching TV shows about the environment
   (b) by being recommended by a celebrity
   (c) by reading some articles about marine life
   (d) by referring to a post on her social media

어떻게 클라라는 재사용 가능한 빨대를 사용하기 시작했는가?

(a) 환경에 관한 TV 프로그램을 보면서
(b) 유명인에게 추천받아서
(c) 해양 생물에 관한 몇몇 기사를 읽으면서
(d) 자신의 소셜 미디어의 글을 참조하면서

정답 시그널 ▶ reusable straw ※ 첫 번째 문제는 대화의 초반에 있다.

해설 ▶ 대화에서 "Hi Mike! Yeah, I've been reading some journals about the harm caused to marine life by single-use straws."(안녕, 마이크! 요즘에 일회용 빨대가 해양 생물에 미치는 해로움에 대한 논문을 좀 읽고 있었어.)를 근거로 정답은 (c)이다.

패러프레이징 ▶ reading some journals ➡ reading some articles
  • journal ➡ article ≒ paper(논문), essay(논문), column(칼럼), magazine(잡지), publication(출판물), newspaper(신문), gazette(신문)

어휘 ▶ refer to 참고하다, 참조하다 post 게시글

🔑 C / what / makes / reusable straw / stylish (C / 무엇 / 만들다 / 재사용 빨대 / 세련된) **세부사항**

2. According to Clara, what makes reusable straws stylish?

   (a) longevity
   (b) materials
   (c) colors
   (d) durability

클라라에 따르면, 무엇이 재사용 가능한 빨대를 스타일리시하게 만드는가?

(a) 지속성
(b) 재료
(c) 색상
(d) 내구성

정답 시그널 ▶ stylish

해설 ▶ 대화에서 "The materials, which are made of metal or silicone, tend to be durable and can be quite stylish too!"(빨대의 재료가 금속이나 실리콘으로 만들어져서 내구성이 있고 스타일리시하기도 해!)를 근거로 정답은 (b)이다.

어휘 ▶ material 재료 durability 내구성

3. Based on the conversation, <u>why</u> do <u>people</u> have to <u>be diligent</u> when using <u>reusable straws</u>?

(a) because they are banned in some cities
(b) because they may become soggy later
(c) because they are impractical
(d) because they need regular cleaning

대화에 따르면, 재사용 가능한 빨대를 사용할 때 왜 사람들이 부지런해야 하는가?

(a) 몇몇 도시에서 금지되어서
(b) 나중에 눅눅해질 수 있어서
(c) 실용적이지 않아서
(d) 정기적인 청소가 필요해서

〔정답 시그널〕 diligent

〔해설〕 대화에서 "Absolutely. One major downside is the need to clean it regularly. If you're not diligent, it can become a breeding ground for bacteria."(물론 있지. 주요한 단점 하나는 정기적으로 청소해야 한다는 것이야. 부지런하지 않으면 그것은 박테리아의 번식지가 될 수 있어.)를 근거로 정답은 (d)이다.

〔어휘〕 ban 금지하다 impractical 비실용적인

4. According to <u>Clara</u>, <u>what</u> is the main <u>benefit</u> of <u>paper straws</u>?

(a) They break down easily over time.
(b) They give a unique texture to beverages.
(c) They look stylish and modern compared to plastic.
(d) Restaurants have already switched to paper ones.

클라라에 따르면, 종이 빨대의 주요 이점은 무엇인가?

(a) 시간이 지남에 따라 쉽게 분해된다.
(b) 음료에 독특한 질감을 준다.
(c) 플라스틱에 비해 세련되고 현대적으로 보인다.
(d) 식당들이 이미 종이로 전환했다.

〔정답 시그널〕 benefit

〔해설〕 대화에서 "The immediate benefit is their biodegradability which means they will decompose over time."(즉각적인 이점은 생분해성이라 시간이 지나면 분해된다는 점이야.)을 근거로 정답은 (a)이다.

〔패러프레이징〕 they will decompose over time ➡ They break down easily over time.
• decompose ➡ break down ≒ take apart(분해하다, 해체하다), degrade(분해하다), disassemble(해체하다), dismantle(분해하다, 해체하다)

〔어휘〕 break down 분해되다 compared to ~에 비해

5. According to <u>Mike</u>, <u>how</u> did <u>he</u> feel after using a paper straw?

(a) He enjoyed the texture.
(b) He didn't like it with juices.
(c) He had an unpleasant experience.
(d) He felt the same as his friends.

마이크에 따르면, 종이 빨대를 사용한 후 그는 어떻게 느꼈는가?

(a) 그 질감을 즐겼다.
(b) 주스와 함께 사용하는 것을 좋아하지 않았다.
(c) 불쾌한 경험을 했다.
(d) 친구들과 느낌이 같았다.

해설 ▶ 대화에서 "And then there's the texture! Honestly, I tried one once at a café by chance, and it felt unpleasant."(그리고 그렇게 되면 생기는 질감이 있지! 솔직히 우연히 한 번 카페에서 시도해 봤는데, 불쾌한 느낌이었어.)를 근거로 정답은 (c)이다.

🔑 What / most likely / M / do / conversation (무엇 / 추론 / M / 하다 / 대화)   **추론**

6. What most likely will Mike do after the conversation?

   (a) use paper straws from now on
   (b) research about the environment
   (c) use reusable straws in the future
   (d) go to the café with Clara

대화 후 마이크는 무엇을 할 것 같은가?

(a) 앞으로 종이 빨대를 사용할 것이다
(b) 환경에 대해 연구할 것이다
(c) 미래에 재사용 가능한 빨대를 사용할 것이다
(d) 클라라와 카페에 갈 것이다

정답 시그널 ▶ have you made up your mind ※ 마지막 문제는 대화의 마지막에 있다.

해설 ▶ 대화에서 "Well, I know myself pretty well. I doubt I would remember to take a reusable straw out of my bag to be washed every day. And I would probably lose it in less than a week."(글쎄, 나는 나 자신을 꽤 잘 알고 있어. 가방에서 재사용 빨대를 꺼내 매일 씻는 것을 기억할지 모르겠어. 그리고 아마 일주일도 안 돼서 잃어버릴지도 몰라.)을 근거로 가장 적절한 정답은 (a)이다.

어휘 ▶ from now on 지금부터 research about ~에 대해 연구하다

Practice 2		
구성	배낭여행 vs. 패키지 여행	
[인사 및 주제]	F: Hey John! (1)I heard you're planning a trip to New Zealand. That's fantastic! The land of the Kiwis, the stunning landscapes, Maori culture, and so much more. M: (1)Hey Sue! It's true, and I can't tell you how excited I am. I'll be going right after our graduation. I've dreamt of wandering through the fjords, exploring the lush green valleys, and soaking in the city vibes of places like Auckland and Wellington. But I'm at a crossroads. I can't decide between backpacking or a travel package. Both have their merits and demerits.	F: 안녕 존! (1)뉴질랜드로 여행 갈 계획이라고 들었어. 멋지겠다! 키위들의 나라, 눈이 부시게 아름다운 풍경, 마오리 문화, 그리고 훨씬 더 많은 것들이 기다리고 있을 텐데. M: (1)안녕 수! 맞아, 그리고 내가 얼마나 흥분되었는지 말할 수 없을 정도야. 졸업 후 바로 떠날 거야. 피오르드를 돌아다니고, 초록이 무성한 계곡을 탐험하고, 오클랜드나 웰링턴 같은 장소의 도시 분위기에 빠져보는 꿈을 꿔왔어. 근데 갈림길에 서 있는 중이야. 배낭여행과 패키지 여행 중에서 정할 수가 없어. 둘 다 장점과 단점이 있어.
[본론 1]	F: I totally get that. Maybe my experience can help you to decide! (2)First, backpacking surely gives you a lot of flexibility. You can choose where you want to go, when you want to go, and how long you stay. There's a sense of adventure while you truly immerse yourself in the culture and landscape.	F: 충분히 이해해. 아마 내 경험이 네 결정에 도움이 될 수 있을 것 같아! (2) 먼저, 배낭여행은 확실히 너에게 많은 유연성을 제공해. 어디로 가고 싶은지, 언제 가고 싶은지 얼마나 머물지 네가 결정할 수 있으니까. 문화와 풍경에 진정으로 몰입하는 동안 모험심을 느낄 수 있어.

	M: I remember you showing those pictures from South America. They were phenomenal! And you seemed so relaxed.	M: 네가 남미에서 찍은 사진들을 보여줬던 게 기억나. 정말 경이로웠어! 그리고 너는 매우 편안해 보였어.
[본론 2]	F: However, it was also occasionally stressful. (3)When backpacking, there's often a lot of uncertainty. Sometimes you might struggle to find accommodations at the last minute, especially during peak seasons. M: That's a valid point. One of my friends once told me that I have to do some research because some places such as national parks or protected areas are restricted to the public. And, of course, there's always the added responsibility of safety, especially if you're in unfamiliar territory.	F: 하지만 가끔 스트레스도 받았어. (3)배낭여행을 할 때는 예측할 수 없는 일들이 많아. 특히 성수기에 막판에 숙소를 구하느라 힘들 수 있어. M: 그거 타당한 지적이네. 내 친구 중 하나가 국립 공원이나 보호 구역 같은 일부 장소는 일반인들에게 제한되어 있어서 조사를 해야 한다고 말한 적이 있어. 그리고 물론, 특별히 익숙하지 않은 지역에 있다면 안전에 대한 책임도 항상 추가되지.
[본론 3]	F: Exactly. A travel package, on the other hand, takes away a lot of those uncertainties. Everything is often planned out for you, from accommodations to daily activities, so you can just relax and enjoy the trip. M: So, does that mean I won't have to spend days of booking and doing all the research? F: Absolutely! Another point in favor of travel packages is that they often have partnerships with local businesses. This means you might get exclusive access or discounts to certain activities or places. (4)Plus, local guides can give you in-depth information about places you visit. It's a more structured experience, but you're still immersed in the local culture, just in a different way.	F: 맞아. 그 반면, 패키지 여행은 그런 불확실성들을 많이 없애주지. 숙소부터 일상 활동까지 모든 것이 자세하게 계획되어 있어서 여행을 편안하게 즐길 수 있어. M: 그러면 예약하고 조사를 다 하는 데 며칠을 할애할 필요가 없겠네? F: 그렇지! 패키지 여행의 또 다른 장점은 종종 현지 업체와 파트너쉽이 있다는 거야. 따라서 특정 활동이나 장소에 독점으로 이용하거나 할인을 받을 수 있어. (4)게다가 현지 가이드가 방문하는 곳에 대한 심층 정보를 제공해줄 수 있어. 조금 더 체계적인 체험이지만, 그래도 조금은 다른 방식으로 현지 문화에 몰입할 수 있어.
[본론 4]	M: I hadn't thought of that! Interacting with a guide could be so informative. But won't it be restrictive compared to backpacking? F: It can be. With packaged tours, there's a set itinerary, and it might feel a bit rushed. (5)Also, you might see a destination through a 'tourist filter' because package travel usually accompanies other groups. M: A 'tourist filter'? What is that?	M: 그 생각은 못 했었네! 가이드와 소통하는 것은 정말 유익할 것 같아. 하지만 배낭여행에 비해 제약이 많지 않을까? F: 그럴 수 있어. 패키지 여행은 정해진 일정이 있어서 조금 서두르게 될 수 있어. (5)또한, 패키지 여행은 보통 다른 그룹과 함께 하기 때문에 여행지를 '관광객 필터'로 볼 수 있어. M: '관광객 필터'? 그게 뭐야?

F: A "tourist filter" is like looking at a place through special glasses that only show you the popular and often commercial spots. You might miss out on the authentic and everyday life of that place. It's like getting only a highlight reel of a destination, instead of the full story. M: Ah, I see. That is something to think about. F: So have you decided what to choose?	F: '관광객 필터'란 마치 특별한 안경을 통해 장소를 보는 것처럼 인기 있고 종종 상업적인 장소만 보게 되는 거야. 그 장소의 진정한 일상을 놓치게 될 수 있어. 여행지의 전체 이야기 대신 주요한 부분만 보게 되는 것과 같아. M: 아, 알겠어. 생각해볼 만한 것이네. F: 그럼 네가 무엇을 선택할지 정했어?
[결론] M: (6)I think I'm leaning more towards backpacking. The freedom, the spontaneity, and the chance for authentic experiences seem more aligned with what I'm looking for in this trip. F: That sounds like a great choice. Remember to plan well, stay safe, and enjoy every moment of your adventure. M: Thanks for the advice and insights, Sue. I can't wait to share my experiences with you when I return!	M: (6)나는 배낭여행으로 더 기우는 것 같아. 자유, 즉흥성, 그리고 진정한 경험을 할 기회가 내가 이 여행에서 찾는 것과 더 맞는 것 같아. F: 좋은 선택인 것 같네. 잘 계획하고, 안전을 지키면서 모험의 모든 순간을 즐겨. M: 조언과 통찰을 줘서 고마워, 수. 돌아올 때 너에게 내 경험을 빨리 공유하고 싶어!

어휘 stunning 놀라운 landscape 경치 wander through 헤매다 fjord 피오르드, 협만 lush 무성한 soak in ~에 빠지다 vibe 분위기 at a crossroads 갈림길에 서 있는 demerit 단점 surely 확실히 flexibility 유연성 immerse oneself in ~에 몰입하다 phenomenal 경이로운, 대단한 occasionally 가끔 uncertainty 불확실성 struggle to-V ~하느라 힘들어하다 accommodations 숙소 at the last minute 막판에 peak season 성수기 valid 타당한 protected area 보호 지역 restricted 제한된 added 추가된 responsibility 책임 safety 안전 unfamiliar 낯선 territory 영토 exactly 맞아, 바로 그래 on the other hand 한편 take away 없애다 plan out 상세하게 계획하다 in favor of ~을 지지하여 access 접근, 이용 local guide 현지 가이드 in-depth 심층의 structured 체계화된 be immersed in ~에 몰입하다 authentic 진정한, 진짜의 informative 유익한 restrictive 제약이 많은 set itinerary 정해진 여행 일정 rushed 서두는, 성급한 destination 목적지 accompany ~와 함께 가다 commercial 상업의 spot 장소 highlight reel 가장 흥미로운 부분 lean towards ~로 (마음이) 기울다 spontaneity 즉흥성 aligned with ~와 조정된, 맞춰진

🔑 What / is / J / excited (무엇 / 이다 / J / 흥분된)   **세부사항**

1. What is John <u>excited</u> about?

  (a) starting a new job after graduation
  (b) going on a trip to South America
  (c) showing photos of his trip
  (d) traveling to New Zealand

존이 무엇에 흥분되어 있는가?
(a) 졸업 후 새로운 직장 시작하기
(b) 남미로 여행 가기
(c) 자신의 여행 사진 보여주기
(d) 뉴질랜드로 여행하기

정답 시그널 excited ※ 첫 번째 문제는 대화의 초반에 있다.

해설 대화에서 여자의 "I heard you're planning a trip to New Zealand."(뉴질랜드로 여행 갈 계획이라고 들었어.)와 남자의 "Hey Sue! It's true, and I can't tell you how excited I am. I'll be going right after our graduation."(안녕 수! 맞아, 그리고 내가 얼마나 흥분되었는지 말할 수 없을 정도야. 졸업 후 바로 떠날 거야.)을 근거로 정답은 (d)이다.

패러프레이징 a trip to New Zealand ➡ traveling to New Zealand
  • trip ➡ traveling ≒ journey(여정), tour(관광), sightseeing(관광), voyage(여행)

어휘 graduation 졸업

S / what / is / one / benefits / backpacking (S / 무엇 / 이다 / 하나 / 혜택 / 배낭여행) `세부사항`

2. According to Sue, <u>what</u> <u>is</u> <u>one</u> of the major benefits of <u>backpacking</u>?

- (a) exclusive access to certain places
- (b) having everything organized
- **(c) flexibility in choosing destinations**
- (d) less research and booking effort

수에 따르면, 배낭여행의 주요 장점 중 하나는 무엇인가?

(a) 특정 장소에 대한 독점적 접근
(b) 모든 것이 정리되어 있음
(c) 목적지를 유연하게 선택할 수 있음
(d) 조사와 예약에 들이는 노력이 적음

`정답 시그널` backpacking

`해설` 대화에서 "First, backpacking surely gives you a lot of flexibility. You can choose where you want to go"(먼저, 배낭여행은 확실히 너에게 많은 유연성을 제공해. 어디로 가고 싶은지 ~ 네가 결정할 수 있으니까)를 근거로 정답은 (c)이다.

`어휘` major 주요한 organized 조직되어 있는, 정리된

 Why / S / find / backpacking / stressful (왜 / S / 생각하다 / 배낭여행 / 스트레스를 주는) `세부사항`

3. <u>Why</u> did <u>Sue</u> sometimes <u>find</u> <u>backpacking</u> stressful?

- (a) because the itinerary is very strict
- (b) because foods are not familiar to her
- **(c) because it is not easy to find accommodations**
- (d) because it is hard to communicate in foreign languages

왜 수는 가끔 배낭여행이 스트레스를 준다고 생각했는가?

(a) 여행 일정이 매우 엄격해서
(b) 음식이 익숙하지 않아서
(c) 숙소를 찾기가 쉽지 않아서
(d) 외국어로 소통하는 것이 어려워서

`정답 시그널` stressful

`해설` 대화에서 "When backpacking, there's often a lot of uncertainty. Sometimes you might struggle to find accommodations at the last minute, especially during peak seasons."(배낭여행을 할 때는 예측할 수 없는 일들이 많아. 특히 성수기에 막판에 숙소를 구하느라 힘들 수 있어.)를 근거로 정답은 (c)이다.

`패러프레이징` you might struggle to find accommodations ➡ it is not easy to find accommodations
- struggle ➡ not easy ≒ hard(어려운), difficult(어려운), tough(어려운), demanding(까다로운, 힘든), complicated(복잡한), troublesome(힘든, 성가신), arduous(힘든)

`어휘` strict 엄격한 familiar 익숙한 language barrier 언어의 장벽

 J / what / most likely / informative / travel packages (J / 무엇 / 추론 / 유익한 / 패키지 여행) `추론`

4. According to John, <u>what</u> is <u>most likely</u> <u>informative</u> with <u>travel packages</u>?

- (a) information packet about local bistros
- **(b) instruction by a local guide**
- (c) tickets to outdoor activities
- (d) application for choosing destinations

존에 따르면, 무엇이 패키지 여행에 가장 유익한 것 같은가?

(a) 현지 식당에 대한 소책자
(b) 현지 가이드의 안내
(c) 야외 활동을 위한 티켓
(d) 목적지 선택을 위한 애플리케이션

travel packages

해설 대화에서 "Plus, local guides can give you in-depth information about places you visit."(게다가 현지 가이드가 방문하는 곳에 대한 심층 정보를 제공해줄 수 있어.)을 근거로 가장 적절한 정답은 (b)이다.

어휘 information packet 자료집, 소책자 bistro 식당 instruction 안내 outdoor activity 야외 활동

🔑 **what / cause / tourist filter (무엇 / 야기하다 / 관광객 필터)**　　　　　　　　세부사항

5. Based on the conversation, what can cause a 'tourist filter'?

(a) **visiting many attractions in groups**
(b) staying in one place for a long duration
(c) traveling during the peak season
(d) having too much authentic experience

대화에 따르면, 무엇이 '관광객 필터'를 야기할 수 있는가?

(a) **단체로 많은 관광지를 방문하는 것**
(b) 한 장소에 오래 머무는 것
(c) 성수기에 여행하는 것
(d) 너무 많은 진정한 경험을 하는 것

정답 시그널 tourist filter

해설 대화에서 "Also, you might see a destination through a 'tourist filter' because package travel usually accompanies other groups."(또한, 패키지 여행은 보통 다른 그룹과 함께 하기 때문에 여행지를 '관광객 필터'로 볼 수 있어.)를 근거로 정답은 (a)이다.

어휘 attraction 관광지 duration 기간

🔑 **What / most likely / J / do / conversation (무엇 / 추론 / J / 하다 / 대화)**　　　추론

6. What most likely will John do after the conversation?

(a) ask Sue to join him on his trip
(b) **prepare to go backpacking**
(c) cancel his travel plans
(d) book a packaged tour

대화 후에 존은 무엇을 할 것 같은가?

(a) 수에게 여행을 함께 하자고 요청하기
(b) **배낭여행 갈 준비하기**
(c) 여행 계획 취소하기
(d) 패키지 여행 예약하기

정답 시그널 have you decided what to choose ※ 마지막 문제는 대화의 마지막에 있다.

해설 대화에서 "I think I'm leaning more towards backpacking. The freedom, the spontaneity, and the chance for authentic experiences seem more aligned with what I'm looking for in this trip."(나는 배낭여행으로 더 기우는 것 같아. 자유, 즉흥성, 그리고 진정한 경험을 할 기회가 내가 이 여행에서 찾는 것과 더 맞는 것 같아.)를 근거로 가장 적절한 정답은 (b)이다.

어휘 join ~와 함께 하다

Practice 1

구성	효과적인 시험 공부법	
[인사 및 주제] 시험 준비 전략	Hello and a warm welcome to all listeners of the 'Study Sphere' podcast. My name is Edward, and today (1)we're talking about a topic most students face in their academic lives: effectively preparing for exams. Exams can be tough, but with the right techniques and strategies, you can navigate them with confidence. Let's look at some good strategies that can maximize your performance.	안녕하세요, 'Study Sphere' 팟캐스트의 모든 청취자분들을 환영합니다. 제 이름은 에드워드이고, 오늘은 (1)대부분의 학생들이 학업 생활에서 직면하는 주제인 효과적인 시험 준비에 대해 이야기하려고 합니다. 시험은 어려울 수 있지만 올바른 기술과 전략을 사용하면 자신 있게 대처할 수 있습니다. 성과를 극대화할 수 있는 몇 가지 좋은 전략을 살펴보겠습니다.
[전략 1] 학습 방식 이해	First, it is crucial to understand your learning style. (2)We all learn and remember things in different ways. Some are visual learners, who prefer to look at pictures, charts, or colorful notes. Others are auditory learners, who understand better when they hear the information, perhaps through recorded lectures or group discussions. Find out what works for you and use those ways to study effectively.	먼저, 여러분의 학습 스타일을 이해하는 것이 중요합니다. (2)우리 모두 다른 방식으로 무언가를 배우고 기억합니다. 일부는 그림, 차트, 혹은 컬러풀한 노트를 보는 것을 선호하는 시각적인 학습자입니다. 다른 사람들은 녹음된 강의나 그룹 토론을 통해 정보를 들을 때 더 잘 이해하는 청각 학습자입니다. 무엇이 여러분에게 도움이 되는지 찾아내고, 그 방법을 사용해서 효과적으로 공부하세요.
[전략 2] 일찍 시작하기	Next, start early. (3)Begin your study sessions at least four weeks before the exam date. This lets you look at topics bit by bit and do a little each day. Remember, cramming the night before the exam or hasty preparation within two weeks often leads to confusion, missed details, and added stress as the exam approaches.	다음으로, 일찍 시작하세요. (3)최소한 시험일 4주 전에 공부를 시작하세요. 이렇게 하면 주제를 조금씩 살펴보며 매일 조금씩 할 수 있습니다. 기억하세요, 시험 전날 밤에 벼락치기를 하거나 2주 이내에 급하게 준비하면 시험이 다가올수록 종종 혼란이 생기고, 세부사항을 놓치고, 스트레스가 가중됩니다.
[전략 3] 공부하기 좋은 장소 찾기	Third, find a good place to study. Any space that is free from distractions, comfortable, and well-lit is fine. It could be a corner of your room, a library, or a quiet café. Just make sure the place feels like it's time to study and ensure that the environment helps you to concentrate.	세 번째로, 공부하기 좋은 장소를 찾아보세요. 방해받지 않고 편안하며 조명이 밝은 공간이면 어디든 좋습니다. 그곳은 여러분의 방 구석, 도서관, 혹은 조용한 카페일 수 있습니다. 그냥 그 장소가 공부할 시간이라는 느낌이 들게 하고 주변 환경이 집중하는데 도움을 주는지 확인하세요.
[전략 4] 능동적인 학습 기술	Fourth, be active when you study. Usually, reading isn't just enough, so you need to use active study techniques. (4)Talk about what you learn. You could explain it to a friend or family member, or you can even talk to yourself in front of a mirror pretending	네 번째로, 공부할 때는 적극적으로 하세요. 대체로 읽는 것만으로는 충분하지 않기 때문에 적극적인 학습 기술을 사용해야 합니다. (4)배운 것에 대해 이야기해 보세요. 친구나 가족에게 설명하거나, 거울 앞에서 선생님인 척하며 자신에게 이

	you're the teacher. You can also make cards to review or use tricks to remember hard things. The important thing is to interact, review, and recall what you learned.	야기할 수도 있습니다. 복습할 카드를 만들거나 어려운 것들을 기억하기 위한 요령을 사용할 수도 있습니다. 중요한 것은 배운 내용과 상호작용하고, 복습하고, 기억하는 것입니다.
[전략 5] 연습의 힘	Fifth, never underestimate the power of practice. This is especially true for subjects that involve problem-solving, like math or physics. When I was in college, (5)I often used the website called "Exam4me," which allowed me to practice past papers, sample questions, and exercises. With a small monthly fee, the site got me used to answering hard questions and helped me manage my time in the real test.	다섯 번째로, 연습의 힘을 절대 과소평가하지 마세요. 수학이나 물리와 같이 문제 해결을 포함하는 과목에 대해서는 특히 그렇습니다. 대학 시절에 (5)나는 종종 "Exam4me"이라는 웹사이트를 자주 사용했는데, 이것으로 과거 기출문제, 샘플 문제, 연습 문제들을 연습했습니다. 적은 월 사용료로 이 사이트를 통해 어려운 문제를 푸는 데 익숙해졌고 실제 시험에서 시간을 관리하는 데 도움이 되었습니다.
[전략 6] 포모도로 기법	Sixth, remember to take regular breaks during study sessions. (6)The Pomodoro Technique, where you study for 25 minutes and then take a 5-minute break, can be particularly effective. These breaks refresh you and prevent burnout, ensuring that your study sessions remain productive. If you feel like you need a longer break, spend an hour going for a quick jog or doing a stretching routine! You might think it's not related, but they can increase blood flow to the brain, sharpening attention and memory.	여섯 번째로, 공부하는 동안 규칙적으로 휴식을 취하는 것을 기억하세요. (6) Pomodoro 기법은 25분 동안 공부하고 나서 5분간 휴식을 취하는 것으로, 특히 효과적일 수 있습니다. 이러한 휴식은 여러분의 기분을 상쾌하게 해주고, 심신의 소모를 방지하여, 공부 시간을 생산적으로 유지할 수 있도록 합니다. 더 긴 휴식이 필요하다면, 빠르게 조깅을 하거나 스트레칭 동작을 하면서 한 시간을 보내세요! 연관이 없다고 생각할지도 모르지만, 두 활동 모두 뇌로의 혈류를 증가시켜 주의력과 기억력을 향상시킬 수 있습니다.
[전략 7] 충분한 수면 취하기	Lastly, get adequate sleep, especially a few nights before the exam. I have seen so many students studying hard in the beginning but breaking down right before an exam, because of feeling too tired or sick. (7)Having a good sleep at night at least 3 days before the exam starts will help your brain work better when you are taking the test.	마지막으로, 특히 시험 며칠 전에는 충분한 수면을 취하세요. 많은 학생들이 처음에는 열심히 공부하지만, 시험 직전에 너무 피곤하거나 아파서 무너지는 모습을 봤습니다. (7)시험이 시작되기 최소 3일 전에 밤에 충분한 수면을 취하면, 시험을 치를 때 뇌가 더 잘 작동하는데 도움이 됩니다.
[결론] 인내, 전략, 훈련의 시험	To wrap up, exams are not just a test of knowledge but of perseverance, strategy, and discipline. With the right methods, hard tests become things you can easily do. Thanks for listening to 'Study Sphere' today. Good luck to everyone taking tests! Remember, it's about doing a bit better every time. Until next time, keep studying!	마무리하자면, 시험은 단순히 지식의 시험이 아니라 인내심, 전략, 훈련의 시험입니다. 올바른 방법을 사용하면, 어려운 시험도 여러분이 쉽게 할 수 있는 것이 됩니다. 오늘 'Study Sphere'를 들어주셔서 감사합니다. 시험을 볼 모든 분들에게 행운을 빕니다! 기억하세요, 매번 조금씩 더 나아지는 것이 중요합니다. 다음 번까지 계속 공부하세요!

effectively 효과적으로 navigate 다루다, 처리하다 with confidence 자신 있게 maximize 극대화하다 crucial 중요한 auditory 청각의 work for ~에게 도움이 되다, 효과적이다 at least 적어도 bit by bit 조금씩, 서서히 cram 벼락치기 공부를 하다 hasty 서두르는 preparation 준비 lead to ~로 이어지다, ~을 초래하다 confusion 혼란 approach 다가오다, 가까워지다 free from ~이 없는 distraction 산만하게 하는 것, 집중을 방해하는 것 well-lit 조명이 좋은 make sure 확인하다 ensure 확실히 ~하게 하다 concentrate 집중하다 active 적극적인 pretend ~인 체하다 review 복습하다 trick 요령 recall 기억해내다 underestimate 과소 평가하다 especially 특히 true for ~에도 해당되는 problem-solving 문제 해결 physics 물리학 paper 시험 문제, 시험지 monthly fee 월 사용료 used to ~에 익숙한 particularly 특히 refresh 새롭게 하다 prevent 막다, 방지하다 burnout 극도의 피로, 심신의 소모 productive 생산적인 routine 일과, (정해진 운동) 동작 related 관련된 blood flow 혈류 sharpen 향상시키다 adequate 충분한 break down 무너지다 wrap up 마무리하다 perseverance 인내심 discipline 훈련 it's about sth 중요한 것은 ~이다

What / is / talk (무엇 / 이다 / 담화)　　　주제

1. What is the talk all about?

(a) how to find a good academy
(b) how to choose your learning style
(c) how to use online resources for studying
(d) how to effectively get ready for tests

이 담화는 무엇에 관한 것인가?

(a) 좋은 학원을 찾는 방법
(b) 자신의 학습 스타일을 선택하는 방법
(c) 공부에 온라인 자료를 이용하는 방법
(d) 시험 준비를 효과적으로 하는 방법

정답 시그널 talking about　※ PART 4의 첫 번째 문제는 주제를 묻는 유형으로 고정되어 있지만, 담화 초반에 답이 나오지 않더라도 당황하지 말자. 전체적인 내용을 듣고 답을 고르면 된다.

해설 담화에서 "we're talking about a topic most students face in their academic lives: effectively preparing for exams."(대부분의 학생들이 학업 생활에서 직면하는 주제인 효과적인 시험 준비에 대해 이야기하려고 합니다.)를 근거로 정답은 (d)이다.

패러프레이징 preparing for exams ➡ get ready for tests
• prepare ➡ get ready ≒ arrange(준비하다), stand by(대비하다), brace(대비하다)
• exam ➡ test ≒ examination(점검), quiz(퀴즈), evaluation(평가 시험), assessment(평가 시험)

어휘 academy 학원 resource 자료, 자원

---

s / why / probably / is / understanding / learning style / crucial
(화자 / 왜 / 추론 / 이다 / 이해하는 것 / 학습 스타일 / 중요한)　　　추론

2. According to the speaker, why probably is understanding your learning style crucial?

(a) to analyze the charts and pictures better
(b) to identify what type of exams you are good at
(c) to use methods that enhance your learning
(d) to listen to your study partners more wisely

화자에 따르면, 왜 자신의 학습 스타일을 이해하는 것이 중요한 것 같은가?

(a) 차트와 그림을 더 잘 분석하기 위해
(b) 어떤 유형의 시험에서 잘하는지 파악하기 위해
(c) 학습을 향상시키는 방법을 사용하기 위해
(d) 공부 파트너의 말을 더 현명하게 듣기 위해

정답 시그널 crucial to understand your learning style

해설 담화에서 "We all learn and remember things in different ways. Some are visual learners, who prefer to look at pictures, charts, or colorful notes. Others are auditory learners, who understand better when they hear the information, perhaps through recorded lectures or group discussions. Find out what works for you and use those ways to study effectively."(우리 모두 다른 방식으로 무언가를 배우고 기억합니다. 일부는 그림, 차트, 혹은 컬러풀한 노트를 보는 것을 선호하는 시각적인 학습자입니다. 다른 사람들은 녹음된 강의나 그룹 토론을 통해 정보를 들을 때 더 잘 이해하는 청각 학습자입니다. 무엇이 여러분에게 도움이 되는지 찾아내고, 그 방법을 사용하여 효과적으로 공부하세요.)를 근거로 가장 적절한 정답은 (c)이다.

어휘 analyze 분석하다 identify 파악하다 enhance 향상시키다 wisely 현명하게

How early / s / ask / L / to begin / studying / exam
(얼마나 일찍 / 화자 / 요청하다 / 청취자들 / 시작하도록 / 공부하는 것 / 시험)

세부사항

3. How early does the speaker ask listeners to begin studying for an exam?

(a) at least 2 weeks before the exam
(b) at least 4 weeks before the exam
(c) the night before the exam
(d) the same day as the exam

화자는 청취자들에게 얼마나 일찍 시험 공부를 시작하라고 요구하는가?

(a) 최소 시험 2주 전
(b) 최소 시험 4주 전
(c) 시험 전날 밤
(d) 시험 당일

정답 시그널 Begin your study ~ before the exam date

해설 담화에서 "Begin your study sessions at least four weeks before the exam date."(최소한 시험일 4주 전에 공부를 시작하세요.)를 근거로 정답은 (b)이다.

what / most likely / s / mean / being 'active'
(무엇 / 추론 / 화자 / 의미하다 / '적극적인' 것)

추론

4. Based on the talk, what most likely does the speaker mean by being "active"?

(a) explaining what you learned to your acquaintances
(b) taking frequent breaks before practicing
(c) changing study locations on a regular basis
(d) studying while standing up or moving around

담화에 따르면, 화자가 "적극적"이라고 말한 것은 무엇을 의미하는 것 같은가?

(a) 배운 것을 지인에게 설명하기
(b) 연습하기 전에 자주 휴식 취하기
(c) 정기적으로 공부하는 장소 바꾸기
(d) 일어서서 혹은 움직이며 공부하기

정답 시그널 be active

해설 담화에서 "Talk about what you learn. You could explain it to a friend or family member, or you can even talk to yourself in front of a mirror pretending you're the teacher."(배운 것에 대해 이야기해 보세요. 친구나 가족에게 설명하거나, 거울 앞에서 선생님인 척하며 자신에게 이야기할 수도 있습니다.)를 근거로 가장 적절한 정답은 (a)이다.

패러프레이징 explain it to a friend or family member ➡ explaining what you learned to your acquaintances

어휘 acquaintance 지인 frequent 잦은 on a regular basis 정기적으로

What resource / s / use / to practice / exams
(어떤 자료 / 화자 / 사용하다 / 연습하기 위해 / 시험)

세부사항

5. What resource did the speaker use to practice for exams?

(a) an online resource
(b) a podcast
(c) a library book
(d) a workshop

화자는 시험을 대비해 연습하기 위해 어떤 자료를 사용했는가?

(a) 온라인 자료
(b) 팟캐스트
(c) 도서관 책
(d) 워크숍

정답 시그널 used the website

해설 담화에서 "I often used the website called "Exam4me"(나는 종종 "Exam4me"라는 웹사이트를 자주 사용했는데)를 근거로 정답은 (a)이다.

패러프레이징 the website ➡ an online resource
  • website ➡ online resource ≒ site(사이트), network(네트워크), Web page(웹페이지), the Internet(인터넷), electronically(전자적으로)

---

 s / what / is / Pomodoro Technique (화자 / 무엇 / 이다 / Pomodoro 테크닉)　　　**세부사항**

6. According to the speaker, what is the "Pomodoro Technique"?

(a) a technique of reviewing cards every day
(b) a method of increasing blood flow to the brain
(c) a way to study for 25 minutes at a time
(d) a method of playing memory-enhancing game for 5 minutes

화자에 따르면, "Pomodoro 기법"이란 무엇인가?

(a) 매일 카드를 복습하는 기술
(b) 뇌로 가는 혈류를 증가시키는 방법
(c) 한번에 25분 동안 공부하는 기술
(d) 5분 동안 기억력 향상 게임을 하는 방법

정답 시그널 Pomodoro Technique

해설 담화에서 "The Pomodoro Technique, where you study for 25 minutes and then take a 5-minute break, can be particularly effective."(Pomodoro 기법은 25분 동안 공부하고 나서 5분간 휴식을 취하는 것으로, 특히 효과적일 수 있습니다.)를 근거로 정답은 (c)이다.

어휘 blood flow 혈류　memory-enhancing 기억력을 향상시키는

 How / a good night's sleep / help / taking / exam (어떻게 / 숙면 / 돕다 / 치르다 / 시험)　　　**세부사항**

7. How does a good night's sleep help when you are taking an exam?

(a) It helps you distinguish the facts well.
(b) It ensures you don't need to study the night before.
(c) It decreases the need for breaks during classes.
(d) It helps your brain work better during the exam.

숙면은 시험을 치를 때 어떻게 도움이 되는가?

(a) 사실을 잘 구분하는 데 도움이 된다.
(b) 전날 밤에 공부할 필요가 없도록 해 준다.
(c) 수업 중 휴식을 취할 필요성을 줄여 준다.
(d) 시험 중에 두뇌가 더 잘 작동하도록 도와준다.

정답 시그널 a good sleep at night ※ 마지막 문제는 담화의 마지막에 있다.

해설 담화에서 "Having a good sleep at night at least 3 days before the exam starts will help your brain work better when you are taking the test."(시험 시작되기 최소 3일 전에 밤에 충분한 수면을 취하면, 시험을 치를 때 뇌가 더 잘 작동하는데 도움이 됩니다.)를 근거로 정답은 (d)이다.

어휘 distinguish 구별하다　decrease 줄이다　break 휴식

구성	적합한 집 선택을 위한 고려 사항	
[인사 및 주제] 적절한 거주지 선택	A big hello to everyone tuning into the 'Home Harmony' show! Last week, we discussed the advantages and disadvantages of living in an apartment. (1)Today's topic is about things that we must consider when choosing the right place to live. I remember when I first stepped into the world of house-hunting; it was a whirlwind of excitement and uncertainty. But from that journey, I've learned some invaluable tips. Let me share some of these insights with you.	'Home Harmony' 쇼를 듣고 계신 모든 분들께 큰 인사드립니다! 지난주에는 아파트에 사는 것의 장단점에 대해 이야기했습니다. (1)오늘의 주제는 우리가 살기 적절한 집을 고를 때 고려해야 할 것들입니다. 제가 처음으로 집 구하기의 세계에 발을 들여놓았을 때를 기억합니다. 그것은 흥분과 불확실성의 소용돌이였어요. 그러나 그 여정에서 저는 몇 가지 귀중한 비법을 배웠습니다. 이러한 통찰 중 일부를 여러분과 공유하도록 하겠습니다.
[비법 1] 집의 위치 선택	First, think about where the house should be. In real estate, there is a mantra saying "location, location, location." That means it's very important. When I was hunting for my first home, I was tempted by a beautiful, affordable house. (2)However, it was miles away from my workplace and the other places I needed to go. I realized that a dream house could also become a daily hassle. So, consider the distance from work, schools, and stores.	먼저, 집이 어디에 있어야 하는지 생각하세요. 부동산에서는 "위치, 위치, 위치"라는 문구가 있습니다. 그만큼 그것이 매우 중요하다는 것을 뜻합니다. 제 첫 집을 찾을 때, 저는 아름답고 저렴한 집에 유혹을 받았어요. (2)그러나 그것은 제 직장과 다른 가야 할 장소들로부터 수마일 떨어져 있었습니다. 꿈의 집도 일상에서는 번거로움이 될 수 있다는 것도 깨달았죠. 따라서 직장, 학교와 상점과의 거리를 고려하세요.
[비법 2] 재정 및 비용	Second, plan your finances. (3)It's essential not only to consider the price of the house but also ongoing costs. Remember, a house involves bills like electricity, water, and taxes, plus there will be regular maintenance fees. (3)From personal experience, always keep a little extra for unforeseen expenses.	둘째, 재무 계획을 세우세요. (3)집의 가격뿐만 아니라 지속적인 비용도 고려하는 것이 필수적입니다. 집에는 전기, 수도, 세금과 같은 청구서가 포함되며 정기적인 관리비가 있다는 점을 기억하세요. (3)개인적인 경험으로 볼 때, 예상치 못한 비용에 대비해 항상 약간의 추가 비용을 준비해 두세요.
[비법 3] 크기와 공간	Third, size and space: A big house with vast spaces and numerous rooms sounds nice. But ask yourself, "How many rooms do I really need?" and "Do I want a big space or many small rooms?" (4)For me, a cozy study room was more crucial than an extra bedroom. So, think about your lifestyle and consider what rooms you'll use daily and space that fits your daily life.	셋째, 크기와 공간: 넓은 공간과 많은 방이 있는 큰 집이 좋아 보입니다. 그러나 "나는 정말 몇 개의 방이 필요한가?" 그리고 "나는 큰 공간 하나를 원하는가 아니면 많은 작은 방들을 원하는가?"라고 스스로에게 물어보세요. (4)저에게는 아늑한 공부방이 여분의 침실보다 더 중요했습니다. 따라서 여러분의 생활 방식을 생각하고, 매일 어떤 방을 사용할지와 일상 생활에 맞는 공간을 고려하세요.

[비법 4] 미래 고려하기	Fourth, think about the future. While living in the present is essential, when buying a house, a peek into the future can be beneficial. For example, think about selling the house later. Even if you want to stay a long time, things might change. Maybe you will want a bigger family. Or maybe an elderly parent might live with you. Or you might work from home one day. (5)Therefore, think about potential life changes that might occur in the years to come.	넷째, 미래에 대해 생각해 보세요. 현재를 사는 것도 중요하지만, 집을 살 때 미래를 엿보는 것이 유익할 수 있습니다. 예를 들면, 나중에 집을 팔 생각을 해 보세요. 오랫동안 살고 싶어도 상황은 바뀔 수 있습니다. 아마도 더 큰 가족을 원할지도 모릅니다. 아니면 고령의 부모님이 여러분과 함께 살게 될 수도 있습니다. 또는 언젠가 집에서 일하게 될지도 모릅니다. (5)따라서 앞으로 몇 년 동안 일어날지도 모르는 예상되는 삶의 변화를 생각해 보세요.
[비법 5] 주변 환경 고려	Fifth, the neighborhood around the house is important too. (6)Go there and see what it's like in the morning, afternoon, and night. Talk to people living there. There are some cases of falling in love with a house at first sight during a daytime visit, but ending up regretting moving in because the whole area was noisy and bustling at night. So, ensure you're comfortable there both day and night.	다섯째, 집 주변의 이웃도 중요합니다. (6)거기에 가서 오전, 오후, 밤에 어떤지 살펴보세요. 거기 사는 사람들과 이야기해 보세요. 낮 시간 방문 중에 첫눈에 한 집에 반하게 되었지만, 밤에 시끄럽고 북적거려서 결국 이사를 후회하는 경우도 있습니다. 따라서 낮과 밤 모두 편안하게 지낼 수 있는지 확인하세요.
[비법 6] 구매 전 전문가에게 확인받기	Point six. Always have someone inspect the house before buying. It might seem like an added expense, but in the long run, it can save you from buying a house with hidden problems. (7)My friend once bought a house that looked good on paper. But soon, she discovered leaks in the basement and had to repair them at a significant expense. This taught me to get a thorough house inspection by professionals before signing the final contract.	여섯째, 집을 사기 전에 누군가에게 집을 점검하게 하세요. 처음에는 추가 비용처럼 보일 수 있지만, 결국에는 숨겨진 문제가 있는 집을 구매하는 것을 피할 수 있습니다. (7)제 친구가 한번은 서류상으로는 괜찮아 보이는 집을 산 적이 있었습니다. 그러나 곧 그녀는 지하실에서 새는 곳을 발견했고, 상당한 수리 비용을 들여 집을 수리해야 했습니다. 이것은 나에게 항상 최종 계약서에 서명하기 전에 전문가에게 철저한 집 점검을 받아야 한다는 것을 가르쳐 주었습니다.
[결론] 집 선택의 균형 찾기	Picking a house is about finding balance. Think about both practical aspects, like price and size, and also consider how the house makes you feel. Thank you for listening today. For all those looking for a house, I wish you the best of luck.	집을 고르는 것은 균형을 찾는 것입니다. 가격과 크기와 같은 실용적인 면에 대해 모두 생각하고 집이 여러분에게 어떻게 느껴지는지도 고려해 보세요. 오늘 들어주셔서 감사합니다. 집을 구하고 계신 모든 분들께 행운을 기원합니다.

어휘 tune into ~로 채널을 맞추다, ~을 청취하다 advantage 장점 disadvantage 단점 right 맞는, 적절한 step into ~에 발을 디디다. 관여하다 house-hunting 집 보러 다니기 whirlwind 선풍, 소용돌이 excitement 흥분 uncertainty 불확실성 invaluable 귀중한 real estate 부동산 mantra 진언, (되풀이되는) 문구 tempt 유혹하다. 부추기다 affordable 살 만한 가격의, 저렴한 hassle 번거로운 상황(일) distance 거리 finance 재무, 재정 essential 필수적인 ongoing 지속적인, 진행 중인 not only A but also B A뿐 아니라 B도 electricity 전기 maintenance 유지 보수, 관리 unforeseen 예측하지 못한 peek into ~을 살짝 엿보기 beneficial 유익한 elderly 고령의 neighborhood 동네, 이웃 at first sight 첫눈에 end up (결국) ~하게 되다 bustle 북적거리다 inspect 점검하다. 조사하다 added expense 추가 비용 in the long run 결국은, 나중에는 save *sb* from ~ing ~가 ~하는 것을 피하게 하다 on paper 서류상으로 leak 새는 곳. 누출 basement 지하실 significant 상당한 teach *sb* to-V ~에게 ~하도록 가르치다 thorough 철저한 sign a contract 계약서에 서명하다 aspect 측면

What / s / is talking (무엇 / 화자 / 이야기하고 있다)

1. What is the speaker mainly talking about?

   (a) picking the right home
   (b) selling an apartment or a house
   (c) remodeling the old house
   (d) choosing a good real estate

화자는 주로 무엇에 관해 이야기하고 있는가?

   (a) 적절한 집 선택하기
   (b) 아파트 또는 주택 판매하기
   (c) 오래된 집 리모델링하기
   (d) 좋은 부동산 선택하기

정답 시그널 Today's topic ※ PART 4의 첫 번째 문제는 주제를 묻는 유형으로 고정되어 있지만, 담화 초반에 답이 나오지 않더라도 당황하지 말고, 내용 전체를 듣고 답을 고르는 것이 좋다.

해설 담화에서 "Today's topic is about things that we must consider when choosing the right place to live."(오늘의 주제는 우리가 살기 적절한 집을 고를 때 고려해야 할 것들입니다.)를 근거로 정답은 (a)이다.

패러프레이징 choosing the right place to live ➡ picking the right home
  • choosing ➡ picking ≒ selecting(고르기), making a choice(고르기, 선택하기), singling out(선출하기, 선발하기)

 What / probably / think / considering / location
(무엇 / 추론 / 생각하다 / 고려하다 / 위치)

2. What should one probably think about when considering the location?

   (a) the mantra of the real estate agent
   (b) the distance from the workplace
   (c) the number of rooms in the house
   (d) the age of the house

위치를 고려할 때 무엇을 생각해야 하는가?

   (a) 부동산 중개인의 진언
   (b) 직장과의 거리
   (c) 집의 방 수
   (d) 집의 연식

정답 시그널 think about where the house should be, location

해설 담화에서 "However, it was miles away from my workplace and the other places I needed to go. I realized that a dream house could also become a daily hassle. So, consider the distance from work, schools, and stores."(그러나 그것은 제 직장과 다른 가야 할 장소들로부터 수마일 떨어져 있었습니다. 꿈의 집도 일상에서는 번거로움이 될 수 있다는 것도 깨달았죠. 따라서 직장, 학교와 상점과의 거리를 고려하세요.)를 근거로 가장 적절한 정답은 (b)이다.

어휘 real estate agent 부동산 중개인 distance 거리

 s / why / is / planning finance / essential
(화자 / 왜 / 이다 / 재무 계획 / 필수적인)

3. According to the speaker, why is planning finances essential?

   (a) to consider the initial price only
   (b) to think about unforeseen expenses
   (c) to receive a tax rebate
   (d) to defer utility payments

화자에 따르면, 왜 재무 계획이 필수적인가?

   (a) 초기 가격만 고려하기 위해
   (b) 예상치 못한 비용을 생각하기 위해
   (c) 세금 환급을 받기 위해
   (d) 공공요금 납부를 연기하기 위해

정답 시그널 plan your finances

해설 담화에서 "It's essential not only to consider the price of the house but also ongoing costs."(집의 가격뿐만 아니라 지속적인 비용도 고려하는 것이 필수적입니다.)와 "From personal experience, always keep a little extra for unforeseen expenses."(개인적인 경험으로 볼 때, 예상치 못한 비용에 대비해 항상 약간의 추가 비용을 준비해 두세요.)를 근거로 정답은 (b)이다.

여휘 initial price 초기 가격　expense 비용　tax rebate 세금 환급　defer 연기하다　utility 공공요금　payment 지불, 납부

What feature / s / want / house / third tip
(어떤 기능 / 화자 / 원하다 / 집 / 세 번째 팁)　　　세부사항

4. What feature did the speaker want in a house when giving the third tip?

(a) a large yard
(b) a place to study
(c) numerous rooms
(d) an extra bedroom

세 번째 조언을 줄 때, 화자는 주택에 어떤 기능을 원했는가?

(a) 큰 마당
(b) 공부할 공간
(c) 많은 방
(d) 추가된 침실

정답 시그널 Third

해설 담화에서 "For me, a cozy study room was more crucial than an extra bedroom."(저에게는 아늑한 공부방이 여분의 침실보다 더 중요했습니다.)을 근거로 정답은 (b)이다.

Why / s / suggest / house-hunter / think / future
(왜 / 화자 / 제안하다 / 집을 구하는 사람 / 생각하다 / 미래)　　　세부사항

5. Why does the speaker suggest a house-hunter should think about the future?

(a) to evaluate the potential costs
(b) to decide on the furniture layout
(c) to consider probable life changes
(d) to choose the best season to move

왜 화자는 집을 구하는 사람에게 미래에 대해 생각하라고 제안하는가?

(a) 잠재적인 비용을 평가하기 위해
(b) 가구 배치를 결정하기 위해
(c) 있음 직한 삶의 변화를 고려하기 위해
(d) 이사하기 가장 좋은 계절을 선택하기 위해

정답 시그널 think about the future

해설 담화에서 "Therefore, think about potential life changes that might occur in the years to come."(따라서 앞으로 몇 년 동안 일어날지도 모르는 예상되는 삶의 변화를 생각해 보세요.)을 근거로 정답은 (c)이다.

패러프레이징 think about potential life changes ➡ consider probable life changes
- think about/of/over ➡ consider ≒ deliberate(심사숙고하다), contemplate(심사숙고하다), ponder over(숙고하다)
- potential ➡ probable ≒ possible(가능한, 있을 수 있는), hidden(숨겨져 있는, 잠재적인), likely(있을 법한, 가능성 있는)

여휘 evaluate 평가하다　cost 비용　furniture 가구　layout 배치　probable 있음 직한

---

what advice / s / give / neighborhood (어떤 조언 / 화자 / 주다 / 이웃)　　　세부사항

6. What advice does the speaker give about the neighborhood?

(a) make sure it is bustling
(b) do not worry about it
(c) do not engage with the neighbors
(d) visit during different times of the day

화자는 이웃에 대해 어떤 조언을 하는가?

(a) 북적거리는지 확인하기
(b) 이웃에 대해 걱정하지 않기
(c) 이웃과 교류하지 않기
(d) 하루 중 여러 다른 시간에 방문하기

해설 담화에서 "Go there and see what it's like in the morning, afternoon, and night."(거기에 가서 오전, 오후, 밤에 어떤지 살펴보세요.)을 근거로 정답은 (d)이다.

어휘 engage with ~와 교류하다, 어울리다

---

 why / speaker's friend / regret / buying / house
(왜 / 화자의 친구 / 후회하다 / 산 것 / 집)

세부사항

7. Based on the talk, <u>why</u> did the <u>speaker's friend</u> <u>regret</u> <u>buying</u> her <u>house</u>?

(a) The house was located far from her job.
(b) The house was smaller than she thought.
(c) The house had leaks in the basement.
(d) The house had noisy neighbors nearby.

담화에 따르면, 왜 화자의 친구는 집을 산 것을 후회했는가?

(a) 집이 그녀의 직장에서 멀리 떨어져 있었다.
(b) 집이 그녀가 생각했던 것보다 작았다.
(c) 집의 지하실에 새는 곳이 있었다.
(d) 집 근처에 시끄러운 이웃이 있었다.

정답시그널 My friend ※ 마지막 문제의 정답은 담화의 마지막에서 찾을 수 있다.

해설 담화에서 "My friend once bought a house that looked good on paper. But soon, she discovered leaks in the basement and had to repair them with a significant expense."(제 친구가 한번은 서류상으로는 괜찮아 보이는 집을 산 적이 있었습니다. 그러나 곧 그녀는 지하실에서 새는 곳을 발견했고, 상당한 수리 비용을 들여 집을 수리해야 했습니다.)"를 근거로 정답은 (c)이다.

어휘 be located 위치하다 nearby 근처에

빈출 질문 메모 연습하기

(p. 177)

1. What is the talk all about?

2. What is the speaker mainly talking about?

3. What was the purpose of the upcoming event at the library?

4. Why has Jina never learned to play the piano?

5. According to the speaker, what is the problem with running early in the morning?

6. How can customers receive a coupon for their next purchase?

7. Based on the conversation, why are people switching to organic products?

8. When was Brain able to sell his used car?

9. What does the speaker recommend doing with the data collected from the experiment?

10. Based on the talk, how can one improve the quality of a video clip?

11. According to the announcement, who is NOT eligible to apply for the position?

12. What will Eric most likely do after the conversation?

13. According to the talk, why most likely is adding more plant-based foods to our meals beneficial?

14. What did Cindy probably decide to do?

15. Based on the talk, what will the audience probably think when a speaker is confident?

실전 모의고사

Answer

문법 1-26

1. 시제 – 현재진행   정답 (a)

최근 도시 활성화 프로젝트 중에 사라가 사랑하던 서점이 현대식 쇼핑 단지로 대체될 위협에 직면했다. 그녀는 어린 시절의 추억과 서점의 유산을 보존하기로 결심하고, 현재 그 서점을 개조하고 현대화하기 위한 혁신적인 아이디어를 모색 중이다.

풀이 방법

① 선택지를 보고 시제를 묻는 Form 유형임을 파악한다.

② 빈칸이 포함된 문장에서 now는 현재진행 시제와 자주 사용되는 부사임을 기억한다.

③ 현재진행 시제인 (a) is brainstorming을 고른다.

어휘 revitalization 활성화 beloved 사랑받는 face a threat 위협에 직면하다 replace 대체하다 complex (복합) 단지 determined to-V ~하기로 (굳게) 결심한 preserve 보존하다 legacy 유산 brainstorm 아이디어를 모으다 renovate 개조하다 modernize 현대화하다

2. 준동사 – 동명사   정답 (b)

집에서 요리하는 것은 단순히 식사 준비 이상이다; 이것은 세심한 주의와 창의성을 요구하는 예술이다. 만약 다양한 요리와 재료들을 꾸준히 시도하는 것을 즐긴다면, 새로운 세계의 맛을 발견할 수 있다.

풀이 방법

① 선택지를 보고 준동사(동명사나 to부정사)를 묻는 Form 유형임을 파악한다.

② 빈칸이 포함된 문장에서 enjoy는 동명사를 목적어로 취하는 동사이다. (c) having experimented와 (d) to have experimented는 정답으로 출제되지 않으므로 먼저 제거한다.

③ 동명사인 (b) experimenting을 고른다.

어휘 require 요구하다 attention 주의 creativity 창의성 experiment with ~을 시험하다, 시도하다 consistently 꾸준히 cuisine 요리 ingredient 재료 discover 발견하다 flavor 맛

3. 시제 – 미래완료진행   정답 (c)

내 친구인 에밀리 로즈는 환경 운동가이다. 그녀는 다음 달 새 법안이 표결에 부쳐질 때쯤이면 2년 동안 새로운 법안을 위한 캠페인을 벌이고, 지지를 얻기 위해 종종 지역 사회 행사와 인식 증진 운동을 조직하고 있는 셈이 된다.

풀이 방법

① 선택지를 보고 시제를 묻는 Form 유형임을 파악한다.

② 빈칸이 포함된 문장에서 'for + 기간(two years)'과 'by the time + 현재 시제(is voted)', 미래 시점(next month)은 미래완료진행 시제와 자주 사용되는 표현임을 기억한다.

③ 미래완료진행 시제인 (c) will have been campaigning을 고른다.

어휘 environmental activist 환경 운동가 campaign for ~을 위한 운동을 벌이다 legislation 법안 organize 조직하다 awareness 인식, 의식 drive 운동, 캠페인 garner 얻다 vote 표결하다

4. 가정법 – 가정법 과거   정답 (b)

테크 회사의 CEO가 된 이후, 그 젊은 기업가는 종종 사업 전략으로 과감한 결정을 내리는데, 이는 효과적이지만 파격적이다. 만약 그의 대학 멘토들이 지금 그를 본다면, 그들은 확실히 그의 위험한 방법에 의문을 제기할 것이다.

풀이 방법

① 선택지를 보고 가정법을 묻는 Form 유형임을 파악한다.

② 빈칸이 포함된 문장에서 'if + 과거 시제(saw)'는 가정법 과거에 사용되는 표현임을 기억한다. 따라서 주절에는 'would/could/might + 동사원형'이 와야 한다.

③ 가정법 과거인 (b) would certainly question을 고른다.

어휘 entrepreneur 기업가 bold decision 과감한 결정

business strategy 사업 전략 effective 효과적인
unconventional 관습을 벗어난, 파격적인 question ~에 의문을
제기하다 risky 위험한

5. 준동사 – to부정사   정답 (d)

알렉스가 기술 스타트업을 설립한 이후, 그 회사는 빠른 성장
과 시장의 큰 관심을 경험했다. 수요에 부응하기 위해, 그는 회
사의 영역을 확장하고 시장 점유율을 더 높이려는 목표로 다
양한 확장 옵션을 고려하고 있다.

풀이 방법

① 선택지를 보고 준동사를 묻는 Form 유형임을 파악한다.

② 빈칸이 포함된 문장에서 빈칸은 앞에 있는 명사 options를
   꾸며주는 형용사 역할을 하는 것임을 확인한다. (b) having
   expanded와 (c) to have expanded는 정답으로 출제되
   지 않으므로 먼저 제거한다.

③ to부정사인 (d) to expand를 고른다.

어휘 rapid growth 빠른 성장 considerable 상당한
interest 관심 keep up with demand 수요를 따라가다, 수요에
부응하다 expand 확장하다 reach 범위, 영역 further 보다 더
enhance 향상시키다 market share 시장 점유율

6. 조동사 – can   정답 (a)

벌새는 대부분의 새와 달리 다양한 방향으로 날 수 있는 독특
한 능력으로 알려져 있다. 그들은 앞으로 나는 것에만 제한되
지 않고, 뒤로, 옆으로, 심지어 일직선으로 날아오를 수 있으
며, 뛰어난 공중 민첩성을 보여준다.

풀이 방법

① 선택지를 보고 조동사를 묻는 Meaning 유형임을 파악한다.

② 빈칸 앞뒤의 문장을 해석하고 논리적으로 연결되는 조동사
   를 골라야 한다. '뒤로, 옆으로, 심지어 일직선으로 날아오
   를 수 있으며'는 능력을 나타내므로 can이 가장 적절하다.

③ 정답으로 (a) can을 고른다.

어휘 hummingbird 벌새 unique 독특한 ability 능력
various 다양한 direction 방향 be restricted to ~에 제한되다
forward flight 앞으로 날기 backward 뒤로 sideways 옆으로
straight up 일직선 위로 aerial 공중의 agility 민첩성

7. 시제 – 현재완료진행   정답 (b)

인구 고령화에 따라 의료 서비스에 대한 수요가 증가하고 있
다. 지난 몇 년 동안, 더 많은 의료 전문가들이 노인 간호를 전
문으로 하고 있으며, 특히 만성 질환을 앓고 있는 사람들의 삶
의 질을 개선하는 데 주력하고 있다.

풀이 방법

① 선택지를 보고 시제를 묻는 Form 유형임을 파악한다.

② 빈칸이 포함된 문장에서 'Over the past few years'는 현

재완료진행 시제와 자주 사용되는 표현임을 기억한다.

③ 현재완료진행 시제인 (b) have been specializing을 고른다.

어휘 population 인구 age 고령화되다 demand 수요
healthcare professional 의료 전문가 specialize in ~을 전
문으로 하다 elderly care 노인 간호 particularly 특히
chronic condition 만성 질환

8. 준동사 – 동명사   정답 (b)

그 정치인은 공공 기금에서 돈을 훔치다 적발되기 전까지 지
역 사회에서 매우 존경받았고 사회적 대의에 대한 헌신으로
유명했다. 이제 지지자들과 동료들이 그의 진실성과 신뢰성에
의문을 제기하며 거리를 두면서 그의 정치 경력은 위험에 처
해 있다.

풀이 방법

① 선택지를 보고 준동사를 묻는 Form 유형임을 파악한다.

② 빈칸이 포함된 문장에서 be caught은 동명사를 목적어로
   취하는 표현이다. (c) having stolen과 (d) to have stolen
   은 정답으로 출제되지 않으므로 먼저 제거한다.

③ 동명사인 (b) stealing을 고른다.

어휘 politician 정치인 commitment 헌신 cause 대의(명분),
이상 be caught -ing ~하다 적발되다 public fund 공공 기금
political career 정치 경력 in jeopardy 위험에 처한
colleague 동료 distance oneself (~와) 거리를 두다 cast
doubt on ~에 의문을 제기하다 integrity 진실성, 청렴
trustworthiness 신뢰성

9. should 생략 – 당위성 동사   정답 (a)

최근 환경 보존에 관한 연구들은 도시 지역의 공기 질이 상당
히 개선되었음을 보여주고 있다. 지구 환경 연구 센터의 한 연
구원은 도시들이 지속 가능한 발전을 위해 녹색 정책을 계속
해서 시행할 것을 권장하고 있다.

풀이 방법

① 선택지를 보고 동사원형을 묻는 Form 유형임을 파악한다.

② 빈칸이 포함된 문장에서 빈칸 앞에 recommend는 that절
   과 함께 사용하여 should 생략을 이끄는 당위성 동사임을
   기억한다.

③ 동사원형 (a) persist를 고른다.

어휘 environmental conservation 환경 보존 significant
improvement 상당한 개선 air quality 공기 질 urban area
도시 지역 researcher 연구원 recommend 권장하다 persist
in ~을 (끈질기게) 계속하다 implement 시행하다 green policy
녹색 정책 sustainable development 지속 가능한 발전

10. 가정법 – 가정법 과거완료   정답 (b)

생태학자들은 최근 지역의 멸종 위기 종의 개체 수 증가에 흥

분하고 있다. 새로운 보존 조치가 없었다면, 이러한 종들은 지역에서 멸종해서 사라져 버렸을지도 모른다.

풀이 방법

① 선택지를 읽고 가정법을 묻는 Form 유형임을 파악한다.

② 빈칸이 포함된 문장에서 Had it not been for는 if it had not been for의 축약형으로, 가정법 과거완료를 사용하는 표현임을 알 수 있다. 따라서 주절에는 'would/could/might + have p.p.'가 와야 한다.

③ 가정법 과거완료인 (b) might have disappeared를 고른다.

어휘 ecologist 생태학자 population 개체 수 endangered species 멸종 위기 종 region 지역 conservation measure 보존 조치 disappear 사라지다 extinction 멸종

11. 준동사 – to부정사　　　　정답 (c)

그녀는 장편 영화로 제작될 단편 소설 '작은 땅의 야수들'의 작가이다. 그녀는 처음에는 이 소설이 영화로 각색되는 것을 망설였지만, 창의적인 의견을 제시받자 마음을 바꿨다.

풀이 방법

① 선택지를 보고 준동사를 묻는 Form 유형임을 파악한다.

② 빈칸이 포함된 문장에서 hesitate는 to부정사를 취하는 동사이다. 참고로 (a) having allowed와 (d) to have allowed는 정답으로 출제되지 않으므로 먼저 제거한다.

③ to부정사인 (c) to allow을 고른다.

어휘 beast 짐승, 야수 feature length movie 장편 영화 initially 처음에 adapt 각색하다 relent (거절에서) 마음을 바꾸다 input 투입, 의견

12. 관계사 – 관계대명사　　　　정답 (d)

오트밀은 영양가 있는 아침 식사 옵션일 뿐만 아니라, 맛이 쉽게 바뀔 수 있어 사람들이 과일, 견과류, 또는 감미료와 함께 즐길 수 있다. 이런 다용도성으로 많은 피트니스 애호가들이 선호하는 훌륭한 아침 식사로 선택된다.

풀이 방법

① 선택지를 보고 관계사를 묻는 Form 유형임을 파악한다.

② 빈칸 앞에 선행사가 사물(a great breakfast choice)이므로 관계대명사 which와 that이 가능하다. 관계대명사 which와 that 뒤에는 주어나 목적어가 없는 불완전한 문장이 오는데, (c)는 완벽한 문장이므로 오답이다.

③ 정답으로 (d) that many fitness enthusiasts prefer를 고른다.

어휘 besides ~ 뿐만 아니라 nutritious 영양가 있는 alter 바꾸다 nut 견과류 sweetener 감미료 versatility 다용도성 fitness enthusiast 운동 애호가

13. should 생략 – 당위성 동사　　　　정답 (c)

최근 몇 년 동안, 지역 도서관들이 디지털 독서 플랫폼의 부상으로 인해 방문객 수가 감소하고 있다. 따라서, 교육부는 모든 현지 학교들이 도서관과 협력하여 독서 프로그램에 참여할 것을 지시한다.

풀이 방법

① 선택지를 보고 동사원형을 묻는 Form 유형임을 파악한다.

② 빈칸이 포함된 문장에서 빈칸 앞에 command는 that절과 함께 사용하여 should 생략을 이끄는 당위성 동사임을 기억한다.

③ 동사원형인 (c) engage in을 고른다.

어휘 decrease 감소 due to ~로 인해 rise 부상 Education Ministry 교육부 command 명령하다, 지시하다 engage in ~에 참여하다 in collaboration with ~와 협력하여

14. 가정법 – 가정법 과거완료　　　　정답 (a)

열정적인 여행자로서 마르코는 혼자서 새로운 장소를 탐험하는 것보다 항상 가이드 투어를 통해 여행한다. 결과적으로 그는 방문했던 도시들의 숨겨진 보석들을 많이 놓쳤다. 그가 혼자 여행했다면 그렇게 많은 독특한 장소들을 놓치지 않았을 것이다.

풀이 방법

① 선택지를 보고 가정법을 묻는 Form 유형임을 파악한다.

② 빈칸이 포함된 문장에서 had he traveled는 if he had traveled의 축약형으로, 가정법 과거완료를 사용하는 표현임을 알 수 있다. 따라서 주절에는 'would/could/might + have p.p.'가 와야 한다.

③ 가정법 과거완료인 (a) wouldn't have missed를 고른다.

어휘 avid 열정적인 rather than ~하기 보다 explore 탐험하다 on his own 혼자서 as a result 결과적으로 hidden gem 숨겨진 보석 spot 장소 by oneself 혼자서

15. 시제 – 미래진행　　　　정답 (a)

올해, 내 동료는 팀워크 활동에 초점을 맞춘 연례 회사 워크숍을 건너뛰기로 결정했다. 대신, 그는 관리팀이 분기별 성과를 검토할 때를 대비해 시장 동향에 대한 포괄적인 보고서를 준비할 예정이다.

풀이 방법

① 선택지를 보고 시제를 묻는 Form 유형임을 파악한다.

② 빈칸이 포함된 문장에서 'when + 현재 시제(reviews)'는 미래진행 시제와 자주 사용되는 표현임을 기억한다.

③ 미래진행 시제인 (a) will be preparing을 고른다.

어휘 skip 건너뛰다 annual 연례의 company retreat 회사 워크숍 team-building exercise 팀워크 활동 prepare A for B B를 위해 A를 준비하다 comprehensive 포괄적인 review 검토하다

16. 준동사 – 동명사   정답 (d)

학생들은 교수가 기술 장애로 갑작스럽게 강의를 끝냈을 때 놀랐다. 대부분의 학생들은 그 주제가 중요하고 철저한 토론을 할 만한 가치가 있다고 느꼈다. 그러나 그들은 수업을 취소하는 것이 효과적인 해결책이라고 생각하지 않았다.

풀이 방법

① 선택지를 보고 준동사를 묻는 Form 유형임을 파악한다.

② 빈칸이 포함된 문장에서 consider는 동명사를 목적어로 취하는 동사이다. (a) having cancelled와 (b) to be cancelling은 정답으로 출제되지 않으므로 먼저 제거한다.

③ 동명사인 (d) cancelling을 고른다.

어휘 abruptly 갑작스럽게, 느닷없이 difficulties 어려움, 장애 essential 중요한 deserve ~할 가치가 있다 thorough 철저한 solution 해결책

17. 시제 – 과거완료진행   정답 (d)

바쁜 일정과 계속되는 출장으로 알려진 CEO는 중요한 이사회 회의에 늦게 도착했다. 그가 도착할 때까지, 이사진들은 자기들끼리 사전 문제를 논의하며 회의실에서 30분 동안 기다리고 있었다.

풀이 방법

① 선택지를 보고 시제를 묻는 Form 유형임을 파악한다.

② 빈칸이 포함된 문장에서 'By the time + 과거 시제(got)'와 'for + 기간(half an hour)'은 과거완료진행 시제와 자주 사용되는 표현임을 기억한다.

③ 과거완료진행 시제인 (d) had been waiting을 고른다.

어휘 constant 계속되는 travel 출장, 이동, 여행 crucial 중요한 board meeting 이사회 회의 preliminary 사전의

18. 가정법 – 가정법 과거   정답 (b)

에밀리는 유럽 여행을 위해 모아둔 상당한 양의 돈을 동물 보호소에 기부할 계획이다. 가족들이 에밀리의 현재 계획을 알고 있다면 에밀리의 선택에 동의하지 않을 것이고 걱정을 표할 것이다.

풀이 방법

① 선택지를 먼저 읽고 가정법을 묻는 Form 유형임을 파악한다.

② 빈칸이 포함된 문장에서 'if + 과거 시제(were)'는 가정법 과거에 사용되는 표현임을 기억한다. 따라서 주절에는 'would/could/might + 동사원형'이 와야 한다.

③ 가정법 과거인 (b) would disagree를 고른다.

어휘 donate 기부하다 animal shelter 동물 보호소 save for ~을 위해 모으다 disagree with ~에 동의하지 않다 express 표현하다 concern 우려 be aware of ~을 알고[인식하고] 있다

19. 연결어 – 전치사   정답 (c)

지난 한 달 동안 주지사 개인 비서직 채용 공고가 있었다. 지원자는 5년의 경력에 더해 3개 국어에 능통해야 하기 때문에 충원에 어려움을 겪고 있다.

풀이 방법

① 선택지를 보고 연결어를 묻는 Meaning 유형임을 파악한다.

② 빈칸 앞뒤의 문장을 해석하고 두 문장을 논리적으로 연결하는 연결어를 골라야 한다. 문맥상 in addition to(~에 더해)가 가장 적절하다.

③ 전치사구인 (c) in addition to를 고른다.

어휘 secretary 비서 governor 주지사 have difficulty -ing ~하느라 어려움을 겪다 fill 충원하다 applicant 지원자 fluent 능통한

20. 관계사 – 관계부사   정답 (c)

꽃은 꽃잎, 수술, 꽃밥, 암술을 포함한 여러 부분으로 구성되어 있다. 수술은 꽃가루가 생성되는 꽃밥을 지탱하는 얇은 실이다. 꽃가루가 암술에 떨어지면 암술이 수정되어 씨앗이 형성된다.

풀이 방법

① 선택지를 보고 관계사를 묻는 Form 유형임을 파악한다.

② 빈칸 앞에 선행사가 사물(anther)이 나왔고, 관계사절의 문장이 완전하므로 장소를 나타내는 where가 가능하다.

③ 관계부사절인 (c) where pollen is produced를 고른다.

어휘 consist of ~으로 구성되다 petal 꽃잎 stamen 수술 anther 꽃밥 pistil 암술 filament 가는 실 pollen 꽃가루 fertilize 수정시키다

21. 가정법 – 가정법 과거   정답 (d)

사라와 파트너 미아는 수공예 보석과 장인이 만든 스카프를 특징으로 하는 부티크를 운영하고 있다. 그러나 그들은 현재의 판매 수치에 완전히 만족하고 있는 것은 아니다. 그들이 더 많은 자금을 할당하기로 결정한다면, 그들은 매장을 다시 디자인하고 제품 라인에 더 다양성을 추가할 수 있을 것이다.

풀이 방법

① 선택지를 보고 가정법을 묻는 Form 유형임을 파악한다.

② 빈칸이 포함된 문장에서 'were ~'는 'if ~ were'에서 if가 생략되어 주어와 동사가 도치된 형태로 가정법 과거에 사용되는 표현임을 기억한다. 따라서 주절에는 'would/could/might + 동사원형'이 와야 한다.

③ 가정법 과거인 (d) could redesign을 고른다.

어휘 run 운영하다 handcrafted 수공예의 artisanal 장인이 만든 not entirely 완전히 ~하지는 않은 sales figures 판매 수치 allocate 할당하다 fund 자금 variety 다양성 product line 제품군, 제품 라인

22. 시제 - 과거진행　　　　　　　　　　정답 (c)

연례 과학 박람회 도중 학교의 전기가 갑자기 나가 학생들과 프로젝트에 약간의 혼란이 생겼다. 교장이 상황에 대처해 달라는 요청을 받았을 때, 과학 교사들은 정전 시 취할 만한 조치를 빠르게 설명하고 있었다.

풀이 방법

① 선택지를 보고 시제를 묻는 Form 유형임을 파악한다.

② 빈칸이 포함된 문장에서 'when + 과거 시제(was asked)'는 과거진행 시제와 자주 사용되는 표현임을 기억한다.

③ 과거진행 시제인 (c) were quickly explaining을 고른다.

어휘 annual 연례의 science fair 과학 박람회 electricity 전기 go off 나가다 cause 야기하다 chaos 혼란 safety measure 안전 조치 power outage 정전 principal 교장 address 대처하다

23. 연결어 - 접속부사　　　　　　　　　정답 (b)

기후 변화는 환경의 다양한 측면에 영향을 미치는 중대한 문제이다. 예를 들어, 그것은 해수면 상승, 온도 증가, 날씨 패턴의 변화를 초래한다. 그 영향 중 일부에는 더 빈번하고 심각한 허리케인, 녹고 있는 북극의 만년설, 많은 지역에서 길어지는 가뭄 기간 등이 포함된다.

풀이 방법

① 선택지를 보고 연결어를 묻는 Meaning 유형임을 파악한다.

② 빈칸 앞뒤의 문장을 해석하고 두 문장을 논리적으로 연결하는 연결어를 골라야 한다. 앞 문장에서 기후 변화에 대한 문제점을 설명하고, 뒤 문장에서는 그에 대한 예시를 들고 있으므로, 문맥상 For instance(예를 들어)가 가장 적절하다.

③ 접속부사구인 (b) For instance를 고른다.

어휘 climate change 기후 변화 critical 중대한 affect 영향을 미치다 aspect 측면 lead to ~을 초래하다 rising sea level 해수면 상승 alter 변하다 frequent 자주 발생하는 severe 심각한 polar ice cap 북극 만년설 extended 장기간에 걸친, 길어진 drought 가뭄

24. 가정법 - 가정법 과거완료　　　　　정답 (a)

첨단 농업 기술의 도입은 농업 관행을 혁신적으로 변화시켰고, 작물 수확량을 크게 증가시켰다. 만약 농부들이 그 잠재력을 더 일찍 깨달았다면, 그들은 훨씬 더 빨리 더 높은 수익을 거뒀을 것이다.

풀이 방법

① 선택지를 보고 가정법을 묻는 Form 유형임을 파악한다.

② 빈칸이 포함된 문장에서 'If + 과거완료 시제(had realized)'는 가정법 과거완료를 사용하는 표현임을 알 수 있다. 따라서 주절에는 'would/could/might + have p.p.'가 와야 한다.

③ 가정법 과거완료인 (a) would have reaped를 고른다.

어휘 introduction 도입 advanced 첨단의, 고급의 agricultural 농업의 revolutionize 혁신적으로 변화시키다 farming practice 농업 관행 crop yield 작물 수확량 immensely 엄청나게, 크게 potential 잠재력 reap profits 수익을 거두다

25. 조동사 - must　　　　　　　　　　정답 (d)

회사의 연례 총회는 오전 10시에 시작될 예정이었지만, 화상 회의 소프트웨어의 예상치 못한 기술적 문제로 인해 상당한 지연이 있었다. 이러한 문제를 해결하는 데 필요한 시간을 고려하면, 회의가 마침내 시작된 시간은 오전 11시 30분쯤 되었을 것이다.

풀이 방법

① 선택지를 보고 조동사를 묻는 Meaning 유형임을 파악한다.

② 빈칸 앞뒤의 문장을 해석하고 문장에서 논리적으로 연결되는 조동사를 골라야 한다. '회의가 마침내 시작된 시간은 11시 30분쯤 되었을 것이다'는 과거에 대한 확실한 추측을 나타내는 것이므로, must가 가장 적절하다. 참고로 뒤에 나오는 have p.p.와 함께 can은 함께 쓰이지 않으며, will have p.p.는 미래완료로 문맥상 과거에 사용할 수 없다.

③ 정답으로 (d) must를 고른다.

어휘 annual general meeting 연례 총회 be scheduled to-V ~하기로 예정되다 unexpected 예상치 못한 video conferencing 화상 회의 substantial 상당한 delay 지연 given ~을 고려하면 resolve 해결하다 commence 시작하다

26. 준동사 - to부정사　　　　　　　　　정답 (d)

고객이 이전을 결정할 때, 좋아하는 온라인 쇼핑 사이트에서 배송 주소를 업데이트하는 것이 중요하다. 이런 조치는 그들의 주문이 올바르게 배송되도록 지원하는 데 필수적이다. 고객들은 원활한 의사소통을 촉진하고 매끄러운 서비스를 보장하기 위해 연락처 정보도 최신 상태로 유지하는 것도 중요하다.

풀이 방법

① 선택지를 보고 준동사를 묻는 Form 유형임을 파악한다.

② 빈칸이 포함된 문장에서 빈칸 앞에 문장은 완벽하고, '~하기 위해서'라는 목적의 의미로 해석하는 것이 가장 자연스럽기 때문에 빈칸에는 부사적 용법(목적)으로 사용된 to부정사가 들어가야 한다. (a) having supported와 (b) to have supported는 정답으로 출제되지 않으므로 먼저 제거한다.

③ to부정사인 (d) to support를 고른다.

어휘 relocate 이전하다 shipping address 배송 주소 action 행동, 조치 vital 필수적인, 매우 중요한 correct delivery 정확한 배달 order 주문 crucial 중요한 contact information 연락처 정보 current 최신의 smooth 원활한 ensure 보장하다 seamless 매끄러운

PART 1 일상 대화 (Narration)

구성	갭이어 계획	
[인사 및 주제]	M: Hey Gina! It's been a while since we talked about your post-graduation plans. Have you decided what to do yet? F: Hi, Mr. Goldstein. I have given it a lot of thought, and I think I have a plan now. (27)I've decided to take a gap year after graduation before pursuing my master's degree.	M: 안녕, 지나! 우리가 졸업 후 계획에 대해 이야기한 지 꽤 오래되었네요. 이제 무엇을 할지 결정했나요? F: 안녕하세요, 골드스타인 선생님! 많이 생각했는데 이제 계획이 생긴 것 같아요. (27)졸업 후 1년 동안 갭이어를 가지고 나서 석사 학위를 따기로 결정했어요.
[본론 1]	M: A gap year? Oh, that's interesting! I did that as well after I had finished my bachelor's degree. Did you make any particular plans for your gap year? F: Yes, I did. I'm planning to travel to Europe. I think it'll be a great opportunity for personal growth and exploration. M: Traveling certainly broadens your perspectives. When I traveled, it opened my eyes to so many different lifestyles and viewpoints. Which countries are you planning to visit in Europe? F: Europe is full of beautiful countries that are rich in culture. (28)However, I've always been fascinated by France, its history and its art, not to mention its cuisine! Best of all, some of my cousins live there! M: That sounds incredibly exciting! You're going to have a great time exploring these countries. I still remember my visit to France; the beauty of the architecture and the rich history were amazing. Now, moving onto your academic plans — what field are you considering for your master's degree?	M: 갭이어? 오, 그거 흥미롭네요! 나도 학사 학위를 마친 후에 갭이어를 했어요. 갭이어를 위해 특별한 계획을 세웠나요? F: 네. 유럽 여행을 계획하고 있어요. 개인적인 성장과 탐색을 위해 좋은 기회가 될 것 같아요. M: 여행은 확실히 시야를 넓혀 주지요. 나는 여행할 때, 여러 다른 생활 방식과 관점에 눈을 뜨게 됐어요. 유럽에 어떤 나라들을 갈 계획인가요? F: 유럽에는 문화가 풍부한 아름다운 나라들이 가득하잖아요. (28)하지만 전 항상 프랑스에 매료되었어요. 역사, 예술, 그리고 요리는 말할 것도 없고! 무엇보다도 제 친척 중 몇 명이 거기에 살고 있어요! M: 정말 신나겠네요! 이 나라들을 탐험하며 즐거운 시간을 보낼 수 있을 거예요. 나는 아직도 프랑스에 갔던 것이 기억나요. 건축물의 아름다움과 풍부한 역사가 놀라웠지요. 이제 학업 계획으로 넘어가서, 석사 학위를 위해 어떤 분야를 고려하고 있나요?
[본론 2]	F: (29)I really want to expand on what I learned in my computer science major. Recently, I have been interested in the areas of artificial intelligence and machine learning. So, I want to pursue my master's in these areas.	F: (29)저는 컴퓨터 과학 전공에서 배운 것을 정말로 확장하고 싶어요. 최근에는 인공 지능과 머신 러닝 분야에 흥미가 생겼어요. 그래서 이 분야에서 석사 과정을 밟고 싶어요.

	M: That's a rapidly evolving field with significant potential for future growth. Have you shortlisted any universities for your master's program? F: I have a few options in mind. MIT and Stanford are my top choices because they have some of the best programs in computer science. (30)I'm also considering other universities in Chicago because getting into MIT and Stanford is extremely competitive. Of course, my parents are hoping that I'll go to a school closer to home.	M: 그것은 빠르게 발전하고 있는 분야로 미래 성장 가능성이 매우 높죠. 석사 과정으로 어떤 대학들을 최종 후보로 정했나요? F: 몇 가지 선택을 염두에 두고 있어요. MIT와 스탠포드가 컴퓨터 과학 분야에서 최고의 프로그램 중 몇 개를 제공하고 있어서 최우선 순위로 두고 있어요. (30)시카고에 있는 다른 대학들도 고려하고 있는데, MIT와 스탠포드에 입학하는 것은 매우 경쟁이 치열해서요. 물론 부모님은 제가 집에서 더 가까운 학교에 가기를 바라시고 있죠.
[본론 3]	M: You have an impressive academic record. I'm sure you'll do well no matter where you go. By the way, have you thought about how you're going to finance your travels and your education? F: (31)I've been working part-time and doing internships throughout my undergraduate years. I've saved quite a bit from those experiences which should help with my travel expenses. As for my education, I am planning to apply for scholarships. And if needed, I will consider getting a student loan. M: That sounds like a well-thought-out plan, Gina. Remember, securing finances is crucial. (32)I learned a lot about budgeting and financial planning during my gap year. Anyway, I hope you can enjoy each and every moment of it.	M: 학업 성적이 인상적이네요. 어디에 가든 잘 할 거라고 확신해요. 그런데 여행과 교육에 필요한 경비는 어떻게 마련할지 생각해 봤어요? F: (31)저는 학부 시절 내내 아르바이트와 인턴십을 해왔어요. 그 경험으로 여행 경비에 도움이 될 만한 돈을 꽤 모았어요. 학비에 관해서는 장학금을 신청할 계획이에요. 그리고 필요하면 학자금 대출을 받는 것도 고려하고 있어요. M: 세심하게 계획한 것 같네요, 지나 양. 재정 확보가 중요하다는 것을 기억하세요. (32)나는 갭이어 기간에 예산과 재무 계획에 대해 많이 배웠어요. 어쨌든, 갭이어의 모든 순간을 즐길 수 있기를 바랄게요.
[결론]	F: Thanks, Mr. Goldstein. By the way, are you going to be in your office before the graduation ceremony next Friday? (33)I want to stop by to say goodbye before I graduate. M: Yes, I'll be in my office until about 11. After that, I will go to watch the ceremony. I'll probably be busy in the afternoon. F: Okay, (33)I'll drop by your office around 10. See you next week!	F: 감사합니다, 골드스타인 선생님. 그런데, 다음 주 금요일 졸업식 전에 연구실에 계실 건가요? (33)졸업하기 전에 작별 인사를 하러 들르고 싶어서요. M: 네, 11시 정도까지 연구실에 있을 거예요. 그 후에는 졸업식을 보러 갈 거예요. 오후에는 아마 바쁠 것 같아요. F: 알겠습니다. (33)10시쯤 연구실에 들를게요. 다음 주에 뵙겠습니다!

어휘 post-graduation 졸업 후의 give it a lot of thought 생각을 많이 하다 gap year 갭이어(졸업 후 다음 학업 단계 시작 전 일을 하거나 여행을 하면서 보내는 1년) pursue 추구하다 master's degree 석사 학위 particular 특별한 growth 성장 exploration 탐구, 탐색 certainly 확실히 broaden 확장시키다 perspective 관점, 시각 viewpoint 견해, 관점 fascinate 마음을 사로잡다, 매혹하다 not to mention ~은 말할 것도 없이 cuisine 요리(법) best of all 무엇보다도 incredibly 엄청나게 architecture 건축 move onto ~로 넘어가다 expand 확장하다 artificial intelligence 인공 지능 machine learning 머신 러닝, 기계 학습 rapidly 빠르게 evolving 발전하는

shortlist ~을 최종 후보로 정하다 have ~ in mind ~을 염두에 두다 competitive 경쟁이 치열한 academic record 학업 성적 no matter where 어디든지 finance 자금을 대다 undergraduate 학부의 as for ~에 관해서 student loan 학자금 대출 well-thought-out 세심히 구상된 secure 확보하다 budgeting 예산 financial planning 재무 계획 drop by 들르다

 What / G / do / right after / graduation (무엇 / G / 하다 / 곧바로 / 졸업) `세부사항`

27. What will Gina do right after graduation?

(a) look for a job in Italy
(b) pursue a master's degree
(c) take a gap year
(d) start her own business

지나는 졸업 후 바로 무엇을 할 것인가?
(a) 이탈리아에서 일자리를 찾는 것
(b) 석사 학위를 취득하는 것
(c) 갭이어를 가지는 것
(d) 자신의 사업을 시작하는 것

`정답 시그널` post-graduation plans ※ 첫 번째 문제에 대한 정답은 대화의 초반에서 확인할 수 있다.

`해설` 대화에서 "I've decided to take a gap year after graduation before pursuing my master's degree."(졸업 후 1년 동안 갭이어를 가지고 나서 석사 학위를 따기로 결정했어요.)를 근거로 정답은 (c)이다. (b)는 갭이어를 보낸 후 할 일이기 때문에 오답이다.

Why / probably / G / has decided / to go / France (왜 / 추론 / G / 결정했다 / 가는 것 / 프랑스) `추론`

28. Why probably has Gina decided to go to France?

(a) to explore new job opportunities
(b) to spend time with her relatives
(c) to participate in a seminar in her field
(d) to earn money for her education

왜 지나가 프랑스에 가기로 결정했을 것 같은가?
(a) 새로운 직업 기회를 탐색하기 위해
(b) 친척과 시간을 보내기 위해
(c) 자신의 분야의 세미나에 참석하기 위해
(d) 학비를 벌기 위해

`정답 시그널` France

`해설` 대화에서 "However, I've always been fascinated by France, its history and its art, not to mention its cuisine! Best of all, some of my cousins live there!"(하지만 전 항상 프랑스에 매료되었어요. 역사, 예술, 그리고 요리는 말할 것도 없고! 무엇보다도 제 친척 중 몇 명이 거기에 살고 있어요!)를 근거로 가장 적절한 정답은 (b)이다.

`패러프레이징` cousins ➡ relatives ≒ family(가족), kin(친척), connections(먼 친척, 인척), blood(혈통)

`어휘` explore 탐구하다, 탐색하다 opportunity 기회 relative 친척

which field / G / major in (어떤 분야 / G / 전공하다) `세부사항`

29. Based on the conversation, which field did Gina major in?

(a) software engineering
(b) data science
(c) computer science
(d) information technology

대화에 따르면, 지나는 어떤 분야를 전공했는가?
(a) 소프트웨어 공학
(b) 데이터 과학
(c) 컴퓨터 과학
(d) 정보 기술

`정답 시그널` major

`해설` 대화에서 "I really want to expand on what I learned in my computer science major."(저는 컴퓨터 과학 전공에서 배운 것을 정말로 확장하고 싶어요.)를 근거로 정답은 (c)이다.

`어휘` field 분야 major in ~을 전공하다 engineering 공학 information technology 정보 기술

Why / most likely / G / is considering / applying / university / Chicago
(왜 / 추론 / G / 고려하고 있다 / 지원하는 것 / 대학 / 시카고)

추론

30. Why, most likely, is Gina considering applying to universities in Chicago?

(a) **because they are less competitive options**
(b) because they are located far from her family
(c) because they offer scholarships and financial aid
(d) because they have the best AI programs

왜 지나는 시카고에 있는 대학교에 지원하는 것을 고려하고 있는 것 같은가?

(a) **경쟁이 덜 치열한 선택이기 때문에**
(b) 가족과 멀리 떨어져 있기 때문에
(c) 장학금과 재정 지원을 제공하기 때문에
(d) 최고의 AI 프로그램이 있기 때문에

정답 시그널 universities in Chicago

해설 대화에서 "I'm also considering other universities in Chicago because getting into MIT and Stanford is extremely competitive."(시카고에 있는 다른 대학들도 고려하고 있는데, MIT와 스탠포드에 입학하는 것은 매우 경쟁이 치열해서요.)를 근거로 가장 적절한 정답은 (a)이다.

어휘 apply to ~에 지원하다 be located 위치해 있다 financial aid 재정 지원

 G / how / plan / to finance / travel expenses (G / 어떻게 / 계획하다 / 조달하다 / 여행 비용)

세부사항

31. According to Gina, how does she plan to finance her travel expenses?

(a) **by using savings from her internship**
(b) by working full-time during her gap year
(c) by borrowing money from her parents
(d) by getting student loans from a bank

지나에 따르면, 자신의 여행 비용을 어떻게 조달할 계획인가?

(a) **인턴십에서 저축한 돈을 사용해서**
(b) 갭이어 기간에 정규직으로 일해서
(c) 부모님으로부터 돈을 빌려서
(d) 은행에서 학자금 대출을 받아서

정답 시그널 finance your travels, travel expenses

해설 대화에서 "I've been working part-time and doing internships throughout my undergraduate years. I've saved quite a bit from those experiences which should help with my travel expenses."(저는 학부 시절 내내 아르바이트와 인턴십을 해왔어요. 그 경험으로 여행 경비에 도움이 될 만한 돈을 꽤 많이 모았어요.)를 근거로 정답은 (a)이다.

어휘 savings 예금 full-time 정규직으로

G / what / learn / gap year (G / 무엇 / 배우다 / 갭이어)

세부사항

32. According to Mr. Goldstein, what did he learn from his gap year?

(a) enjoying each and every moment
(b) choosing the right university
(c) getting good grades
(d) **planning to spend the money wisely**

골드스타인 씨에 따르면, 그는 갭이어를 통해 무엇을 배웠는가?

(a) 매 순간을 즐기는 것
(b) 적합한 대학을 선택하는 것
(c) 좋은 학점을 받는 것
(d) **현명하게 돈을 쓸 계획하는 것**

해설 ▶ 대화에서 "I learned a lot about budgeting and financial planning during my gap year."(나는 갭이어 기간에 예산과 재무 계획에 대해 많이 배웠어요.)를 근거로 정답은 (d)이다.

🔑 What / s / are planning / to do / next Friday
(무엇 / 화자들 / 계획하고 있다 / 하는 것 / 다음 주 금요일)

세부사항

33. What are the speakers planning to do next Friday?

(a) discuss Gina's post-graduation plans
(b) search universities for Gina's master's degree
(c) talk about the previous trip experience
(d) say their farewells to each other

화자들은 다음 주 금요일에 무엇을 할 계획인가?

(a) 지나의 졸업 후 계획에 대해 의논한다
(b) 지나의 석사 학위를 위한 대학을 검색한다
(c) 이전 여행 경험에 대해 이야기한다
(d) 서로에게 작별 인사를 한다

정답 시그널 ▶ next Friday ※ PART 1의 마지막 문제는 남성 또는 여성의 다음 할 일이 주로 출제되며 대화의 후반에서 확인할 수 있다.

해설 ▶ 대화의 마지막에 "I want to stop by to say goodbye before I graduate."(졸업하기 전에 작별 인사를 하러 들르고 싶어요.)과 "I'll drop by your office around 10. See you next week!"(10시쯤 연구실에 들를게요. 다음 주에 뵙겠습니다!)을 근거로 정답은 (d)이다.

어휘 ▶ previous 이전의 say one's farewells to ~에게 작별 인사를 하다

PART 2 강연 & 발표 (Formal Monologue)

구성	회사 투어	
[인사 및 주제] 자비스테크 소개	Hello, everyone! Thanks for being here. I'm excited to introduce you to our company, Jarvis-Tech. My name is Jordan Smith, and as the Tour Coordinator here at Jarvis-Tech, I've been lucky enough to see all the amazing things we make here. I'm happy to show you around our place and tell you about the cool stuff we've created and what we've accomplished. (34)We specialize in something called artificial intelligence, or AI for short. In simple words, we make computers think a bit like humans. Our main goal is to create technology that can change our lives, making tasks simpler and more enjoyable. We started this company because of our passion for technology and our belief that AI can help us in many ways in our day-to-day life.	안녕하세요. 여러분! 여기에 와 주셔서 감사합니다. 저희 회사 자비스테크를 소개하게 되어 기쁩니다. 제 이름은 조던 스미스이고 자비스테크의 견학 담당자로서 운 좋게도 이곳에서 만드는 놀라운 것들을 모두 볼 수 있었습니다. 여러분께 저희 공간을 둘러보도록 안내하고, 저희가 창조해낸 멋진 물건들과 이룬 성과에 대해 말씀드리게 되어 기쁩니다. (34)저희는 인공 지능 즉 줄여서 AI라고 불리는 것을 전문으로 합니다. 간단히 말해, 저희는 컴퓨터가 조금은 사람처럼 생각하도록 만듭니다. 저희의 주요 목표는 우리의 생활을 바꿀 수 있는 기술을 만드는 것으로 업무를 더 간단하고 즐겁게 하는 것입니다. 저희는 기술에 대한 열정과 AI가 일상생활에서 많은 도움을 줄 수 있다는 믿음 때문에 이 회사를 시작했습니다.

[본론 1] 자비스테크의 자율 주행 자동차	(35)One of our biggest projects involves self-driving cars. Imagine just sitting back in your seat, sipping a drink, and letting the car handle everything. It's more than just about relaxing. Having a car that can think means fewer accidents, better traffic flow, and more free time for you. Our team at Jarvis-Tech is working day and night to make this dream come true for all of us.	(35)저희의 가장 큰 프로젝트 중 하나는 자율 주행 자동차에 관한 것입니다. 자리에서 뒤로 기대 앉아 음료를 마시며 자동차가 모든 것을 처리하도록 내버려 둔다고 상상해 보세요. 이것은 단순히 편안하게 쉬는 것 이상입니다. 생각할 수 있는 자동차를 가진다는 것은 사고 감소, 더 나은 교통 흐름, 여러분에게 더 많은 자유 시간을 의미합니다. 자비스테크 팀은 밤낮으로 일해서 우리 모두를 위해 이러한 꿈을 실현시키려 합니다.
[본론 2] AI 활용 맞춤형 차량	In addition to making cars drive themselves, we are also using AI to make driving and owning a car better. Think about cars telling us when they need fixing before they break down, or music systems that play songs you like based on how you feel. We want cars that not only know the roads but that also get to know you.	자동차가 스스로 운전하게 만드는 것 외에도, 저희는 AI를 사용해서 자동차를 운전하는 것과 소유하는 것을 더 좋게 하려고 합니다. 고장 나기 전에 수리가 필요하다고 알려주는 자동차나 여러분이 어떻게 느끼는지에 따라 좋아하는 노래를 재생하는 음악 시스템을 생각해 보세요. 저희는 길만 알고 있는 자동차가 아니라 여러분을 알아가는 자동차를 원합니다.
[본론 3] 자율 주행 차량의 안전성	(36)Now, many of you may feel nervous about self-driving cars. I can tell you that safety has always been our top concern. Our cars always watch out for things on the road, like children playing or animals crossing. They can react faster than humans, ensuring a safer drive. They're built to handle tricky situations, like slippery roads or sudden stops, with great care.	(36)이제 많은 분들이 자율 주행차에 대해 불안함을 느낄지도 모릅니다. 저는 안전이 항상 저희의 최우선 관심사였다고 말씀드릴 수 있습니다. 저희 자동차는 아이들이 놀거나 동물들이 횡단하는 등의 길 위의 것들을 항상 경계합니다. 자율 주행차는 사람보다 더 빠르게 반응하여 더 안전한 주행을 보장합니다. 그것들은 미끄러운 도로나 급정거와 같은 까다로운 상황을 세심하게 대처하도록 만들어졌습니다.
[본론 4] AI 활용 운전 혁신	But we're thinking bigger than just the car. We're looking at how to use AI to make all parts of driving better. Imagine traffic lights that change to keep cars moving and cut down on waiting times. Our cars will talk to these smart traffic systems to help you get where you're going more smoothly. All of these advancements are possible because we are not working alone. (37)We have teamed up with city workers, safety professionals, bio-engineers, and others to ensure we consider every little detail. This means when you drive one of our cars, you will be benefiting from the knowledge of hundreds of experts.	하지만 저희는 자동차보다 큰 것을 생각하고 있습니다. 저희는 운전의 모든 부분을 개선하기 위해 AI를 활용하는 방법을 살펴보고 있습니다. 차량이 계속 움직이고 대기 시간을 줄이기 위해 바뀌는 신호등을 상상해 보세요. 저희 자동차는 이러한 스마트 교통 시스템과 대화하여 여러분이 가고자 하는 곳에 더 원활하게 도착할 수 있도록 도와줍니다. 이러한 모든 발전은 저희가 혼자 일하는 것이 아니기 때문에 가능합니다. (37)저희는 도시 근로자, 안전 전문가, 생명 공학자 등과 협력하여, 모든 작은 세부사항을 고려했습니다. 이것은, 여러분이 저희 자동차를 운전할 때 수백 명 전문가들의 지식에서 혜택을 받는다는 것을 의미합니다.

[본론 5] 자비스테크의 미래	We at Jarvis-Tech see a bright future ahead, filled with technology that truly helps and understands us. (38)Our open policy means we always value feedback, so don't hesitate to share your thoughts during the tour.	저희 자비스테크는 우리를 진정으로 돕고 이해하는 기술로 가득 찬 밝은 미래를 보고 있습니다. (38)저희의 개방 정책은 항상 피드백을 중요하게 여기는 것을 뜻하므로, 투어 중에 주저하지 말고 여러분의 생각을 공유해 주세요.
[결론] 차량 시승 이벤트	Are you curious about how our cars are powered by AI? At the end of this tour, Jarvis-Tech offers you a unique opportunity to experience it firsthand with a test drive of our AI-driven vehicles. It's not just about passively learning about the technology; it's about feeling it in action. (39)If you're interested in participating in the test drive, please approach our staff after the tour to fill out an application form. We want you to be part of this exciting journey into the future. Let's make tomorrow amazing together.	저희 자동차가 AI로 어떻게 구동되는지 궁금하신가요? 이 투어의 마지막에 자비스테크는 AI로 움직이는 차량을 시승하며 직접 체험할 수 있는 특별한 기회를 제공합니다. 단순히 기술을 수동적으로 배우는 것이 아니라 작동 중인 그것을 느껴보는 것입니다. (39)시승에 참여하고 싶으시면 투어 후에 직원에게 가서 신청서를 받아 작성해 주세요. 저희는 여러분이 미래를 향한 이 흥미진진한 여정의 일부가 되길 원합니다. 함께 내일을 멋지게 만들어 봅시다.

어휘 introduce A to B A에게 B를 소개하다. 접하게 하다 tour coordinator 견학 담당자 show A around B A에게 B를 둘러보게 하다. 구경시켜 주다 accomplish 이루다. 성취하다 specialize in ~을 전문으로 하다 for short 줄여서 a bit 약간. 조금 self-driving 자율 주행의 sit back 편안히 앉다 sip 조금씩 마시다 handle 처리하다. 다루다 traffic flow 교통 흐름 day and night 밤낮으로. 온종일 in addition to ~ 외에 fix 수리하다 break down 고장 나다 based on ~에 근거하여, ~에 따라 safety 안전 top concern 최우선 관심사 watch out for ~을 경계하다. 조심하다 react 반응하다 ensure 보장하다 tricky 까다로운 slippery 미끄러운 sudden stop 급정거 with great care 세심하게 cut down on ~을 줄이다 smoothly 원활하게 advancement 발전. 진보 team up with ~와 팀을 이루다. 협력하다 bio-engineer 생명 공학자 and others 등등 benefit from ~에서 혜택을 받다 value 중요하게 여기다. 존중하다 don't hesitate to-V 주저하지 않고 ~하다 curious 궁금한 be powered by ~로 작동하다 firsthand 직접. 바로 test drive 시운전 passively 수동적으로 in action 작동 중인 be interested in ~에 관심 있다. ~하고 싶어하다 approach (요청을 위해) ~에게 다가가다 fill out 작성하다 application form 신청서

 What / is / technology / J-Tech / specializes (무엇 / 이다 / 기술 / J-Tech / 전문으로 하다)　**세부사항**

34. What is the technology that Jarvis-Tech specializes in?

(a) nanotechnology
(b) biotechnology
(c) quantum computing
(d) artificial intelligence

자비스테크가 전문으로 하는 기술은 무엇인가?

(a) 나노기술
(b) 생명 공학
(c) 양자 컴퓨팅
(d) 인공 지능

정답 시그널 Jarvis-Tech, specialize ※ 첫 번째 문제에 대한 정답은 담화 초반에 있다.

해설 담화에서 "We specialize in something called artificial intelligence, or AI for short."(저희는 인공 지능 즉 줄여서 AI라고 불리는 것을 전문으로 합니다.)"을 근거로 정답은 (d)이다.

어휘 nanotechnology 나노 기술 biotechnology 생명 공학 quantum computing 양자 컴퓨팅

🔑 Which / is / one / biggest projects / J–Tech
(어떤 것 / 이다 / 하나 / 가장 큰 프로젝트 / J–Tech)

35. Which is one of the biggest projects of Jarvis-Tech?

(a) developing data app technology
(b) **developing self-driving vehicles**
(c) developing rocket engines
(d) developing an alternative energy device

자비스테크의 가장 큰 프로젝트 중 하나는 어떤 것인가?

(a) 데이터 앱 기술 개발
(b) **자율 주행 차량 개발**
(c) 로켓 엔진 개발
(d) 대체 에너지 장치 개발

정답 시그널 One of our biggest projects

해설 담화에서 "One of our biggest projects involves self-driving cars."(저희의 가장 큰 프로젝트 중 하나는 자율 주행 자동차에 관한 것입니다.)를 근거로 정답은 (b)이다.

패러프레이징 self-driving cars ➡ self-driving vehicles
• car ➡ vehicle ≒ automobile(자동차), auto(자동차), motor(s)(자동차)

어휘 develop 개발하다 vehicle 차량 alternative 대체 가능한

🔑 why / people / most likely / nervous (왜 / 사람들 / 추론 / 불안한)

36. Based on the talk, why do people most likely feel nervous?

(a) The new tech is too expensive.
(b) The car is unavailable in some regions.
(c) **The invention may not be safe.**
(d) The machine is difficult to operate.

담화에 따르면, 왜 사람들이 불안해하는 것 같은가?

(a) 새로운 기술은 너무 비싸다.
(b) 일부 지역에서 그 차량을 이용할 수 없다.
(c) **발명품이 안전하지 않을 수 있다.**
(d) 기계가 작동하기 어렵다.

정답 시그널 feel nervous

해설 담화에서 "Now, many of you may feel nervous about self-driving cars. I can tell you that safety has always been our top concern. Our cars always watch out for things on the road, like children playing or animals crossing. They can react faster than humans, ensuring a safer drive. They're built to handle tricky situations, like slippery roads or sudden stops, with great care."(이제 많은 분들이 자율 주행차에 대해 불안함을 느낄지도 모릅니다. 저는 안전이 항상 저희의 최우선 관심사였다고 말씀드릴 수 있습니다. 저희 자동차는 아이들이 놀거나 동물들이 횡단하는 등의 길 위의 것들을 항상 경계합니다. 자율 주행차는 사람보다 더 빠르게 반응하여 더 안전한 주행을 보장합니다. 그것들은 미끄러운 도로나 급정거와 같은 까다로운 상황을 세심하게 대처하도록 만들어졌습니다.)를 근거로 가장 적절한 정답은 (c)이다.

어휘 unavailable 이용할 수 없는 region 지역 invention 발명품 operate 작동하다

🔑 who / J–Tech / work with (누가 / J–Tech / ~와 일하다)

37. According to the talk, who did Jarvis-Tech work with?

(a) **city workers and bio-engineers**
(b) musicians and artists
(c) economists and philosophers
(d) landscapers and scientists

담화에 따르면, 자비스테크는 누구와 함께 일했는가?

(a) **도시 근로자와 생명 공학자**
(b) 음악가와 예술가
(c) 경제학자와 철학자
(d) 조경사와 과학자

정답 시그널 we are not working alone, have teamed up with

해설 담화에서 "We have teamed up with city workers, safety professionals, bio-engineers, and others to ensure we consider every little detail."(저희는 도시 근로자, 안전 전문가, 생명 공학자 등과 협력하여, 모든 작은 세부사항을 고려했습니다.)을 근거로 정답은 (a)이다.

패러프레이징 have teamed up with ➡ work with
- team up with ➡ work with ≒ join(함께하다), coordinate(협력하다), collaborate(협력하다) associate(제휴하다, 공동으로 하다), affiliate(제휴하다, 관계를 맺다)

어휘 economist 경제학자 philosopher 철학자 landscaper 정원사, 조경사

🔑 s / what / is / most likely / open policy (화자 / 무엇 / 이다 / 추론 / 개방 정책)　　　추론

38. According to the speaker, what is most likely the "open policy"?

　(a) a policy that allows employees to bring pets to the office
　(b) a policy that shares the information with the public
　(c) a policy that encourages feedback and communication
　(d) a policy that lets anyone visit the facility at any time

화자에 따르면, "개방 정책"이 무엇인 것 같은가?
　(a) 직원이 사무실에 반려동물을 데려올 수 있도록 허용하는 정책
　(b) 정보를 대중과 공유하는 정책
　(c) 피드백과 소통을 권장하는 정책
　(d) 누구든 언제든지 시설을 방문할 수 있도록 하는 정책

정답 시그널 open policy

해설 담화에서 "Our open policy means we always value feedback, so don't hesitate to share your thoughts during the tour."(저희의 개방 정책은 항상 피드백을 중요하게 여기는 것을 뜻하므로, 투어 중에 주저하지 말고 여러분의 생각을 공유해 주세요.)를 근거로 가장 적절한 정답은 (c)이다.

어휘 policy 정책 allow 허용하다 employee 직원 encourage 권장하다 promote 장려하다 facility 시설

 How / L / try out / new technology / end / tour (어떻게 / 관람객들 / 체험하다 / 새로운 기술 / 끝 / 투어)　　　세부사항

39. How can the listeners try out the new technology at the end of the tour?

　(a) by completing a document
　(b) by buying company stocks
　(c) by attending the tour tomorrow
　(d) by receiving tickets from the staff

어떻게 관람객들이 투어 마지막에 새로운 기술을 체험할 수 있는가?
　(a) 문서를 작성함으로써
　(b) 회사 주식을 구매함으로써
　(c) 내일 투어에 참석함으로써
　(d) 직원으로부터 티켓을 받음으로써

정답 시그널 end of this tour, participating in the test drive

해설 담화에서 "If you're interested in participating in the test drive, please approach our staff after the tour to fill out an application form."(시승에 참여하고 싶으시면 투어 후에 직원에게 가서 신청서를 받아 작성해 주세요.)을 근거로 정답은 (a)이다.

패러프레이징 fill out an application form ➡ completing a document
- fill out ➡ complete ≒ make a list(목록을 작성하다), write in/out(작성하다)
- form ➡ document ≒ paper(종이), sheet(종이), text(문서), application(신청서), questionnaire(설문지)

어휘 try out 체험하다 complete 완성하다, 작성하다 stock 주식 attend ～에 참석하다

PART 3 협상 (Negotiation)

구성	자전거 vs. 대중교통	
[인사 및 주제]	M: Hey Natalie! I've seen you cycling to work lately. That's a change from your usual morning runs. Are you trying to take on a new fitness challenge? F: (40)Hey Tom! Actually, yes. My morning jogs have become a bit monotonous recently. Ever since my friend introduced me to her cycling group, I've been hooked. It's a fun way to mix up my workouts. Are you looking for a change in your workout routine too? M: Kind of. But in my case, I am thinking of a different way to commute to work besides driving. The traffic has become unbearable these days, so I've been contemplating either cycling or using public transportation. Both seem to have their advantages and disadvantages.	M: 안녕, 나탈리! 최근에 네가 자전거를 타고 출근하는 것을 봤어. 평소 아침에 달리는 것에서 달라진 거네. 새로운 운동에 도전하려고 하는 거야? F: (40)안녕, 톰! 사실 그래. 최근에 아침 조깅이 좀 지루해졌어. 친구가 내게 자전거 그룹을 소개해 준 이후로, 나는 푹 빠졌어. 운동을 섞어서 할 수 있는 재미있는 방법이야. 너도 운동 루틴에 변화를 찾고 있니? M: 그런 셈이지. 하지만 내 경우에는 운전 외에 다른 출퇴근 방법을 생각 중이야. 요즘 교통 체증이 너무 심해져서 자전거를 타거나 대중교통을 이용할까 고민 중이거든. 둘 다 장단점이 있는 것 같아.
[본론 1]	F: Well, let's weigh the options then, shall we? Starting with cycling, it's not just a way to get to work, it's also a cardio workout and it strengthens your legs. I've been feeling more alive since I started. (41)Also, there's something therapeutic about cycling – the wind in your hair, the pace you set for yourself, and the new routes you can explore. And think of the savings on gas! M: That does sound appealing, especially the part about saving gas money. I would also be able to stop easily at the small shops that I see on the way home, that I always just pass by when I'm driving. (42)But aren't there challenges? What if the weather's not on your side?	F: 그럼, 옵션을 비교해 볼까? 자전거 타기로 시작해 보면, 그것은 단순히 출퇴근하는 방법뿐 아니라 유산소 운동도 되고 다리도 튼튼하게 해. 자전거를 타면서부터 살아 있다는 느낌이 들어. (41)또한 자전거 타기에는 치료적인 면도 있어 – 머리에 부는 바람, 스스로 설정한 속도, 탐험할 수 있는 새로운 경로, 그리고 기름값 절약도 생각해 봐! M: 특히 기름값을 절약할 수 있다는 부분이 매력적으로 들리는데. 또한 운전할 때 항상 그냥 지나치던 작은 상점들을 집에 가는 길에 쉽게 들를 수 있을 것 같아. (42)하지만 어려움도 있지 않아? 날씨가 네 편이 아니면 어떻게 해?
[본론 2]	F: (42)True, there are downsides too. Weather is unpredictable, so it can be tough cycling in heavy rain or extreme heat. And while it's a workout, arriving sweaty to work isn't ideal. Plus, there's always the risk of accidents, especially if the city hasn't invested in proper bike lanes. M: Valid points. And public transport? The bus and subway systems are pretty good here.	F: (42)맞아, 단점도 있어. 날씨는 예측할 수 없어. 그래서 폭우나 극도의 더위 속에서 자전거를 타는 것이 힘들 수 있어. 그리고 운동이지만, 땀에 흠뻑 젖어서 출근하는 것은 이상적이지 않아. 게다가 도시가 제대로 된 자전거 전용 도로에 투자하지 않았다면 특히 사고의 위험도 항상 있어. M: 타당한 지적이야. 그리고 대중교통은? 여기 버스와 지하철 시스템은 꽤 잘 되어 있어.

[본론 3]	F: Public transport has some good points. Its major advantage is it's less stressful than driving. You can read, maybe catch up on some work, listen to music, or just relax. Given the costs associated with cars, using buses or the subway is much cheaper. Think about the rising fuel prices, maintenance, insurance, and parking fees that you were always complaining about!	F: 대중교통은 몇 가지 좋은 점이 있어. 주요 장점은 운전보다 스트레스를 덜 받는다는 거야. 책을 읽거나, 밀린 업무를 보거나, 음악을 듣거나, 아니면 그냥 편히 쉴 수 있어. 차량과 관련된 비용을 생각하면, 버스나 지하철을 이용하는 것이 훨씬 더 싸기도 해. 네가 항상 불만이었던 연료비, 유지비, 보험료, 주차비 상승을 생각해 봐!
[본론 4]	M: (43)Yes, those are some other reasons why I want to stop driving to work. I really need to save some money for the future. But from what I've heard, public transportation is really crowded in the morning. I'm not sure I want to start my day squeezed between strangers. F: You're right; it can be crowded during the morning commute. And then there are the occasional delays, breakdowns, or route changes that can be frustrating. (44)Another thing to consider is that if you have plans after work or stay out late, you might end up missing the last bus or train.	M: (43)응, 그것들이 바로 내가 출퇴근 운전을 그만두고 싶은 몇 가지 이유야. 나는 미래를 위해 돈을 모아야 해. 하지만 내가 듣기로는 아침에 대중교통이 정말 혼잡하잖아. 나는 낯선 사람들 사이에 끼어 하루를 시작하고 싶은지 모르겠어. F: 맞아. 아침 출근길에는 붐빌 수 있어. 그리고 가끔씩 짜증나게 하는 지연, 고장, 또는 노선 변경이 있기도 하고. (44)또 한 가지 고려 사항은 퇴근 후 약속이 있거나 늦게까지 밖에 있게 되면 마지막 버스나 기차를 놓칠 수도 있다는 거야.
[결론]	M: Hmm... Both options seem to have their pros and cons. F: Well, have you decided which option you're going to choose? M: (45)I'm leaning more toward cycling. Maybe it's time for a change. Plus, I can always take my car to work if it is raining or snowing outside. F: Good choice, Tom! It's always refreshing to see friends try out new things and enjoy them. Just remember safety first. And on days you're not up for it, public transport can be your backup. M: Absolutely. Thanks for the insight, Natalie! Let's go cycling sometime on the weekend.	M: 음... 두 옵션 모두 찬반이 있는 것 같아. F: 그럼, 어떤 옵션을 선택할 것인지 결정했어? M: (45)나는 자전거 타는 쪽으로 기울고 있어. 변화를 줄 때인 것 같아. 게다가 밖에 비가 오거나 눈이 오면 언제든지 차로 출근할 수 있어. F: 좋은 선택이야. 톰! 친구들이 새로운 것을 시도하고 즐기는 모습을 보면 항상 신선해. 다만 안전을 먼저 기억해. 그리고 네가 내키지 않는 날에는, 대중교통이 네 대안이 될 수 있어. M: 물론이지. 조언해 줘서 고마워, 나탈리! 주말에 언제 자전거 타러 가자.

어휘 ▶ cycle to work 자전거로 출근하다 lately 최근에 take on a challenge 도전을 맞이하다 monotonous 단조로운, 지루한 hooked 푹 빠진 workout 운동 commute 통근하다 unbearable 참을 수 없는 contemplate 고려하다, 고민하다 public transportation 대중교통 advantages and disadvantages 장단점 weigh 따져보다, 비교 검토하다 cardio workout 유산소 운동 strengthen 강화하다 therapeutic 치료적인, 치유의 saving 절약 appealing 매력적인 especially 특별히 be on sb's side ~의 편이다 downside 부정적인 면, 단점 unpredictable 예측 불가능한 extreme 극도의 sweaty 땀에 젖은 invest in ~에 투자하다 proper 제대로 된 bike lane 자전거 전용 도로 valid point 타당한 지적 catch up on 따라잡다, 보충하다 given ~을 고려하면 associated with ~와 연관된 maintenance 유지 보수 insurance 보험 squeeze (좁은 공간에) 밀어[끼워] 넣다 occasional 가끔의 delay 지연 breakdown 고장 frustrating 짜증나

게 하는 **stay out late** 늦게까지 밖에 있다 **end up** 결국 ~하게 되다 **pros and cons** 장점과 단점, 찬반양론 **lean toward** ~쪽으로 (마음이) 기울다 **refreshing** 신선한, 기운 나게 하는 **up for** *sth* ~가 하고 싶은 **backup** 대체품, 대안 **absolutely** 물론이지 **insight** 통찰, 식견

 Why / N / start / cycling (왜 / N / 시작하다 / 자전거 타기)   세부사항

40. Why did Natalie start cycling?

(a) She wanted to try out a fitness challenge.
(b) Her morning jogs were becoming boring.
(c) Tom recommended it to her.
(d) She found the traffic unbearable.

왜 나탈리는 자전거를 타기 시작했는가?

(a) 운동에 도전해 보고 싶었다.
(b) 아침 조깅이 지루해지고 있었다.
(c) 톰이 그녀에게 추천했다.
(d) 교통 체증을 참을 수 없었다.

정답 시그널 I've seen you cycling to work lately.

해설 대화에서 "Hey Tom! Actually, yes. My morning jogs have become a bit monotonous recently. Ever since my friend introduced me to her cycling group, I've been hooked."(안녕, 톰! 사실 그래. 최근에 아침 조깅이 좀 지루해졌어. 친구가 내게 자전거 그룹을 소개해 준 이후로, 나는 푹 빠졌어.)를 근거로 정답은 (b)이다.

패러프레이징 morning jogs have become a bit monotonous ➡ morning jogs were becoming boring
• monotonous ➡ boring ≒ long and tiresome(길고 지루한), dull(지루한, 따분한), flat(시시한), tedious(지루한)

어휘 try out 시도하다 fitness 운동 challenge 도전, 어려움

 N / what / is / therapeutic / cycling (N / 무엇 / 이다 / 치료적인 / 자전거 타기)   세부사항

41. According to Natalie, what is therapeutic about cycling?

(a) experiencing the wind in her hair
(b) riding at a pace set by commuters
(c) having the chance to save money
(d) avoiding traffic jams on the street

나탈리에 따르면, 무엇이 자전거 타기의 치료적인 측면인가?

(a) 머리카락 사이의 바람을 느끼는 것
(b) 통근자들이 정한 속도로 타는 것
(c) 돈을 모을 기회를 가지는 것
(d) 도로의 교통 체증을 피하는 것

정답 시그널 therapeutic

해설 대화에서 "Also, there's something therapeutic about cycling – the wind in your hair"(또한 자전거 타기에는 치료적인 면도 있어 – 머리에 부는 바람)를 근거로 정답은 (a)이다.

어휘 pace 속도 set 정하다 commuter 통근자 traffic jam 교통 체증

what / be / challenges / cycling (무엇 / 이다 / 어려움 / 자전거 타기)   세부사항

42. Based on the conversation, what can be the challenges of cycling to work?

(a) being too expensive to buy equipment
(b) inclement weather conditions
(c) not knowing the shortest routes
(d) the challenge of finding a parking spot

대화에 따르면, 무엇이 자전거 출퇴근의 어려움이 될 수 있는가?

(a) 장비를 구매하기에 너무 비싸다는 점
(b) 궂은 날씨 상태
(c) 최단 경로를 모른다는 점
(d) 주차 공간을 찾는 어려움

정답 시그널 challenges

해설 대화에서 "But aren't there challenges? What if the weather's not on your side?"(하지만 어려움도 있지 않아? 날씨가 네 편이 아니면 어떻게 해?)와 "True, there are downsides too. Weather is unpredictable, so it can be tough cycling in heavy rain or extreme heat. And while it's a workout, arriving sweaty to work isn't ideal."(맞아. 단점도 있어. 날씨는 예측할 수 없어. 그래서 폭우나 극도의 더위 속에서 자전거를 타는 것이 힘들 수 있어. 그리고 운동이지만, 땀에 흠뻑 젖어서 출근하는 것은 이상적이지 않아.)을 근거로 정답은 (b)이다.

패러프레이징 heavy rain or extreme heat ➡ inclement weather conditions
- heavy rain, extreme heat ➡ inclement weather ≒ poor/severe/unfavorable/foul weather(좋지 않은 날씨, 악천후)
- weather ≒ climate(기후), atmospheric condition(기후 상태)

어휘 inclement (날씨가) 궂은, 혹독한 parking spot 주차 공간

How / T / is thinking / saving money / future
(어떻게 / T / 생각하고 있다 / 돈을 절약하는 것 / 미래)

세부사항

43. How is Tom thinking of saving money for the future?

(a) by trying a new fitness routine
(b) by selling his expensive car
(c) by driving less often than now
(d) by not renewing his driving license

어떻게 톰이 미래를 위해 돈을 모으려고 생각하고 있는가?

(a) 새로운 운동 루틴을 시도함으로써
(b) 비싼 차를 팔아서
(c) 지금보다 운전을 덜 함으로써
(d) 운전면허를 갱신하지 않음으로써

정답 시그널 save some money

해설 대화에서 "Yes, those are some other reasons why I want to stop driving to work. I really need to save some money for the future."(응. 그것들이 바로 내가 출퇴근 운전을 그만두고 싶은 몇 가지 이유야. 나는 미래를 위해 돈을 모아야 해.)를 근거로 정답은 (c)이다.

패러프레이징 stop driving to work ➡ driving less often than now

어휘 fitness routine 운동 루틴 renew 갱신하다 license 면허

N / what / might / happen / T / works overtime
(N / 무엇 / 추론 / 일어나다 / T / 늦게까지 일하다)

추론

44. According to Natalie, what might happen if Tom works overtime?

(a) He might get lost on unfamiliar routes at night.
(b) He might have to spend all night working.
(c) He might not be able to visit new shops.
(d) He might end up missing the last bus.

나탈리에 따르면, 톰이 늦게까지 일한다면 무엇이 발생할 것 같은가?

(a) 밤에 낯선 길에서 길을 잃을 수 있다.
(b) 밤새 일해야 할 수도 있다.
(c) 새로운 가게를 방문하지 못 할 수도 있다.
(d) 마지막 버스를 놓칠 수 있다.

정답 시그널 stay out late

해설 대화에서 "Another thing to consider is that if you have plans after work or stay out late, you might end up missing the last bus or train."(또 한 가지 고려 사항은 퇴근 후 약속이 있거나 늦게까지 밖에 있게 되면 마지막 버스나 기차를 놓칠 수도 있다는 거야.)를 근거로 가장 적절한 정답은 (d)이다.

45. What has Tom most likely decided to do?

(a) to use public transportation
(b) to begin jogging to work
(c) to start using his bicycle
(d) to continue driving daily

톰은 무엇을 하기로 결정하였는가?

(a) 대중교통 이용하기
(b) 출근을 위해 조깅 시작하기
(c) 자전거 이용 시작하기
(d) 매일 운전 계속하기

정답 시그널 ▶ decided ※ 마지막 문제는 대화의 마지막에 있다.

해설 ▶ 대화에서 "I'm leaning more toward cycling."(나는 자전거 타는 쪽으로 기울고 있어.)을 근거로 가장 적절한 정답은 (c)이다.

PART 4 절차 & 팁 (Process)

구성	성공적인 블로그를 만들기 위한 조언	
[인사 및 주제] 블로깅 시작하기	Greetings to all digital enthusiasts and aspiring writers! Welcome to the Blogger's Blueprint podcast. I'm Alex, your host for today, and we're about to go on a creative journey into the world of blogging. Whether you're looking to share your passion, improve your writing, or perhaps even generate an income, starting a blog can be a transformative endeavor. (46)Let's learn about the basics of making a standout blog.	디지털 애호가와 작가 지망생 여러분 안녕하세요! "블로거의 청사진" 팟캐스트에 오신 것을 환영합니다. 저는 오늘 진행자인 알렉스이고, 이제 블로깅의 세계로 창의적인 여정을 떠나려고 합니다. 당신의 열정을 공유하고, 글쓰기 능력을 향상시키거나, 수익을 창출하기를 기대하던, 블로그를 시작하는 것은 변화를 가져다주는 노력일 수 있습니다. (46)뛰어난 블로그를 만들기 위한 기본 사항들에 대해 알아봅시다.
[본론 1] 특화 분야 찾기	First and foremost, identify your niche. What are you passionate about? Whether it's travel, food, technology, fashion, or any other topic, ensure that it's something you're genuinely excited about. (47)Your enthusiasm will connect with readers and keep them coming back for more.	무엇보다도, 당신의 분야를 알아내세요. 당신은 무엇에 대해 열정적인가요? 여행, 음식, 기술, 패션 또는 다른 어떤 주제이든, 여러분이 진심으로 흥미를 느끼는 것인지 확인하세요. (47)여러분의 열정은 독자와 연결되게 할 것이고, 그들을 계속해서 돌아오게 할 것입니다.
[본론 2] 블로깅 플랫폼 선택하기	The second step is choosing the right blogging platform. I remember when I first started out, I jumped onto a platform without much research. It wasn't user-friendly, and I struggled a lot. Switching to WordPress was a game changer for me. While there are numerous options out there, WordPress and Blogger are among the most popular. Conduct research and select one that suits your tech comfort level and has the features you're seeking.	두 번째 단계는 적합한 블로깅 플랫폼을 선택하는 것입니다. 제가 처음 시작했을 때, 충분한 조사 없이 한 플랫폼에 뛰어들었던 것이 기억납니다. 그것은 사용자 친화적이지 않아 제가 많이 고생했습니다. 워드프레스로 바꾼 것은 제게 큰 전환점이었습니다. 수많은 옵션이 있지만, 워드프레스와 블로거가 가장 인기가 있습니다. 당신의 기술 이해 수준에 맞고 원하는 기능을 갖춘 플랫폼을 조사하여 선택하세요.

[본론 3] 고품질, 독창적인 콘텐츠 만들기	Our third pointer is vital: (48)create high-quality, original content. Remember, it's not about the quantity but the quality of your posts. Ensure that what you write adds value, provides fresh insights, or evokes emotion. It's this authenticity that will set your blog apart.	세 번째 조언은 아주 중요합니다: (48)양질의 독창적인 콘텐츠를 만드세요. 기억하세요. 포스트의 양이 아니라 질이 중요합니다. 여러분이 쓴 글이 가치를 더하고, 새로운 통찰을 제공하거나 감정을 불러일으키는지 확인하세요. 당신의 블로그를 차별화하는 것은 바로 이러한 진정성입니다.
[본론 4] 블로그 디자인 고려 하기	Fourth, keep in mind the design of your blog. First impressions matter! Invest time and perhaps a bit of money into creating an aesthetically pleasing and user-friendly interface. (49)Use high-resolution images, easy-to-read fonts, and maintain a consistent color scheme.	넷째, 블로그의 디자인을 염두해 두세요. 첫 인상이 중요합니다! 시간과 약간의 돈을 투자해서 미적으로 만족스럽고, 사용자 친화적인 인터페이스를 만드세요. (49)고해상도 이미지, 읽기 쉬운 글꼴을 사용하고 일관된 색상 체계를 유지하세요.
[본론 5] 참여와 홍보	Fifth, let's talk about engagement and promotion. (50)Encourage readers to leave comments, and when they do, respond! Interaction fosters a sense of community, making visitors more likely to return and engage in future posts. Share your posts on social media platforms, collaborate with fellow bloggers, or even consider guest posting. This will drive more traffic and increase your blog's reach.	다섯째, 참여와 홍보에 대해 이야기해 봅시다. (50)독자들에게 댓글을 남기도록 격려하고, 그들이 남길 때, 답변하세요! 상호 작용은 공동체 의식을 조성하여, 방문자들이 돌아와 향후 게시물에 참여하게 할 가능성을 더 높여 줍니다. 여러분의 글을 소셜 미디어 플랫폼에 공유하고, 동료 블로거들과 협력하거나, 게스트 포스팅도 고려해 보세요. 이것은 더 많은 트래픽을 유발하고 블로그의 범위를 확장할 것입니다.
[본론 6] 지속적인 블로깅 학습	Our sixth tip: always be open to learning. Blogging is a dynamic field, with new trends and tools emerging regularly. For example, if you learn the basics of SEO, or Search Engine Optimization, it will significantly boost your blog's visibility on search engines. Simple practices, such as (51)including relevant keywords, optimizing images, and using meta descriptions will help your blog be accessible to the public easily. Always stay updated, attend workshops, or join online blogging communities to exchange ideas.	여섯 번째 조언: 항상 학습에 열린 마음을 가져야 합니다. 블로깅은 새로운 추세와 도구가 정기적으로 등장하는 역동적인 분야입니다. 예를 들어, SEO, 즉 검색 엔진 최적화의 기본을 배우면, 검색 엔진에서 여러분 블로그의 가시성을 크게 높일 것입니다. (51)관련 키워드 포함, 이미지 최적화, 메타 설명 사용과 같은 간단한 사례들이 당신의 블로그를 대중이 쉽게 이용할 수 있게 도와줄 것입니다. 항상 최신 정보를 유지하고, 워크숍에 참석하거나 온라인 블로깅 커뮤니티에 가입하여 아이디어를 교환하세요.
[본론 7] 일관성 유지	(52)Lastly, stay consistent. Establish a posting schedule, whether it's once a week, bi-weekly, or even monthly. Regular updates not only keep your readers engaged but also improve your blog's search engine ranking. I saw so many bloggers, who	(52)마지막으로, 일관성을 유지하세요. 일주일에 한 번, 격주 또는 심지어 한 달에 한 번이라도 게시 일정을 정하세요. 정기적인 업데이트는 독자들을 참여시킬 뿐만 아니라 블로그의 검색 엔진 순위를 향상시킵니다. 저는 많은 블로거들이 높

	started with high passion but then steadily became lazy about posting, and eventually ended up giving up. Blogging can be challenging, especially when the number of visitors is lower than you hoped. But it's essential to remember your initial motivation. Whether it was to share stories, connect with others, or earn some extra money in the future, let that passion fuel your persistence!	은 열정으로 포스팅을 시작했다가 점차 나태해지고, 결국 포기하는 것을 보았습니다. 블로깅은 어려울 수 있는데, 특히 방문자 수가 예상보다 낮을 때입니다. 하지만 당신의 처음의 동기를 기억하는 것이 중요합니다. 스토리를 공유하거나, 다른 사람들과 소통하거나, 미래에 약간의 추가 수익을 얻기 위한 것이었든, 그 열정으로 당신의 끈기를 불태우세요!
[결론]	To sum up, creating a successful blog is a mix of passion, consistency, and adaptability. As you embark on this blogging journey, relish the process of learning, growing, and connecting with a broader audience. Thank you for clicking on Blogger's Blueprint today. To all aspiring bloggers, may your words inspire and resonate. Until our next episode, happy blogging!	요약하자면, 성공적인 블로그를 만드는 것은 열정, 일관성, 적응성의 조합입니다. 이 블로깅 여정에 나서면서, 학습, 성장, 그리고 더 많은 독자와 소통하는 과정을 즐겨 보세요. 오늘 "블로거의 청사진"을 클릭해 주셔서 감사합니다. 블로거를 꿈꾸는 모든 분들에게, 여러분의 글이 영감과 반향을 일으키길 바랍니다. 다음 에피소드까지 즐거운 블로깅 되세요!

어휘 enthusiast 애호가 aspiring writer 작가 지망생 blueprint 청사진 host 진행자 look to-V 기대하다 generate 창출하다 income 수입 transformative 변화를 가져오는 endeavor 노력 standout 아주 뛰어난 first and foremost 무엇보다도, 최우선으로 identify 확인하다, 알아내다 niche (특정) 분야, 영역 passionate 열정적인 genuinely 진심으로 enthusiasm 열정 connect with ~와 연결되다, 소통하다 struggle 고생하다 switch to ~로 바꾸다 game changer 전환점 conduct 수행하다 suit ~에 알맞다 feature 특징, 기능 pointer 조언 vital 중요한 high-quality 양질의 original 독창적인 quantity 양 quality 질 evoke 불러일으키다 authenticity 진실성 set *sth* apart ~을 구별하다, 차별화하다 keep *sth* in mind ~을 염두에 두다 matter ~이 중요하다 aesthetically 미적으로 pleasing 기분 좋은, 만족스러운 high-resolution 고해상도 font 글꼴, 서체 consistent 일관된 scheme 계획, 체계 engagement 참여 promotion 홍보 encourage 격려하다 comment 댓글 respond 응답하다 foster 조성하다 likely to-V ~할 것 같은 engage in ~에 참여하다 collaborate with ~와 협력하다 drive 유발하다 traffic 데이터의 양, 트래픽 reach 범위 emerge 등장하다 regularly 정기적으로 SEO(Search Engine Optimization) 검색 엔진 최적화 significantly 크게, 상당히 boost 끌어올리다, 높이다 visibility 가시성 practice 사례 relevant 관련된 optimize 최적화하다 description 설명 maintain 유지하다 accessible to ~이 이용할 수 있는 exchange 교환 steadily 점차 eventually 결국 initial 처음의 motivation 동기 부여 fuel 불태우다 persistence 끈기 to sum up 요약하자면 consistency 일관성 adaptability 적응성 embark on ~에 나서다 relish 즐기다, 음미하다 inspire 영감을 주다 resonate 반향을 일으키다

 What / is / topic / today's podcast (무엇 / 이다 / 주제 / 오늘의 팟캐스트)　　　　주제

46. <u>What</u> <u>is</u> the <u>topic</u> of <u>today's podcast</u>?

(a) understanding digital platforms
(b) making a career in writing
(c) starting a successful blog
(d) exploring different writing genres

오늘의 팟캐스트 주제는 무엇인가?

(a) 디지털 플랫폼 이해하기
(b) 글쓰기에서 경력 쌓기
(c) 성공적인 블로그 시작하기
(d) 다양한 글쓰기 장르 탐색하기

정답 시그널 Let's learn about

해설 담화에서 "Let's learn about the basics of making a standout blog."(뛰어난 블로그를 만들기 위한 기본 사항들에 대해 알아봅시다.)를 근거로 정답은 (c)이다.

s / why / is / important / to identify / niche (화자 / 왜 / ~이다 / 중요한 / 정하는 것 / 분야) **세부사항**

47. According to the speaker, why is it important to identify a niche?

(a) to ensure you are writing about popular topics
(b) to allow your passion to connect to readers
(c) to compete with other bloggers
(d) to increase search engine rankings

화자에 따르면, 왜 특정 분야를 확인하는 것이 중요한가?

(a) 인기 있는 주제에 대해 쓰고 있는지 확인하기 위해
(b) 열정이 독자와 연결되기 하기 위해
(c) 다른 블로거들과 경쟁하기 위해
(d) 검색 엔진 순위를 높이기 위해서

정답 시그널 ▶ identify your niche

해설 ▶ 담화에서 "Your enthusiasm will connect with readers and keep them coming back for more."(여러분의 열정은 독자와 연결되게 할 것이고, 그들을 계속해서 돌아오게 할 것입니다.)를 근거로 정답은 (b)이다.

어휘 ▶ ensure 확인하다 compete with ~와 경쟁하다 ranking 순위

 What / is / vital / content / blog (무엇 / 이다 / 중요한 / 내용 / 블로그) **세부사항**

48. What is vital about the content of a blog?

(a) It should be lengthy and detailed.
(b) It needs to have high-quality posts.
(c) It needs to be posted daily.
(d) It should only be about trending topics.

블로그 내용에서 무엇이 중요한가?

(a) 길고 상세해야 한다.
(b) 양질의 게시물이 필요하다.
(c) 매일 게시되어야 한다.
(d) 오직 유행하는 주제에 대한 것이어야 한다.

정답 시그널 ▶ vital, content

해설 ▶ 담화에서 "create high-quality, original content. Remember, it's not about the quantity but the quality of your posts."(양질의 독창적인 콘텐츠를 만드세요. 기억하세요. 포스트의 양이 아니라 질이 중요합니다.)를 근거로 정답은 (b)이다.

어휘 ▶ lengthy 긴 detailed 자세한 post 게시하다 trending 유행하는

 How / L / improve / design / blogs (어떻게 / 청취자 / 개선하다 / 디자인 / 블로그) **세부사항**

49. How can listeners improve the design of their blogs?

(a) by focusing only on content and ignoring the visuals
(b) by using clear pictures with simple fonts
(c) by writing longer blog posts without any images
(d) by using multiple colors in each post

청취자들은 블로그 디자인을 어떻게 향상시킬 수 있는가?

(a) 시각 자료는 무시하고 내용에만 집중함으로써
(b) 선명한 사진과 단순한 글꼴을 사용함으로써
(c) 이미지 없이 더 긴 게시물을 작성함으로써
(d) 각 게시물에 여러 색상을 사용함으로써

해설 담화에서 "Use high-resolution images, easy-to-read fonts"(고해상도의 이미지, 읽기 쉬운 글꼴을 사용하고)를 근거로 정답은 (b)이다.

패러프레이징 high-resolution images, easy-to-read fonts ➡ clear pictures with simple fonts
- high-resolution ➡ clear ≒ high-definition(고화질의), high-quality(고품질의, 고화질의)
- images ➡ pictures ≒ photo(graph)(사진), illustration(삽화)
- easy-to-read ➡ simple ≒ effortless(힘들이지 않은), smooth(순조로운), not hard/difficult(어렵지 않은) uncomplicated(복잡하지 않은)

어휘 ignore 무시하다 visuals 시각 자료 clear 뚜렷한, 선명한

---

 how / bloggers / probably / increase / engagement
(어떻게 / 블로거들 / 추론 / 증가하다 / 참여도)

추론

50. According to the talk, <u>how</u> can <u>bloggers</u> probably increase engagement?

(a) **by replying to the comments from the readers**
(b) by limiting their interactions to maintain exclusivity
(c) by visiting other competitive bloggers
(d) by focusing only on social media platform

담화에 따르면, 어떻게 블로거들은 참여도를 높일 수 있을 것 같은가?

(a) **독자들의 댓글에 답글을 달아서**
(b) 독점성 유지를 위해 상호 작용을 제한해서
(c) 경쟁하는 다른 블로거들을 방문해서
(d) 소셜 미디어 플랫폼에만 중점을 두어서

해설 담화에서 "Encourage readers to leave comments, and when they do, respond! Interaction fosters a sense of community, making visitors more likely to return and engage in future posts."(독자들에게 댓글을 남기도록 격려하고, 그들이 남길 때, 답변하세요! 상호 작용은 공동체 의식을 조성하여, 방문자들이 돌아와 향후 게시물에 참여하게 할 가능성을 더 높여 줍니다.)를 근거로 가장 적절한 정답은 (a)이다.

어휘 comment (게시글의) 댓글 limit 제한하다 interaction 상호 작용 exclusivity 독점성 competitive 경쟁하는

---

 sixth tip / what / way / blog / accessible / public
(여섯 번째 팁 / 무엇 / 방법 / 블로그 / 접근할 수 있는 / 대중)

세부사항

51. Based on the <u>sixth tip</u>, <u>what</u> is one <u>way</u> to make your <u>blog</u> <u>accessible</u> to the <u>public</u>?

(a) avoid following trends
(b) stick with one search engine
(c) join a blogging community
(d) **use relevant keywords**

여섯 번째 팁에 따르면, 대중이 블로그에 쉽게 접근할 수 있게 하는 방법은 무엇인가?

(a) 트렌드를 따르지 않기
(b) 하나의 검색 엔진 고수하기
(c) 블로그 커뮤니티에 가입하기
(d) **관련 키워드 사용하기**

해설 담화에서 "including relevant keywords"(관련 키워드를 포함)를 근거로 정답은 (d)이다.

어휘 stick with ~을 고수하다

 **what / is / last tip / creating / blog** (무엇 / 이다 / 마지막 팁 / 만드는 것 / 블로그)

세부사항

52. Based on the talk, <u>what</u> <u>is</u> the <u>last tip</u> when creating a successful <u>blog</u>?

(a) to keep up with competitors
(b) to do extensive research
(c) to become digital experts
(d) to update on a regular basis

담화에 따르면, 성공적인 블로그를 만들 때 마지막 팁은 무엇인가?

(a) 경쟁자들을 따라잡기
(b) 광범위하게 연구하기
(c) 디지털 전문가가 되기
(d) 정기적으로 업데이트하기

정답 시그널 Lastly

해설 담화에서 "Lastly, stay consistent. Establish a posting schedule, whether it's once a week, bi-weekly, or even monthly. Regular updates not only keep your readers engaged but also improve your blog's search engine ranking."(마지막으로, 일관성을 유지하세요. 일주일에 한 번, 격주 또는 심지어 한 달에 한 번이라도 게시 일정을 정하세요. 정기적인 업데이트는 독자들을 참여시킬 뿐만 아니라 블로그의 검색 엔진 순위를 향상시킵니다.)을 근거로 정답은 (d)이다.

어휘 keep up with 따라잡다 competitor 경쟁자 extensive 광범위한 expert 전문가 on a regular basis 정기적으로

PART 1 인물 일대기 (Historical Account)

구성	SPONGEBOB SQUAREPANTS	네모바지 스폰지밥
[1]	SpongeBob SquarePants is the principal figure of the iconic American animated series of the same title. It is renowned for its idiosyncratic characters, and a unique blend of humor and imaginative storytelling. (53)SpongeBob SquarePants was central among the slew of animations in the late 1990s and early 2000s, establishing itself as a cultural phenomenon.	네모바지 스폰지밥은 같은 제목의 상징적인 미국 애니메이션 시리즈의 주인공이다. 그것은 특이한 캐릭터들, 유머와 상상력이 풍부한 스토리텔링의 독특한 조합으로 잘 알려져 있다. (53)네모바지 스폰지밥은 1990년대 후반과 2000년대 초반에 수많은 애니메이션의 중심이 되어 하나의 문화 현상으로 자리 잡았다.
[2]	Created by Stephen Hillenburg for Nickelodeon, SpongeBob is a (58)jovial but sometimes naive sea sponge residing in the underwater town of Bikini Bottom. He is recognized for his square, yellow appearance, distinctive laugh, and his career as a fry cook at the Krusty Krab. (54)SpongeBob's memorable phrases like "I'm ready!" have become part of pop culture lexicon.	니켈로디언의 스티븐 힐렌버그가 만든 스폰지밥은 바닷속의 도시 비키니 시티(Bikini Bottom)에 사는 (58)유쾌하지만 때로는 순진한 해면이다. 그는 네모난 노란색 외모와 특유의 웃음소리, 그리고 집게리아(Krusty Krab)에서 튀김 요리사로 일한 경력으로 유명하다. (54)스폰지밥의 "난 준비됐어!"와 같은 기억에 남는 문구는 대중문화 어휘의 일부가 되었다.
[3]	SpongeBob SquarePants emerged in 1999 from the creative mind of Stephen Hillenburg, who was initially a marine biologist. (55)The idea was rooted in a comic he authored for educational purposes called "The Intertidal Zone." Hillenburg's work caught the attention of Nickelodeon executives. After fine-tuning the concept and settling on Tom Kenny for the voice role, SpongeBob SquarePants was born. The show premiered on Nickelodeon in May 1999. It (59)garnered immense admiration from viewers, quickly ascending to flagship status, captivating audiences of all ages over the world.	네모바지 스폰지밥은 원래 해양 생물학자였던 스티븐 힐렌버그의 창의적인 발상에서 1999년에 탄생했다. (55)이 아이디어는 그가 교육 목적으로 쓴 "조간대"라는 이름의 만화에 뿌리를 두고 있다. 힐렌버그의 작품은 니켈로디언 경영진의 관심을 끌었다. 콘셉트를 세밀하게 조정하고 톰 케니를 성우로 결정한 후, 네모바지 스폰지밥이 탄생했다. 이 프로그램은 1999년 5월 니켈로디언에서 첫 방영되었다. 이 프로그램은 시청자들로부터 엄청난 호응을 (59)얻으며, 단숨에 대표작으로 올라섰고, 전 세계의 모든 연령대의 시청자를 사로잡았다.
[4]	In the animated series, SpongeBob dons his classic white short-sleeved shirt, red tie, and brown square pants. (56a)His perpetually optimistic nature and adventures with (56d)his best friend Patrick Star are central themes to the stories. (56c)While he often finds himself in quirky situations, his purity and determination	애니메이션 시리즈에서 스폰지밥은 클래식한 흰색 반팔 셔츠, 빨간색 넥타이, 갈색 네모 바지를 입는다. (56a)그의 변함없이 낙천적인 성격과 (56d)가장 친한 친구 뚱이(Patrick Star)와의 모험이 이야기의 중심 주제이다. (56c)그는 종종 기이한 상황에 처하지만, 그의 순수함과 결단력은 대개 그를 끝

	usually see him through. SpongeBob's unwavering enthusiasm, be it for his job or catching jellyfish, is both his strength and his comedic downfall. (56b)His interactions with other Bikini Bottom residents, like the cranky Squidward or money-loving Mr. Krabs, often lead to hilarious outcomes.	까지 지켜준다. 스폰지밥의 흔들리지 않는 열정은 일이나 해파리잡이에서든 그의 강점인 동시에 코믹한 실패의 원인이다. (56b)괴팍한 징징이(Squidward)나 돈을 좋아하는 집게 사장(Mr. Krabs) 같은 다른 비키니 시티 주민들과의 상호 작용은 종종 폭소를 자아낸다.
[5]	The SpongeBob SquarePants show ran for over 260 episodes by 2022 and inspiring movies, merchandise, and even a Broadway musical. Though it bagged multiple awards, its greatest achievement was the global impact and the generations it inspired. (57) The series served as a stepping stone for numerous animators and writers who ventured on to produce other prominent animations, such as *Adventure Time* and *The Loud House*. SpongeBob's influence and that of contemporaneous shows have elevated animation, making it a revered art form for all ages.	네모바지 스폰지밥 프로그램은 2022년까지 260편 넘게 방영되었으며 영화, 상품, 심지어 브로드웨이 뮤지컬에까지 영감을 주었다. 수많은 상을 받았지만, 가장 큰 성과는 전 세계에 미친 영향과 여러 세대에 영감을 주었다는 것이다. (57)이 시리즈는 수많은 애니메이터와 작가들이 "어드벤처 타임"과 "더 라우드 하우스" 같은 다른 유명 애니메이션 제작에 뛰어들 수 있는 디딤돌 역할을 했다. 스폰지밥의 영향력과 동시대 쇼의 영향력은 애니메이션의 수준을 높여 모든 연령층에서 존경받는 예술 형식으로 자리 잡았다.

어휘 principal figure 주인공 iconic 상징적인 idiosyncratic 특이한 blend 조합, 혼합 imaginative 상상력이 풍부한 slew of 수많은 establish oneself as ~로서 지위를 확립하다. 자리를 잡다 phenomenon 현상 Nickelodeon 니켈로디언(방송 채널 이름) jovial 명랑한 naive 순진한 sea sponge 해면, 바다 스폰지 reside in ~에 거주하다 be recognized for ~로 유명하다, 인정받다 square 네모의 appearance 외모 distinctive 독특한 memorable 기억에 남는 pop culture 대중 문화 lexicon 어휘 emerge from ~에서 나타나다. 탄생하다 initially 원래, 초기에 marine biologist 해양 생물학자 be rooted in ~에 뿌리를 두다. 기원하다 author 저술하다 intertidal zone 조간대 catch the attention of ~의 주목을 끌다 executive 경영진 fine-tune 세밀하게 조정하다 settle on ~을 결정하다 voice role 성우 역할 premiere 첫 방영되다 garner (지지를) 얻다, 모으다 immense 엄청난 admiration 호응, 찬사 ascend to ~로 올라가다. 승진하다 flagship 대표 상품 status 지위 captivate 사로잡다 audience 시청자, 관객 don (옷)을 입다 perpetually 변함없이 optimistic 긍정적인 quirky 기이한 purity 순수함 determination 결단력 see *sb* through ~가 이겨내게 하다, ~를 지켜주다 unwavering 흔들리지 않는 enthusiasm 열정 be it A or B A이든 B이든지 jellyfish 해파리 strength 강점 downfall 실패 resident 주민 cranky 괴팍한, 짜증을 내는 lead to ~을 유발하다 hilarious 폭소를 자아내는 outcome 결과 merchandise 상품 bag (상을) 챙기다, 받다 serve as ~의 역할을 하다 stepping stone 디딤돌, 발판 venture on (위험을 무릅 쓰고) ~하다 prominent 유명한 contemporaneous 동시대의 elevate (수준을) 높이다 revered 존경받는

What / is / S. S. / best known for (무엇 / 이다 / S. S. / 잘 알려진)

53. What is SpongeBob SquarePants best known for?

(a) leading the cultural phenomenon among 1990s animations
(b) winning numerous awards for educational programs
(c) starring in an American animated television series
(d) inventing a new genre of underwater-themed comics

네모바지 스폰지밥은 무엇으로 가장 잘 알려져 있는가?

(a) 1990년대 애니메이션 중 문화 현상을 이끈 것
(b) 교육 프로그램으로 수많은 상을 수상한 것
(c) 미국 애니메이션 TV 시리즈에 출연한 것
(d) 수중을 주제로 한 새로운 장르의 만화를 창안한 것

정답 시그널 It is renowned for ※ 첫 번째 문제는 글의 초반에 있다.

해설 본문 1단락의 "SpongeBob SquarePants was central among the slew of animations in the late 1990s and early 2000s, establishing itself as a cultural phenomenon."(네모바지 스폰지밥은 1990년대 후반과 2000년대 초반에 수많은 애니메이션의 중심이 되어, 하나의 문화 현상으로 자리 잡았다.)을 근거로 정답은 (a)이다.

패러프레이징 renowned for ➡ best known for
 • renowned ➡ (best/well) known ≒ famed(유명한), noted/notable(유명한, 잘 알려진), prominent(저명한) eminent(저명한, 탁월한), acclaimed(유명한, 찬사를 받은), distinguished(유명한, 차별화된)

어휘 star in ~에 (주연으로) 출연하다 underwater 수중의 themed ~을 주제[테마]로 한

 What / has made / S / become / part / pop culture lexicon (무엇 / 만들었다 / S / 되도록 / 일부 / 대중문화 어휘)

54. What has made SpongeBob become a part of pop culture lexicon?

(a) his unique approach to solving problems
(b) his fashion sense and style
(c) his original catchy phrases
(d) his adventures in Bikini Bottom

무엇이 스폰지밥이 대중문화 어휘의 일부가 되도록 만들었는가?

(a) 문제 해결을 위한 독특한 접근 방식
(b) 패션 감각과 스타일
(c) 독창적이고 귀에 들어오는 문구
(d) 비키니 시티의 모험

정답 시그널 part of pop culture lexicon

해설 본문 2단락의 "SpongeBob's memorable phrases like "I'm ready!" have become part of pop culture lexicon"(스폰지밥의 "난 준비됐어!"와 같은 기억에 남는 문구는 대중문화 어휘의 일부가 되었다.)을 근거로 정답은 (c)이다.

패러프레이징 memorable phrases ➡ original catchy phrases

어휘 unique 독특한 approach 접근 방식 original 독창적인 catchy phrase 귀에 들어오는 문구

how / S. S. / was created (어떻게 / S. S. / 만들어졌다)

55. Based on the article, how was SpongeBob SquarePants created?

(a) from a spin-off from another animation
(b) from an adaptation of a famous novel
(c) from collaboration with multiple animators
(d) from a comic for educational purposes

기사에 따르면, 스폰지밥 네모바지는 어떻게 만들어졌는가?

(a) 다른 애니메이션의 파생 작품으로
(b) 유명 소설의 각색으로
(c) 여러 애니메이터와의 협업으로
(d) 교육용 만화로

정답 시그널 The idea was rooted

해설 본문 3단락에서 "The idea was rooted in a comic he authored for educational purposes called "The Intertidal Zone."(이 아이디어는 그가 교육 목적으로 쓴 "조간대"라는 이름의 만화에 뿌리를 두고 있다.)을 근거로 정답은 (d)이다.

패러프레이징 The idea was rooted ➡ was created
• rooted ➡ created ≒ made-up(만들어지다), put together(만들어지다, 구성되다), built(지어지다, 만들어지다), produced(생성되다), started/began(시작되다), originated(시작되다, 기원하다), invented(발명되다), fabricated(만들어지다)

어휘 spin-off 스핀오프, 파생 상품 adaptation 각색 collaboration 협업

---

 fourth paragraph / what / is NOT true / S (네 번째 단락 / 무엇 / 사실 X / S)

56. According to the fourth paragraph, what is NOT true about SpongeBob?

(a) He is known for his negative personality.
(b) He gets along with his neighbors.
(c) He often finds himself in unusual situations.
(d) He has a pal named Patrick Star.

네 번째 단락에 따르면, 스폰지밥에 대해 사실이 아닌 것은?

(a) 부정적인 성격으로 유명하다.
(b) 이웃들과 잘 어울린다.
(c) 종종 특이한 상황에 처한다.
(d) 뚱이라는 친구가 있다.

정답 시그널 fourth paragraph

해설 본문 4단락에서 (b)는 "His interactions with other Bikini Bottom residents, like the cranky Squidward or money-loving Mr. Krabs, often lead to hilarious outcomes."(괴팍한 징징이나 돈을 좋아하는 집게 사장 같은 다른 비키니 시티 주민들과의 상호작용은 종종 폭소를 자아낸다.), (c)는 "While he often finds himself in quirky situations"(그는 종종 기이한 상황에 처하지만), (d)는 "his best friend Patrick Star"(가장 친한 친구 뚱이(Patrick Star)와 내용이 일치한다. (a)는 "His perpetually optimistic nature"(그의 변함없이 낙천적인 성격)의 내용과 일치하지 않으므로 정답이다.

패러프레이징 (b) His interactions with other Bikini Bottom residents ➡ gets along with his neighbors
(c) in quirky situations ➡ in unusual situations
• quirky ➡ unusual ≒ strange(이상한), weird(이상한), odd(별난, 엉뚱한), unique(특이한), extraordinary(특이한), eccentric(별난), peculiar(특이한, 별난)
(d) his best friend Patrick Star ➡ He has a pal named Patrick Star.
• best friend ➡ pal ≒ buddy(친구), mate(친구), company(친구, 동료), companion(동료), peer(동료)

어휘 personality 성격 get along with 잘 지내다 unusual 특이한 pal 친구

57. What did this cartoon series probably accomplish?

(a) It was an obstacle in the animation industry.
(b) It was a foundational phase in the creator's career.
(c) It was a platform for launching future successful projects.
(d) It was popular for a brief period of time.

이 만화 시리즈는 무엇을 성취했을 것 같은가?

(a) 애니메이션 산업의 장애물이 되었다.
(b) 제작자 경력의 기초 단계였다.
(c) 향후 성공적인 프로젝트를 시작하기 위한 플랫폼이었다.
(d) 짧은 기간 동안 인기가 있었다.

정답 시그널 ▶ served as ※ 마지막 문제는 글의 후반에 있다.

해설 ▶ 본문 5단락의 "The series served as a stepping stone for numerous animators and writers who ventured on to produce other prominent animations, such as *Adventure Time* and *The Loud House*."(이 시리즈는 수많은 애니메이터와 작가들이 "어드벤처 타임"과 "더 라우드 하우스" 같은 다른 유명 애니메이션 제작에 뛰어들 수 있는 디딤돌 역할을 했다.)를 근거로 가장 적절한 정답은 (c)이다.

어휘 ▶ obstacle 장애물 foundational 기초의 phase 단계 launch 출시하다, 시작하다

어휘

58. In the context of the passage, jovial means _____.

(a) **cheerful**
(b) serious
(c) withdrawn
(d) ambitious

본문의 맥락에서, jovial은 _____을 의미한다.

(a) **쾌활한**
(b) 진지한
(c) 내성적인
(d) 야심찬

해설 ▶ 본문 2단락 "SpongeBob is a jovial but sometimes naive sea sponge"(스폰지밥은 유쾌하지만 때로는 순진한 해면이다)에서 jovial은 '유쾌한'의 의미로 사용되었으므로 문맥상 가장 어울리는 정답은 (a)이다.

어휘

59. In the context of the passage, garnered means _____.

(a) lost
(b) ignored
(c) **collected**
(d) disrupted

본문의 맥락에서, garnered는 _____을 의미한다.

(a) 분실하다
(b) 무시하다
(c) **모으다**
(d) 방해하다

해설 ▶ 본문 3단락 "It garnered immense admiration from viewers"(시청자들로부터 엄청난 호응을 얻으며)에서 garnered는 '얻다'의 의미로 사용되었으므로 문맥상 가장 어울리는 정답은 (c)이다.

PART 2 잡지 기사 (Non-tech Article)

구성	STUDY ON MENTAL ATTITUDES AND AGING	정신적 태도와 노화에 대한 연구
[1]	(60)Recent research from Harvard re-explored the influence of psychological factors on aging, particularly delving into the role of age-related stereotypes and mindsets. While aging has been traditionally viewed as a strictly biological process, emerging theory suggests that our psychological outlook holds significant sway.	(60)하버드 대학의 최근 연구에서는 심리적 요인이 노화에 미치는 영향을 재조명했으며, 특히 나이와 관련된 고정 관념과 사고방식의 역할에 대해 깊이 파고들었다. 전통적으로 노화는 엄밀히 말해 생물학적 과정으로 여겨져 왔지만, 새로운 이론에 따르면 우리의 심리적 관점이 상당한 영향을 미친다는 것을 보여준다.
[2]	Building upon the foundations of the renowned 1979 'Counterclockwise' experiment by Dr. Ellen Langer, this study focused on older adults, aged 75 and above. Langer's (65)groundbreaking 1979 study had participants recreate their past by immersing them in an environment reminiscent of the 1950s. In the recent experiment, participants were similarly placed in a retreat where they were surrounded by an environment mimicking the late 1980s—no modern technology, dressed in period attire, (61)and were encouraged to think and act as if they were reliving their younger days. Initial observations highlighted that participants showed signs of revitalized energy and increased physical activity.	1979년 엘런 랭어 박사의 유명한 '반시계방향' 실험의 기초를 바탕으로 한 이 연구는, 75세 이상의 노년층을 대상으로 진행되었다. 랭어의 (65)획기적인 1979년 연구에서는 참가자들을 1950년대를 연상시키는 환경에 몰입하게 해 과거를 재현하도록 했다. 최근 실험에서도 마찬가지로 참가자들을 1980년대 후반을 모방한 환경에 둘러싸인 수련회에 배치되어, 즉 현대 기술이 없고 시대적 복장을 하고, (61)마치 젊은 시절을 다시 사는 것처럼 생각하고 행동하도록 유도했다. 초기 관찰 결과, 참가자들은 활기를 되찾고 신체 활동이 증가한 징후를 보여주었음이 부각되었다.
[3]	(62)The experiment was structured as a randomized control trial, encompassing three distinct groups: the experimental 'counterclockwise' group, an active control group that did not receive the 1980s time manipulation, and a group that received no specific intervention. The impact on medical, cognitive, and psychological domains, as well as participants' perceived age, were methodically assessed at particular intervals following the intervention.	(62)이 실험은 '반시계방향' 실험군, 1980년대 시간 조작을 받지 않은 능동적 대조군, 특별한 개입을 받지 않은 집단의 세 개 개별 집단을 망라한 무작위 통제 실험으로 구성되었다. 개입 후 특정 간격을 두고 참여자의 인지 연령뿐만 아니라 의학, 인지, 심리 영역에 미치는 영향을 체계적으로 평가했다.
[4]	Physical and psychological evaluations were administered both prior to and after the retreat. While there were slight improvements noted immediately post-retreat, (63)a significantly more pronounced enhancement became evident when assessments were repeated a month later. Langer attributes this delayed yet considerable progress to the extended engagement of a youthful mindset and its positive effect on physical	신체적 평가와 심리적 평가가 수련회 전후에 시행되었다. 수련회 직후에는 약간의 개선이 관찰되었지만, (63)훨씬 더 뚜렷한 개선이 한 달 후 평가를 반복했을 때 나타났다. 랭어는 지연되긴 했지만 이렇게 상당한 진전을 이룬 것은 장기간에 걸친 젊은 사고방식의 관여와 신체 건강에 대한 긍정적인 영향의 결과라고 본다.

	well-being. The study (66)presumes that when individuals continuously embrace a more youthful perspective, they might experience improved physical health and diminished signs of aging.	이 연구는 개인이 지속적으로 보다 젊은 관점을 받아들일 때, 신체 건강이 개선되고 노화 징후가 감소할 수 있다고 (66)가정한다.
[4]		
[5]	The findings suggest that the power of the mind might play a broader role in our health and aging process than previously believed. (64)A consciously adopted youthful mental outlook could potentially act as a buffer against the aging process. However, for definite benefits to occur, this shift in mindset should be genuine and sustained. Skepticism or disbelief might undercut potential effectiveness. Further studies are on the horizon, aiming to unpack the intricate ways our mental processes intersect with bodily aging.	이 연구 결과는 마음의 힘이 우리의 건강과 노화 과정에서 이전에 믿었던 것보다 더 광범위한 역할을 할 수 있음을 시사한다. (64)의식적으로 젊은 정신적 관점을 취하면 잠재적으로 노화 과정에 대한 완충 역할을 할 수 있을지도 모른다. 그러나 확실한 이점을 얻으려면 이러한 사고방식의 전환이 진정성 있고 지속적이어야 한다. 회의적 태도나 불신은 잠재적 효과를 약화시킬 수 있다. 추가 연구가 곧 진행될 예정이며, 우리의 정신 과정이 신체 노화와 교차하는 복잡한 방식을 분석하는 것을 목표로 하고 있다.

어휘 aging 노화 re-explore 재조명하다 delve into ~을 깊이 파고 들다 stereotype 고정 관념 mindset 사고방식 emerging 새롭게 떠오르는 outlook 관점 hold sway 큰 영향을 미치다 counterclockwise 반시계방향의 groundbreaking 획기적인 participant 참가자 recreate 재현하다 immerse *sb* in ~를 ~에 몰입하게 하다 reminiscent of ~을 연상시키는 similarly 마찬가지로 retreat 수련회, 특정 활동 mimic 모방하다 dressed in ~을 입은 period attire 시대 복장 relive 다시 체험하다 initial observation 초기 관찰 highlight 부각시키다, 강조하다 revitalize 활기를 되찾다 structure 구성하다 randomized 무작위의 control trial 통제 실험 encompass 포함하다, 망라하다 distinct 별개의 manipulation 조작 specific 특정한 intervention 개입 cognitive 인지적인 domain 영역 perceived age 인지 연령 methodically 체계적으로 assess 평가하다, 판단하다 interval 간격 evaluation 평가 administer 시행하다 prior to ~ 전에 slight 약간의 improvement 개선 post 후의 note 주목하다 immediately 즉시 pronounced 뚜렷한 enhancement 개선 evident 분명한 attribute A to B A를 B의 결과로 여기다 considerable 상당한 extended 장기간의 engagement 참여, 관여 well-being 건강 presume 가정하다 continuously 지속적으로 embrace 받아들이다 perspective 관점 diminished 감소되는 findings 연구 결과 play a role in ~에서 역할을 하다 previously 이전에 consciously 의식적으로 adopt (태도를) 취하다 act as ~의 역할을 하다 buffer against ~에 대한 완충 definite 확실한 genuine 진정성 있는 sustained 지속적인 skepticism 회의적 태도, 회의론 disbelief 불신 undercut 약화시키다 further 추가의 be on the horizon 곧 일어나다 unpack 분석하다 intricate 복잡한 intersect with ~와 교차하다

 What / is / theme / H-study (무엇 / 이다 / 주제 / H-연구)   **주제**

60. <u>What</u> <u>is</u> the <u>theme</u> of the <u>Harvard study</u>?

  (a) the effectiveness of physical exercise on aging
  (b) the influence of mental state on bodily aging
  (c) the impact of modern technology on aging
  (d) the role of dietary changes in aging

하버드 연구의 주제는 무엇인가?

(a) 신체 운동이 노화에 미치는 효과
(b) 정신 상태가 신체 노화에 미치는 영향
(c) 현대 기술이 노화에 미치는 영향
(d) 노화에서 식단 변화의 역할

정답 시그널 Recent research from Harvard ※ 첫 번째 문제는 글의 초반에 있다.

해설 본문 1단락의 "Recent research from Harvard re-explored the influence of psychological factors on aging, particularly delving into the role of age-related stereotypes and mindsets."(하버드 대학의 최근 연구에서는 심리적 요인이 노화에 미치는 영향을 재조명했으며, 특히 나이와 관련된 고정 관념과 사고방식의 역할에 대해 깊이 파고들었다.)와 전체적인 내용을 근거로 정답은 (b)이다.

패러프레이징 the influence of psychological factors ➡ the influence of mental state
 • psychological ➡ mental ≒ emotional(심리적인, 감정의), cognitive(심리적인, 인지적인)
 • study ➡ research ≒ investigation(연구, 조사), inquiry(연구, 질문), analysis(연구, 분석)

어휘 effectiveness 효과 physical 신체의 bodily 신체의 dietary 식단

Why / most likely / study / recreate / 1980s environment / participants
(왜 / 추론 / 연구 / 재현하다 / 1980년대 환경 / 참가자)

61. Why, most likely, did the study recreate the 1980s environment for the participants?

    (a) to test the participants' memory of the 1980s

    (b) to help the participants believe that they are young

    (c) to provide entertainment for the participants

    (d) to compare technology advancements over decades

왜 이 연구는 참가자들에게 1980년대의 환경을 재현했을 것 같은가?

(a) 1980년대에 대한 참가자들의 기억력을 시험하기 위해

(b) 참가자들이 자신이 젊다고 믿게 하기 위해

(c) 참가자들에게 오락거리를 제공하기 위해

(d) 수십 년에 걸친 기술 발전을 비교하기 위해

[정답 시그널] environment, 1980s

[해설] 본문 2단락의 "and were encouraged to think and act as if they were reliving their younger days"(마치 젊은 시절을 다시 사는 것처럼 생각하고 행동하도록 유도했다)를 근거로 가장 적절한 정답은 (b)이다.

[어휘] entertainment 오락　advancement 발전　decades 수십 년

---

 third paragraph / how / experiment / was structured
(세 번째 단락 / 어떻게 / 실험 / 구성되었다)

62. According to the third paragraph, how was the experiment structured?

    (a) It involved only one group reliving their past.

    (b) It was a single-blind study with two groups.

    (c) It was carried out on a random basis.

    (d) It let all participants use modern technology.

세 번째 단락에 따르면, 이 실험은 어떻게 구성되었는가?

(a) 한 그룹만 과거를 다시 체험하는 실험이었다.

(b) 두 그룹으로 구성된 단일 맹검 연구였다.

(c) 불규칙하게 실시되었다.

(d) 모든 참가자가 최신 기술을 사용하도록 했다.

[정답 시그널] The experiment was structured

[해설] 본문 3단락의 "The experiment was structured as a randomized control trial, encompassing three distinct groups: the experimental 'counterclockwise' group, an active control group that did not receive the 1980s time manipulation, and a group that received no specific intervention."(이 실험은 '반시계방향' 실험군, 1980년대 시간 조작을 받지 않은 능동적 대조군, 특별한 개입을 받지 않은 집단의 세 개 개별 집단을 망라한 무작위 통제 실험으로 구성되었다.)을 근거로 정답은 (a)이다.

[어휘] involve 포함하다　single-blind study 단일 맹검 연구(환자에게 약의 성분을 알려주지 않음)　carry out 실시하다　on a random basis 불규칙하게

 When / enhancement / became evident (언제 / 개선 / 뚜렷해졌다)

63. When did the significant enhancement in the evaluation became evident?

    (a) immediately after the retreat

    (b) a month prior to the retreat

    (c) in the middle of the retreat

    (d) a month after the retreat

언제 평가에서 상당한 개선이 뚜렷해졌는가?

(a) 수련회 직후

(b) 수련회 한 달 전

(c) 수련회 도중

(d) 수련회 한 달 후

significantly, enhancement became evident

본문 4단락에서 "a significantly more pronounced enhancement became evident when assessments were repeated a month later"(훨씬 더 뚜렷한 개선이 한 달 후 평가를 반복했을 때 나타났다)를 근거로 정답은 (d)이다.

<table>
<tr><td>what / can be inferred / youthful mental outlook
(무엇 / 추론될 수 있다 / 젊은 정신적 관점)</td><td>추론</td></tr>
</table>

64. Based on the article, <u>what can be inferred</u> about the <u>youthful mental outlook</u>?

(a) It has no real effect on physical well-being.
(b) It is less effective than physical exercise.
(c) It needs to be believed for it to actually work.
(d) It only works if combined with modern technology.

기사에 따르면, 젊은 정신적 관점에 대해 무엇을 추론할 수 있는가?

(a) 신체적 건강에 실질적인 영향을 미치지 않는다.
(b) 신체 운동보다 덜 효과적이다.
(c) 실제로 효과가 있다고 믿어야 한다.
(d) 현대 기술과 결합된 경우에만 작동한다.

youthful mental outlook ※ 마지막 문제는 글의 후반에 있다.

본문 5단락의 "A consciously adopted youthful mental outlook could potentially act as a buffer against the aging process. However, for definite benefits to occur, this shift in mindset should be genuine and sustained. Skepticism or disbelief might undercut potential effectiveness."(의식적으로 젊은 정신적 관점을 취하면 잠재적으로 노화 과정에 대한 완충 역할을 할 수 있을지도 모른다. 그러나 확실한 이점을 얻으려면 이러한 사고방식의 전환이 진성성 있고 지속적이어야 한다. 회의적 태도나 불신은 잠재적 효과를 약화시킬 수 있다.)를 근거로 가장 적절한 정답은 (c)이다.

infer 추론하다 effect 영향, 효과 actually 실제로 work 효과가 있다 combined with ~와 결합된

<table>
<tr><td></td><td>어휘</td></tr>
</table>

65. In the context of the passage, <u>groundbreaking</u> means _____.

(a) theoretical
(b) invisible
(c) innovative
(d) unimportant

본문의 맥락에서, <u>groundbreaking</u>은 _____을 의미한다.

(a) 이론적인
(b) 보이지 않는
(c) 혁신적인
(d) 중요하지 않은

본문 2단락 "Langer's <u>groundbreaking</u> 1979 study had participants recreate their past by immersing them in an environment reminiscent of the 1950s."(랭어의 획기적인 1979년 연구에서는 참가자들을 1950년대를 연상시키는 환경에 몰입하게 해 과거를 재현하도록 했다.)에서 groundbreaking은 '획기적인'의 의미로 사용되었으므로 문맥상 가장 어울리는 정답은 (c)이다.

66. In the context of the passage, <u>presumes</u> means _____.

(a) denies
(b) assumes
(c) confirms
(d) questions

본문의 맥락에서, <u>presumes</u>는 _____을 의미한다.

(a) 부정하다
(b) 가정하다
(c) 확인하다
(d) 의심하다

> **해설** 본문 4단락 "The study <u>presumes</u> that when individuals continuously embrace a more youthful perspective, they might experience improved physical health and diminished signs of aging."(이 연구는 개인이 지속적으로 보다 젊은 관점을 받아들일 때, 신체 건강이 개선되고 노화 징후가 감소할 수 있다고 <u>가정한다</u>.)에서 presumes는 '가정한다'의 의미로 사용되었으므로 문맥상 가장 어울리는 정답은 (b)이다.

PART 3 지식 백과 (Encyclopedia)

구성	ULURU	울루루
[1]	(67)Uluru, often referred to as "the navel of the Earth," is a majestic sandstone formation famously known as Ayers Rock. This iconic natural formation, estimated to be over 500 million years old, rises majestically above the surrounding desert landscape of Australia. Uluru is a sacred site to the Anangu, the traditional Aboriginal owners of the land, and its name in the local Pitjantjatjara language means "great pebble."	(67)흔히 "지구의 배꼽"이라고 불리는 울루루는 에어즈록으로 유명한 장엄한 사암 지형이다. 이 상징적인 자연 지형은 5억 년이 넘은 것으로 추정되며, 호주의 주변 사막 지형 위로 웅장하게 솟아 있다. 울루루는 이 땅의 전통적인 소유주인 아낭구 원주민에게 신성한 장소이며, 현지어인 피찬차차라어로 "큰 조약돌"을 의미한다.
[2]	Uluru was unknown to the outside world until the late 19th century. The first recorded European sighting was by surveyor William Gosse in 1873, who named Ayers Rock after Sir Henry Ayers, a South Australian politician. Uluru, which has been a significant cultural and spiritual site for the Anangu people for thousands of years, (68)has since become an iconic symbol of Australia, drawing visitors from all over the world.	울루루는 19세기 후반까지 외부 세계에 알려지지 않았다. 기록으로 남겨진 유럽인의 첫 목격담은 1873년 측량사 윌리엄 고스에 의해서였는데, 그는 남호주의 정치가인 헨리 에어즈 경의 이름을 따서 에어즈 록이라고 이름을 지었다. 수천 년 동안 아낭구 원주민에게 중요한 문화 및 영적 장소가 되어 왔던 울루루는 (68)그 이후 호주의 상징이 되어 전 세계에서 관광객을 끌어 모으고 있다.
[3]	(69b,d)Notable for its striking red color, which changes dramatically at sunrise and sunset, Uluru is a geological marvel. (69a)Unlike other rock formations, it is unique in that most of its bulk lies underground, with only the tip visible above the surface. (69c)This feature, along with its isolated location, makes it an extraordinary sight in the otherwise flat, arid region.	(69b,d)일출과 일몰에 따라 극적으로 변하는 강렬한 붉은 색으로 유명한 울루루는 지질학적 경이로움 그 자체이다. (69a)다른 암석과 달리, 울루루는 대부분의 암석이 지하에 있고, 그 끝 부분만 지표면 위로 보인다는 점에서 독특하다. (69c)고립된 곳에 있다는 점과 더불어 이 특징은 그렇지 않았다면 평평하고 건조하기만 한 지역에 특별한 광경을 만들어 낸다.

[4]	(70)The wildlife around Uluru is (72)diverse, with an abundance of unique flora and fauna adapted to the harsh desert environment. The area is also home to several rare and endangered species, making it an important ecological preserve. Standing at a height of 348 meters and measuring around 9.4 kilometers in circumference, Uluru's imposing presence dominates the flat surrounding plains.	(70)울루루 주변의 야생 생물은 (72)다양하며, 혹독한 사막 환경에 적응한 독특한 동식물이 풍부하다. 또한 이 지역은 여러 희귀종과 멸종 위기종들의 서식지이며, 중요한 생태 보호 구역이다. 높이 348미터, 둘레 약 9.4킬로미터에 달하는 울룰루의 장엄한 존재가 평평한 주변 평원을 압도한다.
[5]	Uluru, designated as a UNESCO World Heritage Site in 1987 for its cultural and natural importance, has seen increased efforts to preserve its sacred status in recent years. (71)Recognizing the significance of the site to the Anangu, climbing Uluru was officially banned in 2019. This decision was a pivotal move to honor the cultural heritage and beliefs of Australia's indigenous population.	Uluru는 1987년에 문화적 및 자연적 중요성으로 유네스코 세계유산으로 지정되었고, 최근 몇 년 동안 이 장소의 신성함을 보존하기 위한 노력이 증가했음을 보여주었다. (71)이 장소가 아낭구족에게 가지는 중요성을 인정하여, 2019년에는 울룰루 등반을 공식적으로 금지하였다. 이 결정은 호주 원주민들의 문화 유산과 신념을 존중하기 위한 중요한 조치였다.
[6]	Uluru remains one of Australia's most recognizable landmarks, celebrated for its cultural importance and breathtaking natural beauty. It is a testament to the deep connection between the land and its traditional custodians, offering insights into Australia's (73)rich Aboriginal heritage.	울루루는 호주에서 가장 눈에 띄는 랜드마크 중 하나로, 문화적 중요성과 숨막히는 자연의 아름다움으로 유명하다. 이것은 이 땅과 전통적인 보호자들 사이의 깊은 관계를 증명하며, 호주의 (73)풍부한 원주민 유산에 대한 통찰력을 제공한다.

어휘 ▶ referred to as ~로 불리는 navel 배꼽, 중앙 majestic 웅장한 sandstone 사암 formation 형성물, 지형 estimate 추정하다 scared 신성한 aboriginal 호주 원주민의 pebble 조약돌 sighting 발견, 목격 surveyor 측량사 name A after B B의 이름을 따서 A로 이름 짓다 significant 중요한 spiritual 영적인 draw (관광객을) 끌다 notable 유명한 striking 강렬한 geological 지질학적 marvel 경이로움 unlike ~와 달리 in that ~라는 점에서 bulk 대부분 tip 끝 visible 눈에 보이는 surface 표면 feature 특징 isolated 고립된 location 위치 extraordinary 기이한, 특별한 sight 경관, 광경 otherwise 그렇지 않았다면 arid 건조한 wildlife 야생 생물 diverse 다양한 abundance of 풍부함 flora and fauna 동식물 adapted to ~에 적응한 harsh 가혹한 endangered 멸종 위기의 species 종 ecological preserve 생태 보호 구역 measure (크기가) ~이다 circumference 둘레 imposing 장엄한, 위풍당당한 presence 존재감 dominate 압도하다 plain 평야, 평원 designate A as B A를 B로 지정하다 preserve 보존하다 status 지위 recognize 인정하다 officially 공식적으로 ban 금지하다 pivotal 중요한 move 조치, 행동 honor 존중하다 heritage 유산 indigenous population 원주민 recognizable 쉽게 알아볼 수 있는 celebrated for ~로 유명한 breathtaking 숨막히는 testament to ~의 증거, 증명 custodian 보호자 insight 통찰력

What / U / is famous for (무엇 / U / 유명하다)

67. What is Uluru famous for?

    (a) its unique wildlife
    (b) its underground mineral reserves
    (c) its traditional architectural style
    (d) its grand rock formation

울루루는 무엇으로 유명한가?

(a) 독특한 야생 동물
(b) 지하 광물 매장량
(c) 전통적인 건축 양식
(d) 장엄한 암석 지형

정답 시그널 famously known as ※ 첫 번째 문제는 글의 초반에 있다.

해설 본문 1단락의 "Uluru, often referred to as "the navel of the Earth," is a majestic sandstone formation famously known as Ayers Rock."(흔히 "지구의 배꼽"이라고 불리는 울루루는 에어즈록으로 유명한 장엄한 사암 지형이다.)과 전체적인 내용을 근거로 정답은 (d)이다.

패러프레이징 majestic sandstone formation ➡ grand rock formation
• majestic ➡ grand ≒ big(큰), large(큰), magnificent(장대한, 웅장한), palatial(궁전의, 의리의리한), splendid(웅장한)

어휘 wildlife 야생동물 reserves 매장량, 보존량 grand 웅장한, 장엄한

 Why / most likely / U / is considered / iconic symbol / AU (왜 / 추론 / U / 고려되다 / 상징적인 심벌 / 호주)

68. Why, most likely, is Uluru considered an iconic symbol of Australia?

    (a) because it was hidden for thousands of years
    (b) because it became a major tourist attraction
    (c) because it was discovered by a famous explorer
    (d) because it is the highest point in Australia

왜 울루루가 호주의 상징으로 여겨지는 것 같은가?

(a) 수천 년 동안 숨겨져 있었기 때문에
(b) 주요 관광 명소가 되었기 때문에
(c) 유명한 탐험가가 발견했기 때문에
(d) 호주에서 가장 높은 곳이기 때문에

정답 시그널 iconic symbol of Australia

해설 본문 2단락의 "~ has since become an iconic symbol of Australia, drawing visitors from all over the world"(그 이후 호주의 상징이 되어 전 세계에서 관광객을 끌어 모으고 있다)를 근거로 가장 적절한 정답은 (b)이다.

패러프레이징 drawing visitors from all over the world ➡ it became a major tourist attraction

어휘 tourist attraction 관광 명소 explorer 탐험가 point 지점

 third paragraph / what / is NOT true / U–geographical features (세 번째 단락 / 무엇 / 사실 X / U–지리적 특징)

69. According to the third paragraph, what is NOT true about Uluru's geographical features?

    (a) It is predominantly underground.
    (b) It is known for its striking red color.
    (c) It looks like a flat and arid rock.
    (d) It changes color at sunrise and sunset.

세 번째 단락에 따르면, 울루루의 지리적 특징에 대해 사실이 아닌 것은 무엇인가?

(a) 대부분이 지하에 있다.
(b) 강렬한 붉은 색으로 유명하다.
(c) 평평하고 건조한 바위처럼 보인다.
(d) 일출과 일몰에 따라 색이 변한다.

정답 시그널 third paragraph ※ NOT true 문제는 보기를 먼저 읽고 본문의 키워드와 비교하면서 맞는 보기를 하나씩 제거한다.

해설 본문 3단락에서 ⓐ는 "Unlike other rock formations, it is unique in that most of its bulk lies underground"(다른 암석과 달리, 울루루는 대부분의 암석이 지하에 있고), ⓑ와 ⓓ는 "Notable for its striking red color, which changes dramatically at sunrise and sunset, Uluru is a geological marvel."(일출과 일몰에 따라 극적으로 변하는 강렬한 붉은 색으로 유명한 울루루는 지질학적 경이로움 그 자체이다.)과 내용이 일치한다. ⓒ는 본문에서 고립된 위치와 함께, 평평하고 건조한 이 지역과 달리 놀라운 광경을 만들어 낸다고 하였기 때문에 일치하지 않으므로 정답이다.

어휘 geographical 지리적인 predominantly 대부분

🔑 **What / can be inferred / fourth paragraph (무엇 / 추론될 수 있다 / 네 번째 단락)** · 추론

70. What <u>can be inferred</u> from the <u>fourth paragraph</u>?

(a) Its height and size changes due to the harsh environment.

(b) The surrounding plains provide habitat for animals.

(c) It is smaller in size compared to other rock formations in the area.

(d) The region around Uluru is mostly urban and developed.

네 번째 단락에서 무엇을 추론할 수 있는가?

(a) 그것의 높이와 크기는 가혹한 환경 때문에 변한다.

(b) 주변 평야가 동물들에게 서식지를 제공한다.

(c) 이 지역의 다른 암석들에 비해 크기가 더 작다.

(d) 울루루 주변 지역은 대부분 도시이며 개발되어 있다.

정답 시그널 fourth paragraph

해설 본문 4단락에서 "The wildlife around Uluru is diverse, with an abundance of unique flora and fauna adapted to the harsh desert environment. The area is also home to several rare and endangered species"(울루루 주변의 야생 생물은 다양하며, 혹독한 사막 환경에 적응한 독특한 동식물이 풍부하다. 또한 이 지역은 여러 희귀종과 멸종 위기종들의 서식지이며)를 근거로 가장 적절한 정답은 (b)이다.

어휘 height 높이 due to ~ 때문에 surrounding 주변의 habitat 서식지 compared to ~와 비교하여 urban 도시(의)

🔑 **why / climbing / U / banned (왜 / 등반 / U / 금지된)** · 세부사항

71. Based on the article, <u>why</u> was <u>climbing</u> <u>Uluru</u> <u>banned</u>?

(a) to preserve the ecological balance

(b) to respect the Anangu people

(c) to increase domestic tourism

(d) to ensure the safety of climbers

이 기사에 따르면, 왜 울루루 등반이 금지되었는가?

(a) 생태계의 균형을 보존하기 위해

(b) 아낭구족을 존중하기 위해

(c) 국내 관광 증가를 위해

(d) 등반객의 안전을 보장하기 위해

정답 시그널 climbing Uluru was officially banned ※ 마지막 문제는 글의 후반에 있다.

해설 본문 5단락의 "Recognizing the significance of the site to the Anangu, climbing Uluru was officially banned in 2019."(이 장소가 아낭구족에게 가지는 중요성을 인정하여, 2019년에는 울루루 등반을 공식적으로 금지하였다.)을 근거로 정답은 (b)이다.

패러프레이징 recognize ➡ respect ≒ appreciate(감사하다, 인정하다), honor(공로를 인정하다), admire(존경하다), esteem(존경하다)

어휘 ecological 생태의 domestic 국내의 tourism 관광 safety 안전 climber 등반객

72. In the context of the passage, <u>diverse</u> means

_____.

(a) unchanged
(b) hostile
(c) scarce
(d) varied

본문의 맥락에서, <u>diverse</u>는 _____을 의미한다.

(a) 변함없는
(b) 적대적인
(c) 희소한
(d) 다양한

해설 ▶ 본문 4단락 "The wildlife around Uluru is <u>diverse</u>, with an abundance of unique flora and fauna adapted to the harsh desert environment."(울루루 주변의 야생 생물은 <u>다양하며</u>, 혹독한 사막 환경에 적응한 독특한 동식물이 풍부하다.)에서 diverse는 '다양한'의 의미로 사용되었으므로 문맥상 가장 어울리는 정답은 (d)이다.

73. In the context of the passage, <u>rich</u> means

_____.

(a) abundant
(b) unnoticeable
(c) wealthy
(d) familiar

본문의 맥락에서, <u>rich</u>는 _____을 의미한다.

(a) 풍요로운
(b) 눈에 띄지 않는
(c) 부유한
(d) 친숙한

해설 ▶ 본문 6단락 "offering insights into Australia's <u>rich</u> Aboriginal heritage"(호주의 <u>풍부한</u> 원주민 유산에 대한 통찰력을 제공한다)에서 rich는 '풍부한'의 의미로 사용되었으므로 문맥상 가장 어울리는 정답은 (a)이다.

PART 4 비즈니스 레터 (Business Letter)

구성		
받는 사람	Anthony Richardson Lakeview Avenue, Chicago IL, 60657	안토니 리처드슨 레이크뷰 애비뉴, 시카고 IL, 60657
[1] 편지 의 목적	Dear Mr. Richardson: As the fall season approaches, we want to express our gratitude to our loyal (79)patrons. (74)This November, as we approach our 15th anniversary, we would be delighted to have you join us for an exclusive gathering at a luxury hotel in downtown Chicago.	리처드슨 씨께: 가을 시즌이 다가옴에 따라, 저희는 충성스러운 (79)고객 여러분께 감사의 마음을 전하고자 합니다. (74)올해 11월 창립 15주년을 맞이하여 고객께서 시카고 시내의 고급 호텔에서 열리는 특별 모임에 참석해 주신다면 매우 기쁠 것입니다.

[2]	In addition, we are excited to announce the launch of our new product line, (75)featuring a range of seasonal items perfect for the holidays. From elegant home decorations to unique gift ideas, these specially curated selections are designed to bring joy to your home. But don't delay (75)as they will be available for a limited time only.	또한 저희는 새로운 제품 라인의 출시를 발표하게 되어 기쁩니다. (75)이 상품은 연말연시에 어울리는 다양한 시즌 품목을 특징으로 하고 있습니다. 세련된 홈 장식부터 독특한 선물 아이디어까지, 특별히 엄선된 이번 컬렉션은 집에 즐거움을 선사할 수 있도록 디자인되었습니다. 하지만 (75)이 제품들은 제한된 기간에만 구매할 수 있으므로 지체하지 마세요.
[3]	Additionally, we are pleased to extend an invitation for an exclusive shopping event in November, offering a 40% discount and extended shopping hours until 10 p.m. This special offer is available at all our locations across Illinois. (76)During the week of Thanksgiving, we will host live jazz performances every evening.	또한, 11월에 40% 할인과 오후 10시까지 연장된 쇼핑 시간을 제공하는 독점 쇼핑 행사에 초대하게 되어 기쁘게 생각합니다. 이 특별 할인은 일리노이 주 전역의 모든 매장에서 이용할 수 있습니다. (76)추수감사절 주간에는 매일 저녁 라이브 재즈 공연을 개최할 예정입니다.
[4]	We will also be distributing free bags of dark chocolate and cinnamon-spiced candles to enhance your Thanksgiving. (77)As a special promotion, the store will also provide a complimentary 20-minute boat tour along the Chicago River, valid throughout November for customers shopping in the area.	다크 초콜릿과 시나몬 향 양초가 든 가방도 무료로 증정하여 여러분의 추수감사절을 더욱 풍성하게 만들어 줄 예정입니다. (77)특별 프로모션으로 시카고 강변을 따라 20분간의 보트 투어를 무료로 제공하며, 이는 11월 한 달 동안 이 지역에서 쇼핑하는 고객에게 유효합니다.
[5] 마무리 인사	(78)As a gesture of our appreciation, enclosed is a $100 gift voucher, redeemable exclusively in Illinois on purchases over $150. To guarantee entry to our event, please bring a photo ID or your invitation card, as our staff will (80)verify names against the official guest list at the entrance.	(78)감사의 표시로 일리노이 주에서만 $150 이상 구매 시 사용할 수 있는 $100 상품권을 동봉해 드립니다. 저희 행사의 입장을 보장하기 위해, 사진이 부착된 신분증 또는 초대장을 지참해주시면, 행사장 입구에서 저희 직원이 공식 게스트 명단과 대조하여 이름을 (80)확인할 예정입니다.
보내 는 사람	Warm regards, *J. Patterson* James Patterson Marketing Manager Candles & More	온정을 담아, J. 패터슨 제임스 패터슨 마케팅 매니저 캔들스 앤 모어

어휘 gratitude 감사 loyal 충성스러운 patron 고객 anniversary 기념일 exclusive 특별한, 독점의 announce 발표하다 launch 출시 feature ~을 특징으로 하다 a range of 다양한 perfect for ~에 어울리는, 딱 맞는 elegant 세련된 curated 엄선된 delay 지체하다 available 구매할 수 있는 extend an invitation for ~에 초대하다 extended 연장된 special offer 특별 할인, 특가 판매 host 개최하다 distribute 나누어 주다, 증정하다 enhance 높이다 complimentary 무료의 valid 유효한 gesture of appreciation 감사의 표시 enclosed 동봉된 voucher 상품권 redeemable 현금으로 교환 가능한 exclusively 오로지 ~만 purchase 구매 guarantee 보장하다 entry to ~로의 입장 verify 확인하다 entrance 입구

Why / Mr. P / write / Mr. R (왜 / Mr. P / 쓰다 / Mr. R)

주제/목적

74. Why did Mr. Patterson write to Mr. Richardson?

   (a) **to invite him to a special anniversary gathering**
   (b) to announce the closing of their Chicago store
   (c) to inform him about a change in store policy
   (d) to offer him a job at Candles & More

왜 패터슨 씨가 리처드슨 씨에게 편지를 썼는가?

(a) **특별 기념일 모임에 초대하기 위해**
(b) 시카고 매장 폐업을 알리기 위해
(c) 매장 정책 변경을 알리기 위해
(d) 캔들스 앤 모어에 일자리를 제안하기 위해

정답 시그널 ※ 첫 번째 문제는 글의 초반에 있다.

해설 본문 1단락의 "This November, as we approach our 15th anniversary, we would be delighted to have you join us for an exclusive gathering at a luxury hotel in downtown Chicago."(올해 11월, 창립 15주년을 맞이하여 고객께서 시카고 시내의 고급 호텔에서 열리는 특별 모임에 참석해 주신다면 매우 기쁠 것입니다.)를 근거로 정답은 (a)이다. (b), (c), (d) 모두 본문에서 찾을 수 없는 내용이므로 오답이다.

어휘 gathering 모임 closing 폐업 policy 정책 inform 알리다

 second paragraph / what / is suggested / new product line
(두 번째 단락 / 무엇 / 암시되다 / 새 제품 라인)

추론

75. According to the second paragraph, what is suggested about the new product line?

   (a) It is only for new customers.
   (b) It includes extended shopping hours and discounts.
   (c) It is restricted to online purchases.
   (d) **It offers limited items for a certain time.**

두 번째 단락에 따르면, 새 상품 라인에 대해 무엇이 암시되는가?

(a) 신규 고객에게만 해당된다.
(b) 쇼핑 시간 연장 및 할인이 포함된다.
(c) 온라인 구매로 제한된다.
(d) **특정 기간 동안 한정된 품목을 제공한다.**

정답 시그널 second paragraph, new product line

해설 본문 2단락에서 "featuring a range of seasonal items perfect for the holidays"(이 상품은 연말연시에 어울리는 다양한 시즌 품목을 특징으로 하고 있습니다)와 "as they will be available for a limited time only"(이 제품들은 제한된 기간에만 구매할 수 있으므로)를 근거로 정답은 (d)이다. (a), (b), (c) 모두 본문에서 찾을 수 없는 내용이므로 오답이다.

패러프레이징 seasonal items ➡ limited items / for a limited time only ➡ for a certain time

어휘 include 포함하다 be restricted to ~로 제한되다 limited 한정된 certain 특정한

 What / one benefit / exclusive shopping event / November
(무엇 / 한 혜택 / 독점 쇼핑 행사 / 11월)

세부사항

76. What is one benefit of the exclusive shopping event in November?

   (a) It is available at all shops in the country.
   (b) The shopping hours will be extended to 24 hours.
   (c) Customers will receive more than half markdown.
   (d) **Live concerts will be hosted during the holiday week.**

11월 독점 쇼핑 행사의 한 가지 혜택이 무엇인가?

(a) 전국 모든 매장에서 이용할 수 있다.
(b) 쇼핑 시간이 24시간으로 연장될 것이다.
(c) 고객은 50%가 넘는 할인을 받게 될 것이다.
(d) **연휴 주간에 라이브 콘서트가 개최될 것이다.**

exclusive shopping event in November

해설 본문 3단락에서 "During the week of Thanksgiving, we will host live jazz performances every evening."(추수감사절 주간에는 매일 저녁 라이브 재즈 공연을 개최할 예정입니다.)을 근거로 정답은 (d)이다. (a), (b), (c) 모두 본문과 일치하지 않는 내용이므로 오답이다.

패러프레이징 live jazz performances ➡ live concerts
- jazz performance ➡ concert ≒ musical show/performance/concert(음악 연주회, 뮤지컬), recital(연주회, 독주회)

어휘 available 이용할 수 있는 markdown 가격 인하, 할인

⊶ What / Mr. R / receive / free (무엇 / Mr. R / 받다 / 무료로)   세부사항

77. What will Mr. Richardson receive for free?

(a) cinnamon-spiced sweets
(b) a ride on a ship
(c) a coupon worth $150
(d) chocolate and vanilla candles

리처드슨 씨는 무엇을 무료로 받게 되는가?

(a) 계피 향이 나는 과자
(b) 배를 탈 수 있는 기회
(c) 150달러 상당의 쿠폰
(d) 초콜릿과 바닐라 양초

정답 시그널 complimentary

해설 본문 4단락의 "As a special promotion, the store will also provide a complimentary 20-minute boat tour along the Chicago River, valid throughout November for customers shopping in the area."(특별 프로모션으로 시카고 강을 따라 20분간의 보트 투어를 무료로 제공하며, 이는 11월 한 달 동안 이 지역에서 쇼핑하는 고객에게 유효합니다.)를 근거로 정답은 (b)이다. (a), (c), (d) 모두 본문에서 찾을 수 없는 내용이므로 오답이다.

패러프레이징 the store will also provide a complimentary ~ ➡ Mr. Richardson will receive for free
- complimentary ➡ free ≒ at no cost/no additional charge/without charge (비용 없이)
- boat ➡ ship ≒ sailboat(항해 소형 배), ferry(유람선), yacht(요트), ship(배)

어휘 sweets 과자 worth (금액) 상당의

⊶ Why / $100 gift voucher / probably / is included / letter
(왜 / 100달러 상품권 / 추론 / 포함되다 / 편지)   추론

78. Why is a $100 gift voucher probably included in the letter?

(a) to encourage the shoppers to purchase more
(b) as compensation for a previous inconvenience
(c) to receive an invitation card and become an official guest
(d) as a reward for Mr. Richardson's feedback

왜 100달러 상품권이 편지에 포함되는 것 같은가?

(a) 쇼핑객의 추가 구매를 장려하기 위해
(b) 이전에 발생한 불편에 대한 보상으로
(c) 초대 카드를 받고 공식 게스트가 되기 위해
(d) 리처드슨 씨의 피드백에 대한 보상으로

정답 시그널 $100 gift voucher ※ 마지막 문제는 글의 마지막에 있다.

해설 본문 5단락의 "As a gesture of our appreciation, enclosed is a $100 gift voucher, redeemable exclusively in Illinois on purchases over $150."(감사의 표시로 일리노이 주에서만 $150 이상 구매 시 사용할 수 있는 $100 상품권을 동봉해 드립니다.)를 근거로 가장 적절한 정답은 (a)이다. (b), (c), (d) 모두 본문에서 찾을 수 없는 내용이므로 오답이다.

어휘 encourage 장려하다 compensation 보상 inconvenience 불편 reward 보상

79. In the context of the passage, patrons means

_____.

    (a) products
    (b) manufacturers
    (c) staff
    (d) customers

본문의 맥락에서, patrons는 _____을 의미한다.

본문의 맥락에서, patrons는 _____을 의미한다.

(a) 제품들
(b) 제조업체들
(c) 직원들
(d) 고객들

해설 ▶ 본문 1단락 "As the fall season approaches, we want to express our gratitude to our loyal patrons."(가을 시즌이 다가옴에 따라 저희는 충성스러운 고객 여러분께 감사의 마음을 전하고자 합니다.)에서 patron은 '단골손님, 고객'의 의미로 사용되었으므로 문맥상 가장 어울리는 정답은 (d)이다.

80. In the context of the passage, verify means

_____.

    (a) prove
    (b) discard
    (c) check
    (d) transfer

본문의 맥락에서, verify는 _____을 의미한다.

(a) 증명하다
(b) 폐기하다
(c) 확인하다
(d) 옮기다

해설 ▶ 본문 5단락 "as our staff will verify names against the official guest list at the entrance"(행사장 입구에서 저희 직원이 공식 게스트 명단과 대조하여 이름을 확인할 예정입니다)에서 verify는 '확인하다'의 의미로 사용되었으므로 문맥상 가장 어울리는 정답은 (c)이다.

inter**change**
5th Edition

intro
Student's Book
Jack C. Richards

학습용 Audio와 Video 무료 제공
www.cambridge.org/interchange

Jack C. Richards with Jonathan Hull and Susan Proctor

Beginner to Intermediate   **4 Levels**   90–120 teaching hours

영어회화를 원하는 5천만 명 이상의 학생들이 Interchange를 선택했습니다.

A1 A2 B1 B1+

Key features

- Student's Book에는 통합 학습을 위한 수백 개의 연습 문제가 포함되어 있습니다.
- Grammar PLUS는 각 단원의 문법을 더 깊이 있게 학습 하고 연습할 수 있도록 구성되어 있습니다.
- Listening은 학생들이 자신의 생각과 감정을 끌어낼 수 있도록 도와줍니다.
- Reading은 주제, 세부 정보, 추론 문제와 함께 다양한 최신 주제를 학습할 수 있는 기회를 제공합니다.
- Speaking은 말하기와 듣기 연습을 할 수 있게 하며, 일상생활 에서 사용되는 주제로 구성되어 학습자에게 도움을 줍니다.

Cambridge One!

- Interchange Fifth edition의 학습 환경이 Cambridge One 으로 새롭게 업그레이드 되었습니다. 언제 어디서나 스마트 폰, 태블릿, PC 등 모든 디바이스를 사용하여 쉽고 간편하게 학습이 가능합니다.

Student Digital Pack includes:

- eBook with Audio
- Digital Workbook
- Video Program
- Class Audio

Digital Workbook

- 모바일 환경에 최적화된 연습문제를 제 공하여 쉽고 간편하게 테스트 프로그램 을 활용할 수 있습니다.
- Digital Pack 에 적용

eBook

- Student's Book과 ebook을 동시에 제 공하여 온라인, 오프라인 환경 어디에 서나 스스로 학습할 수 있게 최적화되 어 있습니다.

The digital resources

Powered by
Cambridge One

Presentation
Plus

eBook
with Audio

Digital
Workbook

Classroom App

Downloadable
Audio

Video

Online
Placement Test

Teacher Training
cambridge.org/training

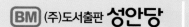 **BM** (주)도서출판 **성안당**    **CAMBRIDGE**   도서문의 031-950-6394

<EVOLVE> 시리즈

COURSE

9781009231763
A1

9781009231794
A2

9781009231824
B1

9781009237550
B1+

9781009235518
B2

9781009237581
C1

<UNLOCK> 시리즈

▌ Listening & Speaking

9781009031455
A1

9781009031462
A2

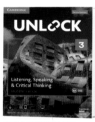
9781009031479
B1

9781009031486
B2

9781009031493
C1

▌ Reading & Writing

9781009031387
A1

9781009031394
A2

9781009031400
B1

9781009031417
B2

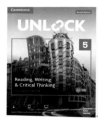
9781009031448
C1

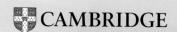
BM (주)도서출판 **성안당** | ✠ **CAMBRIDGE** | 도서문의 031-950-6394

\<FOUR CORNERS\> 시리즈

9781009285971

A1

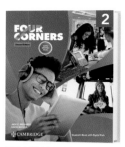

9781009286336

A2

9781009286534

B1

9781009286596

B1+

\<PRISM READING\> 시리즈

9781009251327

A1

9781009251631

A2

9781009251792

B1

9781009251860

B2

9781009251938

C1

BM (주)도서출판 성안당 ✠ CAMBRIDGE 도서문의 031-950-6394